CHOPIN

EVA POLANSKI

CHOPIN

Tutto quello che so sull'amore
l'ho imparato da un gatto

PIEMME *Voci*

Questo romanzo è un'opera di fantasia. Personaggi e situazioni sono invenzioni dell'autore e hanno lo scopo di conferire veridicità alla narrazione. Qualsiasi analogia con fatti, eventi, luoghi e persone, vive o scomparse, è puramente casuale.

Realizzazione editoriale: *Elàstico, Milano*

ISBN 978-88-566-4945-1

I Edizione 2015

Anno 2015-2016-2017 - Edizione 1 2 3 4 5 6 7 8 9 10

Stampato presso ELCOGRAF S.p.A. - Stabilimento di Cles (TN)

Alle mie amate Oina e Mima

1

Nessun incontro è un caso.
(Kay Pollak)

Sulla spiaggia deserta dalle parti di Deauville, in un piovoso mattino di luglio un cane correva avanti e indietro e un uomo senza ombrello camminava assorto, affondando le mani nelle tasche del giaccone. Velati dalla foschia sullo sfondo di un mare inquieto color piombo, l'uomo e il suo bracco si muovevano sperduti nella spiaggia immensa, e tra le strida dei gabbiani.

Li seguivo con lo sguardo percorrendo lentamente la strada che costeggia il mare.

«Li hai visti, quei due?» Ingrid era alla guida e aveva rallentato.

«Sì, li ho visti.»

Quell'immagine solitaria – la spiaggia battuta dalle onde e il cane che corre avanti e indietro, l'uomo a testa bassa sotto una pioggia sottile e un cielo sconfinato pesante di nubi –, quell'immagine a un tratto mi toccò il cuore.

«Aspetta,» disse Ingrid «adesso ci fermiamo.»

Dal finestrino appena abbassato l'umidità riversò una fragranza salmastra che fece fremere le orecchie di Marian, acciambellata sulle mie ginocchia. Smise di fare le fusa. Alzò il muso con un movimento così brusco che chinai la testa per guardarla. Mi fissava a occhi sbarrati, come per dire stai all'erta. O almeno così mi sembrò.

Rivolsi di nuovo lo sguardo alla spiaggia: stai all'erta?

«Mi danno una strana sensazione quei due.» Ingrid parcheggiò sul ciglio della strada. «Anche a te?»

«Anche a me.»

Sì, proprio una strana sensazione. Mi sentivo commossa da un sentimento struggente, come quando qualcuno della tua vita se ne va e sai che non lo rivedrai. Mai più. Curioso provare un simile sentimento di congedo, un *addio per sempre* osservando da lontano qualcuno che non conosci, qualcuno di assolutamente estraneo, di cui non sai nulla e di cui non saprai mai nulla. Neanche il nome del suo cane.

«Non so perché mi intrighino tanto...» Ingrid parlava a voce bassa eppure quei due erano troppo lontani per sentirci, o forse il momento chissà perché era in qualche modo solenne. «Mi sembrano così soli con tutto il cielo addosso e tutto il mare e con la pioggia... Mi sembrano così soli, lui e il cane.»

Come se la vista dell'uomo solitario desse la stura a confidenze più significative, Ingrid che di solito galleggiava in superficie, per così dire, parlando per lo più di uomini o di ricette di cucina o di creme contro la cellulite, ora si dilungò su quel che si prova a essere oppressi dalla solitudine. Lei la sapeva lunga sulla solitudine, mi disse, sua madre avrebbe potuto meritarsi il Nobel per tutte le volte che l'aveva fatta sentire orribilmente sola da piccola – «Non te l'ho mai detto, ma lei stava per ore e ore senza rivolgermi una parola e guai se aprivo bocca» –, mi raccontò che la lasciava seduta in un angolo della stanza in cui spargeva i tarocchi sul tavolo sotto gli occhi delle sue clienti, vecchie *babe* sfasciate ancora ansiose del principe azzurro o di un risolutivo colpo di fortuna al lotto; e quando era adolescente rimaneva di notte da sola sui gradini di casa, davanti al piccolo prato spelacchiato aspettando fino all'alba che la madre tornasse da quelli che definiva i suoi affari notturni – «Avevo paura a rimanere chiusa in casa da sola e fuori spesso pioveva proprio come adesso su quel poveraccio lì, tutto solo sulla spiaggia con il suo cane». Avrebbe potuto, mi disse, continuare per giorni e giorni a raccontarmi della solitudine ma si limitò a tirare un sospirone che sembrava salirle dai piedi per tutto il corpo sfociando in un «tu non sai, Eva, che cosa significhi sentirsi soli», e mi appoggiò sul collo una mano dalle dita fredde, mano di bambina abbandonata. «Io invece lo so, altroché se lo so...»

«Che mai ne sarà di te, piccina mia?» canticchiai senza acrimonia. Mi sembrava fuori luogo farle l'elenco delle mie personali scorpacciate di solitudine. «Che ne sarà?»

Rise di una risata striminzita: «Mi prendi in giro?».

«Forse un po'.»

«Alludi al fatto che adesso ho un marito?»

«Non solo.» Mi voltai un attimo verso di lei, le sorrisi scherzosa: «O no?».

«Che cosa c'entra?» sbuffò ma continuava a ridacchiare. «Che cosa c'entrano gli uomini con la solitudine?»

«Be', quello lì c'entra.» Indicai oltre il finestrino l'uomo e il cane, ormai due lontane figurine, due graffietti di penna scuri sulla spiaggia chiara. «Guardali, stanno svanendo...»

«Eh no!» Ingrid accese il motore, inserì la marcia, proseguì per poi fermarsi più avanti. «Adesso ce li abbiamo di nuovo di fronte, non ho intenzione di perdermeli e non piove più.» Azionò il pulsante e abbassò del tutto i finestrini. «Mi affascinano quei due, starei ore a guardarli.» Frugò nel pacchetto delle caramelle, me ne offrì un paio: «Abbiamo fretta di arrivare a Deauville?».

«Nessuna fretta, direi. Proprio nessuna.»

Perché stavamo facendo questo viaggio a Deauville, Ingrid e io? Non è facile da spiegare. C'erano motivi limpidi e ovvi, motivi da brave ragazze, tipo «voglio raggiungere finalmente mio marito, è un mese e undici giorni che non lo vedo!», e questa era Ingrid; quanto a me, l'appuntamento con l'editore era stato rimandato e mi ritrovavo un mese e mezzo di insperata libertà per andarmene in giro con Ingrid che detestava viaggiare da sola.

Per entrambe, però, sotto sotto c'erano diversi e robusti motivi né limpidi né ovvi. Ingrid aveva deciso quel viaggio per ben altre ragioni che non si era presa la briga di spiegarmi; non avevo faticato a intuirle con notevole preoccupazione, la conoscevo da tanto. A me poi, quando Ingrid mi aveva implorata di accompagnarla, non era parso vero di potermi lasciare alle spalle un ginepraio che rischiava di soffocarmi, la cui causa non ultima, anche se non la più imbarazzante, era la gatta Marian da cui non mi separavo mai. Un ginepraio che non avevo alcuna voglia di districare con faticose giustificazioni a cui nessuno avrebbe creduto e di cui mi sarei senz'altro vergognata. Meglio tagliare la corda.

Intanto, sedute in macchina con i finestrini abbassati, in silenzio continuavamo a osservare l'uomo e il suo cane nel respiro potente delle onde che si disfacevano laggiù. E i gabbiani.

L'uomo si era fermato sulla battigia, di fronte al mare; il cane gli si sedette accanto. Ci voltavano la schiena.

«Che cosa fa? Sta per buttarsi?» sussurrò Ingrid.

«Perché dovrebbe?»

«Che ne sai? Magari è disperato. Rimugina sui suoi guai, non ne può più.»

«Magari adora il mare, la spiaggia senza nessuno, i colori e anche la pioggia, che ne sai tu?»

«E tu?»

«Io mi immagino che venga spesso qui a passeggiare.»

«Anche quando piove? Quando in giro non c'è nessuno a parte il suo cane?»

«Passeggiare da soli nella natura secondo me è una gran cosa...»

«No, no, uno non se ne va da solo in giro in una giornata come questa se non ha dei pensieracci che gli frullano in testa» affermò Ingrid. «Quello sta rimuginando, credi a me, vorrei proprio sapere su che cosa.»

«Vai a chiederglielo...» la sfidai.

«Vai tu!» rise lei.

Nessuna delle due si mosse. In compenso si mosse Marian. Con un balzo si slanciò fuori dal finestrino. Un momento dopo la vedemmo saettare sulla sabbia bagnata. Puntava diritto verso il mare, al gran galoppo.

«Marian!» Uscimmo in fretta dalla macchina. «Marian!» gridai di nuovo.

Mi ignorò. Filava via di gran carriera, coda al vento. Era la prima volta che scappava via così. No, anzi, a ben pensarci la seconda.

«Marian!»

Il cane si voltò. Si voltò anche l'uomo. Il cane verso Marian. L'uomo verso di noi. Correvamo, ma non si acchiappa un gatto correndogli dietro. Impossibile. Marian con uno scarto deviò per accucciarsi di colpo a poca distanza dal cane. Quello avanzò rapido e appena sporse il muso per fiutarla – e agitava il codino tutto allegro – Marian gli rifilò una zampata secca sul naso.

«Marian!» Ero indignata. Mi chinai, tesi le mani per afferrarla. Lei schizzò via, riprese a correre e il cane dietro, latrando. Correvano sulla spiaggia tracciando un grande cerchio, Marian in vantaggio di poco più di un metro, il cane all'inseguimento uggiolava neanche stesse alle costole di una lepre.

«Marian... accidenti, fermati!»

«Marian fila, eh? Non l'avrei detto...» osservò Ingrid. Io mi girai verso l'uomo che si stava avvicinando: «Richiami il suo bracco» implorai. «Lo richiami, per favore.» Già mi immaginavo Marian sbranata, fatta a pezzi, stecchita sulla sabbia. «Lo fermi!»

«Non vede che stanno giocando?» sorrise lui. Sorrise

proprio e tolse una mano dalla tasca del giaccone per indicare inseguitore e inseguita: «Si stanno divertendo un mondo».

«Come fa a dirlo?» Ero angosciata.

«Conosco il mio cane.»

«Eh sì, Eva, stanno giocando, non vedi?» gorgheggiò Ingrid giuliva. Si era subito schierata dalla parte dell'uomo, ti pareva!

Vidi Marian rotolare: rimase stesa sulla schiena, zampe protese al cielo. Il cane le volò sopra.

«Marian!»

L'uomo mi trattenne per un braccio: «Li lasci stare, non sia apprensiva, si fidi».

Cercai di sottrarmi a quella stretta: non sopporto che qualcuno mi metta le mani addosso. «Il suo cane la ammazza!» strillai.

Invece no. Stavano davvero giocando. Marian aveva agguantato il muso del cane senza artigliarlo, poi si lasciò sospingere su un fianco, rotolò senza rialzarsi, assestò morbide zampate all'aria, si raggomitolò e il cane, lingua a penzoloni, si lasciò andare lungo disteso al suo fianco, ansando. Marian si rigirò verso di lui e prese a leccargli il muso.

«Guarda come sono carini,» Ingrid ora impugnava il cellulare «faccio una foto.»

Nel momento in cui potei finalmente acciuffare Marian riprese a venir giù la pioggia. Stretta sul mio petto, Marian si mise a far le fusa.

«Dobbiamo brindare, no? Che ne dite?» Risata di Ingrid, non più striminzita ma piena, grondante miele e zenzero; rideva guardando l'uomo e anche lui la guardava e sorrideva: «Certo, brindiamo, tutto è andato a finir bene, vero?». Voltò la testa e sorrise anche a me; non aveva affatto l'espressione di uno che si rigira in testa pensieracci e guai. Anzi.

Si alzò il vento e l'aria si fece più fredda.

Nel bar in cui ci rifugiammo avevano addirittura acceso la stufa. Sedemmo sulle panche accostate a un tavolaccio di legno costellato da bruciature di sigarette. Ingrid e io vicine, lui di fronte. La pioggia, ora violenta, sbatteva contro i vetri. Il mare fumigava là in fondo.

Ci servirono caffè, uova al prosciutto, vino, salsicce arrosto con patate. Brindammo con il caffè, con il vino, poco mancò che brindassimo anche con le uova e con le salsicce per celebrare l'incontro amichevole tra il bracco e Marian. Il bracco se ne stava sotto il tavolo. Marian sulle mie ginocchia lasciava penzolare una zampa e ogni volta che il cane alzava il muso e la annusava, Marian gli assestava un affettuoso colpetto.

«Scommetto che anche lei ha un gatto.» Ingrid aveva un tono entusiasta.

«Non più.» Lui sorrideva con indulgenza, non mi sembrava proprio il tipo che passa ore a parlare di gatti e cani.

«E perché non più?»

«Era un certosino. Conoscete i certosini?» Non ci disse com'era andato a finire il suo certosino. «Quelli grigio azzurri...»

«Come no? Pensi che anche noi ne avevamo uno alla fattoria di mio padre. Era affezionatissimo a lui, solo a lui.»

«Hanno un'indole fantastica.» L'uomo accettava di buon grado quel genere di conversazione – lo tenevo d'occhio e mi pareva un tipo gentile. Del resto di che cosa avremmo potuto parlare? Ci eravamo appena conosciuti, no? «I certosini sono leali e affettuosi, sono fedeli alla persona a cui si affezionano, a quelli che ritengono il loro padrone. Come i cani.»

«Sbaglio o il certosino è di razza francese?» Ingrid era tenace quando voleva.

«È una specie di gatto nazionale per noi» rispose lui

condiscendente. «Una specie di simbolo. E se proprio vogliamo continuare a parlarne» proseguì e ora colsi un filo di ironia nella sua voce «possiamo dilungarci sulle origini del certosino, che proviene dalla Turchia o dall'Iran... razza antichissima di asiatica saggezza. I crociati ai tempi scorrazzavano nelle terre d'oltremare combinandone di tutti i colori, come certo saprete, razziando tutto quello che potevano. Quando venne il momento di tornare in Francia, pensarono bene di portare con sé anche quegli strani gatti azzurrini che avevano fama di essere implacabili cacciatori di topi. E in Francia i topi non mancavano di certo.»

«Storia affascinante...» Ingrid sospirò simile a un bambino che ascolta una bella favola.

«Dipende dal punto di vista» fece lui. Bevve qualche sorso e subito riprese: «Al loro ritorno gli eroici guerrieri crociati andavano di regola a soggiornare nelle certose per purificarsi dei massacri compiuti a Costantinopoli e in Palestina. Se ne stavano a pregare nelle certose. E a dormire e a mangiare, insomma se ne stavano in panciolle serviti e riveriti... Per sdebitarsi dell'ospitalità regalarono ai monaci i gatti che avevano portato con sé, dato che le abbazie erano letteralmente infestate dai topi. Da quel momento i monaci allevarono generazioni di gatti, da un secolo all'altro, gatti certosini. Ecco perché si chiamano così». Alzò il bicchiere verso di noi, quasi ridendo: «E con questo direi che abbiamo concluso l'argomento certosino».

Brindammo. Io ripensavo pigramente a quello che aveva appena raccontato, alla storia dei gatti certosini. Non potevo certo immaginare quanto peso avrebbe avuto poco dopo, per me, quel racconto.

«Però adesso dobbiamo parlare di Marian» annunciò Ingrid e depose il bicchiere.

«Giusto!» esclamò lui. Mi piantò addosso uno sguardo penetrante. Non sgradevole ma un po' troppo curioso.

Che accidenti voleva da me? «Parliamo del suo gatto adesso.»

Non fui io ma Ingrid che si mise a raccontare euforica di quanto io fossi attaccata a Marian. Di come anni prima le avessi salvato la vita ripescandola cucciola nelle acque del Tamigi dove qualche malvagio l'aveva buttata, di come da quel momento la gatta rappresentasse per me una specie di spirito protettore – «Qualcosa di magico» –, Ingrid parlava, rideva, si ingozzava di salsicce, e ripeté: «Qualcosa di magico che ha cura di lei». Subito proseguì: «La capisco, i gatti in effetti sono magici, lo penso anch'io... e così non si separano mai loro due, proprio mai, vero?». Si girò a guardarmi, e subito riprese rivolta all'uomo con l'aria di raccontare qualcosa di eccezionale: «Pensi che Eva si porta dietro Marian anche quando viaggia! Se la prende in braccio e via, niente trasportino, niente gabbiette... La gatta è tutta contenta. Dicono che i gatti hanno bisogno di una casa e non vogliono lasciarla. Non è vero...». Ingrid era inarrestabile, avrei voluto dirle di smetterla ma l'uomo non sembrava affatto annoiato, ascoltava con interesse e lei: «Marian è una viaggiatrice come Eva, è una gatta itinerante, soprattutto è la sua ombra... o meglio, è il suo angelo custode a quattro zampe,» si pulì la bocca con il tovagliolo di carta, alzò il bicchiere verso di me «proprio non riesco a immaginarti senza Marian!».

«Sia mai!» disse l'uomo. Pensai che mi stesse prendendo in giro, che facesse parte di quelle persone che ti giudicano nevrotica perché vivi appiccicata a un gatto, ma subito mi resi conto che non c'era nessuna ironia nel suo sorriso. Sorriso aperto, schietto, niente di beffardo. Nessuna ironia neppure nello sguardo che incontrai di nuovo per un momento. Mi guardava negli occhi, amabile, a suo agio con se stesso e curioso del mondo.

Brindammo di nuovo, facemmo tintinnare i bicchieri e Ingrid: «Ci stiamo comportando come se fossimo tutti e cinque vecchi amici, eh?». Sporse verso l'uomo il visetto arguto, ridente, i riccioli le spiovevano disordinati ancora umidi di pioggia. «Noi tre più Marian e il cane.»

«Si chiama Pascal» disse l'uomo e il cane a sentire il suo nome uggiolò e si mosse sotto il tavolo.

«Pascal come il filosofo?» Ingrid gongolava, continuava a scoccarmi occhiate eloquenti come a dire che fantastica avventura. Eh?

«Pascal» confermò l'uomo.

Ingrid si appoggiò una mano sul petto e con piglio teatrale declamò: «*Il cuore ha le sue ragioni che la ragione non conosce*». Si sporse di nuovo verso l'uomo: «Non diceva forse questo, Pascal?».

«*Qualunque scoglio, a cui pensiamo di attaccarci per sentirci sicuri, vien meno e ci abbandona*» fu la pronta risposta di lui con un tono adesso decisamente caustico. «Diceva anche questo. Teniamocelo a mente.»

«Ma no,» protestò Ingrid «gli scogli hanno il dovere di essere belli sicuri, di non abbandonarci mai...»

Lui si alzò.

«E adesso che cosa fa?» si accigliò Ingrid. «Ci abbandona?» Era così palesemente contrariata da farmi sentire in imbarazzo.

«Non mi sogno,» ribatté lui divertito «porto fuori il cane. Sto via solo un attimo. Cercate di sopravvivere senza di me.»

Dalla finestra lo vedemmo camminare poco distante, incurante della pioggia, mani nelle tasche del giaccone e il cane che correva in giro fiutando qua e là.

«Che ne pensi?» sospirò Ingrid con aria sognante.

«Ma dai,» le assestai una gomitata «non fare quella faccia, sembra che tu abbia incontrato per l'ennesima volta l'uomo ideale.»

Come se non mi avesse sentita: «Quanti anni ha, secondo te? Una decina più di noi?».

«Senz'altro. Sui trentacinque, trentotto...» rifilai un pezzetto di prosciutto a Marian acciambellata sulle mie ginocchia «...troppo vecchio, nel caso ti venissero certe idee.»

«Ma va', troppo vecchio,» non perdeva la sua aria sognante «averne uno vecchio così!»

«Non ti ci vedo con uno di dieci anni in più.»

«Il tuo George aveva otto anni più di te o sbaglio?»

«Lascia perdere George» dissi secca. «E non chiamarlo *tuo* George.»

«Però tu...»

«È stata una catastrofe» la interruppi brusca. «Figurati se avesse avuto dieci anni in più. Dicono che a quell'età gli uomini abbiano già una mentalità da...» Non aggiunsi altro, lui stava rientrando. Sedette al suo posto, davanti a noi. Chiese canzonatorio: «Com'è il verdetto?».

«Stavamo giusto parlando di Pascal, nel senso del cane» Mi accorsi che mi tremavano le labbra ma non volevo mettermi a ridere.

«Non è vero,» sbottò Ingrid «stavamo proprio parlando di te... cioè di lei... insomma, possiamo darci del tu, vero?»

«Mi chiamo Pierre» Non ci chiese che cosa stessimo dicendo di lui, ma tese la mano come si fa per presentarsi, la tese prima a Ingrid poi a me. La sua mano era larga e robusta, asciutta, calda, avvolgente. Un contatto che la mia pelle percepì subito come gradevole e intenso. Una sensazione che aprì un varco nella mia abituale diffidenza e mi fece pensare che l'uomo che stava stringendo in quel modo la mia mano nella sua non poteva essere una persona qualsiasi.

«E ora che sappiamo il tuo nome» cinguettò Ingrid «ci dici anche che cosa fai?»

«Sono un liutaio.»

«Suoni il liuto?» Ingrid spalancò gli occhi, ammirata. «Fai concerti?»

Che bestia, pensai. Non lo dissi, anche se ero seccata che mi avesse smentita poco prima, neanche fossi una bugiarda abituale. Ma non volevo umiliarla, non davanti a qualcuno, poi. Fu lui a spiegare che si chiamano liutai non quelli che suonano il liuto ma quelli che costruiscono strumenti musicali ad arco e a pizzico, cioè violini, viole, violoncelli, e poi mandolini, chitarre e così via. E archetti. E che il liutaio è una professione antichissima che risale al Medioevo eccetera eccetera.

L'ammirazione di Ingrid si fece estasi. Appoggiò il mento sulle mani e scoccò a Pierre una delle sue famose occhiate. Non so se fosse un pregio o un difetto di Ingrid, questa di lanciare certe occhiate agli uomini che le piacevano, ma aveva il suo bell'effetto: spalancava gli occhi e schiudeva le labbra come se d'un tratto si trovasse davanti allo stupefacente sovrano di un regno opulento tutto da scoprire, o all'eroe di mille avventure capace di sconfiggere anche la morte. Ma l'occhiata che aveva più successo era quella da sotto insù accompagnata da un esile sorriso da vergine vogliosa che si trova all'improvviso faccia a faccia con il dio di riti erotici, mai sperimentati da nessuno. Questo terzo tipo di occhiata era riservato a pochi, a quelli che lei chiamava le scorzedure. Si divertiva quando le descrivevo quelli che secondo me erano i tre tipi di occhiate del suo repertorio: «Tu li fissi proprio così» le dicevo. Lei ribatteva: «E loro, a sentirsi guardati in quel modo, si sentono proprio il sovrano, l'eroe, il dio, e non smettono di corrermi dietro». Diceva che, con le altre, gli uomini si sentivano delle mezzecalze. Con lei no.

Ora l'occhiata che dedicò a Pierre mi sembrò la numero uno. Lo tenevo d'occhio, ero curiosa della sua reazione. Stava guardando Ingrid con un mezzo sorriso; la sua espressione non mutò sotto l'occhiata di lei, non fu quella del sovrano di un regno opulento. Lasciò però affiorare un che di scostante, se non di sarcastico, mentre impugnava la bottiglia e versava due dita nel bicchiere di Ingrid, poi nel mio e intanto: «Sono sposato e amo mia moglie,» informò in tono pacato «ho anche un bellissimo bambino di dieci anni».

L'occhiata che gli aveva lanciato Ingrid franò sul tavolo e si dissolse.

«Mia moglie è inglese, è molto brava nel suo lavoro, si occupa di vini. Ci siamo conosciuti da ragazzi.»

«Ah, che bello...» borbottò Ingrid. La vidi arrossire. Mi dispiacque per lei.

«Ora brindiamo a Marian, è Marian che ci ha fatto conoscere» disse ancora Pierre e alzò il bicchiere verso Ingrid: non contento di aver scoperto il suo gioco, stava rigirando il coltello nella piaga. «Senza Marian non ci saremmo mai incontrati.»

«Ho bevuto abbastanza, grazie.» Ingrid si alzò compunta. «Torno subito.» Si diresse verso la porta in fondo che recava in nero la scritta TOILETTE al centro di una ghirlanda di fiori azzurri.

Pierre e io rimanemmo un momento in silenzio. Mi sentivo a disagio. L'atmosfera cordiale e lieve si era del tutto sbiadita. Accarezzavo Marian acciambellata sulle mie ginocchia. Guardavo il mare oltre i vetri rigati di pioggia. Avevo voglia di andarmene.

«Siete sorelle?» mi arrivò la voce di Pierre. Girai la testa verso di lui. Mi osservava come se non fosse accaduto niente di sgradevole. Immaginai Ingrid in lacrime rinchiusa nella toilette.

«Ma no, non siete sorelle, non vi assomigliate.»

«Infatti non ci assomigliamo. Siamo amiche. Da sempre» dissi asciutta. L'iniziale simpatia che avevo provato per lui era sfumata. Non mi era piaciuto che infierisse sulla povera Ingrid. In fondo che male c'è a lanciare a un uomo un accenno di seduzione? Non riuscii a trattenermi: «Lei è un tipo intransigente».

«Ogni tanto» rispose serio. «Meglio mettere subito le cose in chiaro.» Poi con noncuranza: «Dove state andando?».

«Non certo in giro ad accalappiare uomini.» Non avrei voluto che questa frase mi uscisse dalla bocca, ma ormai era fatta. «Comunque stiamo andando a Deauville.»

Seguì un silenzio.

«Non sia arrabbiata con me» mi disse inaspettatamente, con gentilezza. «Mi sono solo difeso. La sua amica crede di essere molto efficace.»

«Efficace... ma figurarsi! Ingrid efficace! Semplicemente lei gioca un po' e io trovo che nel suo modo di fare quando un uomo le interessa ci sia molto di innocente. Non è mai pesante, mai volgare.»

«Non ho affatto detto questo,» ribatté secco «ma, se permette, sono abbastanza adulto da non sopportare le donne che considerano gli uomini solo una facile preda.»

«Uff... la smetta di parlare come se stesse in cattedra.» Irritata. «Non sia banale.» Volevo ferirlo. Quel *banale* colpì nel segno. Lo vidi stringere le labbra in una linea dura.

«È proprio banale,» rigirai anch'io il coltello nella piaga «banale e anche da moralisti giudicare Ingrid come sta facendo lei» buttai lì in fretta. Non gli perdonavo il suo giudizio su Ingrid.

«Stiamo litigando o sbaglio?» Cercava di controllarsi.

«Con lei?» Scossi le spalle sprezzante. «Ma per favore...» e mi girai verso Ingrid che stava tornando. Mi accorsi che aveva pianto, ma si era messa un po' di rossetto e sfoderava un'aria impertinente. Sedette.

«Piove ancora o sbaglio?» e subito si concentrò sul cellulare digitando rapida sui tasti. Rimanemmo in silenzio. Non vedevo l'ora di andarmene.

Il locale si era affollato, tutti uomini, cerate sgocciolanti variopinte e lucide sotto le lampade accese, berretti, bicchieri subito svuotati, un gran vociare, un gran baccano.

Uniche donne, a parte noi, le due che servivano al banco, due più o meno della nostra età ma poderose; si davano ordini una con l'altra, grosse braccia rossicce uscivano dalle maniche del grembiule, grosse mani affaccendate e precise andavano e venivano reggendo bottiglie e bicchieri pieni o vuoti, piatti con salsicce e tazze di caffè. Se ne infischiavano di far colpo sugli uomini, per loro, pensai, uomo voleva dire uno che beve mangia e paga. Avventore e niente di più, almeno in quel momento. Una delle due si accorse che le stavo osservando e urlando chiese se volessimo ancora qualcosa.

«Io prendo un caffè» disse Ingrid senza alzare lo sguardo dal cellulare.

«E lei, *madame*?» chiese Pierre guardandomi. Mi parve di capire che anche lui non vedeva l'ora di andarsene, di sottrarsi alla tensione che rigirava tra di noi.

Scossi la testa senza rispondere. Lui si alzò, lo vidi andare al banco, notai la sua alta figura, il suo incedere elegante. Anche Ingrid si voltò a guardarlo, mi bisbigliò: «Se la tira, eh?».

Pierre tornò reggendo una tazza di caffè, la poggiò davanti a Ingrid ma senza una parola. Lei non lo ringraziò. Lui infilò il giaccone.

«Nel caso» disse Pierre e senza aggiungere altro – in quale caso? – depose sul tavolo un biglietto da visita. Ne estrasse un altro, che accostò al primo con precisione: «Questo è di mia moglie, se vi venisse il dubbio che io abbia mentito dicendo che sono sposato».

«Ma che problemi si fa, adesso?» lo derisi.

Mi ignorò. Mise il guinzaglio al cane: «Vado anch'io a Deauville, magari ci si rivede».

«Scusi un attimo,» sbottò Ingrid «ma lei che cosa stava rimuginando mentre camminava tutto solo sulla spiaggia? Noi la osservavamo dalla macchina... lei e il cane.»

«Che domande!» Aveva ritrovato il sorriso, ma era un

sorriso formale, un freddo sorriso. Fece un cenno di saluto e si avviò all'ingresso. Prima di uscire si voltò e guardandomi: «Qualcosa mi dice che ci rivedremo. Ci rivedremo senz'altro, scommettiamo?». Non lo disse a voce alta eppure, nel gran ciarlare che rimbombava nel locale, le sue parole mi arrivarono distintamente. Se ne andò.

«Che cos'ha detto?» Ingrid si girò verso di me, scura in viso.

«Che ci rivedremo.»

«Vada a quel paese.»

Marian si svegliò, affacciò il muso sul tavolo a baffi ritti, fiutò l'aria, le offrii gli ultimi pezzetti di pane rimasti.

«Usciamo da qui» sospirò Ingrid. Si alzò, si diresse verso il banco, tornò subito: «Ha pagato tutto lui».

Ce ne andammo.

Prima di allontanarmi dal tavolo avevo raccolto i due biglietti da visita lasciati da Pierre e li avevo infilati nella borsa.

2

Tutti, presto o tardi, abbiamo
avuto la sensazione
che qualcosa ci chiamasse
a percorrere una certa strada.
(JAMES HILLMAN)

Mi misi io alla guida. Ingrid era accanto a me con Marian sulle ginocchia. Continuava a piovere. I tergicristalli gemevano sul parabrezza avanti e indietro. Guidavo adagio, ripensavo a Pierre, alle sue ultime parole. *Ci rivedremo.* Perché mai dovremmo rivederci?

Gettai uno sguardo alla spiaggia. Ora, del tutto deserta, si perdeva nella foschia. Rimpiansi che l'uomo e il cane non fossero rimasti un'immagine fugace e loro due sconosciuti, ignoti. L'immagine che qualche ora prima mi aveva fatto provare in modo tanto struggente un senso di congedo. L'addio.

Non parlavamo, oppresse dal cielo grigio, quasi cupo. Sembrava che l'estate fosse stata spazzata via.

«L'estate ha distolto il suo viso da noi» recitai sottovoce. «Ti ricordi? Lo diceva zia Esther.»

«È vero...» sospirò Ingrid.

Zia Esther lo diceva in tono biblico. Mi sembrò di rivederla seduta al tavolo della cucina davanti alla pila di fogli su cui aveva scritto gli oroscopi e ripeteva arcigna quelle parole – l'estate ha distolto il suo viso da noi – e intanto correggeva un segno zodiacale dopo l'altro, e si soffermava a lungo sul Capricorno borbottando non so che cosa. Avrei scoperto solo in seguito che con il segno del Capricorno aveva un conto aperto. Poi sistemava i fogli in due buste color arancione da spedire alle due riviste su cui teneva una rubrica da astrologa. Rubrica di strepitoso successo, mi diceva. Infine andava alla finestra e osservava a lungo i prati, i cespugli e infine il bosco fradici di pioggia e le montagne velate da nastri di nebbie; rimaneva lì come se stesse aspettando qualcuno che non si decideva ad arrivare.

Invece di correre verso Deauville sotto la pioggia e dopo lo sgradevole incontro con quell'uomo, non avrei preferito essere da zia Esther? Il pensiero mi sorprese, eppure mi accorsi che era proprio così, avrei proprio voluto essere su in montagna da lei, nel calore della sua presenza, io e Marian, e i suoi gatti e i due cani. E quella sfilza di piccoli o grandi misteri di cui scoprivo deboli indizi sparsi in ogni angolo della casa, misteri in cui zia Esther avvolgeva la sua vita e che accendevano – e continuano ad accendere – la mia curiosità.

«Che cosa stai pensando?» Vocina lamentosa di Ingrid.

«Ancora a zia Esther.» Sterzai per evitare un'immensa pozzanghera. Ingrid mi invidiava una zia come Esther. Me la invidiava in senso buono, la adorava anche lei. Quando tornò a vivere in paese nella fattoria del padre – fattoria completa di mucche, galline, conigli, orto e campi – quasi tutte le sere portava a zia Esther e a me sformati di verdure o torte di mele con panna, in prelibata alternativa alle eterne patate, base dell'alimentazione di zia Esther.

«Ho nostalgia di zia Esther... quando torno dalla Francia vado a trovarla. Mi manca.»

«Anch'io ho nostalgia di mio padre» mormorò Ingrid. «Mio padre sa essere così rassicurante.» E ancora: «Per me *casa* vuol dire mio padre». E già, pensai, povera Ingrid, non poteva certo provare nostalgia per sua madre, detestata tra l'altro da zia Esther non solo per ragioni professionali: lei astrologa e la madre di Ingrid chiromante provavano una per l'altra un virulento disprezzo. Eppure, quando la madre di Ingrid era stata ricoverata, Esther si era precipitata all'ospedale e l'aveva assistita fino all'ultimo.

«Vai più piano, soffro la macchina, l'hai dimenticato?»

Rallentai. Socchiusi il finestrino. Certo è che il senso d'avventura con cui avevamo iniziato il nostro viaggio si era sbriciolato. Vai a capire perché.

«Che cosa ci è successo?» Mi irritava non capire la ragione di quel sentirci entrambe con le orecchie basse. «Eravamo tutte allegre ed euforiche... ora sembriamo due ragazzine sperse che non vedono l'ora di rifugiarsi in una cuccia calda.» Sbuffai. «È stato l'incontro con quel tipo?»

«Non fosse così lontano ti direi di girare la macchina e al diavolo Deauville e tutto il resto» disse Ingrid, lamentosa.

«Vuoi?» Rallentai ancora di più. Sì, mi era venuta proprio una gran voglia di tornarmene da zia Esther. «Torniamo indietro?» Provavo un'inquietante sensazione, come se qualcosa mi soffiasse nell'orecchio che il nostro viaggio non sarebbe affatto stato una gioia ma un guaio dietro l'altro. «Torniamo?»

«Ma va', impossibile, dicevo per dire» disse lei. Le tremava la voce. «A Deauville ci aspetta Marco. E non solo.»

«Cos'altro?»

«Niente. Te ne parlerò quando arriviamo.»

Le lanciai un'occhiata interrogativa. Mi accorsi che stava piangendo. Cercai il pacchetto dei fazzoletti di carta e glielo porsi.

«Allora?» dissi affettuosa. «Che cosa c'è adesso?»

«È che mi detesto...» singhiozzava.

«Ti detesti?»

«Per lui, quell'uomo... Pierre. Non sopporto di essermi comportata come un'idiota. Mi odio.» Si tamponava gli occhi con il fazzoletto di carta. Marian alzò il muso verso di lei poi si rigirò meglio sulle sue ginocchia e riprese a dormire: tutto era nella norma trattandosi di uno dei tanti sfoghi di Ingrid.

«Una vera idiota, non so che cosa mi abbia preso, non potevo starmene...» singhiozzi desolati «...non potevo *starmene al mio posto*, me lo diceva mia madre, mi diceva che non so stare al mio posto... E dove diavolo è il mio posto? Dove diavolaccio è?»

«Lascia perdere tua madre. Non credo che valga come riferimento educativo.»

«Tu lo sai dov'è il tuo posto? Sai stare al tuo posto, tu, eh?»

«Che cosa vuol dire?» Mi stavo innervosendo.

«Neanch'io so che cosa voglia dire e non so dove sia il mio posto, ma ne ho capito abbastanza per sapere che io *al mio posto* non ci sono stata, oggi... Con quel tizio mi sono comportata come un'imbecille, aveva ragione lei, mia madre, una deve rimanere al suo posto, così non combina pasticci, non fa figuracce, non passa per una cretina...» continuava a singhiozzare «...Che cosa posso farci se quando vedo un certo tipo di uomo mi faccio subito un film nella testa? Mi immagino subito che mi possa far felice come non sono mai stata? Amare follemente? Sto dicendo delle scemenze, lo so, ma è così... Anche con Pierre a un certo punto mi è scattato qualcosa, dovevo buttarmi... Spesso mi dici che per me è un gioco, ma mica tanto, è qualcosa di più, come se gli uomini fossero...» altre lacrime «...non so, forse l'unica cosa per cui vale la pena vivere.»

«L'unica? Allora siam messe davvero bene» obiettai con amarezza.

«Per Pierre invece non sono stata nient'altro che una civetta... un'adescatrice da strapazzo, una perversa avida di sesso, una che non ha mai capito quale sia il suo posto, che appena vede un uomo gli salta addosso puntando al letto... Che cosa avrà pensato di me Pierre?»

«Chi se ne frega, Ingrid, di quello che ha pensato.»

Lei non mi ascoltava: «So che avete parlato di me

quando sono andata in bagno, sii sincera, non rispondermi che avete parlato del cane.» Lacrime inarrestabili. «Voglio sapere che cosa ha detto di me.»

«Chiedilo a lui la prossima volta che lo incontriamo» ribattei aspra.

«Non sei per niente comprensiva...» singhiozzi rabbiosi «...proprio per niente.»

«Adesso basta, accidenti!» Accostai e fermai la macchina sul ciglio della strada. Mi voltai verso Ingrid. Marian ne approfittò per sistemarsi sulle mie ginocchia.

«Perché fermi? Che cosa succede?»

«Succede che la smetti.» Il suo pianto invece di commuovermi mi esasperava. «Se Pierre fosse caduto ai tuoi piedi come fanno tanti, be'... adesso saresti qui a gongolarti tutta allegra, avresti sul cellulare il suo numero di telefono e un appuntamento a Deauville, saresti al settimo cielo per averlo conquistato... Non ti daresti certo dell'imbecille, non verseresti che lacrime di gioia, capito che cosa intendo?»

«Non è vero... non è vero...»

«Certo che è vero!» Alzai la voce. «Solo quando ti prendi una porta in faccia ti senti meno di zero, solo quando fallisci le tue conquiste rimpiangi di non essere rimasta al tuo dannatissimo posto.»

«Non sono come te, io» ribatté lei.

«Cioè?» sbraitai.

«Una che si dà un sacco di arie, ecco» strillò lei. «Una che la sa più lunga di tutti. Una che crede di avere sempre ragione, che non piglia mai una cantonata e tutti gli altri invece sì...» e si riprese Marian in braccio. «Ecco.» Marian si sistemò sulle sue ginocchia indifferente alla lite che si era scatenata sulla sua testa.

Senza una parola riavviai la macchina. Via di gran carriera.

«E sei anche permalosa» sbottò Ingrid.

«Be', almeno hai smesso di frignare,» ribattei del tutto offesa «non se ne poteva più.»

«Grazie, eh?»

Silenzio. Ognuna delle due chiusa nel proprio ottuso risentimento.

Andava così, con Ingrid. Grande amicizia, grandi conflitti. Ore e giorni in chiacchiere, confidenze, risate, affetto. Ore o, più raramente, giorni in ostile mutismo. Questo fin da piccole, quando passavamo insieme le vacanze da zia Esther.

«E ogni volta che sbaglio mi dai addosso.»

Tenni il becco chiuso. Non tolleravo gli insopportabili bisticci in cui ci si insulta a vicenda. La minaccia di un simile scontro si stava gonfiando. Invadeva la macchina. Non adesso, pensai. Già mi sento ferita, ci mancano reciproche accuse e ripicche.

Mi sforzai di concentrarmi sulla guida e di tener d'occhio la strada: c'era traffico. Tutta quella pioggia. Sì, pensai cercando di calmarmi, con Ingrid fin da piccole è andata così. Fin dalla prima estate a cui ne seguirono tante altre. I miei mi affidavano a zia Esther appena finita la scuola. Mi accompagnava mio padre, in macchina. Un lungo viaggio dalla città in cui vivevamo, un viaggio che mio padre costellava di raccomandazioni dopo avermi elencato le volte in cui i miei voti a scuola lo avevano deluso. Erano elenchi interminabili.

«Non dovevamo far benzina?» Ingrid ruppe il silenzio con tono incolore.

«Giusto» risposi fredda. Avvistai un distributore sulla nostra destra. Ingrid tolse dal cruscotto il portafoglio che conteneva il danaro della nostra cassa comune e me lo porse.

«Ti spiace scendere tu? Io sono a pezzi.»

Agguantai il portafoglio e scesi.

«Fatto.» Appena risalii al mio posto le tesi il portafoglio.

«Hai messo dentro la ricevuta?»

«Fatto.»

Ci scambiavamo parole simili a bollettini di guerra. Armistizio e pace erano lontani mille miglia.

«Fra quanto arriveremo?»

«Boh» risposi.

Lei non disse più niente. Io neanche. Tra di noi aleggiava lo stesso sgradevole disagio che mi opprimeva nei viaggi con mio padre, quando mi accompagnava da zia Esther. Ma quando quei viaggi color fuliggine si avvicinavano alla meta, a un tratto per me tutto quel nerume sfumava e iniziava la felicità appena vedevo sbucare in fondo alla strada e tra gli alberi la vecchia casa di zia Esther. Era quasi villa e quasi casolare, bianca con le persiane in legno color indaco, finestre e balconi fitti di gerani. Due comignoli lunghi lunghi e sulla punta del tetto il gallo in ferro battuto, gallo spiravento, come lo chiamava zia Esther; lo vedevo girarsi cigolando quando il vento cambiava direzione. E i prati intorno e le montagne. Nello stesso periodo la madre di Ingrid la spediva con qualche conoscente alla fattoria del padre. Lei, la madre, se ne rimaneva in città, si diceva che ce l'avesse a morte con il marito per i continui tradimenti. «Non è per questo,» sbuffava zia Esther «qui se non spettegolano non vivono.» Il giorno successivo al mio arrivo mi mettevo ad attendere Ingrid al cancello che dava sulla strada. Non era il padre ad accompagnarla, lui non l'avevo mai visto – in effetti la prima volta che lo incontrai fu, anni dopo, quando scoppiò l'incendio.

Dal cancello vedevo arrivare Ingrid in bilico sul manubrio di una bicicletta, sul sellino torreggiava un'anziana contadina, pedalava veloce, rossa in faccia sotto il fazzoletto che le avvolgeva la testa. Scaricava Ingrid, voltava la bicicletta e se ne andava. La sera era zia Esther che riaccompagnava in macchina Ingrid alla fattoria, io rimanevo ad attendere il suo ritorno in compagnia dei gatti e dei cani. Quando pioveva Ingrid si fermava a dormire – e ogni giorno verso sera speravo si mettesse a piovere –, in due nel lettone della stanza sotto il tetto in cui sarei tornata tante volte per tanti anni. Zia Esther si chinava a dare a entrambe il bacio della buonanotte, poi usciva ma lasciava la porta aperta. Ingrid e io ci prendevamo per mano, lei mi raccontava sottovoce quello che succedeva alla fattoria dove non avevo il permesso di mettere piede, mai capito perché. Raccontava di come nascono i vitelli e i conigli e i maiali e anche i puledri, non avevo mai visto nascere nessuno, io, e il fatto che tutti sgusciassero fuori dalla pancia, fra le zampe posteriori di mucca, cavalla, scrofa, coniglia, mi lasciava stupefatta. Da dove uscivano?

«Attenta, c'è un ciclista» mi avvertì Ingrid.

«L'ho visto.» Invece non lo avevo visto, distratta dai miei ricordi. Rallentai per non schizzare il tipo che pedalava curvo, incurante dell'acqua che gli scivolava sulla cerata nera.

«Non poteva vestirsi di giallo?» commentò Ingrid. «Rischia di confondersi con tutto il grigio di questa piacevole giornata» aggiunse caustica.

«Già» replicai asciutta. Non avevo nessuna intenzione di chiacchierare con lei. Faccio quella che sa sempre tutto, eh? E allora sto zitta. Rimuginavo.

D'un tratto, sotto il cielo piovoso, mentre guidavo senza aprir bocca verso Deauville per la strada costellata di pozzanghere, con Ingrid immusonita accanto, mi tornarono in mente i nostri giochi e le nostre liti di bambine. Soprattutto quella volta in cui arrivò tutta elegante e orgogliosa del suo abitino nuovo di mussola rosa con i fiocchetti. Era il suo compleanno – non potrei mai dimenticare quel giorno –, zia Esther aveva preparato la torta con otto candeline. Il litigio scoppiò verso il tramonto:

lei, cocciuta, aiutandosi con una paletta voleva dirigere un viavai di formiche in fila verso un recinto di erbe e legnetti che avevamo costruito vicino alla fontana. Io strepitavo, le file di formiche non si toccano, devono andare dove vogliono loro. Cercavo di toglierle di mano la paletta, ma lei mi spintonava via. Io la agguantai per il vestito, all'altezza del petto, furente. Strappai con forza e il vestito lacerato dal collo all'orlo finì in brandelli. In piedi, rimanemmo a guardarci, pietrificate una di fronte all'altra. Io inorridita, lei quasi in mutande. «Che cosa hai fatto» balbettò, gli occhi blu traboccanti lacrime erano spalancati in uno sguardo intollerabile di sorpresa e di dolore. Intollerabile. Le avevo buttato le braccia al collo sopraffatta da quello sguardo e dallo spavento: davvero un mio gesto impulsivo e rabbioso aveva il potere di far del male fino a quel punto? Di ferire? Di distruggere? Davvero potevo essere tanto malvagia? Dove si era nascosta fino a quel momento dentro di me quella violenza diabolica di cui non mi ero mai accorta prima? Rimanemmo abbracciate, strette strette, vicino alla fontana. Il cielo del tramonto quella sera era percorso da strisce rosso fuoco. Stringevo Ingrid e giuravo a me stessa che da quel momento l'avrei protetta da ogni male. Mai più, mai più quello sguardo di sorpresa e dolore. Dopo aver riaccompagnato a casa Ingrid, quella sera zia Esther mi prese sulle ginocchia, cosa che non faceva mai. Non mi davo pace per quello che avevo fatto. Lei mi cullava e mi rivelò qualcosa – dell'animo umano – che non avrei più dimenticato.

Guidavo lentamente sotto la pioggia, avevo davanti uno sgangherato furgoncino e non riuscivo a superarlo. Mi accorsi che il ricordo di quel giorno stava sciogliendo poco per volta il grumo rabbioso che mi pungeva il petto. Tirai un profondo respiro.

«Fermo un attimo qui» dissi.

«Perché?» chiese Ingrid. Voce di malumore.

«Marian.» Mi ero accorta che continuava ad appoggiarmi una zampa sulla coscia e mi faceva sentire le unghie. «Deve farsi un giro.» Voce di malumore anche la mia.

Nonostante tutto eravamo ancora in guerra.

Arrestai la macchina sotto gli alberi, in uno spiazzo di fronte a un bar. Ingrid aprì la portiera e subito Marian saltò a terra, galoppò attraverso il prato e sparì in un cespuglio.

«Vado anch'io a far pipì» annunciò Ingrid. Scese a terra. Sbatté la portiera con forza, tanto per farmi capire che ce l'aveva ancora con me, e si diresse verso il bar. La mandai a quel paese tra me e me mentre uscivo dall'auto. In fondo che cosa le avevo detto a proposito del suo atteggiamento verso Pierre? Nient'altro che la verità, mi sembra. Forse con troppa energia?

Sotto l'ombrello che avevo agguantato dal sedile posteriore la seguii con lo sguardo. Si era tirata sulla testa il cappuccio della giacca a vento rossa che le stava stretta in vita. Il sedere fasciato nei jeans stinti ondeggiava qua e là nel passo, in modo grazioso, mi parve. Non era certo quello che lei definiva con disprezzo un orrendo grosso sedere.

Continuai a osservarla. Teneva le braccia strette intorno al corpo come se avesse freddo, la borsa di tela penzoloni da una spalla. Qualcosa in lei sembrava implorare tenerezza, qualcosa di goffo, di infantile, di esitante che Ingrid suo malgrado si portava addosso.

In quel momento un giovanottone uscì dal bar a rapidi passi da orco, voluminose spalle nel giubbotto di cuoio. Passando vicino a Ingrid la urtò malamente e proseguì senza badarle. Lei barcollò, si riprese, si voltò verso di lui, muta. Il tipo ora si dirigeva verso la macchina accanto alla nostra.

«Ehi, tu,» sbottai indignata «potresti almeno chiedere scusa.»

Si voltò feroce mentre apriva la portiera e mi rovesciò addosso una serqua di insulti, urlando quanto noi donne fossimo stupide e soprattutto io che in aggiunta non potevo che essere una gran troia. Sgommò via facendo slittare gli pneumatici sulla ghiaia e dal finestrino aperto mi urlò vacca e puttana.

Ingrid tornò indietro. La riparai con l'ombrello.

«Non te la prendere» disse.

Di nuovo vicine, lei e io, unite dal comune destino di appartenenza al genere femminile.

«Chissà perché...» dissi «...gli uomini per insultarti ti danno della troia e della puttana, che sono poi le categorie che frequentano con più entusiasmo.»

Ingrid si mise a ridere, mi prese sottobraccio. Era luminosa con quel cappuccio rosso intorno al viso.

«Te la sei presa?» Mi sorrideva.

«Per un poveraccio come quello?» Anche a me venne spontaneo sorriderle. «Tutto okay?»

Annuì. «Tutto okay.»

Ci voltammo per cercare Marian, stava uscendo dal cespuglio, veniva veloce verso di noi. Passai l'ombrello a Ingrid. Raccolsi Marian e la strinsi al petto.

«Ti offro un caffè?» disse Ingrid.

«Te lo offro io.»

Pace fatta.

Quando tornammo in macchina, appena fui alla guida: «Metti un po' di musica» disse Ingrid. Avevamo preparato insieme un nastro molto speciale, dai Pink Floyd a Mozart, e anche canzoni dal testo banale ma il cui ritornello ci entusiasmava. Così ci mettemmo a cantare a gran voce, lei in falsetto, io con toni da soprano drammatica. Sotto la pioggia battente la giornata – la vita – tornò per noi a essere radiosa.

Quando arrivammo a Deauville aveva smesso di piovere. Le strade ancora lucide brillavano sotto un cielo inaspettatamente sereno. Era la prima volta che venivo a Deauville. Ingrid ci aveva vissuto per qualche mese dopo che si era sposata e adesso era lei a indicarmi il percorso, volta a destra, vai dritto, qui a sinistra dopo la piazza, quella casa lì, sì quella bassa, a un piano, con i due alberi davanti, puoi parcheggiare in cortile. Io eseguivo.

Prima di scendere dalla macchina mi guardò seria.

«Ci siamo» disse.

«Come ti senti?»

«Cioè?»

«A rivedere Marco.» Non poteva essersi dimenticata che si erano lasciati dopo una tremenda lite, come mi aveva raccontato. Lui era rimasto a Deauville nel suo ristorante, lei se n'era tornata sulle Dolomiti dal padre. «Che effetto ti fa rivederlo?»

«Ne succederanno delle belle» ora rideva. Allegrissima. Quando aprimmo il bagagliaio per tirar fuori le nostre borse e le sacche, «Non torno certo qui per Marco» mi bisbigliò con l'aria di confidarmi un segreto.

«Cioè?» Le sue parole mi lasciarono di stucco. «Per che cosa sei tornata?» Intanto aspiravo l'aria, sapeva di mare, di fiori, di pesce fritto. «Per che cosa?»

«Sorpresa,» cinguettò «vedrai.» Si girò verso la porta di casa. «Siamo finalmente qui» gridò come se il nostro arrivo non fosse evidente all'uomo che si stava dirigendo verso di noi. «Siamo qui» strillò ancora lei.

«Finalmente.» Marco le fu vicino, la abbracciò di slancio sollevandola da terra. «Ce n'è voluto per farti tornare.» Le baciava il viso, la faceva roteare, alto e potente com'era. «Finalmente.»

«Mettimi giù» rideva lei. Marco la depose a terra tenendola stretta a sé. Ci salutammo. Ci eravamo conosciuti al matrimonio, l'avevo visto solo in quell'occasione. Non sapevo se mi fosse simpatico o no, ma la mascella massiccia mi suggeriva un che di brutale. Il sorriso che mi rivolse era aperto. Un sorriso che svanì appena Marian saltò fuori dalla macchina e venne verso di me.

«E quello che cosa sarebbe?» chiese Marco come se avesse avuto davanti un animale mitologico.

«Sarebbe un gatto.» Presi Marian in braccio. «Anzi, *è* un gatto.»

«Vuoi dire che quello è il *tuo* gatto? Vuol dire che calcoli di portarlo in casa *mia*?» Si voltò verso Ingrid. «Tu lo sapevi che sono allergico ai gatti. Molto allergico. Come faccio a far entrare in casa la tua amica con il suo gatto? Come faccio a ospitarla da noi?» Senza aspettare risposta guardò di nuovo me e con fare spiccio «Vuol dire che lasceremo la gatta da Silvy,» dichiarò «non abita lontano e va pazza per i gatti. Tu resterai da noi».

«Impossibile,» risposi con ferma cortesia «non mi separo da Marian. Proprio mai. Andrò da un'altra parte, mi cerco un altro posto.»

«Macché altro posto» disse lui e raccolse i bagagli di Ingrid. «Ti accompagno fra un attimo da Silvy, vivrete lì tutte e due.» Fece qualche passo poi si girò: «Naturalmente ti lascerò al portone. Non salgo da Silvy, devo correre al lavoro. Le telefono per avvertirla». Inclinò la testa su una spalla osservandomi. Dopo un attimo: «È mia amica» e mi squadrava da capo a piedi. «Non devi pagare niente» aggiunse come se con quell'occhiata lunga avesse dedotto che, quanto a soldi, dovevo avere l'acqua alla gola.

Ingrid e Marco, abbracciati, entrarono in casa; io rimasi ad attendere con Marian sempre in braccio, avevo adocchiato un cane in fondo al cortile, un grosso cane nero e peloso, steso di traverso accanto a un cespuglio di rose. Era alla catena, in ogni caso meglio tenere Marian al sicuro. E intanto rimuginavo su quell'occhiata di

Marco. Non mi pareva di avere l'aria di una stracciona, proprio per niente, sandali quasi nuovi, pantaloni di tela blu al massimo stazzonati dal viaggio, camicia azzurra senza buchi e senza macchie sulla canottiera blu, la mia amata giacca da pioggia color cannella. Come accidenti avrei dovuto vestirmi secondo Marco? Dedussi che voleva in qualche modo farmi capire che gli ero antipatica. Da una finestra aperta mi arrivò la voce di Ingrid, poi quella di lui, non capivo le parole ma i toni mi sembravano ridenti.

Dagli alberi frondosi nel cortile, la brezza faceva ancora spiovere improvvise sventagliate di gocce iridescenti. Arrivava attutito il rumore del traffico. C'era quiete. Mi piaceva quel luogo. Me ne stavo appoggiata alla macchina ad attendere, con Marian in braccio che si guardava intorno, e ripensavo alle parole di Ingrid: non era tornata per Marco, per che cosa allora? Qual era la sorpresa? Avevamo stabilito che saremmo rimaste qualche giorno a Deauville poi ce ne saremmo andate a l'Ile d'Oléron sulla costa atlantica, da alcuni suoi amici, avevamo un impegno lì, avrei dovuto dare una mano a qualcuno – non avevo capito bene a chi – per concludere una tesi su non so quale autore russo o qualcosa del genere. «Bisogna tradurre delle cose,» mi aveva detto vagamente Ingrid «non troppa roba ma qualcosa, e tu il russo lo sai, eh? Non conosco nessuno che sappia il russo come lo sai tu.» Mi aveva assicurato che non avrei passato le giornate chiusa in casa con il naso sui libri, saremmo andate lo stesso in giro per l'isola. Del resto non mi contrariava affatto avere a che fare con una traduzione dal russo, anzi. Adoravo quella lingua, per me sapeva di infanzia, di treccine legate strette strette intorno alla testa, sapeva di aringhe affumicate e di zuppa di barbabietole e di kefir, sapeva di fiabe, sapeva soprattutto di nonna, era lei che per farmi addormentare, in quella lingua che pronunciava in modo così musicale e rotondo, mi raccontava interminabili storie che iniziavano quasi sempre con un vecchio e una vecchia che vivevano in un bosco. E nelle mie notti a casa di nonna si aggirava la Baba Yaga, l'affascinante, terribile, paurosa Baba Yaga, strega russa onnipotente che viveva nella capanna sorretta da zampe di gallina.

Quello che mi affascinava di più della Baba Yaga era – ed è – che la sua capanna magica sembrava non avere porta: per trovare la porta bisognava pronunciare una parola magica. «Solo quando conosci questa parola...» mi avvertiva nonna «solo allora ecco che ti si rivela la porta attraverso la quale puoi entrare... e su questo, tesoro mio,» mi diceva in russo «su questo potremmo parlare a lungo, sullo scoprire quale sia la parola magica che ci mostra la porta che finalmente ci si rivela e ci accoglie, la porta da attraversare... mi capisci?» Allora non capivo la metafora. Oggi forse.

Lei, mia nonna, diceva che la difficoltà sta non solo nel trovare la parola magica, ma anche nel capire quale porta vogliamo che si apra davanti a noi, quale sia cioè la porta che ci permette di andare in un altrove sempre desiderato, sempre immaginato, mai realizzato. «È un po' come la gattaiola dei mici,» diceva sorridendo «sai quella porticina bassa ritagliata e quasi invisibile? I gatti entrano ed escono da lì, sanno benissimo come fare, sanno dove vogliono andare e trovano sempre un varco.» E aggiungeva: «Noi no, noi raramente. O mai, nella peggiore delle ipotesi. Stiamo lì a lamentarci del nostro triste destino ma non facciamo niente, proprio niente, per trovare la parola magica e la porta, per cambiare del tutto la nostra situazione». Lei, però, la parola magica e la sua porta infine l'aveva trovata. Eccome se l'aveva trovata. Io no. Ero ancora incerta di me stessa, degli altri, della vita, di tutto.

«Che cosa stai pensando? Hai un'aria cupa...»

Non mi ero accorta di avere Ingrid di fronte.

«Ma no... stavo pensando... così, per niente cupa.»

«Sei seccata perché non puoi dormire qui?» continuò lei, scrutandomi preoccupata. «Mi ero scordata dell'allergia di Marco, ma chi se ne frega, vedrai, Silvy è molto ma molto simpatica. Ti troverai bene con lei, poi vieni qui a pranzo e a cena, stiamo insieme lo stesso.»

«Nessun problema. Va benissimo così. Davvero.»

Arrivò anche Marco, annunciò che saremmo andati a piedi, la casa non era distante, aveva già telefonato a Silvy, tutto a posto. «Il trasportino del gatto?» chiese accigliato come se la sola parola *gatto* potesse soffocarlo. «Dov'è? Mica te lo terrai in braccio.»

«Nessun trasportino» spiegai. «Marian viaggia in braccio a me, sempre. Sta tranquilla, non ha bisogno di una gabbia.»

«Eva l'ha abituata così» si intromise Ingrid «fin da subito. Dicono che se abitui subito un gatto a muoversi, a viaggiare con te, quello è...»

«Lascia stare,» tagliò corto Marco «parola mia che non mi interessano le faccende dei gatti.» Raccolse la mia sacca e si avviò, noi dietro.

Costeggiammo giardini dalle siepi tagliate precise, non una foglia fuori posto, alberi che sembravano contenere qualsiasi esplosione di naturale esuberanza costringendosi a starsene raccolti con aria educata, come se temessero di farsi spettinare dal vento. Costeggiammo case con i muri percorsi da strette bande grigiastre o in legno scuro che salivano fino ai tetti spioventi e complicati, bande verticali, fitte, a volte incrociate tra di loro, quindi trasversali non più verticali, e davano all'insieme una certa aria medioevale.

Subito Marco spiegò: «Sono le tipiche case a graticcio, mai sentite? Vai anche a Rouen, ne puoi vedere quante ne vuoi». Si fermò, depose la mia sacca, e con piglio da cicerone: «Anzi no, vai in Germania. Devi andare lì se vuoi vedere le case a graticcio autentiche, queste in Francia sono una brutta copia».

«Andiamo, dai» lo sollecitò Ingrid. A me lanciò un'occhiata come per dirmi adesso attacca!

«No, devo spiegare» ribatté lui. Indicò la casa che avevamo di fronte: «Ti spiego come le fanno, Eva. Prima si costruisce tutta la parte in legno: travi verticali che salgono dal suolo, travi trasversali per tenere insieme la struttura. Si lasciano spazi tra l'una e l'altra. Un'intelaiatura. Come fosse lo scheletro di una capanna. Di una grande capanna. Mi seguite?».

Annuimmo come due scolarette.

«Una volta costruita l'intelaiatura si riempiono gli spazi vuoti tra le travi con argilla o con calcestruzzo. Per farvi capire... si fanno prima le decorazioni che sarebbero le travi di legno. Poi si fanno le mura della casa. L'effetto è straordinario. Sapete quando hanno cominciato a costruirle in Germania?»

«Diciamo nel Milleduecento?» disse subito Ingrid. «Milleduecento dopo Cristo, mi pare.» Lo stava prendendo in giro.

«Ma che brava» borbottò lui seccato. Riprendemmo a camminare.

Ci inoltrammo per strade strette, cespugli fioriti, rampicanti e giardini protetti da severe cancellate. Profumo di glicine.

Ci salutammo davanti a un portone.

Salii un paio di rampe, scale in pietra, odore di broccoli. Bussai a una porta laccata di rosso. Marco mi aveva avvertito che non avrei trovato il campanello. Bussa forte, mi aveva detto. La porta si spalancò.

«Benvenuta» fu la prima parola che sentii.

Fu così che a Deauville andai con Marian ad abitare in quella casa da cui si vedeva il mare. E conobbi Silvy. Non era per niente una persona qualsiasi. Me ne accorsi appena ci guardammo in faccia. Ferme sulla soglia a guardarci quasi presagendo che l'incontro non sarebbe stato una cosa da niente, nella mia vita.

«Gatto?»

«Gatto» risposi come fosse una parola d'ordine. Parola magica che fa aprire la famosa porta. La porta misteriosa.

«Arrivano gli ospiti,» gridò Silvy rivolta all'interno «gatto e ragazza. Non sono male, nessuno dei due.»

3

Ciò che conta, in definitiva,
è la gentilezza amorevole.
(IRVIN YALOM)

Silvy doveva essere stata bellissima e lo era ancora. Fin dal primo momento, avevo colto la grazia dei suoi lineamenti delicati, lo smalto lucente degli occhi blu, profondi sotto le sopracciglia.

«Ma quanti anni hai?» non potei fare a meno di chiederle qualche giorno dopo il mio arrivo. Eravamo a camminare sulla spiaggia. Mattino presto – l'alba. Bassa marea. Spiaggia sconfinata. Il mare là in fondo. Piccole pozze qua e là dimenticate dal riflusso. Granchiolini.

L'aria tremava di luce, un vasto riflesso iridescente dal cielo alla spiaggia, dalla spiaggia al cielo. Un cristallo luminoso. E sulla spiaggia noi due e Marian. Poche altre persone, figurine sparse qua e là nell'immenso azzurro. In pochi balzano dal letto con la prima luce, come facevamo Silvy e io. Già il primo giorno era venuta a svegliarmi scuotendomi con gentilezza: «Apri gli occhi, il mondo là fuori è in attesa, abbiamo un appuntamento». Mi lasciava appena il tempo di infilare qualcosa e via subito nell'aria freschissima, nel profumo di glicini, di salmastro.

L'appuntamento era con la bassa marea.

«Come hai detto?» Silvy sciolse lo scialle che le avvolgeva le spalle, uno scialle blu che subito la brezza gonfiò e sollevò nell'aria. Lo raccolse, lo torse e lo allacciò intorno alla vita sulla lunga tunica turchese che le scendeva fluttuando fin quasi alla caviglia. «Quanti anni ho?»

«Non riesco a darti un'età.»

«Dovresti?» Ma sorrideva.

«Se mi dicessi che hai ottant'anni penserei che forse anche a me potrebbe accadere di invecchiare in modo meraviglioso come è accaduto a te. Per questo te lo chiedo.»

«Non è che *accade* di invecchiare bene.» Silvy si chinò per sfilarsi i sandali. I piedi nudi – il sinistro appena deformato dall'alluce valgo – avevano le unghie dipinte di un bel rosso corallo. «Non *accade*, cara mia... Non è qualcosa che ci sorprende alle spalle. Si invecchia bene quando si impara a invecchiare bene. È un lungo lavoro che comincia...» voltò la testa per guardarmi «...ma sì, grossomodo alla tua età o poco più.»

«Di già alla mia età?»

«Uno di questi giorni te lo spiego, se vuoi.» Parlava con voce gaia, un tono venato di gioia per i colori del mondo che ci circondava. «Un lungo lavoro affascinante.» Riprese a camminare. «Ho l'età che tu pensi che io abbia. Non un anno di più. Non un anno di meno.»

Continuammo a camminare. Marian saltellava intorno a noi, correva qua e là, si appiattiva all'improvviso, balzava di nuovo su per inseguire un filo d'alga, tornava vicino a me per farsi prendere in braccio. Intanto continuavo a riflettere sull'età di Silvy.

«Ah, non so...» dissi infine e mi misi a ridere «... potresti averne sedici a giudicare dal modo in cui ti guardi intorno. Sembra che per te tutto sia nuovo.»

«Sedici?» scoppiò a ridere anche lei. «Per carità! L'adolescenza è l'età più dolorosa della vita. Non tornerei indietro per nessuna ragione.» Si mise un dito sulle labbra. «Adesso zitta, se no come facciamo ad ascoltare?»

«Ascoltare?» Mi guardai intorno curiosa.

«Il silenzio, no?»

Certo: il silenzio. Silvy sciolse lo scialle dalla vita e lo distese sulla sabbia, mi fece cenno di sedere accanto a lei. Marian arrivò al gran galoppo e mi piombò in grembo.

«Io qui sono felice» mormorò lei, come se mi confidasse un segreto. Di nuovo si appoggiò il dito sulle labbra.

Ascoltammo il silenzio. Denso di fruscii impercettibili. Lontani. Un respiro immenso alitava sul vasto paesaggio marino. Proveniva dalle onde laggiù. Respiro di vento sulla sabbia. Mi sentivo lieve. Trasparente come se il vento mi passasse attraverso per ripulirmi ben bene, via i pensieri appesantiti da granelli di polvere, sporco, fuliggine, via ansie, via ricordi che fanno male, via bruciature, scottature, ferite non rimarginabili. Via tutto. Mi lasciai andare distesa, con infinito sollievo. Guardai il cielo. Mi ci persi.

«Felice?» bisbigliò Silvy.

«Felice» bisbigliai io. Sapevo che le albe sulla spiaggia con Silvy sarebbero rimaste nella mia memoria come preziosi momenti di perfezione. Anche se poi le cose tra lei e me si misero inaspettatamente male – ancora non mi capacito che sia potuto succedere – le sarò comunque sempre grata per quelle ore di bassa marea. Le ore azzurre, come le chiamava lei.

Per il momento il nostro accordo era perfetto. Lo fu fin da subito, quando mi fece entrare in casa, la prima sera. Eravamo ancora sulla soglia quando mi tolse di mano la sacca e mi indicò una porta sulla sinistra.

«Lui ti aspetta» mi soffiò nell'orecchio. «Qui è lui che decide tutto. Ma sono sicura che gli piacerai.»

«Lui chi?» sussurrai. «Marco mi ha parlato solo di te...»

«Vai.» Mi sospinse con un tocco leggero e deciso.

Nella sala, nessuno. Mi guardai intorno. Non mi ero aspettata una casa così lussuosa. Mobili scuri, parquet di legno chiaro splendente, pareti bianche, quadri di paesaggi, un pianoforte a mezza coda, due vasi di cristallo farciti di rose gialle che si andavano sfogliando. Una libreria andava fino al soffitto, i libri si affollavano in disordine, messi di costa, di traverso, buttati lì alla rinfusa, tolti e rimessi come capita. Gente che legge. Colsi tutto con un'occhiata. Posai lo sguardo più a lungo sul quadro che sovrastava il camino. Mi parve di riconoscere un Turner, il pittore preferito di mio padre e percepii d'un tratto, là dentro, un'atmosfera che non mi era nuova – l'infanzia in casa dei miei –, il serpeggiare di una tensione nascosta e pronta a esplodere. Atmosfera da urlacci, insulti e stoviglie scaraventate per terra. Sgradevole.

«Lui è là fuori.»

Sussultai. Non mi ero accorta di avere Silvy alle spalle. La sala si apriva su una terrazza davanti al tramonto. I colori del cielo striato di rosa mi rinfrancarono.

«Vai, dunque.»

Mi affacciai oltre la porta-finestra con Marian stretta al petto. Non dormiva. Muoveva il muso qua e là. Mi sembrò inquieta.

«Lui?» dissi sottovoce a Silvy. Accennai al giovanotto che ci voltava le spalle intento a liberare le fioriture appassite dai gerani che ornavano la balaustra. Le staccava e le riponeva in un cestino appeso al braccio. «Lui?»

«Ma no. Quello è Paulo» spiegò lei come se dicesse è *solo* Paulo. Indicò alla mia destra.

«Coraggio» gracchiò una voce catarrosa. Proveniva da una poltrona di vimini. Non esattamente una poltrona dato che era munita di rotelle. Insaccato nella poltrona, o meglio accartocciato, c'era un uomo. Decrepito. Mi sembrò di non aver mai visto fino a quel momento una persona così decrepita. Eppure sulla faccia percorsa da rughe come colpi di rasoio, scavata da profonde occhiaie, si ergeva una vera e propria spazzola di capelli candidi, così folti da far sospettare una parrucca. Tese verso di me una mano, maculata di macchie scure. Ora avrei dovuto avanzare e stringere quella mano cadaverica nella mia.

«Ehi!» dissi scioccamente senza muovermi. Come se salutassi un compagno di scuola incontrato per strada.

«Ehi!» disse lui. Rise. Sempre con quel mucchietto di ossa teso verso di me. «Vieni qui.» Incontrai lo sguardo accucciato nelle orbite. Occhi gialli da gufo che ride. «Coraggio. Non mordo.»

Mi decisi a stringere quella mano. Gelida. Fragile. Ci mancava che andasse in frantumi tra le mie dita. Ritirai in fretta la mia.

«Siediti di fronte a me.» Fece un cenno. Il giovanotto si affrettò a disporre uno sgabello vicino al centenario. Non poteva avere meno di cent'anni. Sedetti con Marian sulle ginocchia. Puntava il muso verso il vecchio, a baffi ritti. Il giovanotto era rimasto accanto a noi, impalato sull'attenti. Silvy si era dileguata.

«Lui è Paulo» mi informò il vecchio. *Solo* Paulo. «Torna ai tuoi gerani» ordinò. Voce da generale d'armata.

«Tu mi guardi. Io ti guardo» mi disse dopo un momento.

«Eh già.» Mi metteva in soggezione. Mi ricordai che Silvy aveva detto: è lui che decide tutto. Quindi anche della mia presenza in casa? Dovevo superare una specie di esame? L'idea a un tratto mi divertì. Non mi sentii più a disagio. E neanche in soggezione. Che cosa non gli sarebbe andato bene di me?

«Adesso spiegami un po' chi sei.»

Mi strinsi nelle spalle. Non sapevo da che parte cominciare. Chi sono? In genere la gente ti chiede che cosa fai, non ti chiede mai chi sei.

«*Chi son? Sono un poeta...*» citai sorridendo.

«Lascia perdere Puccini. Sii seria.»

Allora me la cavai dicendogli nome e cognome ed età. Con aria fintamente compunta. Gli chiesi se gradiva anche che aggiungessi il codice fiscale. Lui invece di darmi della sfacciata, come avrebbe potuto, sorrise indulgente come si fa con un bambino dispettoso. Intanto mi esaminava da capo a piedi con l'aria di snidare macchie o buchi nei miei vestiti. O nel mio cuore. O nella mia anima.

«Scusi,» mi sentii dire «scusi per la battuta sul codice fiscale. Stavo scherzando.»

«Più che comprensibile» ribatté lui e: «Lavori? fai qualcosa? o ti fai mantenere dai genitori? o da qualcun altro?».

«Mantenere? Ma no, figurarsi. Lavoro da anni, anche durante il liceo, anche quando studiavo. Traduzioni. Ormai lavoro per le case editrici. Traduco. In genere romanzi. Per una serie di circostanze, oltre la mia lingua conosco inglese e russo. E il francese naturalmente, dato che stiamo parlando in francese.»

«E lo sai bene. Sai così bene anche russo e inglese?»

«Certo.»

«Come mai?»

«Per via di mia nonna. E di mio nonno. Ma soprattutto di mia nonna. Vuol farmi raccontare anche questo? Non ho difficoltà a snocciolare come sono andate le cose...» Mi divertiva tenergli testa. Vai a capire perché. Non sapevo ancora dove avrebbe affondato la lama.

«Bello il tuo gatto» disse lui. Di nonna e delle lingue non gli interessava granché a quanto pare. «Bello davvero con quel musino.»

«È una gatta. Marian.» Be', pensai, l'esame è durato pochissimo. «Quanto a me,» gli sorrisi «posso rimanere? Giudizio positivo?»

«Mi piacciono i gatti come il tuo, a macchie bianche e nere, gatti comuni che non sfoggiano un pedigree» disse lui ignorando la mia domanda. «Silvy mi ha detto che non te ne separi mai e quindi non puoi essere ospitata da Marco,» ebbe un sommesso sogghigno «non mi strapperei i capelli per questo, fossi in te.»

«Perché? Che cos'ha Marco che non funziona a parte l'allergia per i gatti?»

«Faccende che non mi riguardano» e dopo un momento: «Bello anche il nome. Marian. Bel nome da divinità britannica. Le hai dato tu questo nome?».

«No.» Cominciai a inquietarmi.

«Chi allora?» Fece scattare di lato la mascella con un movimento bizzarro. Avrei capito solo in seguito che in quel modo si sistemava la dentiera. «Ti ho chiesto chi.»

«Uno che si chiama George» risposi asciutta. «Un inglese. Quando trovai Marian vivevo a Londra.» E chiudiamo qui questo argomento, pensai. Lascia perdere.

Invece lui: «Com'era questo George?», e mi parve di cogliere nella sua voce un fremito maligno. «Com'era?»

«Un antiquario.»

«Ti ho chiesto com'era. Non chi era.»

Se c'è una cosa che ancora mi dà fastidio è proprio parlare di George. Be', qualcosa di più che fastidio. Molto di più. Anche se da allora sono passati alcuni anni. Maledettamente fastidio.

«L'ho detto. Un antiquario» e intanto mi domandavo se fosse possibile dire al vecchiaccio di chiudere il becco al proposito. «Nient'altro. Non so.»

«Perché fai quella faccia quando parli di questo George? Perché cambi tono di voce?»

«Che faccia? Non capisco...»

«Mi credi stupido?»

«Non ho detto questo» mormorai. Non riuscivo più a scherzare. Mi sentivo in difficoltà. «E poi non ho cambiato faccia.»

«Altroché.» Si sistemò meglio sulla poltrona. «Sono un ottimo psicanalista, cara la mia ragazza. Me ne intendo di cambiamenti di faccia e di toni di voce. Gli occhi mi funzionano ancora e se permetti anche gli altri sensi. Aggiungici un formidabile intuito. Da me veniva e viene la crema dei ricconi, quelli che frequentano Deauville, pieni di soldi e di fama e per mia fortuna nevrotici, assediati dall'ansia, claustrofobici, alcolisti, perversi sessuali, impotenti o ninfomani, ossessionati dall'idea di perdere i loro soldi o di invecchiare, cosa che poi succede a tutti, basta che guardi me. Individui forse geniali, lo ammetto, la follia è geniale tutto sommato. Geniali, ma più spesso o spessissimo pieni di coca fino ai capelli, sai, quei nasi devastati dalla cocaina spero proprio che tu non li abbia mai visti, lo spero proprio.» Mi adocchiò con iroso sospetto. Scossi la testa con vigore, dissi no no un paio di volte, no mai visti, no, mai avuto a che fare con gente così, niente coca. Vero. Verissimo.

Lui, placato, riprese: «Ricconi squinternati, ecco chi sono. Se la spassano scivolando da una crisi di panico all'altra o guai del genere. Non dormono se non ingoiano sonniferi. Del tutto incapaci di gestire vicende sentimentali. Forse per diventare ricchi e famosi bisogna essere come loro, così squinternati dietro le loro belle facce tirate dal chirurgo estetico. Hai idea di che gente frequenti Deauville?».

«No...» trovavo fantastico che avesse cambiato argomento e ridevo a quella descrizione «...una popolazione inquietante.»

«Te lo spiegherà Silvy. Va detto e va ridetto anche come mai noi siamo qui in questa pomposa casa e non in un paesino qualsiasi a vivere con i piedi in acqua. Non sopporto gli scarponcini.» Già, gli scarponcini. Spuntavano dalla vestaglia, scarponcini in pelle rosso scuro, consunti, per la verità, come se ci avesse camminato dentro una vita. A che gli servivano adesso? Mi immaginavo che non si potesse alzare da quella specie di sedia a rotelle.

«Lei cammina ancora?»

«Che cosa?» Si sporse verso di me. «Se cammino? Ti sembro un uomo contento di starsene inchiodato in sedia a rotelle come un vecchiaccio paralizzato? Certo che cammino, come e quando voglio.» Fece un cenno. Paulo si affrettò ad accorrere. «Un bell'aperitivo, non troppo forte non troppo leggero. Per me e *mademoiselle*. Tartine al salmone e pasta di olive. Poi accendi le lampade, tra poco è buio.» Si lasciò andare sullo schienale. Alzò lo sguardo al cielo. «Bel tramonto, già qualche stella».

Si rivolse di nuovo verso di me, si accarezzava il mento con le dita ossute: «Allora, cara la mia ragazza, vediamo un po' come succede che ti turbi quando si parla di questo George».

«Non sono qui in analisi, veramente...» protestai imbarazzata.

In quel momento, con mio grande sollievo, Marian saltò a terra, andò ad annusare cauta e attenta gli scarponcini del vecchio poi se la filò verso i grandi vasi di rose in fondo alla terrazza. Mi alzai di scatto. «Scusi, ma la mia gattina deve andare in bagno.»

«In bagno? Vorrai dire che ha bisogno di una cassetta con la sabbia. Può usare quella della nostra gatta.»

Riuscii ad acciuffare Marian: «Lei non usa la cassetta. Si accomoda sul water e fa tutto lì. Non vorrei che sporcasse vicino ai vasi di rose».

«Ci mancherebbe.» Non mi chiese come mai un gatto riuscisse a usare il water come gli umani. «Entra in casa e fatti mostrare il bagno di servizio. Quello di servizio, mi raccomando, quello che usano Paulo e la cuoca. In definitiva un gatto è un gatto.»

Appena rientrai nella sala ringraziai Marian per avermi sottratta alle indagini dello psicanalista centenario. Fantastica Marian. Che cosa farei senza di te?

Incrociai Paulo che avanzava sospingendo un carrello con aperitivi e tartine. Gli chiesi di mostrarmi per cortesia il bagno di servizio.

«Di servizio?» ribatté disorientato. «Lei è un ospite» come a dire non fai parte della servitù.

«Non è per me. È per il gatto.»

«Il gatto?» Annuì con gravità. «Mi rendo conto.» Forse

pensò che fossi matta. Una delle pazienti del suo esimio padrone psicanalista. Così, mentre lo seguivo lungo il corridoio, sentii il bisogno di spiegargli che con pazienza si può insegnare a un gatto a sistemarsi sulla tavoletta del water e a fare quello che deve fare. Gli dissi che mi ci erano volute solo un paio di settimane perché Marian imparasse. Gli dissi tutto questo per fargli capire che non ero in cura dal suo padrone. Come se avesse importanza non essere presa per una degli squinternati fuori di testa di Deauville, una ninfomane drogata, che ne so.

«Insomma anche i gatti possono usare il water» insistevo.

Lui spalancò la porta del bagno di servizio: «Mi rendo conto» ripeté inespressivo e se ne andò veloce.

Appena uscii dal bagno mi guardai intorno sperando di trovare Silvy. Nessuna traccia di lei nel corridoio in penombra su cui si aprivano alcune porte. Sbirciai in un salotto. Vuoto. Vuota anche una piccola sala da pranzo e uno studiolo. Non mi rimaneva che tornare in terrazza. Dal fondo del corridoio mi arrivò un brusio di voci. Qualche risata. «Speriamo che lo psicanalista lasci perdere George» sussurrai a Marian. Le dissi anche che avremmo avuto tartine al salmone.

Voci e risate provenivano dalla terrazza. Era ormai buio. Una decina di persone, forse di più, in piedi o sedute sul divano di vimini, sugli sgabelli, bicchieri in mano alla luce delle lampade accese. Una fila di candele agitavano le fiammelle, poste a terra, di fianco alle rose. Rimasi sulla soglia. Vidi Silvy che rideva chiacchierando con qualcuno, in piedi accanto al vecchio. Voltò la testa verso di me. Le feci un piccolo cenno. Timido.

«Eccoti» mi era vicina. Sorrideva. «Vieni. Ci sono i nostri amici.»

«Scusa, ma Marian ha fame e io sono a pezzi.» Avevo voglia di squagliarmela.

«Nessun problema.» Mi prese per mano, rientrammo in sala, depose il bicchiere sul ripiano del pianoforte. «Hai ragione. Avete fatto un lungo viaggio... Ora ci pensa Carol a mostrarti la tua camera e a nutrirvi. Noi due ci vediamo domani.»

«Allora posso restare qui da voi...»

«Perché non dovresti?»

«Avevi detto che a decidere sarebbe stato tuo marito.»

«Chi?» Sulle labbra le guizzò un sorriso divertito.

«Lui non è tuo marito?»

«Ma per carità...» rise lei. Raccolse il bicchiere. Bevve. Lo depose vuoto. «Comunque certo che puoi restare qui. Gli sei piaciuta subito.»

La mia stanza si affacciava su un giardino, finestra aperta nella notte, ancora fragranza di glicini. Una ragazza in nero con grembiulino bianco, più o meno la mia età, accese due lampade, mormorò che quella era la stanza degli ospiti, indicò la mia sacca appoggiata su un basso tavolino, aprì una porta interna mostrandomi il bagno personale, disse che la mia cena era già pronta, se volevo rinfrescarmi mi avrebbe attesa. Aggiunse che c'era anche una ciotola per il micio. Così mi lavai le mani nel bagno piastrellato di azzurro, e cenai in una piccola sala dalle pareti percorse da stampe floreali. Carol serviva silenziosa. Marian si ingozzava china sulla sua ciotola.

Dalla terrazza arrivavano fino a noi le voci degli ospiti via via più alte, risate via via più fragorose. Il tasso alcolico sta salendo, pensai.

Finalmente richiusi dietro di me la porta della camera degli ospiti. Marian gironzolava qua e là nella camera dai mobili laccati in azzurro, fiorellini dipinti ovunque, sull'armadio, sullo schienale delle sedie, sulla cassapanca. Sulla scrivania un vaso da cui traboccavano rose bianche. Il letto era stato aperto per la notte, il bordo del lenzuolo sopra la trapunta azzurra ripiegato ad angolo retto. Testiera con altri fiori dipinti. Tutto floreale. Tutto perfetto. Tutto preciso.

«Non un pelo fuori posto» dissi mentre aprivo la sacca. Ne tolsi per prima cosa un vecchio maglione che buttai sul letto. Subito Marian si inerpicò, affondò le zampe nel maglione – la sua cuccia – e si mise a puffare rombando fusa soddisfatte. Si sentiva a casa.

Che giornata, pensai quando fui finalmente a letto, raggomitolata e con Marian che ronfava sulla mia spalla. Aveva un suo modo di appoggiarmi il muso sul collo. Resistevo al solletico delle sue vibrisse perché quello era il posto che si era scelta fin da cucciola e non c'era stato verso di farle cambiare posizione. Godevo del calore di quel suo corpicino.

«*Good night*, Marian» le sussurrai. In inglese. Chissà perché in inglese.

Il mattino dopo, all'alba, qualcuno mi svegliò con dolcezze. Silvy. E andammo insieme tutte e tre all'appuntamento con la bassa marea.

Quando ripenso alla settimana in cui rimasi a Deauville non finisco di stupirmi. Sette giorni densi di tante cose. Cose significative. Saltavo dal letto all'alba e da quel momento iniziava l'avventura. Se per avventura si intende che quello che accade ci incuriosisce, ci sorprende, ci fa riflettere e ci emoziona, ci far star bene o ci fa star male, allora davvero a Deauville l'avventura non mancava. Era avventura l'appuntamento quotidiano con la bassa marea e poi l'andare a salutare il vecchio per far colazione con lui, un vero e proprio rito minuzioso; poi fuori per incontrare Ingrid e rimanere con lei, poi il pranzo al ristorante di Marco, poi nel pomeriggio ero libera di fare tutto quello che volevo. Infine la cena, di nuovo al ristorante di Marco o a casa di Silvy. Ma subito dopo cena di corsa a casa: ero attesa dal vecchio. A quelle serate con lui non c'era modo di sfuggire, fu una precisa richiesta in cambio dell'ospitalità. Me l'aveva chiesto Silvy: «Felicissimi di averti qui, ma farai compagnia a lui, ogni sera. Non penso che mi dirai di no». E va bene. Non lo penso neanch'io che ti dirò di no. Anche se, oltre alle partite a scacchi, lui – che poi si chiama Geoffrey – non smetteva di rovistare nella mia anima.

Oggi dunque mattinata al mare con Ingrid.

«C'è una certa differenza tra quei due e tuo marito.» Mi ero appena cavata i jeans e stavo stendendo il mio telo sulla sabbia. C'era poca gente sulla spiaggia a quell'ora, il sole saliva giocoso nel cielo limpidissimo.

«Differenza in che senso?» Ingrid era già in due pezzi, già seduta sul suo telo con il cappellaccio di paglia a lato: si stava incremando le gambe.

«Ma sì.» Feci una carezza a Marian che si era subito accucciata al centro del mio telo. La sospinsi di lato con gentilezza. «Quando Marco ha detto che mi avrebbero ospitato dei suoi amici mi aspettavo di trovarmi in una casa di gente come noi, non in una reggia... gente della nostra età, insomma.»

«Non ti trovi bene?» Ingrid si stese e appoggiò il cappello sulla faccia. Detestava riempirsi di lentiggini.

«Ma no, va benissimo...»

«Silvy adora Marco» spiegò Ingrid. «Dice che è un cuoco straordinario, una persona straordinaria, un amico straordinario e a me ha detto che è un marito straordinario.» Rise da sotto il cappello. Senza astio. «Ti basta?»

«Ma... al punto di ospitare in casa gli amici di Marco?»

«Si conoscono da quando Marco ha aperto il suo ristorante. Lei va spesso a pranzo e anche a cena lì. Il suo negozio è da quelle parti, non l'hai ancora visto? Una bigiotteria, cose deliziose devo dire. Silvy ha un gusto *straordinario*» rise ancora.

«Non l'ho ancora visto, non sapevo che avesse un negozio... lei ti è simpatica?»

«Molto. A te no?»

«Molto...» Mi ero stesa al sole e avevo chiuso gli occhi. «Che ne dici dello psicanalista?»

«Non è suo marito,» Ingrid parlava da sotto il cappello di paglia «non si è mai capito che rapporto abbiano quei due. Mi hanno raccontato che lei è apparsa all'improvviso, anni fa, e gli si è piazzata in casa. Lui all'epoca era sposato, ma dopo l'arrivo di Silvy la moglie se n'è andata. Io non l'ho mai conosciuta, pare che fosse una vera strega.»

«Comunque Silvy è bellissima...» Continuavo a crogiolarmi al sole a occhi chiusi. Marian si era rifugiata nell'ombra della mia borsa da mare.

«Sì, ma lui all'epoca aveva un'amante e ha continuato ad averla anche dopo l'arrivo di Silvy.»

«Se è per quello anche lei aveva un amante» si intromise una voce. Vicinissima. Io aprii gli occhi. Ingrid scostò il cappello. Non ci eravamo accorte della donna che era venuta a sedersi proprio accanto. Era accosciata su uno sgabellino che sorreggeva il grosso sedere traboccante da un costume rosso. «E se volete informazioni dettagliate su quei due, posso dirvi che la moglie di lui non era affatto una strega ma ne aveva abbastanza di un marito spilorcio e donnaiolo: lui è sempre stato micragnoso, centellina i soldi, avaro come tutti quelli che ne hanno troppi, sempre stato avaro anche da giovane, chiedeva gli sconti anche sulle baguette che gli vendevamo, taccagno, ma a se stesso non fa mancare proprio niente, taccagno con gli altri capito?» Parlava a getto continuo senza riprendere fiato. Inarrestabile. «L'amante di lei era uno dei croupier del Casinò, un bel tipo con una faccia da furfante, naturalmente più giovane di lei, erano già amanti quand'è arrivata chissà da dove. Poi da quello ne ha avuti una bella sfilza, tutti più giovani, capito?» Riprese fiato.

Della donna vedevamo il profilo, il naso che sporgeva dagli occhiali da sole era rivolto graziosamente all'insù, il grosso mento appoggiato alla pappagorgia.

«Veramente noi facevamo solo qualche commento, non vorremmo altre informazioni» e sedetti. Il mio tono era stato cortese. Ma mi disturbava star lì a fare chiacchiere su Silvy e sul vecchio. In qualche modo mi dava la nausea. «Si finisce nei pettegolezzi... i fatti degli altri non ci interessano.»

«Ma va' là!» sghignazzò lei. Si aggiustò il turbante che le avvolgeva la testa: «I fatti miei mi annoiano da morire, sono quelli degli altri che mi divertono... Devo dire che le faccende di Silvy e di quella vecchia mummia spilorcia continuano a divertirmi. Dicono che ora lei abbia una tresca con quella specie di maggiordomo di casa, quello impomatato che cammina come se avesse un bastone infilato in quel posto». Si sganasciava dalle risa. «Ve li vedete a letto quei due? Lui secco come un chiodo pelle e ossa e lei vecchia cadente con tutta quella ciccia addosso.»

«Senti chi parla» rimbeccò Ingrid alzandosi di slancio. «Cicciona sarai tu.»

«Che cosa?» La donna strappò via gli occhiali da sole e si girò a guardarci. Era diventata paonazza, non certo per il sole. «Che cosa hai detto?»

«Mettiti a dieta e tieni il becco chiuso, non ci va di sentir parlare in quel modo di Silvy.» Intanto sopra il due pezzi Ingrid infilava in fretta il vestito. Io mi ero già messa i jeans e stavo raccogliendo le mie cose. Marian mi si strusciava contro le gambe.

«*Tu* credi che *io* non ti conosca?» Calcando la voce su quel tu e su quell'io – sembrava digrignasse i denti –, la donna aveva piazzato le mani sulle grosse cosce, gomiti in fuori, simile a un lottatore di quella disciplina giapponese in cui due grassoni si scagliano uno addosso all'altro. «Credi che non ti conosca?» era furente. «È perché ti ho vista stravaccata qui che mi sono messa accanto a rizzare le orecchie.»

«Andiamocene, Eva.»

«Eh no, bellezza, abbassa la cresta, so chi sei, sei la moglie del cuoco ma lo sappiamo con chi te la stai facendo al momento, credi che non ti abbia visto qualcuno ieri sera? A sbaciucchiarti in un angolo mentre quel povero cornuto stava sgobbando nel suo ristorante?»

«Andiamo via.» Ingrid mi afferrò per un braccio.

«E il tuo cascamorto, quel gorilla che ti sbatte, sappiamo anche chi è lui,» ci urlò dietro la donna «sei una gran vacca.»

Ci allontanammo quasi di corsa, ma la donna continuò a urlare, ora insulti ancora più pesanti a Ingrid poi anche a me. E a Marian. Gattaccio spelacchiato buono per un lesso, ecco che cosa si beccò Marian che stringevo al petto.

Arrivammo sulla strada.

«Infiliamoci in quel bar,» Ingrid ansimava. «Dietro c'è un giardinetto... dei tavolini, svelta...» Eravamo a piedi nudi, attraversammo la strada, l'asfalto era già bollente.

Ci schiantammo sulle sedie, sotto i lecci, per fortuna nel bar non c'era nessuno. Appena Marian saltò a terra e puntò un cespuglio, un uomo con un grembiulone che gli arrivava fino ai piedi si sporse dalla porta del bar.

«Vi ho viste arrivare voi due... e adesso quella merda del vostro gatto che cosa fa?» sbraitava. «Va a cagare sui miei fiori?» Marian tornò subito indietro di gran carriera e mi saltò in grembo. L'uomo scomparve.

«Ma che posto è Deauville?» commentai. «Dove siamo capitate?» Carezzavo Marian per tranquillizzarla.

Ingrid se ne stava muta, gli occhi bassi.

Ci si avvicinò un ragazzo, anche lui con un grembiulone fino ai piedi. Posò sul tavolo un piatto di biscotti: «Non ci badate» sorrideva. Un gran ciuffo di capelli sul naso. «Mio padre è una bestia quando beve.»

«A quest'ora?» replicai.

«L'alcol non ha orari.» Rise da solo della propria battuta e: «Che cosa porto a queste due belle ragazze?».

Ingrid ordinò due gelati. Crema e pistacchio. I nostri preferiti. Appena il ragazzo si allontanò mi disse che lì lo facevano buonissimo il gelato. Parlava con voce appannata, senza guardarmi. Come se si vergognasse. Anzi, si vergognava, non era difficile capirlo. Mi sentivo male per lei, dopo quello che era successo. Quell'orrenda donna.

«Ci ho messo su anche la panna.» Il ragazzo era già tornato con i due gelati. «Panna in omaggio. Tanto per scusarmi di quello stronzo di mio padre. Il vostro gatto può andare a cagare dove vuole.»

«Grazie» dissi. Mi veniva da ridere. Una simile gragnuola di parolacce l'avevo sentita raramente. «Sono belli volgari qui...» e ormai ridevo. Mi sentivo più leggera.

«Non ci badare.» Ingrid affondò il cucchiaino nella panna. «Non ci badare.» Non rideva lei. Occhi bassi. Chiusa in se stessa. Rimanemmo in silenzio. Panna. Gelato squisito. Ombra sotto i lecci e un po' di vento che sfogliava le fronde fitte. Chiazze di sole ballavano al suolo e sul tavolo, una proprio sui capelli arruffati di Ingrid. Le metteva l'aureola, una bella aureola d'oro a lei che si sbaciucchiava con chissà chi nell'angolo di un portone. Fosse vero o no, mi riguardava? No, non mi riguardava. Per me Ingrid è Ingrid. Al massimo poteva incuriosirmi, sempre ammesso che fosse vero, certo non glielo avrei chiesto. Non questo.

«Ma chi è quella donna?» chiesi invece con esplicita noncuranza. «Mi è sembrata una pazzoide, una di quelle che tagliano i panni addosso a tutti... una vipera» aggiunsi per far capire a Ingrid che quello che avevo sentito non aveva importanza. E che si tranquillizzasse.

«Ha una panetteria con il marito, non lontano da casa nostra» rispose lei con tono spento. «Marco non si serve da loro. Dice che non fanno un pane buono. Dice che il loro pane sembra gomma. Glielo ha anche detto, l'ha detto al marito... hanno litigato.» Stava finendo il gelato. «Ne prendo un altro» annunciò. «Anche tu?»

Finalmente mi guardò. Aveva gli occhi lucidi. «Mi dispiace...» mormorò. Le tremavano le labbra.

«Dai, non piangere... Fregatene di quella lì, che cosa importa?»

«Non vuoi sapere se...»

Alzai le spalle. «Ma no» e seguii con gli occhi Marian che era saltata a terra, puntava di nuovo il cespuglio. «Speriamo che non risalti fuori quel tipo.» Voltai la testa verso Ingrid. La guardai sorridendo. «Fa niente... Lasciamo stare. Vai a prenderti il gelato. Io no.»

Si alzò e mi venne vicina. Si chinò su di me, mi baciò una guancia. «Tu non mi giudichi, eh?» bisbigliò. Una bambina che si sente in colpa.

Mi misi a ridere: «Vai, così poi torniamo in spiaggia ben lontano dalla vipera».

«Ma se vuoi ti racconto.»

«Solo se vuoi tu» risposi.

«Vado a prendere il gelato.» Si allontanò rapida, a piedi nudi, a testa bassa. Tornò dopo un momento reggendo un'altra coppa traboccante di panna. Ridendo mi disse che il ragazzo le aveva dato una porzione doppia di panna e di gelato: «Mi ha detto anche che magra come sono posso ingoiare tutte le calorie che voglio». Sedette davanti a me. «Con questo vestito non ci si accorge che sono grassa.»

«Non sei affatto grassa... sei tu che ti fai delle idee.»

«Però facciamo a metà del gelato.» Spinse la coppa al centro del tavolino. «Un po' a te e un po' a me.»

Poi tornammo in spiaggia, da un'altra parte naturalmente. Ci stendemmo al sole. Lei non mi raccontò niente del suo gorilla. Io non chiesi niente.

Verso l'una andammo a pranzo nel ristorante di Marco. Un posto *straordinario*, sono certa che Silvy lo definiva così. Pochi tavolini in un giardino interno, fresco, silenzioso sotto tre alberi di ciliegio. Tovaglie a quadretti bianchi e rossi. Bicchieri di cristallo e piatti candidi. Sedemmo al solito posto che Marco lasciava libero per noi. Gli altri tavolini erano occupati dai turisti. Vicino a noi una coppia di russi stava litigando a voce non abbastanza bassa, lui la stava accusando di aver fatto la gattamorta con il proprietario del ristorante – cioè Marco. Erano tre volte che venivano a pranzo e lui se n'era accorto, eccome se se n'era accorto.

Marco arrivò in quel momento, decisamente attraente, devo dire, figura atletica e intensa faccia abbronzata da ligure. Lo seguiva un cameriere che reggeva un piatto di frutti di mare. La donna del tavolo accanto teneva gli occhi fissi nel piatto sotto lo sguardo del marito. Sguardo da carceriere.

«Siamo arrivate troppo presto?» Ingrid gli sorrideva serena.

«Neanche per sogno.» Marco si fermò vicino a lei. «Hai qualche lentiggine» scherzò chinandosi su Ingrid che gli porse subito la bocca. Piccolo bacio affettuoso. Davanti a tutti.

«Sei un incanto» le disse poi staccandosi. «Ti sta bene quel vestitino.»

«È quello che mi hai regalato tu» gli sorrise lei. A guardarli sembravano una coppia perfetta. Il russo poteva placarsi.

«Tu stai attenta, mi raccomando,» si era rivolto a me, severo «attenta a non far girare il gatto tra i tavoli. Tienilo stretto.»

«È qui sulle mie ginocchia. Non scende.»

«Ora pensiamo al vino bianco.» Tolse il piatto con i frutti di mare dalle mani del cameriere e lo poggiò sul tavolo. «Il vino è quello che piace a Ingrid.»

Fu lui stesso a portarcelo un istante dopo. Versò il vino

nei bicchieri. «Bello freddo» disse. «Adesso il pesce. Pescato stanotte, come sempre. E verdure.» Depose la bottiglia nel secchiello. «Torno in cucina ma noi due ci vediamo stasera, *mon amour*... tu ci sei a cena?» Guardava me, con piglio severo, di rimprovero silente, tollerava a stento che un'amica di sua moglie potesse portarsi in giro un gatto.

«Ci sei?» ripeté quasi sgarbato.

«Stasera sono invitata da Silvy.»

«Compera dei fiori. È il suo compleanno» mi avvertì. Poi a Ingrid: «Vieni a prendermi verso le dieci, a quell'ora sarò libero».

«Devo passare a salutare Greta... Sai, quella che abita vicino alla chiesa Ma alle dieci e mezzo sarò qui. Undici al massimo.»

«Proprio stasera? C'è un tale che suona la chitarra in un localino sul mare. Ci tengo ad andarci con te e voglio arrivare puntuale.»

«Greta domani parte. È tanto che non la vedo. *Et alors*... alle undici in punto sono qui, eh?»

Marco sembrò contrariato. Io non potei fare a meno di pensare al gorilla.

4

C'è più mistero negli occhi
del mio gatto che
in una galassia in fuga.
(René Thom)

Dunque fiori per Silvy. Il suo compleanno. Diciotto? Ottantadue? In cerca di un fiorista girovagavo per le strade di Deauville, affollate di turisti, macchine fotografiche al collo e ciabatte. Grumi di turisti, direi. Si ammassavano nell'aria assolata davanti alle boutique delle grandi firme – sui dépliant pubblicitari si leggeva firme *prestigiose*, parola che mio padre aborriva. Uno dice boutique e pensa a un banale negozio con un'infilata di vetrine. Qui non era così per le varie e famose firme dell'alta moda. Una di queste boutique era stata incastrata al pianterreno di una costruzione che dava l'impressione di essere stata la magione di qualche aristocratico del Quattrocento. Tetti spioventi in tegole rosse, piccole torri di guardia, mura a graticcio, bovindo. Il tutto con un qualcosa di artefatto, così poco convincente da far sospettare una grande mascherata urbana. Sembrava che ognuna di quelle case ti spifferasse nell'orecchio guarda che qui non c'è niente di autentico, facciamo tutte finta di risalire indietro nei secoli illustri ma siamo state costruite in tempi odierni, è una farsa a beneficio di chi viene qui a sbancarsi. Farsa da lusso.

«Bello, vero?» Ero ferma davanti a un'esposizione di selle in cuoio e stivali da cavallerizzo, frustini e braghe da cavallo, giubbotti da cavallo, guanti da cavallo e non so cos'altro. Un ammasso di oggetti equestri con prezzi da capogiro.

«Bello...» voce d'uomo compiaciuta, il giovanotto accanto a me osservava la vetrina «...ho anch'io qui il mio cavallo, Deauville è il posto ideale per i cavalli... concorsi ippici, io non ne manco uno. Anche lei ha qui il suo cavallo? Allora conosce i concorsi ippici» disse guardandomi con aria confidenziale, come fossimo già vecchi amici. O come fossimo già culo e camicia, come avrebbe detto volgarmente in Maremma qualcuno di mia conoscenza.

«Io gioco anche a polo» mi informò.

Lo osservavo. Faccia da attore. Levigata. Ogni cosa che indossava era firmata, dalla T-shirt azzurra ai mocassini. Alzò una mano e la passò sul mento aguzzo. Un gesto lento che mi fece notare l'orologio da polso. Un super orologio.

«Corse di cavalli, dice?»

«Esatto!» approvò con entusiasmo. Cambiando tono: «Non si è accorta che è un po' che la seguo?».

«Non sono qui per le corse dei cavalli.» Ignorai l'ultima frase.

«No?»

«Sono qui per le corse dei gatti. Lei le conosce?»

«Scusi?»

«Le corse dei gatti.» Accennai a Marian che sporgeva il muso dalla borsa in tela che tenevo a tracolla. «Lei è il mio campione.»

«Scusi, ma...» disse sottovoce. Gli angoli delle labbra gli erano ricaduti all'ingiù. Deluso. «...ma lei sta scherzando.»

«Ovvio.» Gli girai le spalle.

Quando andai a sedermi in un bar poco lontano, davanti a una granita al limone, lo rividi seduto in fondo. Mi lanciava occhiate ostili parlando sottovoce con un tipo che aveva al fianco. Si accorse della mia occhiata e picchiettò la tempia con l'indice, per definirmi matta.

Diedi fondo alla granita e me ne andai.

«Questi gigli?» La proprietaria del negozio di fiori mi mostrò un vaso che sprigionava un profumo pesante. «Un bel mazzo. Sono venti. Fossi in lei li prenderei tutti.» Mi scrutava da dietro gli occhialini con l'aria di voler arrivare diritta all'entità del mio conto in banca. «O almeno una decina.»

«Secondo me sono un po' funebri. Con quell'odore...»

Lei strinse le labbra. Poi: «Noi vendiamo solo fiori veri. Se non vuole profumi, meglio ripiegare sui fiori finti».

«Quelli» decisi senza badarle. Erano astromerie. Bianche e di un delicato rosa. «Simili a piccoli gigli ma più discrete, non crede?»

Mentre sistemava il mazzo in una confezione complicata, cercai il portafoglio nella borsa. Mi capitò tra le mani un biglietto da visita, infilato tra le banconote. Pierre. Il liutaio.

Notai i tre indirizzi riportati sul biglietto in fondo a sinistra. Uno riguardava Deauville. C'era scritto proprio Deauville e il nome della strada. E il numero civico. Anche il numero di telefono. Pierre Taldeitali – lasciamo perdere il cognome.

«Lei conosce la rue...» e snocciolai il nome della strada che avevo letto sul biglietto da visita.

«Oh, certo» La proprietaria mi porse le astromerie avvolte in un pomposo involucro. «Proprio qui dietro. Non lontano. Cerca forse la boutique di...»

«Nessuna boutique» la interruppi e me ne andai.

Fu così che mi ritrovai davanti a una vetrina di strumenti musicali. Insaccata anche lei in una casa finto medioevale. Liuti. Violini. Viole. Mandolini. Chitarre. Anche una grande viola a cinque corde. Spartiti. Uno aperto su un leggio.

Probabilmente avrei fatto meglio a girare i tacchi e filar via. Non avevo e non ho qualità da mago, a quanto mi risulta, o da Pizia, insomma niente che mi suggerisca uno sguardo sul futuro. Niente che mi avvertisse di tagliare la corda, anche se per un istante mi venne in mente quello *stai all'erta* che mi era sembrato di intravedere nello sguardo felino di Marian quando eravamo ancora lontano da Deauville e davanti alla spiaggia e sotto la pioggia a osservare uno sconosciuto con il suo cane.

Così, con il mio mazzo di astromerie in mano aprii la porta del negozio. Discesi due gradini. Silenzio. Odore di legni. Luce soffusa. Tutto molto intimo. Molto musicale. E infatti nell'aria sottile sottile volteggiava un quartetto per archi di Mozart.

«I fiori sono per me?»

Nel momento in cui sentii la voce di Pierre alle mie spalle – voce che svelava un sorriso scherzoso – rimpiansi di essere entrata. Che accidenti ci facevo lì?

«Sono davvero per me?» Era sbucato da una porta laterale.

«Come no!» Deposi il mazzo su un bancone con apparente indifferenza. Cercai di fingermi disinvolta. «Non ho dubbi che le astromerie siano il suo fiore preferito.»

«Ha indovinato.»

Era vicino a me. Anche il bracco era vicino a me. Scodinzolava tutto contento – mi sembrò che anche Pierre stesse scodinzolando – ma per tornare al bracco era lì a muso alzato verso Marian che era spuntata dalla borsa di tela e allungava la zampa, pronta a un affondo.

«Ha visto che ci siamo incontrati di nuovo?» Mi osservava sempre sorridendo. Sì, scodinzolava anche lui, non c'erano dubbi. La cosa mi sorprese.

Il silenzio che seguì mi sembrò pesante. Pesantissimo. Bisognava parlare, dir qualcosa, qualsiasi cosa.

«Ha qui anche il suo laboratorio?»

«Di là.» Fece un cenno come per invitarmi a seguirlo.

«Molto lavoro?» Rimasi inchiodata al banco.

«Abbastanza.»

«Bello questo quartetto di Mozart» e intanto mi chiedevo perché mai stessi infilando una sciocchezza dietro l'altra. Sentivo il suo sguardo appiccicato alla pelle, fastidioso. Intuivo che stava godendo del mio imbarazzo.

«È uno dei quartetti che Mozart fece ascoltare a Haydn e Haydn quando li sentì sa che cosa disse al padre di Mozart?» e senza aspettare risposta: «Gli disse: "Suo figlio è il più grande musicista che sia mai esistito". Disse proprio così. Per questo i quartetti si chiamano *Quartetti Haydn*». Appoggiò una mano al bancone. Continuava a guardarmi, divertito. «Fine della lezione.»

«È stata interessante.»

«Come mai da queste parti?» Sì, si stava proprio divertendo.

«Ero dal fiorista qui dietro.» Tanto valeva essere schietta. «Ho trovato in borsa il suo biglietto e così...»

«Non sia a disagio. Rilassiamoci. Siamo solo due persone che si sono incontrate per strada e che possono concedersi di far due chiacchiere, non crede?»

«Non sono certo qui per far la civetta.» Ecco un'altra delle sciocchezze che mi uscirono dalla bocca. Non gli avevo già detto *non siamo qui per accalappiare uomini*, o qualcosa del genere, quando eravamo nel bar vicino al mare? C'era bisogno di ripetermi? Eppure aggiunsi: «Non è nelle mie corde, tanto per parlar di liutai».

«Ma ha temuto che io lo pensassi rivedendola. Ecco perché tanto imbarazzo...»

«Che fine psicologo» obiettai. Cominciavo a sentirmi più leggera. «È andato a lezione da Geoffrey...» aggiunsi il cognome del vecchio. «Da lui?»

«Lo conosce?»

«Non come paziente» mi affrettai a puntualizzare. «Sono loro ospite.»

«Geoffrey e Silvy sono un'istituzione» e raccolse il mazzo di fiori posato sul bancone.

«Ehi! Guardi che non sono per lei...» gli tolsi i fiori di mano. «Non può averlo pensato davvero.»

«Li ho raccolti solo per uscire di qui, chiudere il negozio e andare insieme a sederci sotto gli alberi del bar di fronte. Le va?»

«Mi va» e ritrovai il sorriso.

In quel momento Marian sgusciò dalla borsa e scomparve. Il bracco subito andò a infilare il muso sotto un alto armadio dalle ante in vetro. Annusava e sbuffava.

«È lì sotto» disse Pierre. «La chiami.»

«Non è andata per sporcare, stia tranquillo.» Chiamai Marian, più volte. Lei niente.

«Fa spesso così?»

«Non è mai successo prima. Poi... quando la chiamo accorre subito.»

«Provi ancora.»

Mi inginocchiai vicino all'armadio, mi chinai a sbirciare. Incontrai il fulgore di due occhiacci gialli. «Che ti piglia? Sembri il gatto delle streghe... su, vieni, Marian.»

Non mi dava retta.

«Prendiamo una scopa» azzardò Pierre. «La staniamo. Che ne dice?»

La porta del negozio si aprì. Una coppia austera entrò e si vide sfrecciare Marian tra le gambe. Sparì in strada.

Io rimasi impietrita. Pierre trattenne il bracco per il collare.

«Non sapevo che lei avesse anche un gatto...» si lamentò la signora «...mi ha quasi fatta cadere.»

Uscii di corsa. Il cuore mi picchiava in gola. Guardai intorno. A destra. A sinistra. Marciapiedi affollati. Viavai di auto. Nessuno traccia di Marian. Mi portai la mano alla bocca, stavo per piangere. Mossi qualche passo, sopraffatta dalla paura... E se non la trovo più? Se sparisce? Se la schiaccia una macchina? Perché? Perché è scappata?

«Ora la cerca Pascal.» Pierre era vicino a me. Liberò il bracco che attraversò la strada di volata e si infilò nella pasticceria di fronte. Lo trovammo accucciato, uggiolante, con il muso infilato sotto un mobile.

«È lì.»

La stanammo con una scopa. La presi in braccio. Si divincolava. Ero stupefatta, cercavo di calmarla. Continuavo a balbettare «Non è mai successo prima» mentre seguivo Pierre per tornare nel negozio.

Ancora oggi, quando ci ripenso – e ci ripenso spesso – mi resta incomprensibile la ragione di quel tentativo di fuga. Il primo.

Avevo appuntamento con Silvy al tramonto. Lei non ti diceva un'ora, diceva «al tramonto.» La vidi già in attesa sulla terrazza del ristorante che dava sul mare. Era vestita di bianco. Nella luce rosata, come piaceva a lei. Accolse i fiori con un sorriso di ringraziamento così affettuoso che quasi sciolsi in lacrime la tensione di poco prima. Non so come riuscii a trattenermi.

«Adoro le astromerie. Me le regalava sempre una certa persona.» Con un piccolo sorriso malizioso le appoggiò sulla poltroncina accanto. Poi mi osservò.

«Che cosa c'è? Sembri angosciata.»

«Mi dispiace... non vorrei, è il tuo compleanno.» E intanto sorvegliavo Marian accoccolata sulle mie ginocchia, come al solito. Non mi era mai accaduto di sentire il bisogno di sorvegliarla. Stava facendo le fusa, come niente fosse accaduto, acciambellata e con un pezzetto di lingua di fuori, come le capitava spesso. Gli occhi beatamente socchiusi.

«Che cosa è successo?»

Le raccontai tutto della fuga di Marian, poi dell'incontro con Pierre, di come l'avevamo conosciuto, e chissà perché avevo voluto infilarmi nel suo negozio che tanto aveva spaventato Marian. Le parlai del mio imbarazzo...

insomma, vuotai il sacco fino all'ultima briciola. All'ultimo granello di fuliggine.

«Ecco... tutto qui.» Mi pareva una montagna, altro che *tutto qui*!

«Forse l'ha spaventata il cane.»

«Impossibile. Andavano d'accordo. Giocavano. Ora ho paura che da un momento all'altro tagli la corda... È un sentimento strano, brutto, mi sono sempre fidata di lei, è sempre stato così ovvio il nostro legame... La sento improvvisamente estranea, capisci? Questo mi fa male. Malissimo.»

«Come se ti sentissi tradita?» Era seria. Partecipe. Non mi prendeva in giro.

«Eh già.» Inevitabile pensare per un istante – solo per un istante però – a George.

«Un gatto è un gatto» disse lei. Stesse parole di Geoffrey, ma il senso era diverso. «Accettiamo la sua felinità imprevedibile. Concediamogli di essere non come vorremmo noi ma secondo la sua natura. Può darsi che si dia di nuovo alla fuga, ma è talmente affezionata a te che tornerà sempre.»

«Davvero?» Imploravo di essere rassicurata. Come un bambino.

«*Mon petit chou*,» disse lei e per un momento posò una mano sulla mia «la vita è fatta anche di questo... dell'inatteso e del sorprendente. È fatta anche di quello che non ci saremmo mai aspettate. Il colpo di fortuna o la coltellata alle spalle. Tutto può stravolgersi da un momento all'altro.»

Be', se voleva *non* rassicurarmi c'era riuscita.

«Ho avuto anch'io dei gatti» riprese. «Certo non me li portavo in giro come fai tu. Se ne stavano in casa ma spesso saltavano dalla finestra e sparivano per qualche giorno. Poi tornavano.»

«Non trovi ridicolo che mi agiti tanto?» Per me Marian è fondamentale, pensai. Non osai dirlo.

«Io non lo trovo per niente ridicolo.»

Aveva ordinato un menu di antipasti di pesce, insalata di pesce, zuppette di pesce e vino bianco. Aveva fatto anche portare una ciotola per Marian. La tenni d'occhio mentre affondava il muso nel cibo accanto alla mia sedia. Ripulì la ciotola e subito saltò di nuovo sulle mie ginocchia.

«Al massimo Marian si farà qualche giretto» sorrise Silvy. «Non scappa, vedrai...» Era molto affettuosa e sorvegliava che io mangiassi. Che apprezzassi il vino. Che ammirassi il panorama. E mi parlava di Deauville, di come fosse una volta un paesino di pescatori e di coltivatori di lupinella che con i suoi fiori ricopriva d'oro la collina. Poi era arrivata la moglie di Napoleone III e tutta la corte e i nobili. «Poco per volta hanno stravolto questi luoghi incantevoli... costruito le case che vedi, ville sfarzosissime. Hanno ingabbiato siepi e alberi in un ordine geometrico, del tutto detestabile, quello che vedi anche adesso. Non un filo d'erba fuori posto. Tutto così dannatamente perbene. E Deauville si è affollata di gente ricca, molto ricca, anzi ricchissima, fastosa, che ha imposto i propri modi di vivere... casinò, corse di cavalli, golf... venivano tutti qui, re, principi, e gente come Churchill, i Rothschild... Deauville è diventata come Megève, la conosci? Quel villaggione sulle Alpi francesi che ha l'aria medioevale ma che è stato costruito non tanti anni fa, appunto dai Rothschild. Luoghi finto antichi per l'alta società.»

Aspettò che ci servissero i sorbetti, poi riprese: «Non sopporto gli hotel di lusso, tutto questo sfarzo, tutta questa gente ricoperta di miliardi che invade la città... e la moda e il cinema e attori attrici registi... poi i cavalli e quelle macchinone. Mi sembra di vivere su una torta farcita all'inverosimile e in cima come ciliegina è piantato il fantasma di quella vecchia matta di Coco Chanel che continua ad aggirarsi nelle boutique del centro».

«Perché sei venuta a viverci?»

«Per via di Geoffrey» rispose lei con semplicità. «E lui ci vive per via del lavoro. Avido com'è...» e rise «...avido com'è di danaro, e bravo com'è, sa che qui si guadagna bene quando si fa il suo lavoro. Ma ai tempi avevamo scoperto insieme un paesino, prima che diventasse un famoso psicanalista... un paesino in Provenza. Vivevamo in una specie di baracca, eravamo talmente giovani... piedi in acqua tutto il giorno, lui pescava, io anche, e coltivavamo un piccolo orto e cucinavo. Era bello lì. Uno dei tanti modi per essere felici.»

Dagli alberi vicini il crepitare delle cicale andava affievolendosi. Si stavano appisolando sugli alberi del viale. Stava scendendo la sera.

«Sì... eravamo molto felici» ripeté lei. Nessun rimpianto nella sua voce.

Avrei voluto chiederle se lei e Geoffrey fossero innamorati, ma temevo di essere indiscreta. Già le avevo fatto capire che mi stupiva che vivesse qui, in un luogo criticato con tanta asprezza.

Sembrò leggermi nel pensiero: «Ti stupisci che non ci amassimo follemente, vero?».

«Mah...» Mi strinsi nelle spalle.

«Ti sembra strano che si possa avere un rapporto profondo anche se non si è innamorati? Amanti? Fidanzati o coniugi? Niente di tutto questo tra me e lui. Possono scorrere ben altri legami tra le persone, credimi. Anche tra un uomo e una donna. Ben altri legami.» Non disse quali.

E i pettegolezzi sui suoi amanti? Su lei e il *solo* Paulo? Volgarità, senz'altro. Nient'altro che volgarità.

«Geoffrey, a proposito di Marian, si chiederebbe in quale angolo della tua psiche affondino le radici... le motivazioni, dico... di un attaccamento così profondo e tenace.» Mi guardava con indubbia tenerezza nella luce delle lanterne che erano state accese su ogni tavolo.

«Non gli racconterò quello che è accaduto.»

«E quel Pierre? Come vi siete lasciati?» Una breve pausa poi: «Da come me ne hai parlato deve essere affascinante».

«Niente... ci siamo salutati. L'ho ringraziato, è stato il suo cane a trovare subito Marian. L'ho ringraziato e me ne sono andata. Tutto qui.» E aggiunsi: «Del resto è sposato».

Lei rimase in silenzio. Non commentò. Fece un cenno al cameriere. Pagò il conto.

Ma prima di alzarci: «Posso farle una domanda?». Sì, dovevo proprio chiederglielo.

«Cioè?»

«Lei ha tanti, tantissimi amici. Ingrid mi ha anche parlato del suo negozio... della sua boutique di bigiotteria. Tanta gente insomma... perché ha voluto passare la cena del suo compleanno proprio con me?»

Si mise a ridere: «Perché, mi chiedi?».

«Sì... la ringrazio e mi ha fatto moltissimo piacere... ma...»

«Avrei potuto avere una figlia della tua età... anzi no, una nipote...» continuava a sorridermi «...con te mi sento un'altra. Questo mi dà sollievo» e si alzò.

«In che senso si sente un'altra?»

«Oh, Eva... fai domande a raffica come i bambini piccoli.»

Uscimmo dal ristorante e andammo a camminare lungo il mare. Le stelle sopra di noi.

Fu quella l'unica sera in cui non fui obbligata a far compagnia a Geoffrey. Ma la sera successiva, dopo una giornata passata con Ingrid in giro e a prendere il sole, tornai a casa, ancora con la luce, per sedermi davanti al più bravo psicanalista del mondo. Aveva già preparato la scacchiera.

Era un ottimo giocatore di scacchi, abile e astuto. Dalla mia, avevo avuto un padre implacabile nel tenermi per anni con il naso su re regine alfieri cavalli, implacabile nel voler ottenere il massimo. Diceva che anche una donna può sviluppare una mente acutissima studiando gli scacchi.

Grazie ancora per quell'*anche*.

Ma prima di quella partita a scacchi con Geoffrey voglio ricordare quello che mi passò per la testa dopo che Silvy e io fummo tornate dalla cena e dalla passeggiata sul mare.

Nella mia stanza, finestre aperte, fruscio del vento negli alberi del giardino. Io a letto, a luci spente. Marian come al solito accucciata tra spalla e collo. Mi faceva solletico con i baffi. Come se niente fosse accaduto se ne stava lì a ronfare. Fusa innocenti. Le chiesi come aveva potuto farmi prendere un simile spavento. Le dissi anche che molti avrebbero trovato strano che una persona si attaccasse tanto a un gatto, ma – le dissi anche – per me tu, proprio come gatto, sei assolutamente speciale. Non so se mi stesse ascoltando. Continuava a ronfare. Quando le dissi «Sei stata proprio cattivissima» mi appoggiò una zampa sulla guancia, senza unghie e morbida. Forse per dirmi dai smettila! Allora le dissi non abbandonarmi, io non l'ho mai fatto.

Ripensai a Pierre. Quando rientrammo nel negozio, io con Marian stretta al petto e lui con il bracco, la coppia anziana era seduta impettita su due poltroncine. Accanto a loro un tizio in piedi, aria cortese ma non ossequiosa, con un grembiule di cuoio sull'abito scuro: «Madame ha voluto aspettare te per quel violino» disse a Pierre e se ne tornò nel laboratorio. Pierre si scusò ma Madame era indignata, ripeteva che un negozio di musica non è uno zoo. Mi affrettai a infilare Marian nella sua borsa di tela, raccolsi i fiori e la mia borsetta che avevo lasciato sul banco. Pierre mi strinse la mano, mi disse arrivederci e io uscii. Trovavo davvero Pierre affascinante, come aveva detto

Silvy? Non so. E poi, che importanza aveva? Ma al mattino, svuotando la mia borsa per rimettere ordine, trovai tra le varie cose un biglietto con la pubblicità del negozio di liutaio e dietro scritte a penna, tre parole: *ci rivedremo.* Firmato: *Pierre*. Non riuscii a capire quando fosse riuscito a scrivere e a infilare il biglietto nella mia borsa senza che io me ne accorgessi. Forse quando ero concentrata a sistemare Marian? O quando mi scusavo con Madame assicurandole che me ne sarei andata subito?

Raccontai tutto a Ingrid, mentre il mattino seguente costeggiavamo il mare in bicicletta. Avevamo deciso di andare in una spiaggia fuori Deauville, per evitare di trovarci di nuovo alle costole la panettiera.

«Hai fatto colpo su Pierre» rideva. «Vedrai che vi rivedrete.»

«Impossibile. Non ha nessun modo per ritrovarmi. Non cellulare, non nome... niente. Io da lui non ci torno certo.»

«Però eri tu a piacergli, non io con le mie arie da prima donna.»

«Non è proprio il mio tipo.»

«Uno come lui è il tipo di tutte» obiettò lei.

«D'accordo, ma quelli sposati a me non interessano. Non potrei innamorarmi di un uomo sposato. Non li posso trovare interessanti. Davvero.»

«Che ne sai... tutto può succedere.»

«Penso che quando uno è sposato ha preso un impegno e desidera rispettarlo. Se no che senso ha sposarsi?»

«Figurati... il mondo è pieno di coppie sposate fornite di amanti, eh?»

«Gente che si prende in giro.»

«Sei una moralista.» Frenò e scese dalla bicicletta. «Io non la penso come te.»

«E Marco che cosa ne dice?» Intanto agganciavo la bicicletta. «Eh?»

«Alludi a quella storia del gorilla?»

Ci scrutammo da sotto l'ala dei cappelli di paglia. Ingrid era accigliata. La faccia di quando affilava le armi per aprire un conflitto. Vedevo oltre lei la spiaggia e il mare tremolante di riflessi sotto il sole. Sul filo dell'orizzonte passava una barca a vela, minuscola nella lontananza. La seguii con lo sguardo per un momento. Avevo davvero voglia di litigare?

«Allora?» Ingrid giocherellava impaziente con la chiave della bicicletta. «Allora?»

«Non mi faccio gli affari tuoi» risposi infine anche se avrei voluto dirle di non fare pasticci, Marco non se li meritava, secondo me. Non dissi niente. Lei tolse dal cestino borsa e telo da mare e scendemmo in spiaggia. Argomento chiuso.

Quella sera dopo la doccia indossai il mio unico vestito perché Geoffrey mi aveva avvertito fin dal primo giorno «Niente jeans o pantalonacci qui da me». Andai a sedermi in terrazza davanti a Geoffrey e alla sua eterna scacchiera. Mi puntò contro il dito ossuto e dichiarò che mi avrebbe battuto.

«Un giocatore non fa dichiarazioni del genere prima della partita, mi rendo conto.» Fece scattare la mandibola per sistemare la dentiera. «Ma ammetto che la tua bravura mi irrita.»

«Mi rendo conto» gli facevo il verso. Trovavo inammissibile che se la prendesse tanto quando perdeva. Cioè spessissimo. Non possedeva nella sconfitta quell'eleganza che mi aveva insegnato mio padre.

«Ho visto un paio di volte mio padre perdere a scacchi» dissi. «A guardarlo in faccia sembrava avesse vinto. Imperturbabile.»

«Che *casse-pieds*!» borbottò lui. Era già irritato.

Non so come tre sere prima – davvero non so come – gli avevo dato matto in quattro e quattr'otto. Lui si era inferocito. Con una manata aveva rovesciato la scacchiera e mentre Paulo raccoglieva pedine e re e regine e tutto quanto, Geoffrey aveva abbaiato che non sopportava di farsi battere da una qualsiasi *teubé* appiccicata tutto il giorno a un gatto. Io me n'ero andata di filato nella mia stanza ma poco dopo Paulo era venuto a chiamarmi: Monsieur Geoffrey voleva vedermi. E lui si era scusato. Aveva stappato una bottiglia di champagne, inutilmente gli dissi che non mi piaceva lo champagne, dovetti bere dopo aver brindato più volte. E va be'!

«Stasera vince lei?» chiesi. Il nero era mio. Sistemai re e regina. «Davvero?»

«Non fare la spiritosa.»

«Me lo auguro che vinca lei!»

«Anch'io *te* lo auguro» replicò lui minaccioso.

«Se no?»

«Non puoi tenere il becco chiuso, ogni tanto?»

Iniziò la partita. Il punto è che mi bastarono pochi minuti per capire che aveva fatto un errore madornale muovendo l'arciere. Non se ne accorse. Ne aggiunse un altro muovendo il cavallo. E continuava a tirar sorsi dal suo bicchiere di whisky. Bevi meno, pensai, e stai più attento.

«Ci sono un paio di varianti che potrebbero esserle utili in questo momento» consigliai.

«So quello che devo fare.»

Non lo sapeva proprio. Per un momento riflettei se fosse il caso di perdere compiendo a bella posta un paio di mosse sbagliate. Considerai a lungo la mia regina, nera come la pece. Inflessibile. No, non si finge di essere delle schiappe. Non sarebbe leale.

«Hai vinto» borbottò infine lui. Il suo re finì lungo disteso. «Di nuovo hai vinto.» Altro sorso, poi: «Se vinci sempre c'è qualcosa che non va».

«L'ipotesi più credibile è che i miei avversari siano di livello inferiore» dissi.

«Allora per migliorare hai bisogno di qualcuno più forte di me» ribatté acido.

«Secondo me lei perde quando beve troppo. Si moderi» ridevo per la mia sfacciataggine. Sapevo che lo divertiva.

«Credo che tu abbia ragione...» Riprese a sorseggiare il suo whisky.

Nel cielo splendevano grappoli di stelle. Si sentiva il mare, arrivava fin quassù il suo respiro greve trascinato dall'aria salmastra. Notte d'estate di quelle indimenticabili.

«Quando parti?» La voce roca di Geoffrey aveva un'inflessione dispiaciuta. «Se fossi giovane ti corteggerei da toglierti il respiro.»

Rimasi di stucco. In silenzio. Che dire a una frase del genere? Muti entrambi adesso, lui con i suoi cent'anni e passa sul gobbo – del resto non gli avevo ancora domandato quanti anni avesse. Io con la mia vita davanti.

«Ti ho chiesto quando parti» ripeté. Come se la frase sul corteggiamento non fosse stata pronunciata.

«Tra due giorni. Con Ingrid. Andiamo all'Ile d'Oléron da certi amici suoi o in qualche stanza in affitto, non so. Farò delle traduzioni dal russo. Guarderò le maree. Sarà bello.»

«Due giorni...» disse lui pensoso.

«Mi dispiace andarmene» mormorai. Era vero. Stavo bene lì, in quella casa. Con quei due.

«Sta scendendo l'umidità» disse lui. «Scommetto che domani piove. Me lo dice il rumore del mare, si sta agitando. E me lo dicono le mie ossa.»

«Vuole che entriamo?»

«Silvy mi ha raccontato un po' di cose di te. Altre ne ho capite.» Si sollevò dalla sedia. Ci voleva del tempo prima che riuscisse a mettersi eretto. Intanto mi chiedevo che cosa avesse mai saputo di me.

Geoffrey era finalmente grossomodo in piedi, ma oscillava lievemente avanti e indietro. Paulo accorse. Lui lo scacciò con un iroso «Mi aiuta *mademoiselle*».

«Vuole che le dia il braccio?» Gli porsi il mio.

«Sarà meglio. Non so se è la vecchiaia o il whisky a farmi barcollare. Mi illudo che sia la vecchiaia» sogghignò.

Facemmo qualche passo per rientrare. Si fermò.

«Sai,» disse autorevole «voglio proprio parlarti.»

5

È una follia odiare tutte le rose
perché una spina ti ha punto.
(Antoine de Saint-Exupéry)

Quella sala. Una sgradevole sensazione mi era balzata addosso la prima volta che avevo messo piede là dentro. Come se ai bei mobili, ai quadri, ai tasti del pianoforte sempre aperto e che non suonava nessuno, alle librerie farcite di testi... insomma come se là dentro fossero rimasti appiccicati, ovunque, conflitti e lacrime, urlacci e rancori – memorie di certi giorni infausti della mia infanzia. Poi Geoffrey mi aveva raccontato che la sala era il set dei suoi incontri di terapia. Mi aveva indicato le due poltrone, una di fronte all'altra, dove sedevano lui, lo psicanalista, e l'altro, il suo paziente. «Succede di tutto qui dentro,» aveva detto «mi figuro che le pareti siano ormai intrise della sofferenza e delle disastrose vicende buttate fuori da chi si affida alle mie grinfie. Da chi viene qui a vuotare il sacco.»

Paulo aveva acceso le lampade che illuminavano quietamente la sala.

«Sediamoci lì» disse Geoffrey quando entrammo lasciandoci alle spalle gli scacchi, il respiro tumultuoso del mare, le stelle. «Lì» indicò le due poltrone di fronte, davanti al camino.

«Proprio nelle poltrone da psicanalisi?» Ridevo. «Mi faccia almeno sedere nella sua.»

«Accomodati allora.»

Sedemmo di fronte. Paulo arrivò portando un vassoio su cui fumavano due tazze di tisana di tiglio. Sul tavolinetto di lato alla mia poltrona posò anche un bicchiere con il whisky e subito spostò il tavolinetto accanto a Geoffrey. Se ne andò silenzioso.

«Si sta comodi nella sua poltrona.» Non accavallai le gambe, mia madre avvertiva di non accavallare quando ci si siede davanti a una persona di rispetto. «Facciamo che io chiedo e lei risponde?» La cosa mi divertiva.

«Ti concedo una sola domanda.»

«Eccola allora. Si dice in giro che lei sia avaro,» feci un gesto nell'aria indicando il tutto della casa «ma si circonda di ogni bene. Si gode la vita. Qui non manca niente, né il necessario e neppure il superfluo. Gli avari... gli spilorci... in genere vivono come miserabili anche se hanno il portafoglio pieno. Perché si dice ciò di lei?»

Si mise a ridere con la sua risatina che mi faceva pensare a uno sbatacchiare di nacchere e: «È questa la domanda? Pensavo volessi indagare sui miei trascorsi sessuali».

«Per carità!»

«Potrebbe essere istruttivo.»

«No, no... il sesso raccontato da uno psicanalista come lei deve essere inquietante.»

«Ho idea che per te il sesso sia sempre inquietante.»

«Non è affatto vero!»

«E va bene. Parliamo dell'avarizia. Allora ti dirò che c'è avarizia e avarizia. La mia è di un genere particolare. Si chiama: non farti mancare niente ma tieniti ben stretti i soldi che hai.»

«E l'avarizia nei sentimenti?»

«Ti ho concesso una sola domanda.» Tirò un bel sorso dal bicchiere di whisky. «Ora tocca a me.» Si immerse in un silenzio riflessivo, fissando nel vuoto.

Basta solo che non riattacchi con le domande sulla mia famiglia, pensai, sulla mia infanzia, disastri e incubi. Spesso, dopo che concludevamo le nostre partite a scacchi si accaniva – per vendicarsi delle sconfitte – a farmi vuotare il sacco, come diceva lui. Io mi ingegnavo a non addentrarmi in particolari, cercavo di restare sul vago, non mi andava proprio di fare elenchi penosi di magagne familiari. Tutto sommato genitori e nonni sono per me a loro modo creature eccezionali. E non mi piaceva propormi con lui come vittima di angherie e soprusi. Credo – mi auguro – involontari.

Lui continuava a tacere. Io cominciavo a sentirmi a disagio.

«A che cosa sta pensando?»

«A te, naturalmente,» si riscosse lui «sto facendomi l'elenco di quanto ci siamo detti da quando ci conosciamo.»

«Non le sembra che abbiamo esaurito l'argomento?»

«Non abbiamo più parlato del tipo che ha dato il nome alla tua Marian.» Acciambellata sullo sgabello vicino a me, Marian agitò la punta della coda. Poi la avvolse sul muso per difendere il suo sonno dalla luce della lampada.

«Ma lei non ha capito che è un tema che mi sta sullo stomaco? L'ha capito, no?»

«Approfitta di avere a disposizione e *gratuitamente* un grande psicanalista. Risolvi il tema.»

«Forse non ho voglia di parlarne...» sbuffai. «Anche se è gratis.»

«Chiediti perché lo eviti.»

«Perché fa male, no?»

«Tira fuori il rospo. Mi sa che sia un bel po' di tempo che ti sguazza nel cuore.»

«Che simpatica espressione...» ribattei caustica «...un rospo nel cuore... povero rospo.»

«Eh già, povero rospo. Scommetto che non gli piace starsene murato là dentro.»

«Cuore di pietra? Lei pensa questo di me?»

«Non ci vuole Freud per capire che metti una specie di muro tra te e gli uomini. Di qualsiasi età. Con questo non voglio assolutamente dire che tu abbia tendenze omosessuali. Per niente. Gli uomini ti piacciono. Ti interessano. Ma sei cauta e diffidente. Sorvegli la tua femminilità.»

«Direi che sto alla larga da faccende sentimentali. Per il momento almeno.»

«George è il responsabile. Sbaglio? No, non sbaglio affatto. E questo George non è morto. Non vivi un lutto di quel tipo, tu. È vivo e vegeto. Altrove, naturalmente.»

«Scusi ma non pensa che siano affaracci miei?» protestai.

«Ti irriti. Vuol dire che non hai certo preso le distanze dalla faccenda George. La ferita non è cicatrizzata. E se lo fosse anche le cicatrici spesso fanno male. Del resto so bene che purtroppo succede di prendersi una coltellata alle spalle e le coltellate che ti becchi in campo amoroso sono drammatiche. Nel campo dei sentimenti in genere, direi.»

Mi dedicai alla mia tisana di tiglio. Mi è utile, pensai, svuotare il sacco? Ripercorrere tutta la dolorosa faccenda? Certo, George non è affatto morto. Non ho mai desiderato che sparisse così definitivamente. Ma mi è utile raccontare come sono andate le cose? Può servire a sciogliere questa durezza che mi sento dentro, in un certo angolo di me, da qualche parte?

«Superare il dolore per sentimenti andati a rotoli serve per sentirsi liberi» disse lui.

«Liberi?»

«Fino a quando ti si rigira dentro questa storia non sei libera di posare di nuovo sul mondo lo sguardo della passione, dei sogni, di speranze e aspettative.»

«Lei ha un modo di esprimersi così romantico...» Lo sfottevo. Ero arrabbiata.

Fece un gesto come per scacciare una mosca. Poi: «Tu non sei una persona fredda. Tutt'altro, Eva. Ma ti impedisci di vivere appieno. Per vivere io intendo vivere appunto con passione sogni e speranze eccetera eccetera».

«È stata una storia talmente umiliante,» proruppi «troppo umiliante... perché diavolo devo rivangarla?»

«Che cosa ti rimproveri?»

«A me? Be'... avrei dovuto essere meno... meno...»

«Meno innamorata?»

«Be', senta...»

«Coraggio, vai avanti.»

«Se quando si è innamorati si possono raggiungere livelli talmente disastrosi di ocaggine, di stupidità, di cecità, di credulità e di illusioni come ho fatto io... alla larga davvero. Faccio a meno. Non ci casco più.»

Lui rimase in silenzio.

«E quel che è peggio...» aggiunsi irosa «...quel che è peggio è che anche dopo... anche dopo... anche quando non avevo più niente a che fare con lui, proprio più niente... anche dopo, per un bel pezzo, ho continuato a...» Sentivo le lacrime pungermi gli occhi. Ci manca che mi metta a frignare, pensai indignata.

«Ad amarlo? È questo che vuoi dire?»

«Boh... non lo so. Ho continuato a sentirmi il cuore in gola quando qualcosa me lo ricordava. Qualsiasi cosa.» Mi asciugai le lacrime con la punta delle dita. «Vede? È davvero meglio non parlarne più.» Mi voltai verso il pianoforte. «Quello è un bellissimo strumento. Non lo suona nessuno?»

«Come a dire: cambiamo argomento?» Sorrise. «A me piace parlare d'amore.»

«Be', allora mi dia una bella definizione. Mi dica che cos'è l'amore secondo lei.»

«Se lo chiedono gli esseri umani fin dall'antichità. Dai tempi dei tempi. Me lo chiedo anch'io e continuo a chiedermelo.»

«E allora senta, vogliamo parlare d'altro?»

Puntò le mani sui braccioli, si tirò in piedi faticosamente. Arrancò verso il pianoforte. Sedette di schianto sullo sgabello.

«Portami qui il mio whisky.»

Lo deposi sul pianoforte. «Lei però ci dà dentro con l'alcol... un po' troppo.»

«Fa bene alle cicatrici. Anch'io ho le mie» sghignazzò. «Dovresti provare anche tu con il whisky.» Mi disse di prendere uno spartito da un certo cassetto.

Lo apersi sul leggio. Mi chiese se conoscessi la musica e quando annuii: «Volta le pagine, allora. Può essere che mi dimentichi qualche passaggio. Per via del whisky» mi strizzò l'occhio. «Anzi no.» Con un colpetto richiuse lo spartito. «Rimettilo al suo posto. Poi ascolta e basta. Niente spartito. Vado a memoria.»

Appoggiò le lunghe scheletriche dita sulla tastiera.

Iniziò con Schumann, la numero 11 siciliana *Album für die Jugend*. Sapevo che non era difficile ma lui eseguì con una perizia, una delicatezza che mi fece rizzare le orecchie. Be', pensai, è bravo. E se mai avessi creduto che quando si è vecchi come lui ti si inciampano le dita sui tasti del pianoforte – a mio nonno ogni tanto accadeva – bene, mi dovetti ricredere.

Andò avanti con Schumann e questa volta suonò la numero 7 dell'opera 82, *Vogel als Prophet* e note liquide, delicate, di implacabile dolcezza levitarono nell'aria della sera. Mi scesero nel sangue, in ogni battito del cuore. Che cosa toccassero in me quelle note non so, ma la commozione mi strinse la gola. Fammi il favore, pensai, e sbattevo le ciglia per trattenere il pianto, fammi il favore: non suonare Chopin. In questo momento Chopin non potrei sopportarlo. Non suonò Chopin. Proseguì con la *Große Sonate* numero 1, sempre Schumann, e quello che provai lo possono descrivere solo le note. Solo con la musica si può parlare di struggimento, di nostalgia e tenerezze e passione e ricordi. E non so di quanto altro ancora. Forse anche di felicità.

Mi chiedevo che cosa mai avesse nella sua mente Schumann per scrivere una simile musica che era molto, molto di più che musica. Ascoltavo. Commossa in ogni cellula del corpo e dell'anima, avesse mai cellule anche l'anima.

Geoffrey non sbagliava una nota. Non una sola nota, non il ritmo. Bravissimo.

Sollevò per un istante lo sguardo dalla tastiera. Sempre continuando a suonare mi guardò. Non mi vergognai delle lacrime. Mi guardò e in quel momento era così giovane, il vecchio Geoffrey, così giovane, così umano. Così eterno. Tutto in lui, in quel momento, andava oltre la morte.

Riabbassò subito lo sguardo sulla tastiera e sorrise tra sé. Un lieve, umile, intenso sorriso. Di cui non potevo capire la ragione.

Mi accorsi che sulla soglia, nella penombra, era ferma Silvy. Con il bicchiere in mano. Appoggiata allo stipite. Intenta. Immobile. Tutta ascolto. Mi sembrò pietrificata.

Le note si spensero. Geoffrey staccò molto lentamente le dita dalla tastiera. Appoggiò le mani sulle ginocchia. Silenzio. Rimase così a lungo. Silvy e io non ci muovemmo.

Fu Silvy a parlare infine, le tremava la voce: «Sono anni che non suoni più». Sembrava oltremodo sorpresa.

Lui scosse la testa. Si rialzò faticosamente, se ne andò verso la poltrona, quella dello psicanalista questa volta. Ci si lasciò cadere. Mi fece un cenno. Presi il bicchiere e glielo porsi. Era quello che voleva. Bevve qualche sorso. Silvy andò a sedersi nella poltrona di fronte a lui.

«Sì,» disse Geoffrey annuendo «proprio vero. Sono anni che non suono.»

«Perché stasera? Perché proprio stasera? Che cosa è accaduto?» incalzò lei. Voce di rimprovero. Che cosa le stava capitando?

«Mi sono stupito anch'io,» disse lui senza badare a quel tono «mi sono proprio stupito di riuscire ancora a suonare come una volta. Dopo tanti anni.»

«Perché stasera? Come mai? Tante volte ti ho chiesto di suonare e tu sempre no e no. Anni di no e no. Stasera invece sì. Che cosa ti ha convinto a rimettere le zampe sulla tastiera?» Disse proprio *zampe*. Mi accorsi che era molto accigliata. Anche la voce ormai risuonava ostile. «Non me lo dici?» Non l'avevo mai vista così. Ostile e irosa.

«Lo strano è che anche senza spartito mi vedevo ogni nota davanti agli occhi. Ricordi? Schumann non era la mia passione. Lo trovavo sdolcinato. Ma stasera mentre suonavo ho compreso fino in fondo la sua indiscutibile grandezza. L'ho compreso per la prima volta» e concluse pensoso: «Non si finisce mai di imparare, proprio vero».

«Geoffrey,» Silvy era del tutto spazientita «non vuoi rispondermi?»

«*Madame*,» disse lui gentile «invecchiamo ogni giorno, diventiamo terribilmente vecchi,» tirò un lungo sorso, appoggiò il bicchiere su un ginocchio «diventiamo vecchi ma qualcosa dentro di noi rimane terribilmente giovane. Mi chiedo se è questo che continuerà a vivere, quando ci trasferiremo in un mondo migliore.»

Me ne andai a dormire quella sera abbracciata a Marian e con addosso la musica di Schumann.

Il mattino seguente, come al solito, Silvy venne a svegliarmi. Prestissimo. Più presto del solito.

«Svelta. Oggi andiamo in giro. Voglio tornare a rivedere l'abbazia di Jumièges.»

Una luce ancora incerta respingeva poco per volta le ombre notturne. Una striscia luminosa segnava l'orizzonte. Silvy guidava la sua vecchia Renault 4. Guidava con cautela. Era silenziosa, avvolta in una delle sue tuniche e con un pesante foulard bluastro intorno alla testa.

«È lontano?» Volevo spezzare quel silenzio tra noi due.

Marian sulle mie ginocchia continuava a cambiare posizione, inquieta.

«No.» Nient'altro. Brusca.

Non capivo che cosa avesse. Forse l'irritazione della sera precedente. Ma, con me, così distaccata e fredda non era mai stata. Nei giorni passati insieme non c'era stato un momento stonato. Era per me una delizia stare con lei. Ora no.

Aveva infilato una strada di campagna. I colori emergevano poco per volta, un'alba cangiante colmava il cielo.

«Che bello qui...» mormorai.

Lei, niente. Muta.

Cercai conforto osservando la campagna che ci scorreva intorno. Prati, alberi, colline, improvvise ampie chiazze di giallo e di azzurro che si allargavano nel verde e papaveri al bordo della strada non riuscirono a diluire la fuliggine che invadeva lo spazio tra me e Silvy. Mi ricordai dei viaggi con mio padre. Neppure a lui osavo chiedere perché fosse irritato. Che cosa avevo fatto a Silvy, senza accorgermene? Certe volte si fanno sgarbi agli altri e non ce ne si rende conto. Era colpa mia?

Finalmente arrivammo.

«Scendi» disse lei, secca.

In un istante dimenticai il suo atteggiamento, svanì la pesantezza che mi stavo portando addosso.

Di fronte a me si ergeva la straordinaria bellezza della cattedrale. La solennità delle sue rovine. Austere. Severe. Sicure. Sembrava dicessero: gli uomini possono rosicchiarmi ma mai distruggermi del tutto. Noi ci saremo per sempre. Noi non ci rade al suolo nessuno. Sotto il cielo sereno e nel verde di prati e alberi non ammettevano altro che stupore. Gioioso stupore. Quello che mi emozionava in quel momento.

«Che bello...» mormorai. Mi volsi verso Silvy. «...Grazie per essere venuta qui... meraviglioso».

«Muoviti.»

Non badai al suo tono acido. Che m'importava? Ero consapevole di stare ammirando uno dei luoghi più affascinanti che avessi mai visto. Non volevo perdere una briciola di quell'incanto. Le alte torri in pietra, affondate solidamente nel suolo erboso. Le colonne che avevano fiancheggiato processioni devote e antichissime. Le finestre che si aprivano all'azzurro del cielo tra mura slanciate verso l'alto. Il senso di immenso silenzio ancora denso dei canti liturgici. Era qui, proprio qui, che era nata la famosa *sequentia*, quel cantare poetico creato nei monasteri medioevali d'Occidente, me ne parlava mio padre. Oltre le colonne, possenti come se dovessero reggere l'universo intero impregnato di grazia divina, oltre quelle colonne ora faceva da tetto il cielo. Me lo immaginai di notte. Le stelle. La scia della Via Lattea.

«Sai,» ero impalata a naso insù tra lo sciamare dei turisti «sai, anche in Maremma c'è un'antichissima cattedrale benedettina, bellissima, semidistrutta e senza tetto... i monaci erano talmente poveri che si sono venduti il tetto, e...»

«Posso ascoltare la guida o devo ascoltare te?» mi interruppe Silvy. «Adoro ascoltare le guide.» Dove erano finiti la sua dolcezza e lo sguardo affettuoso?

Mi ritrovai accanto a lei nel gruppetto che circondava la guida. Raccontava dei monaci fondatori, secoli e secoli addietro – poco prima, pensai, della nascita di Carlo Magno. E raccontava quando all'orizzonte apparvero le orde dei Normanni – una quarantina d'anni dopo la morte di Carlo Magno, pensai. Orde che distrussero e depredarono l'abbazia e trucidarono i monaci ma l'abbazia venne ricostruita, raccontò. E intanto me ne stavo lì a guardare le mura e a chiedermi se mai Carlo Magno fosse entrato qua dentro e si fosse inginocchiato davanti all'altare con tutta la sua gloria addosso. Decisi che sì, che nel suolo erano rimaste impresse le sue orme regali. Bastava cercare fra l'erba che faceva da pavimento.

«Usciamo.» Silvy mi urtò un braccio. «Possibile che tu abbia sempre la testa tra le nuvole?»

Mi precedette. Appena fummo fuori si diresse verso il breve labirinto disegnato nel prato. Lo percorse assorta. Vedevo emergere la sua figura dai ghirigori delle siepi perfettamente potate. Foulard e tunica svolazzante nel vento. Di scatto si levò il foulard, con un gesto iroso. I corti capelli ricciuti e candidi sembravano piume. Mi accorsi che tutto in lei ricordava un uccello acquatico, di quelli con le creste in testa. Ora si alza in volo, pensai, e sparisce tra gli alberi.

Mi diressi verso il folto. Liberai Marian dalla sacca e attesi che si infilasse tra i cespugli.

«Devo aspettarti a lungo?» mi richiamò Silvy. Mi affrettai a raggiungerla appena Marian mi tornò vicino per farsi prendere in braccio.

Silvy volle andarsi a sedere in un bar. Tavolini all'aperto, tra gli alberi. Si affacciavano sulla Senna che scorreva, placida, tra il verde. Fitti alberi di frutta. Meleti. Bevemmo infatti sidro di mele.

«Sono venuta qui altre volte. Questo è un luogo in cui si deve tornare» disse Silvy. Non mi guardava. Fissava il fiume sotto di noi. Il suo tono era lontano. Non amichevole. «Non ringraziarmi di nuovo di averti portata con me.»

Ben mi guardai dal farlo. Rimasi in silenzio. Che accidenti ha che la irrita, oggi?

«Hai sentito quella faccenda della distruzione della cattedrale? O eri distratta?»

«Ho sentito.»

«Arrivano i Normanni e distruggono tutto.»

Annuii.

«Poi la terribile guerra dei Trent'Anni. E la Rivoluzione francese e giù altre distruzioni, botte, uccisioni, portano via addirittura le pietre della cattedrale per costruire qualche vaccata.» Disse proprio *vaccata*.

Annuii di nuovo.

«Chi erano secondo te quelli che distruggevano e trucidavano?»

«I Normanni, no? E gli altri...»

«No, cara la mia ragazza, no. Quelli che distruggono, che uccidono, che depredano, che fanno a pezzi, che sparano, che decapitano, che impiccano sono uomini. Nel senso di maschi. Hai mai visto eserciti di donne armate fino ai denti scagliarsi contro altri eserciti di donne? Hai mai visto orde di donne impiccare la gente? Hai mai visto generali femmine portare al fronte i propri soldati femmine pronti a uccidere?»

La ascoltavo disorientata. Del resto, quello che stava dicendo con tanta irosa foga era vero.

«Donne mai. Tutti uomini. Hai mai visto donne far parte dell'Inquisizione? No, tutti maschi. Hai mai visto ministri e capi di stato tutti femmine intorno a un tavolo per firmare dichiarazioni di guerra? Mai. Sempre e ancora maschi.»

Mi accorsi che al tavolo vicino stavano rizzando le orecchie.

«Hai mai visto orde di donne inferocite percorrere campagne e città, come hanno fatto i crociati tanto per dirne una, devastando e ammazzando tutti i civili? Mai. Anche i crociati erano tutti maschi. E anche oggi, le guerre... la prima, la seconda, l'Olocausto... il Medio Oriente... chi è che ammazza, uccide, tortura e stermina? Maschi. Tutti maschi.»

«No, scusi,» uno dal tavolo vicino si sporse verso Silvy, un tipo accigliato che la osservava al di sopra degli occhialini «scusi sa, ma gli uomini, i maschi come dice lei, hanno costruito meraviglie come questa cattedrale, hanno scoperto...»

«Ma stia zitto!» scattò lei. «Stia zitto. Sa qual è la verità? Voi uomini avete avuto il mondo in mano da millenni e lo avete trasformato in un orrore. In un macello.»

Seguì un silenzio.

«Ha sentito? Avete trasformato il mondo in un orrore.» Si alzò. Dominò in piedi, dall'alto, il tipo con gli occhialini.

«Signora, io prenderei anche in considerazione...»

«Guardi che voi,» lo interruppe di nuovo Silvy con voce stridente «voi, gli uomini... sembra che vi dia un gusto matto scagliarvi contro gli altri per farli fuori.»

Quello non fiatò più.

Silvy gli voltò le spalle e via, a grandi passi furiosi. Io dietro con Marian nella borsa. Sentii alle mie spalle una voce femminile, forse la ragazzina del tavolo seduta accanto al tipo con gli occhialini. Era proprio lei: «Quella signora ha ragione, basta leggere un libro di storia per capire che ha ragione». Qualcuno la zittì. Ma la ragazzina a voce più alta: «Sì, ha ragione, ho detto. Però mi chiedo perché le donne non li abbiano mai osteggiati... perché non abbiano mai osteggiato gli uomini. Le donne gli hanno lasciato fare tutto quello che volevano, fin dall'inizio dei tempi. Perché?».

Silvy si fermò. Dopo un momento si voltò e: «Perché, ti chiedi? Perché hanno paura. Perché le donne hanno sempre avuto una secolare paura degli uomini» gridò. «Ecco perché.»

Riprese a marciare verso la Renault. Quasi correva tanto andava rapida. Io mi arrestai a guardare la cattedrale. Maestose rovine, aveva detto la guida. Di più, molto di più. Purezza spirituale, mi dissi. Gli uomini sanno costruire anche questo, pensai, eppure... sì, eppure Silvy aveva detto una terribile verità. Gli uomini. Nel senso di maschi.

«Eva! Devo aspettarti per ore?» Era in piedi accanto alla Renault, lo sportello dalla parte della guida già aperto.

«Adesso me lo dici.» Non so come, trovai l'ardire di affrontarla appena le fui vicina. «Me lo dici che cosa succede. Che cosa ti ho fatto. Non capisco la tua rabbia... mi fa male vederti così.»

«Ti fa male?» Sedette pesantemente alla guida.

«Molto.»

«Pazienza se ti fa male.» Richiuse lo sportello di schianto. Accese il motore. Per un momento temetti che partisse di volata e mi piantasse lì. Invece no. Girai intorno alla macchina, salii accanto a lei. Accomodai Marian sulle ginocchia. Adesso ero proprio offesa. Perché accidenti dovevo subire i malumori degli altri?

«È colpa mia?» chiesi a mezza voce. «Ho fatto qualcosa che non va?»

«No» fu la risposta. Basta. Nient'altro.

«Allora perché mi tratti così?» domandai ancora.

Non rispose. Io non chiesi altro. Tornammo in silenzio a Deauville.

Quel pomeriggio raggiunsi Ingrid a casa. La trovai in cucina. Stava cuocendo chili di albicocche in certi pentoloni fumanti, a guardarci dentro appariva una brodaglia giallastra e schiumosa ma il sapore – mi obbligò ad assaggiare – era squisito. Sul tavolo aveva allineato file di vasetti vuoti e puliti, con i rispettivi coperchi accanto.

«Qui ci sono le etichette. Aiutami. Devi scrivere: marmellata di albicocche. E la data.» Mi porse una penna. «In bella calligrafia» ammonì. Sedemmo entrambe.

Avevo portato con me Marian, naturalmente. Marco non era in casa. A quell'ora era già al lavoro nel suo ristorante. Marian andò ad accucciarsi sul davanzale della finestra aperta sul cortile. Ingrid aveva sistemato lì un cuscino e Marian aveva gradito. Ora, muso all'aria, stava sorvegliando il volo delle rondini.

«Sei sicura che Marco non si accorga che in casa c'è stato un gatto? Con la sua allergia?»

«Marco non si accorge di niente» disse lei. Incollava sui vasetti le etichette con la loro brava scritta che vergavo man mano in svolazzante calligrafia.

«In che senso non si accorge di niente?» Le lanciai un'occhiata. La vidi sorridere.

«Potrei andare in giro con il naso dipinto di verde» disse ilare «e lui non se ne accorgerebbe.»

«Va' là... a me sembra che ti ami molto. Che abbia cura di te.»

«Boh» disse lei e si alzò.

«Ma tu lo ami, Ingrid?»

«Boh» disse lei ancora. Mi girava le spalle.

«È successo qualcosa?»

«Fai il terzo grado?»

«Uff, niente terzo grado» e per un po' mi dedicai in silenzio alle mie etichette. Poi: «Allora domani mattina arrivo qui con la mia sacca e partiamo?».

«Certo.» Stava rimescolando energica nei pentoloni. «La marmellata di albicocche... Marco ne va matto. Gli lascio una bella scorta.»

«Una bella scorta?» Gettai un'occhiata ai due pentoloni e alla sfilza di vasetti. «Qui c'è marmellata per un anno,» risi «quanto tempo hai intenzione di star via?»

«Non hai idea di quanta ne mangi, così senza pane, ci affonda il cucchiaio e via. Io diventerei una bomba se facessi come lui» fu la sua risposta. «L'Ile d'Oléron è splendida, vedrai.»

«Sono contenta di ripartire» dissi e le raccontai quello che era accaduto quel mattino: il viaggio all'abbazia ma soprattutto l'irritazione incomprensibile di Silvy, la sua freddezza. Il mio profondo disagio.

«Non capisco come possa una persona essere in un modo, poi di colpo mostrarsi totalmente diversa da come credevo che fosse» dissi. «O meglio, diversa da come si era dimostrata fino a quel momento. Silvy era dolcissima poi... be', irriconoscibile.» E ancora: «Tu non l'hai mai vista quando è così? Del tutto inferocita?».

«Ce l'aveva con te?» Si mise a raccogliere i noccioli delle albicocche che si ammassavano ancora in fondo al tavolo. Li infilò in un sacchetto. «Che cosa le hai fatto? Con me Silvy è stata sempre molto affettuosa.»

«Anche con me era molto affettuosa... non le ho fatto niente. Ha detto che non era per causa mia. Ma si è dimostrata talmente scostante, fredda... cattiva in un certo senso. Sembrava che tutto quello che aveva intorno la mandasse su tutte le furie. Me compresa.»

«Le persone non possono essere sempre uguali, eh?» Con un gesto rabbioso scaraventò il sacchetto con i noccioli delle albicocche nel bidone vicino alla porta.

«Be', i gatti sono sempre uguali. Ecco perché amo i gatti.»

«Neanche loro sono sempre uguali.» Spense il gas sotto i due pentoloni. «Neanche loro, eh? Neanche Marian... non te l'aspettavi che tagliasse la corda quando sei andata a trovare Pierre.»

«Non lo farà più.» Rivolsi uno sguardo a Marian. Sonnecchiava. Bianca e nera, a chiazze. Piumosa. Bellissima. «Ho smesso di tenerla d'occhio. Tutto è tornato come prima, sono di nuovo sicura di lei, adesso...»

«Meglio non essere sicure di niente» obiettò Ingrid. Riprese a rimescolare nei pentoloni. «Tutto può cambiare da un momento all'altro.»

Depose il mestolo e uscì dalla cucina. Rimasi a scrivere MARMELLATA DI ALBICOCCHE e la data per un numero di volte che non finiva più. Sentivo Ingrid armeggiare di là. Infine mi alzai: «Dove sei?».

«In bagno, vieni.»

La trovai in mutande seduta su uno sgabello, si destreggiava con certe pezze biancastre. «Ho delle gambe che sembro un brigadiere... pelacci lunghi un metro, che orrore... non posso andare in giro così.» Applicò una striscia su uno stinco, la sprimacciò ben bene poi uno strappo deciso. «Guarda quanti...» Gettò a terra la striscia. Passò una mano sulla gamba: «E ora una pelle che sembra seta» disse compiaciuta. «Seta.»

Sedetti sull'orlo della vasca: «I peli te li facevi sempre prima di andare ballare» ricordai.

«È vero» rideva e continuava rapida a maneggiare le sue pezze. «È vero...»

«Non si sa mai, dicevi.»

«Già, non si sa mai» ripeté tutta allegra.

«Vai a ballare?»

«Può essere» mi sorrise. «Non si sa mai» aggiunse maliziosa.

Quella sera, quando rientrai in casa, trovai Geoffrey seduto in sala, nella sua poltrona da psicanalista. Il bicchiere di whisky in mano. La luce delle lampade gettava un riflesso cardinalizio sulla sua giacca di velluto a coste color rubino.

«Niente scacchi stasera?» Sedetti di fronte a lui. Poltrona dei pazienti.

«È l'ultima sera. Facciamo due chiacchiere.»

«E Silvy?» chiesi sottovoce.

«Dai suoi amici.»

«Vorrei salutarla.»

«Rimarrà fuori a dormire.»

Parlava con tono stanco. O forse non era stanchezza. Era qualcosa d'altro, che non riuscivo a capire. Tristezza? Malumore? Anche lui?

«Ma io domattina parto. Mi dispiace non rivederla.» Non osavo parlargli del malumore di Silvy. Del suo incomprensibile comportamento nei miei confronti. «Sì, mi dispiace proprio» dissi soltanto.

Lui rimase in silenzio. Io anche. Marian era sulle mie ginocchia. La carezzavo tra le orecchie, come piaceva a lei.

«Sei molto attaccata a quel micio.»

«Ma sì... è adorabile» ritrovai d'un tratto la mia vivacità. «Da quando ho con me Marian tante cose che mi sono accadute, sono accadute grazie a lei. A causa sua, insomma... Ho conosciuto delle persone solo perché c'era Marian... Per esempio quando ero in Provenza ha infilato un portone e l'ho ritrovata al primo piano accanto a un bambino incredibile. Un bambino che leggeva le fiabe ai gatti, pensi. Doveva vedere come i gatti stavano ad ascoltarlo. Anche Marian. Non avrei mai conosciuto quel bambino se non avessi avuto Marian. E poi... be', andando sempre in giro con lei potevo trovare ospitalità solo da gente che ama i gatti. Ancora una volta persone che non avrei mai conosciuto se non fosse stato per Marian. E anche qui a Deauville... Marco ha l'allergia ai gatti e quindi sono venuta da voi. Non fosse stato per Marian non ci saremmo mai incontrati. Mi sarebbe dispiaciuto.» Gli sorrisi. Pensai che anche Pierre non l'avrei mai conosciuto se Marian non fosse saltata dal finestrino dell'auto per slanciarsi in spiaggia.

«Gatto magico» commentò lui. «Che cosa accadrebbe se non ci fosse più?»

«Proprio non posso immaginarlo» mormorai.

Ripensai alla fuga di Marian quando eravamo nel negozio di Pierre. E mi venne in mente che quella non era la prima volta che Marian aveva tagliato la corda. Proprio per niente. Anche il giorno in cui avevo conosciuto il bambino che legge ai gatti Marian all'improvviso aveva tagliato la corda. L'avevo vista sparire in fondo a un vicolo. L'avevo inseguita e chiamata e solo per caso l'avevo ritrovata in casa di quel bambino.

Sì, Marian mi aveva abbandonata già due volte. E la terza?

«Che cosa c'è?»

«Niente... insomma è che ogni tanto Marian scappa.

Sparisce. Come se non volesse più saperne di stare insieme.»

«Succede anche con le persone» ridacchiò lui.

«Non c'è niente da ridere. Io lo trovo terribile.» Continuavo a grattare le orecchie di Marian. «Proprio terribile.» Non provarci di nuovo, le dissi mentalmente. Non farlo più.

«C'è sempre un altro gatto» disse lui e continuava a ridacchiare. Vecchio pazzo. Vecchio sbevazzone. «Credimi.»

«Non è vero!» Ero indignata. «Quando ami un gatto allora ami *quel* gatto. Non è che poi, se sparisce, chi se ne frega... non è che rimedio con un altro. Le cose non stanno così. Neanche con le persone.»

«C'è sempre un altro amore» insistette lui.

«Non credo neanche questo...»

«Sai una cosa? Tra non molti anni, quando ripenserai a George, ti renderai conto che era un perfetto cretino. Ti chiederai come hai fatto a perdere la testa per lui. Un cretino... scommettiamo?»

«No» borbottai.

Si mise a ridere e aggiunse: «Se in memoria del nostro incontro vuoi portarti via una frase memorabile te la dico subito».

«Sarebbe?»

«Non si ama una volta sola. Dopo la prima volta, spesso sciagurata, si impara ad amare meglio. Si impara ad amare di più.»

6

Non buttar via il tuo destino
su ciò che sei nato ad essere,
ma tieni con cura
la tua divina scintilla.

(Kurt Vonnegut)

Il mattino dopo uscii da quella casa con il cuore stretto. Senza rivedere Silvy. E tenendomi stretta quella che Geoffrey aveva definito la *frase memorabile*. Li avrei mai rivisti, quei due?

Percorsi la strada tra ville elaborate e pompose, giardini addomesticati, siepi senza una foglia fuori posto, aiuole severe composte di fiori tutti in tinta. Ogni cosa ristretta – domata? – in un meticoloso ordine che trovai insopportabile. Mi augurai che l'Ile d'Oléron avesse qualcosa di davvero selvaggio. Che ne so, pinete scomposte dal vento. Fiori liberi di fiorire dove capita. Erbacce. Nidi di ragni e gazze che starnazzano.

Appena entrai nel cortile della casa dove vivevano Marco e Ingrid, lo vidi.

Era seduto sui gradini della porta di casa. Mi fermai davanti a lui. Il cane in fondo al cortile abbaiava con entusiasmo. Alla catena. Ci osservava agitando la coda.

«Ingrid è pronta?»

Marco non rispose.

«Che cos'hai?» chiesi, non l'avevo mai visto con quell'espressione da naufrago.

«Se n'è andata ieri sera» mormorò. Affondò la faccia tra le mani. Più che seduto, sembrava accasciato su quei gradini. Del tutto accasciato.

«Scusa, non ho capito.»

Deposi a terra la mia sacca da viaggio.

«Ho detto che Ingrid se n'è andata ieri sera» farfugliò tra le dita.

Ero allibita. Sedetti sul gradino accanto a lui. «Che cosa significa? In che senso se n'è andata?»

«Spostati» mugolò, sempre con le mani premute sulla faccia. «Sposta quel dannato gatto.»

Marian sporgeva il muso dalla borsa di tela che portavo a tracolla.

Mi rialzai di scatto: «Ingrid dov'è?». Arretrai di qualche passo.

«Mi ha mollato. Se n'è andata. Sparita.»

«Non è possibile!»

«Vai più indietro!» Rialzò la faccia. Stava piangendo. Bocca all'ingiù e mento tremante, come i bambini. «Vai più indietro. La sento fin qui la puzza del tuo gatto.»

«Piantala! Marian non puzza», ma arretrai ancora. «In che senso ti ha mollato?»

Le lacrime gli scivolavano sulle guance abbronzate. Gli colava il naso. Singhiozzava. Balbettava. Disse che quando era tornato la sera prima dopo aver chiuso il ristorante, a casa lei non c'era più. Neanche la sua valigia. Neanche i vestitini che gli aveva regalato lui. Neanche lo spazzolino da denti. Via tutto. Le parole gli uscivano tra un singhiozzo e l'altro. Stavo ad ascoltarlo sgomenta, mi faceva pena e mi sembrava incredibile che Ingrid avesse tagliato la corda.

«Ma perché? Come mai?»

E il nostro viaggio all'Ile d'Oléron? E io? Sapeva che dovevamo partire insieme... mi pianta così? Di botto? E pianta Marco?

«Non so dove sia andata.» Marco continuava a passarsi sugli occhi un fazzoletto di carta ridotto a una pallottola. «Non lo so... scusa se piango ma per me è un brutto colpo.»

«Anche per me» mormorai.

«Sei solo la sua amica... io sono suo marito! L'ho tanto aspettata quando era in Italia dal padre... tanto... non vedevo l'ora che tornasse qui a Deauville. Ero felice quando è arrivata... e dopo una settimana mi molla?» Giù lacrime. Non avevo mai visto un uomo piangere così. Fa effetto.

«Possibile che tu non sappia perché se n'è andata?»

Mi ricordai le parole di Ingrid, quando aveva detto che Marco non si accorge di niente. La faccenda del naso dipinto di verde, insomma. «Qualcosa saprai...»

«Lei ha un caratterino...»

«Ma una non prende su tutto e sparisce così. Senza una ragione.»

«Ha lasciato due righe per me... e per te.» Si frugò nella tasca interna del gilet. Ne tolse un foglietto spiegazzato. Poi un altro che mi porse. «Li ho trovati sul tavolo da cucina.» Tra i vasetti di marmellata di albicocche? Non glielo chiesi.

Ti raggiungerò prima o poi all'Ile d'Oléron. I miei amici ti aspettano. Baci Ingrid. E più sotto un indirizzo.

Pazzesco, pensai. Rabbiosa e ferita. Era quella la sorpresa di cui aveva parlato? Tagliare la corda? Andarsene senza avvertirmi? E poi, non eravamo d'accordo di partire insieme? Anche se mi aveva dato l'indirizzo, i suoi amici non li conoscevo proprio...

Lui continuava a piangere.

«E a te che cosa ha scritto?» non potei fare a meno di chiedergli.

Mi tese il biglietto.

Così impari. Ingrid. Tutto qui.

«Avevamo litigato...» balbettò lui «...succede... ma adesso io come faccio senza di lei?»

Lessi e rilessi quelle parole. *Così impari.* Parole vendicative.

«Se ti ha scritto *così impari* vuol dire che qualcosa l'ha offesa. Vuole punirti. Se non hai voglia di parlarne non parliamone, ma...»

«Non ne ho voglia» e si alzò. Di nuovo si tamponò gli occhi. «Sono a pezzi. Devo andare a dormire, non mi sono neanche spogliato, non ho chiuso occhio, ho continuato a telefonarle ma il suo cellulare è spento... devo dormire» ripeté. In effetti aveva una faccia devastata, occhiaie blu, solchi profondi intorno alla bocca, sembrava invecchiato d'un colpo. Disperazione. Se ne stava davanti a me a fronte bassa. «Naturalmente ho letto anche il tuo biglietto. La rivedrai. Dille di tornare da me. Dille che...» Sbatté le palpebre. Di nuovo in lacrime. «Le ho scritto un sacco di messaggi. Neanche mezza risposta. Niente. Tu convincila a tornare. Dille che... che la amo» e quest'ultima pregnante parola la pronunciò sottovoce, con tono talmente intenso da commuovermi.

«Ma lei è andata via da...» subito mi bloccai. Stavo per chiedergli se fosse andata via da sola. Mi era venuto in mente il gorilla.

«Che cosa? Che cosa stavi per dire?»

«Niente.» Scossi la testa. Lui si accorse che ero arrossita.

«Ehi.» Mi strinse un braccio, mi fece quasi male. Marian sporse il muso dalla sua borsa di tela. Lui ritirò la mano di scatto, come per sfuggire a un serpente velenoso. «Ehi.» La sua espressione mi sembrò brutale, in quel momento. E lo sguardo. Incattivito. «Ehi» per la terza volta. «Che cosa ne sai di lei, tu?»

«È andata via in macchina? Ha preso la macchina?» mentii.

Mi scrutò diffidente. Questo tizio può essere pericoloso, pensai.

«Certo che è andata via in macchina. Ma non era questo che volevi dire.»

«Senti,» sbottai «ha piantato te ma ha piantato anche me. Che cosa faccio io adesso?»

«Con quel gatto in casa mia non entri. Torna da Silvy. Fai quello che credi. Non ti rendi conto di come sono conciato io? Non hai comprensione per quello che sto vivendo? Tra poco devo tornare al lavoro, stasera ho una cena importante, gente che conta, devo essere al top.»

Mi girò le spalle, salì pesantemente i gradini per rientrare in casa.

«No, scusa...» lo fermai. «Da Silvy non posso certo tornarci. Mi dici come ci arrivo io adesso all'Ile d'Oléron?»

Si girò. Per un momento stette a guardarmi dall'alto. Mi sembrò fuori di sé. Poi scese di volata i gradini, mi fu addosso, mi afferrò per le spalle e mi scosse.

«Non l'hai capito che l'ho picchiata?» Mi soffiò in faccia l'alito greve di alcol. «E non solo una volta» ansimava «non solo una volta... non solo una volta... perché l'ho fatto?» mi respinse con violenza, non so come riuscii a non cadere. «E ora sparisci.»

Entrò in casa, sbatté con forza la porta. Fine della scena.

«Accidenti...» mormorai. All'ombra dei lecci, nell'aria già calda del mattino, cercai di riprendermi dalla paura. Dal senso di orrore. Mi ero vista davanti agli occhi Ingrid massacrata di botte. «Che orrore» dissi ad alta voce. Marian sgusciò fuori dalla borsa e saltò a terra. Il cane si agitò gettandosi qua e là e faceva tintinnare la catena. Marian non gli badava, gironzolava tranquilla annusando tra l'erba. «Che orrore» ripetei. Avevo il cuore in gola.

Sentii aprirsi una finestra. Alzai lo sguardo. Marco si era affacciato. A torso nudo. Aveva in una mano un cucchiaio che affondava in un vasetto. Marmellata di albicocche.

«Vai in fondo alla strada,» sollevò cauto il cucchiaio ricolmo, ingollò la marmellata «a destra quando esci, e vai in fondo. C'è un panettiere. So che oggi il vecchio deve andare vicino a La Rochelle... magari non è ancora partito. Fatti dare un passaggio. Digli che ti mando io. Se no prendi i mezzi e arrangiati.» Scomparve.

Sedetti nell'erba e appoggiai la schiena a un leccio. Avevo bisogno di riprendermi. Mi tremavano ancora le gambe. Lui la picchia. Non solo una volta. Ingrid non me ne ha mai parlato. La picchia... più volte.

Mi accorsi di avere freddo. Tolsi dalla sacca il maglione e mi ci avvolsi. Gelavo. La picchia e si chiede perché lei l'abbia piantato? Dice che la ama e la picchia? Mi sentivo del tutto infelice. Pensai anche a Silvy. Che cos'ha in testa la gente? Non si accorge di se stessa? Di quello che fa? Sì, ero proprio infelice. Il mondo, gli altri, continuavano a essere un enigma.

Marian tornò al galoppo, si infilò nella borsa di tela, sporse il muso come per dirmi allora, ce ne andiamo?

Giusto. Andiamocene. Via di qui. Subito. Via subito da Deauville.

Un momento dopo ero di nuovo in strada, sacca in mano, Marian tranquilla nella sua borsa. Girai a destra. In fondo alla strada. Mi fermai davanti a una panetteria, c'era gente che entrava e usciva con le baguette, profumo di pane croccante.

Parcheggiato a lato del negozio, sotto un'alta robinia, notai un furgone. Portiere aperte. Anche il portellone posteriore era sollevato. Un tipo, massiccio nella camicia a quadretti bianchi e blu, uscì in quel momento dal negozio facendosi strada tra la gente. Reggeva uno scatolone. Si fermò dietro al furgone e depose lo scatolone nel bagagliaio borbottando tra sé. I capelli bianchi gli ricadevano sulla fronte sudata. Ero ferma vicino a lui e lo osservavo chiedendomi se fosse lui il vecchio di cui mi aveva parlato Marco.

Mi lanciò un'occhiata e rientrò nel negozio. Tornò

dopo un momento con un altro scatolone. Lo depose nel bagagliaio vicino agli altri, tutto in bell'ordine.

«È lei che va vicino a La Rochelle?» gli chiesi appena si voltò.

«E allora?» mi squadrò. «Allora?» Tutt'altro che cortese. Anzi. Una faccia arruffata, naso paonazzo. Un altro sbevazzone. Tono villano. Voce villana. Pugni sui fianchi e piglio da dittatore.

No, pensai. Non ce la posso fare.

E così «Niente... scusi» mi affrettai a dire. Ho chiuso con tipi di questo genere. Me ne vado alla stazione. Prendo un treno. O cerco un pullman. Qualsiasi mezzo ma per conto mio.

Ero furibonda. Furibonda soprattutto con Ingrid, nonostante la brutta storia delle botte. Non poteva avvertirmi? Non potevamo andarcene subito insieme? Dove diavolo si era cacciata?

«Guarda il tuo gatto...»

Mi girai di scatto. Come avevo potuto non accorgermi che Marian era saltata fuori dalla borsa? La vidi ferma accanto al furgone. Puntava il muso verso il bagagliaio. Non riuscii a prenderla. Mi sfuggì con un gran balzo e sparì tra gli scatoloni.

«Bella roba il tuo gatto» disse il vecchio. «Chiamalo.»

«Marian...» Ci mancava che riprendesse a scapparmi. Ero ormai agitatissima. Mi sporsi nel bagagliaio. La chiamai ancora e ancora.

«Perché non lo lasci a casa invece di portartelo dietro?»

Inaspettatamente Marian sgattaiolò verso di me. La presi in braccio. Faceva le fusa. Mi rilassai. Ora ce ne andiamo. Ora andiamo a cercare un treno. Non andiamo all'Ile d'Oléron, pensai con improvvisa decisione. Neanche per sogno. Me ne torno in Italia di filato e vado da zia Esther. Certo, faccio così. Da zia Esther. La sola idea di tornare da lei, in quella casa rassicurante, mi dette un grande sollievo.

«Come fai a sapere che andrò dalle parti di La Rochelle?» Il vecchio continuava a squadrarmi con occhietti pungenti. Forse pensava che fossi una maga. Una strega? Strega con gatto?

Glielo spiegai stringendo Marian al petto. Appena il vecchio sentì il nome di Marco si illuminò. Mi disse che erano grandi amici. Mi disse che sua sorella, quella *vieille vache* – disse proprio così – lo detestava e anche suo cognato, disse che avevano litigato con Marco. «Ma noi due siamo sempre andati d'accordo, Marco è un cuoco eccezionale.» Era diventato cordiale. Sorridente. Un bravo omone che sa che cosa sia l'amicizia. «Vuoi un passaggio?»

«No, grazie. Torno in Italia. Subito.»

Marian mi sfuggì con uno scatto e si infilò di nuovo nel bagagliaio. Il vecchio si mise a ridere: «Il tuo gatto... gli piace il mio furgone, altroché se gli piace».

La chiamai a lungo, inutilmente. Mi arrampicai nel bagagliaio. Cercai di acchiapparla. Sentivo il vecchio ridere, la scena lo stava divertendo.

«Quando un gatto non vuol farsi acchiappare non c'è niente da fare, sai?» lo sentii dire. «Non ti resta che venire con me. Lascia perdere l'Italia. In Francia si sta meglio. Sali... sarà un bel viaggio, vedrai. Mi fa piacere far due chiacchiere con qualcuno mentre guido.» Raccolse la mia sacca e la depose nel bagagliaio. «Andiamo?» Di Marian nessuna traccia. Poi intravidi per un istante la sua coda sbucare tra uno scatolone e l'altro. Poi spuntò il muso. Sembrava ridesse. Poi sparì.

«Il tuo gatto ormai si è sistemato lì dentro. Forza, ce ne andiamo tutti e tre...»

C'era altro da fare? No: era chiaro che non sarei riuscita ad acciuffare Marian.

E va bene. Andiamo allora all'Ile d'Oléron. Mi arrampicai sul posto accanto al guidatore. Faceva un caldo terribile là dentro. Abbassai il finestrino. Il vecchio aveva già acceso il motore. Tentai di richiudere la portiera.

«Tira con forza» disse tutto allegro. «La portiera è un po' difettosa.» Non riuscivo a chiudere. Lui allungò un braccio che sembrava il tronco di un albero, sporgendosi davanti a me agguantò la maniglia e chiuse violento la portiera. Ritirando il braccio indugiò sfiorandomi il seno. Mi ritrassi. Mi ci manca uno stupratore, pensai. Ormai ero del tutto a terra.

«Scusa... scusami tanto» disse subito lui in tono contrito. «Mica ho fatto apposta. Non sto dietro alle ragazze, io. Ho mia moglie» dichiarò con orgoglio. Strinse le manone sul volante. «Sono un uomo con la testa a posto, io.»

«Meno male.»

«Una ragazza in gamba, mia moglie.» Infilava di gran carriera un vicolo dopo l'altro. «Devo fare una consegna a La Rochelle poi la raggiungo, abbiamo una casetta sul mare, una cosa semplice, ci abbiamo messo anni a pagarla. Ora mia moglie è lì, a lei piace tanto il mare. Torna a Deauville solo in autunno ma io la raggiungo al mare appena posso. Quando arriviamo troviamo pronta una bella cena, vedrai. La mia Marie ha insegnato molti piatti tipici a Marco...» mi rivolse una rapida occhiata «...tu che cosa sei? Non credo che Marco abbia un'amante, uno che ama la sua donna come la ama lui non ha voglia di un'amante.»

«Che cosa sono? Sono amica di Ingrid. La conosce, no?»

«Ah, Ingrid...» Scosse la testa con aria di riprovazione. «Certo che la conosco.» Rimase in silenzio ma non del tutto. Bofonchiava tra sé, parole che non riuscii a comprendere.

In quel momento, sbucando chissà da dove, Marian mi strisciò tra i piedi e mi salì in grembo. Sporse il muso per fare naso-naso, come fanno i gatti che ci amano e ci vogliono salutare. Naso-naso un corno. È per colpa tua se sono qui. Si acciambellò subito facendo le fusa in attesa della mia carezza. La carezzai, come potevo essere arrabbiata con lei? Avrai le tue buone ragioni, le dissi mentalmente, per voler andare a tutti i costi all'Ile d'Oléron.

«Ingrid... un po' cicciotta ma piena di fascino quella ragazza» proseguì il vecchio sempre con tono di riprovazione. «Devo ammetterlo che è piena di fascino.»

«Non è una colpa avere fascino» ribattei acida.

«Non te la prendere. Non mi metto a parlar male della tua amica. Non sono un pettegolo come quella *vieille vache* di mia sorella. Quella taglia i panni addosso a tutti, ma per quanto riguarda Ingrid non ha tutti i torti a parlarne male.»

«Lasci perdere...» mormorai.

«Non credo che Marco sappia che Ingrid da un po' di tempo se la fa con un tipo» continuò lui imperterrito – fortuna che non amava i pettegolezzi – «e mi domando se da amico non sarebbe il caso che lo avvertissi. Tu che cosa ne pensi? Dirlo o non dirlo?»

Scossi la testa. «Che ne so...» mormorai.

«Il tipo che se la fa con Ingrid è un bestione, devo dire, alto e grosso, un bravo ragazzo. L'ho conosciuto per un certo lavoro. Lui fa l'elettricista. Un ottimo elettricista. Così bravo che spesso lo chiamano in giro. Doveva fare un lavoretto da noi ma mi ha detto che non poteva, doveva andare a Le Havre per un impianto in un albergo. È partito proprio ieri sera, lo so perché gli avevo chiesto di passare in panetteria stamane, ma lui non poteva... stava via un po' di giorni... uno che gira e guadagna bene.»

Ecco dov'è andata Ingrid, pensai. A Le Havre con il gorilla. E con le sue belle gambe depilate.

«Credo che abbia perso la testa per la ragazza... che pasticcio!» sospirò. «Poveraccio. La ragazza non ha certo l'aria di riuscire a essere fedele a qualcuno.»

«Forse è per quello che gli uomini perdono la testa per Ingrid,» dissi «perché non riescono a ingabbiarla.»

«Bella teoria, complimenti» ribatté arcigno. «E poi anche lui, anche l'elettricista, insomma Benoit... anche lui è sposato. Che storia. Povera moglie. Devo dire che è una beghina, quelle sempre in chiesa e che te la danno una volta all'anno, forse solo come regalo di Natale. Chissà perché l'ha sposata. Io non la vorrei una così.»

Che dire? Non potevo che starmene zitta e triste, accarezzando Marian per confortarmi. Che storia, davvero. Che storie in genere. Contemplai la campagna che si stendeva intorno a noi. Traboccava di verde sotto il sole. Il vecchio mi disse che non prendeva l'autostrada perché gli davano fastidio le macchine che gli sfrecciavano a lato. Meglio una tranquilla strada di campagna. Almeno puoi fermarti quando vuoi. Infatti ogni tanto ci fermavamo. Marian si faceva un giretto intorno ai cespugli fioriti, ronzanti di api. Io mi sedevo sul prato, a guardare le colline. Il vecchio accendeva un corto sigaro, stava lì a sfumazzare appoggiato al cofano del furgoncino, in silenzio, poi lo spegneva e lo rimetteva nel taschino della camicia prima di risalire alla guida. E riprendevamo il viaggio.

«Marco è geloso» disse d'un tratto come a conclusione di una laboriosa riflessione. «Mi sono accorto che è molto geloso.»

«E la picchia.» A qualcuno dovevo pur dirlo. Dovevo buttar fuori. Mi pesavano troppo sullo stomaco quelle botte a Ingrid. «L'ha picchiata più volte.»

«Ma che cosa dici? Non credo proprio» esclamò veemente. «Non ci credo proprio. Non è il tipo che picchia una donna.»

Eh già, pensai con amarezza. Non è il tipo. Figurarsi.

«Sicuro che la picchia?» chiese dopo un bel po' di chilometri. Gli ci voleva non poco per macinare un concetto.

«Me l'ha detto lui. Ci crede adesso?»

«Non l'avrei mai immaginato...» Sembrava sinceramente dispiaciuto. Frugò in una borsa che aveva accanto, ne tolse un sacchetto di carta. «Panini» disse. «Al prosciutto. Tirane fuori anche uno per me.»

Divisi il mio con Marian. Mentre mangiavamo lui mi raccontò di come aveva conosciuto sua moglie. E il giorno del matrimonio e come erano stati sempre felici anche se non avevano figli e dell'unico viaggio che avevano potuto permettersi, erano andati in Svizzera perché la moglie voleva visitare la fiera degli orologi a cucù. Poi mi parlò del suo lavoro, faceva il trasportatore. Avevo finito da un pezzo il panino, lo ascoltavo sempre più assonnata. Mi addormentai.

Quello che accadde alla sera, nel paesino poco dopo La Rochelle, fu una di quelle scene impossibili da dimenticare.

Ma prima, quando ci fermammo a La Rochelle dove il vecchio doveva scaricare degli scatoloni, mentre lo aspettavo nel furgone cercai di telefonare a Ingrid. Cellulare spento. Allora le scrissi un messaggio: SONO FURIBONDA CON TE, POTEVI ALMENO AVVERTIRMI CREDO CHE LA NOSTRA AMICIZIA SIA DAVVERO ARRIVATA AL CAPOLINEA VISTO CHE PER TE COME AMICA NON CONTO UN ACCIDENTE. Ero così fuori di me che continuavo a sbagliare le parole. Infine premetti il tasto di invio.

Sotto il cielo rosso fuoco del tramonto giungemmo a quella che il vecchio chiamava la sua casetta sul mare. Ci si arrivava per una stradina un po' in salita, lasciandosi alle spalle il sole che stava tuffandosi all'orizzonte.

Era una casetta da fiaba, un po' in muratura un po' in legno, con allegre persiane dipinte in blu e giallo e un alto comignolo. E fiori ovunque. Ai lati due meli belli alti. Sulla soglia, tra piante di gelsomino fiorito, c'era una donna, piccola, rotonda, i capelli più bianchi che grigi raccolti in una treccia intorno alla testa. Un grembiule blu sull'abito a ghirigori. E un bel sorriso. Era il tipo di moglie che mi ero immaginata per un uomo come il vecchio – che si chiama Alphonse, se sapesse che ho sempre scritto *vecchio* parlando di lui si offenderebbe visto che mentre eravamo seduti a cena, di fronte a un pesce al forno da leccarsi i baffi, dichiarò: «Dato che Marie e io siamo ancora giovani,» e disse *giovani* bello convinto «siamo giovani perché tra i settanta e gli ottanta non mi dirai che siamo vecchi... siamo giovani e abbiamo voglia di divertirci, così in autunno ce ne andiamo a fare un viaggio a Tenerife per il nostro anniversario di nozze, io e Marie». Le posò una mano sulla spalla, lei gli rivolse uno sguardo ridente e così provocante da farmi pensare a un bel po' di regali non certo solo per Natale, tanto per usare un'espressione di Alphonse.

Che tipi, pensai osservandoli. Mi piacevano. Mi tranquillizzavano. In quella cucina ogni oggetto aveva l'aria di trovarsi beatamente all'esatto proprio posto. C'era un'affettuosa atmosfera accogliente. Balsamo per i lividi che mi sentivo addosso dopo il comportamento ostile e incomprensibile di Silvy, dopo la fuga di Ingrid, dopo lo spavento che mi aveva fatto prendere Marco quando mi aveva afferrata gridando che la picchiava.

«Mangia ancora qualcosa,» Marie insisteva per riempirmi di nuovo il piatto «sei magra,» di nuovo pesce e di nuovo patate «se gli uomini non trovano un po' di ciccia dove si attaccano?» rideva maliziosa. «La tua micia invece sembra che ne abbia proprio abbastanza, guarda quanto è buffa.» Marian era distesa sul pavimento, si era addormentata di schianto, il muso affondato nella ciotola ormai vuota. Alphonse vuotò il bicchiere, si alzò, ruttò educatamente, allentò la cintura dei pantaloni sulla gran pancia, posò per un momento la manona sulla spalla della moglie poi se ne andò in giardino a fumare il suo sigaro.

«È l'unico divieto che gli ho dato,» disse Marie «in casa non si fuma. Per il resto...» sorrise con aria divertita, allusiva. «Non sei sposata.» Lo sguardo corse alla mia mano. «Niente anelli neanche di fidanzamento?»

Scossi la testa.

«Non hai certo l'aria di una che salta da un letto all'altro, tu.» Pulì il piatto con un gran pezzo di pane. «Vedrai... quando ti innamorerai sarà per sempre. Come me con Alphonse.»

«Vuol dire che secondo lei si ama solo una volta?»

«Ah sì, certo... l'amore è uno solo.»

«Qualcuno dice che se la prima volta va male, poi impari ad amare meglio.»

«*Balivernes!*» esclamò lei, ingoiando il pane unto di sugo. «Ami una volta sola, te lo dico io, ci metti il cuore e il cuore resta lì.»

Marian si svegliò, si stiracchiò, girò il muso verso di me, venne sulle mie ginocchia.

«Guarda la tua micia, per esempio...» Marie raccolse i piatti sporchi impilandoli «...guarda lì, voi due, sei affezionatissima a lei, si vede. Se per caso non ci fosse più, ti assicuro che...» Depose i piatti nell'acquaio. «Io avevo un bel micio tutto nero e me l'ha assassinato un cagnaccio. Dopo Alphonse, non ne ho più voluti di gatti. L'ho chiamato Alphonse, il mio gattone, proprio come mio marito, un amore e basta. Come con Alphonse, lui e basta.»

«Ma... e se per caso la prima volta va male? Va malissimo? Se ti accorgi che ti sei persa per uno che non ti ama?»

«Ah, brutta storia ma l'amore resterà sempre lui, credimi.»

Allora siamo a posto, pensai. Siamo davvero a posto. Preferivo la versione di Geoffrey.

«Che sospirone...» sorrise Marie; si era messa davanti a me con le mani si fianchi, proprio come faceva suo marito «...che sospirone, ti è per caso successo? Che lui ti ha piantata?»

«No, no... non mi è successo.» Nessuna voglia di vuotare il sacco anche con lei.

Marie decise che saremmo andati in paese a mangiare un gelato. La piazza, circondata da alberi accostati alle case in circolo e in fondo la vecchia chiesa, era illuminata dai lampioni e da ghirlande di lampadine appese tra gli alberi, affollata di gente che andava o veniva, sedeva ai tavolini all'aperto, bambini che scorrazzavano schiamazzando, vociare, atmosfera di festa. Del resto era sabato sera. Sedemmo su una panca con i nostri gelati. Marian al solito nella sua borsa.

Un uomo alto vestito di scuro, di mezza età, elegante, avanzò tra la folla e si fermò a poca distanza da noi. Reggeva un violino. Si chinò per deporre il cappello ai piedi, davanti a sé come fosse un mendicante, un elegante cappello a cilindro, appoggiò il violino tra spalla e guancia e prese a suonare. Furono in molti a riconoscere le note della *Nona* di Beethoven.

«Non è quella musica che poi tutti cantano in coro ed è bellissima?» Era la voce acuta di una bambina vicino a noi. Un adulto le assicurò che sì, era proprio quella musica, era l'*Inno alla Gioia*. Vidi la bambina avanzare verso l'uomo, si chinò a deporre nel cappello una monetina. Lui sorrise mentre dalla folla usciva un altro uomo che reggeva un contrabbasso. Si mise accanto al violinista, prese a suonare inserendosi tra le note del violino. La bambina la vedevo di spalle, un vestitino bianco, testa alzata, aveva una treccia che le penzolava sulla schiena. Solo quando si girò per tornare al tavolo mi accorsi che aveva a tracolla una borsa, e dalla borsa spuntava un musetto. Un gatto. Lo portava con sé come facevo io. La seguii con lo sguardo, meravigliata: non ero l'unica, allora! Lei tornò a sedersi poco distante, compunta, si prese il gatto in grembo, un gattino minuscolo. La guardai incantata, accarezzando Marian appisolata sulle mie ginocchia.

«Ha visto?» mi rivolsi vivacemente a Marie. «Fa proprio come me...»

«Ssst... la musica!» indicò i musicisti. Mi accorsi che ai due se n'erano aggiunti altri, violini, viole, poi i legni, poi gli ottoni, suonando uscivano a mano a mano dalla folla che faceva circolo curiosa, sorridente. Attenta, senza più far chiacchiere. Anche i bambini si erano avvicinati, silenziosi, affascinati, qualcuno di loro accennava passi di danza.

Un giovanotto in maglietta e jeans si avvicinò ai musicisti, si fermò di fronte, iniziò a dirigere. La musica invadeva la piazza.

«Un'orchestra al completo...» mormorò estasiata Marie. «Quello è il direttore» e non mancò il famoso coro perché, staccandosi dai gruppi di persone in ascolto, vidi uomini e donne avanzare cantando e disporsi intorno all'orchestra. L'*Inno alla Gioia*, a sorpresa in quella piazza di paese, in una sera di luglio sotto le stelle, tra la gente attonita e commossa. Indimenticabile.

Applausi. E mentre applaudivo Marian saltò a terra e si diresse sicura verso la bambina. Subito la seguii. Marian si fermò davanti alla bambina, alzò il muso verso il gattino che si sporse verso di lei.

«Un altro gatto!» esclamò la bambina deliziata. Marian si era sollevata sulle zampe posteriori e annusava il gattino. «Fanno amicizia...» Marian si arrampicò sulle ginocchia della piccola, cercava di accoccolarsi accanto al micino. «Vuole rimanere con me.» La bambina rideva, carezzava Marian e il suo micio. Alzò il viso verso di me.

«È tuo?»

«Si chiama Marian.»

«Il mio si chiama Bisou» e con orgoglio: «È un certosino, sai, il tuo non è un certosino... Ma guarda come fanno amicizia» carezzava il suo gatto e Marian. I genitori vicino a lei chiacchieravano senza badarci.

«Guarda com'è bello il mio Bisou» disse la bambina con assoluta tenerezza. «I certosini sono affettuosissimi... e poi non ti lasciano mai. Quando capiscono che tu sei la loro mamma non ti lasciano mai.» Si sporse verso di me e a voce veemente ma bassa, come se confidasse un segreto: «Avere un certosino per gatto è fa-vo-lo-so» sillabò.

«Anche avere Marian è favoloso» le confidai. Era la seconda volta che mi parlavano di un certosino. La prima volta Pierre.

«Anche la tua gatta fa così? Sta sempre con te?»

«Ogni tanto scappa...» dissi. Mi seccava doverlo ammettere.

«La porti sempre sempre con te?» La bambina aveva un sorriso di immensa curiosità. «Ma proprio sempre?»

«Sì, ma anche tu fai così con Bisou, mi pare.»

«Non ci lasciamo mai, la mia nonna mi ha cucito questa borsa, così lo porto con me. A scuola non posso ma adesso siamo in vacanza.»

Sentii Marie chiamarmi.

«Devo andare» e afferrai Marian e cercai di prendermela in braccio. Si divincolò, saltò a terra e subito tornò sulle ginocchia della bambina.

«Guarda,» rideva eccitata «non vuole lasciarci...»

«Allora andiamo?» Questa volta era Alphonse a chiamarmi.

«Devo scappare» sollevai Marian stringendola con più energia, lei si dibatteva, mi graffiò anche una mano. Faticavo a tenerla in braccio, sconcertata dalla sua reazione. Mai fatto così. Continuava a dimenarsi e non riuscivo a infilarla nella sua borsa.

«Vuole restare qui...» strillava la bambina.

Mi allontanai in fretta, Marian saldamente stretta al petto, cercavo di placarla, seguivo Marie e Alphonse che camminavano sottobraccio davanti a me. Non so come riuscii a non farmela scappare. Non so come.

Serata davvero indimenticabile. A renderla indimenticabile non fu solo quell'orchestra spuntata tra la folla, non fu solo l'*Inno alla Gioia*. Fu soprattutto Marian, quel suo slancio verso il micio della bambina, verso il certosino. Fu quel suo non volersene più andare. Inquietante. Ci ripenso spesso, molto spesso e quello che fece Marian, quella sera, il suo strusciarsi addosso al minuscolo certosino rimane per me incomprensibile anche se denso di significati per quello che accadde poi.

Dormii con lei tra spalla e collo a far le fusa, sul divano in casa di Marie e Alphonse. Il mattino dopo, mentre facevamo colazione, mi dissero che siccome era domenica ed era una splendida giornata di sole, mi avrebbero accompagnato loro all'Ile d'Oléron.

Mostrai l'indirizzo che Ingrid aveva vergato sul biglietto.

«Conosco quella strada. Ti lasciamo davanti alla casa. Così siamo tranquilli che arrivi bene» disse Alphonse paterno.

Aiutai Marie a preparare dei panini, ci mettemmo di tutto, prosciutto formaggio uovo sodo e anche pâté e fette di arrosto e maionese. Sotto lo sguardo severo di Alphonse: «Non dimenticate di metterci l'insalata» – era andato lui stesso a raccoglierla nell'orto, aveva lavato le foglie a una a una e ora le accomodava su un piatto davanti a Marie. «L'ultima volta ti sei dimenticata» con blando rimprovero.

«Erano buoni lo stesso» rise lei.

«Con l'insalata di più.»

Mi guardai intorno per cercare Marian. Non la vidi. Uscii subito in giardino.

«Dov'è?» Ero spaventata. Un'altra fuga?

«Non lo vedi che è già lì pronta?»

Mi voltai. Eccola Marian! Accanto al furgone di Alphonse parcheggiato davanti al cancello. Sedeva composta di lato alla ruota anteriore, proprio ai piedi della portiera che si apre sul posto accanto al guidatore, dove mi ero seduta per tutto il viaggio. Era lì e mi fissava. In attesa.

«È già pronta» rise Alphonse. «Non vede l'ora di andare con te all'Ile d'Oléron.»

7

Dico che nelle lacrime
vi è potente passione,
ma non bisogna soffrire come
chi è senza speranza.
(Søren Kierkegaard)

Non sono certo qui per far pubblicità all'Ile d'Oléron, ma come non essere d'accordo con Alphonse? Diceva dell'isola: «Senza tema di venir smentito», chissà da dove gli veniva un'espressione così pomposa, «senza tema di venir smentito posso affermare che questo luogo è un paradiso, tra i più belli del mondo e fa niente se in giro ho visto poco, Marie e io ce lo immaginiamo».

Già il lungo ponte, che dalla terraferma porta all'isola preannuncia meraviglie, il mare sui due lati sbandiera fragranze e colori e, in quel giorno di luglio, una sconfinata baluginante quiete. Il verde dell'isola è in attesa laggiù. Poi le strade tra i boschi e i pini, i prati e gli alti cespugli di rose d'Oléron. Erano alti più di me quando infilai il viottolo per raggiungere la casa degli amici di Ingrid che intravedevo tra la vegetazione.

Ma prima di infilare quel viottolo, prima che il furgone di Alphonse si arrestasse davanti al cancello, Marian cominciò ad agitarsi, raspava la portiera furiosamente.

«Vuole scendere» disse Marie che era seduta tra me e Alphonse. «Aprile subito.» Appena ci fermammo e aprii la portiera, scendemmo tutti e tre ma dopo Marian che si era slanciata a terra e iniziò a galoppare avanti e indietro, eccitatissima, scomparve poi riapparve, poi di nuovo via di volata con la coda gonfia all'aria, percorrendo la strada davanti a noi fino a una curva poi tornando indietro.

«Da lì si va al mare» disse Alphonse e indicò la curva davanti a noi. «Prosegui oltre la curva e trovi una stradina che ti porta in spiaggia, ha anche un nome molto curioso quella stradina, piacevole... qualcosa che ha a che fare con la felicità...» ed era proprio lì che si stava dirigendo Marian. Si fermava prima della curva come in attesa che io la seguissi. Poi tornava verso di me e subito via, di nuovo alla curva, sedeva, mi guardava, attendeva e tornava. Avanti e indietro. «Vuole che la segui... vuol andare in spiaggia» rise Marie. «Deve sgranchirsi le zampe» disse Alphonse. Si voltò verso di me: «Ora ci salutiamo qui e fatti viva quando lascerai l'isola, sai dove abitiamo, la nostra casetta al mare dico, non a Deuville, al mare... sei invitata».

Per salutarci ci abbracciammo. Come vecchi amici. Appena il furgone scomparve, Marian tornò verso di me e mi si accucciò ai piedi. Mi fissava da sotto in su. Occhi felini insondabili.

«Non ti ho mai vista così...» la rimproverai «...che cosa ti piglia?» La presi in braccio, afferrai la sacca e oltrepassai il cancelletto.

La casa era ricoperta di rampicanti che lasciavano libere le finestre senza imposte. Aveva un'aria vagamente sbilenca, come corrosa sotto sotto dall'umidità marina che doveva darsi da fare nascosta da tutto quel verde. Sulla soglia una donna e dietro a lei un uomo. Appena mi videro sventolarono le mani e fu lei a dire «Finalmente».

E lui «Non vorremmo far tardi a cena».

In quella casa si cena in giardino, in estate è chiaro a lungo, le giornate si estendono come le maree, estesi tramonti color perla e veli di nubi.

«Devo darti il calendario delle maree» mi disse il professore – lo chiamava così anche la moglie. «Devi portarti sempre in tasca gli orari qui all'isola per non venire sorpresa da quella brutta bestia che diventa il mare quando sale e quando se ne va. Devi stare all'erta, chiaro?»

«Chiaro.» Intanto tenevo d'occhio Marian che stava esplorando il giardino. Nessuna preoccupazione per il cane di casa, una vecchia cagna di razza incerta che dormicchiava accanto alla porta di casa e non si era mossa al nostro arrivo.

Il professore mi aveva detto che era del tutto innocua, amava i gatti e i bambini, quella cagna. «Noi invece né l'uno né l'altro,» aveva aggiunto «ma tolleriamo la tua gatta, anche perché abbiamo proprio bisogno di te per le traduzioni dal russo.»

«Sono qui per questo...» avevo mormorato. C'era qualcosa in lui di ambiguo. Ambiguità ostile.

«Non andare a nuotare quando c'è bassa marea. Le correnti ti trascinano al largo. Chiaro?» Il professore alzò l'indice teso, per ammonire come si fa con i bambini. «Chiaro?»

«Chiaro.» Marian si era distesa nell'erba. Mi guardava agitando la coda.

«E stai attenta alle sabbie mobili. Ci sono in vari punti. Vedrai dei cartelli. Non far finta di niente, mi raccomando, gira al largo. Chiaro anche questo?»

«Chiarissimo.» Sabbie mobili? Credevo esistessero solo in Africa.

Era lui, la sera a cena, a portare le vivande dalla cucina alla tavola, per lo più gran piatti di farro bollito e olive, oppure orzo bollito e olive, o spezzatino di soia e olive, zuppe di miglio e olive. Poi si ricominciava con il farro bollito. Ma ogni sera c'erano le ostriche come antipasto. Ostriche e vino bianco. Un loro cugino aveva una coltivazione di ostriche, spiegava il professore, la più rinomata tra le tante dell'isola. Potevo fidarmi, mi disse. «E il vino bianco in tavola non manca mai» puntualizzò la moglie e pareva dicesse: almeno il vino!

Erano, il professore e la moglie, gli amici di cui Ingrid mi aveva parlato con tanto entusiasmo, due tipi particolari, aveva detto, due persone interessanti e mi aveva raccontato che li aveva conosciuti la prima volta che era arrivata all'isola, loro affittavano una stanza per i turisti e lei in quella casa si era trovata magnificamente... appena arrivai avevo subito chiesto di lei, ma Ingrid non si era vista, di lei non sapevano nulla. La aspettavano, certo che l'aspettavano: teniamo però conto che Ingrid, dicevano sorridendo, è imprevedibile. Dal modo in cui mi parlarono di lei mi confortò capire che la consideravano amica molto amata.

«Tu intanto puoi dormire nella stanza che avevamo preparato per lei, per Ingrid, quando torna potete arrangiarvi in due, il letto è stretto ma non troppo, è circa una piazza e mezzo.» La moglie del professore mi disse di chiamarsi Adelita in onore di una bisnonna eccelsa cantante lirica spagnola. Magrissima, vestiva come un ragazzino, pantaloni larghi mai stirati sotto il ginocchio e una lunga maglia gialla con la scritta *NOBODY KNOWS* in rosso sbiadita da infiniti lavaggi, capelli corti, neri, lucidi, grossi occhiali sul viso aguzzo e abbronzato. Notai agli angoli della bocca piccole rughe all'ingiù che le davano un'aria di costante riprovazione.

Quando entrammo nella stanza mi osservò al di sopra degli occhiali. «Non è una reggia ma potrai arrangiarti, il bagno è in fondo al corridoio, la porta-finestra dà sul giardino, come vedi, attenta che c'è la zanzariera, la vedi, qui zanzare lunghe come volpi, ma non sempre, non tutte le notti, chissà perché, forse è una questione di venti.» Rivolse lo sguardo intorno come per esaminare il letto accostato alla parete, sul materasso erano impilate lenzuola candide ripiegate e asciugamani di tutti i colori. Passò una mano sul lungo tavolo e disse «Niente polvere come vedi» e mostrò la punta delle dita. Aprì l'anta dell'armadio, «È vuoto come vedi, qui metti i vestiti», fece scorrere un cassetto, «Qui dentro quello che vuoi, c'è un sacco di spazio». Mi tolse di mano la sacca e la posò su un lungo sgabello. «Questa puoi metterla qui e quando la vuoti la metti nell'armadio.» Mi domandai da dove le venisse quel piglio da governante svizzera fanatica dell'ordine di cui non aveva certo l'aspetto. E come se la cavasse in quella casa Ingrid, che è la persona più disordinata del mondo.

«E vedi,» Adelita indicò le travi che percorrevano il soffitto «quelle sono in legno di pero, sai pero di albero di pere, è un legno sensibile il pero, scricchiola come niente, per questo il legno di pero rivela facilmente il passaggio di un fantasma e così sappiti regolare se di notte senti scricchiolare le travi.» Indicò la bassa libreria ai piedi del letto, volumi ordinati in fila. «Se non ci credi lì trovi testi di botanica e caratteristiche degli alberi, leggi, c'è tutto scritto a proposito del legno di pero.» E dopo un momento: «Vedrai come scricchiolano».

«Fantasmi?» Alzai lo sguardo ed esaminai le travi.

Scosse le spalle. «Forse sono i tarli, vedi tu.»

Quando uscì dalla stanza sistemai in fretta il letto, misi le lenzuola, la trapunta a rombi rossi e blu. Marian accucciata al centro della stanza mi sorvegliava attenta. Tolsi dalla sacca il solito vecchio maglione e lo gettai sul letto. Subito Marian con un salto vi salì, affondò le zampe nel maglione, si mise a far le fusa. Per lei maglione vuol dire casa.

Dopo cena accesero grosse candele sul tavolo, candele contro le zanzare, alte fiammelle profumate di citronella mentre il buio si faceva strada tra i cespugli di rose e tra gli alberi che circondavano il giardino. Le stelle. Adelita le indicò. «Ogni sera arrivano» disse come per assicurarmi che la notte ogni volta faceva il suo dovere. «Cassiopea» aggiunse sottovoce. «La vedi?»

Quando il professore si alzò per sparecchiare, mi alzai anch'io e avevo già raccolto il mio piatto, ma «No, stai seduta, niente aiuto, stai calma,» mi fermò subito lui, quasi mi strappò il piatto di mano «questo è affar mio, stai seduta» ripeté. E mentre raccoglieva le stoviglie su un vassoio: «Qui abbiamo una rigida divisione dei compiti, io cucino per lei,» accennò a Adelita «io apparecchio sparecchio e lavo i piatti e con questo ho finito a parte comperare le ostriche ogni giorno belle fresche».

«Vorrei anch'io dare una mano» dissi.

«Tu fai quello che fa chi viene a vivere da noi, anche Ingrid per esempio, e cioè fai la spesa. C'è la bicicletta con il cestello dietro casa, fino a Saint-Pierre è un attimo, la lista della spesa te la lascio sul tavolo di cucina e la trovi già al mattino, noi dormiamo fino a tardi.» Entrò in casa.

«E le traduzioni?» mi rivolsi a Adelita che se ne stava con i gomiti sul tavolo e il mento sulle mani e continuava a scrutarmi. Per tutta la cena non mi aveva tolto gli occhi di dosso. Sembrava che guardandomi rovistasse nella memoria, come se mi avesse già conosciuta e non ricordasse chi fossi.

«Le traduzioni?» si riscosse.

«Dal russo...»

«Ah già, certo» non disse più niente.

Nel silenzio grilli e l'usignolo. Anzi, due usignoli. Uno vicino a casa e l'altro più distante. E civette. E le fusa di Marian sulle mie ginocchia. Ha ragione Alphonse, pensai, questo luogo è un paradiso.

«Un po' di dessert,» il professore portò dalla cucina alcune fette di dolce su un grande piatto «questa torta puoi mangiarla tranquilla, è una torta bella sana, niente burro niente uova niente zucchero...»

«Per fortuna che ci hai messo almeno le mele» commentò Adelita. Mi sarei accorta in seguito che i due bisticciavano spesso a proposito del menu.

«Per il tuo gatto bisognerà che ti procuri qualche scatoletta,» disse il professore «Ingrid ci aveva avvertiti. I gatti non mangiano in modo sano e poi noi non abbiamo resti di cibo, quello che avanza si mangia nel pasto successivo.»

«Mi sono fermata a Saint-Pierre prima di venire qui, ho fatto scorta.» Avevo già nutrito Marian che ora se ne stava acciambellata sulle mie ginocchia.

Mangiammo la torta nel grande silenzio frusciante della notte. Forse si sentiva anche il mare. Il grande sospiro che si fa strada tra la vegetazione è la marea? Ormai il cielo sopra di noi era fitto di stelle.

«Ti senti a tuo agio?» chiese d'un tratto Adelita. A fior di labbra, neanche fosse una domanda su questioni intime femminili, che ne so, vaginiti o altri impicci.

«Sì... certo che mi sento a mio agio.» Meravigliata dalla domanda.

«Ingrid ci ha raccontato che vai spesso in giro con il tuo gatto.»

«Marian è abituata, per lei non conta il luogo dove stiamo.»

«Ma tu?»

«In che senso?»

«Non ti dà ansia? Io non riuscirei a girare da una casa all'altra, o comunque da una stanza in affitto all'altra e da un posto all'altro tra gente sempre diversa, altre mentalità e altre abitudini, magari altra lingua.»

«A proposito di stanza, i soldi dell'affitto puoi metterli domattina sul tavolo della cucina» interloquì il professore e specificò la cifra giornaliera che era più alta di quanto mi avesse detto Ingrid. «Li metti di giorno in giorno, così sei libera di andartene quando vuoi, senza vincoli.»

«Ma arriverà anche Ingrid...»

«Lo dici per dividere la spesa dell'affitto?»

«Non per questo!» Mi stava dando della spilorcia?

«Non per questo... quando arriva Ingrid poi decidiamo il giorno in cui andare via, ce ne andiamo insieme...»

«Intanto però dimmi di te,» riprese Adelita «dimmi com'è che viaggi in continuazione.»

«Adoro girare e conoscere la gente, conoscere proprio altre mentalità, altri modi di vivere... vedere altri luoghi e altri orizzonti» dissi con entusiasmo. «Mi faccio sempre tante domande sul mondo, sulle persone, sulla nostra vita, sapete, domande tipo chi siamo e dove andiamo, e che senso hanno le cose, i rapporti tra le persone, che cosa siano i sentimenti, quello che si prova e perché, insomma... tutto quanto. La vita, ecco. Mi sembra che girare mi aiuti a capire.»

«Cioè siccome noi due, lei e io, siamo radicati qui da sempre, a quanto capisco tu ci stai dando delle vecchie mummie,» disse il professore con tono inespressivo «noi stanziali e spenti, tu nomade e splendente di vita.»

Per un attimo rimasi senza fiato.

«Non volevo certo dire questo...» protestai con forza: che cosa aveva capito quel tipo? Non mi era passato per la testa di fare confronti tra loro e me, o di vantarmi. «...mi dispiace che pensiate...» mi si spense la voce. Non mi sentii più a mio agio. Era ingiusto accusarmi di aver parlato per umiliarli. «Non potete pensarlo!»

«Lo pensiamo perché si capiva dal modo in cui l'hai detto» disse Adelita compunta. «Comunque non parliamone più» con l'aria di perdonare uno sgarbo.

Mah!

Dopo qualche tempo: «Io insegno a Saint-Pierre e lei...» il professore accennò a Adelita «...lei si piglia quella benedetta laurea finalmente.»

«Vedrai che interessante la mia tesi, molto interessante,» Adelita si girò verso di me, la luce delle candele illuminava dal basso il suo viso che emerse dall'oscurità rivelando una bizzarra espressione diavolesca «devi solo tradurre quei brani poi ho finito, potremmo lavorarci nel pomeriggio, vedrai fa caldo qui al pomeriggio, ci mettiamo all'ombra sotto gli amati alberi.»

«Io insegno scienze, chimica, eccetera...» interloquì lui «...e a proposito di alberi mi chiedo come mai ci sia stato sempre tanto accanimento nel classificarli. Li classificano ma nessuno si chiede mai perché ci siano gli alberi. Secondo te, perché?»

«Sì, perché?» incalzò Adelita sporgendosi verso di me.

«Per la clorofilla... voglio dire, la sintesi clorofilliana, così c'è l'ossigeno o qualcosa del genere» dissi debolmente; mi inquietava la faccia diavolesca di lei e mi inquietava il fatto che facessero finta di niente dopo avermi accusata di insultarli.

«A parte la sintesi,» obiettò lui brusco «hai notato niente in comune tra noi umani e gli alberi?»

Mi strinsi nelle spalle.

«Te lo dico io... gli alberi e noi umani siamo gli unici viventi a stare eretti. Perpendicolari al suolo. Posizione eretta, estremità in terra, piedi o radici che siano, e capo proteso verso il cielo, siamo proprio gli unici, noi e loro. Tutti gli altri esseri viventi sono paralleli al suolo, quattro zampe cioè, spina dorsale parallela al suolo e non perpendicolare... non ti dice niente questo? Non ti parla di fratellanza? Una fratellanza cosmica? Il legno, ascoltami bene, il legno poi che è la qualità con cui l'albero ci accompagna... costruisce per noi alla nascita la culla, nella nostra vita ci costruisce il letto, nella morte la bara.»

Già.

Seguì un silenzio.

Girai la testa verso le cupole degli alberi che nereggiavano contro il cielo vergato di stelle. Mi apparvero in quel momento vagamente minacciosi. O no?

«A parte questo, dove stai quando non viaggi? Tu e il

tuo gatto? Avete un posto fisso anche voi?» chiese Adelita. «O vagabondi sempre?»

«Ma no, certo che ho una casa!» Raccontai della casa e della città in cui vivo quando non sono in giro, del mio lavoro di traduttrice che posso svolgere ovunque, dei buoni contatti con le case editrici, dell'importante colloquio che avrei avuto a breve per altre traduzioni. «Insomma me la cavo.»

«Vivi da sola in quella casa?» Adelita, a quanto sembrava, era posseduta da una curiosità insaziabile.

«Non da sola.»

«Un uomo?»

«Condivido la casa con un'amica.» In un attimo rividi Giulia, il suo sguardo intransigente, mi sentii nelle orecchie la sua voce, stridula nel litigio pesante che avevamo avuto. Meglio non pensarci adesso. C'era da vergognarsi. Io, non lei. Io e solo io.

«Niente uomini?»

Scossi la testa.

«I tuoi genitori? La tua famiglia?»

«Vivono nella mia stessa città, li vedo spesso» e subito mi alzai. Ne avevo abbastanza. «Vado a dormire» dissi con gentilezza per non dare la sensazione di essermi seccata.

«Vai, vai...» mi derise il professore «...quando ci sono un bel po' di panni sporchi da lavare uno alza i tacchi, se la squaglia, vero?»

Senza rispondere rientrai in casa. Che cosa aveva detto il professore? Vecchie mummie? Be', esattamente così. Non vecchie ma senz'altro molto mummie quei due. Rimpiansi Alphonse e Marie, la loro calda accoglienza, le risate, la loro gioiosa sensualità.

Quella notte mi svegliai più volte e a svegliarmi fu lo scricchiolio delle travi sul soffitto. Legno di pero e fantasmi. Non aprii gli occhi. Mi confortava Marian, tra spalla e collo.

All'alba mi svegliò invece un coro di merli e di uccelli canori, fringuelli e pettirossi e fringuelli e tanti altri. Cinguettii, fischi, trilli, veri e propri concerti. E i richiami di anatre selvatiche. Un risveglio gioioso.

«Sarà una bellissima giornata» dissi a Marian che si stiracchiava vicino a me.

Mi alzai subito e feci ogni cosa in punta di piedi per non disturbare le due mummie: doccia, rifare il letto, lasciare tutto a posto, sicura che Adelita venisse a curiosare quando non c'ero, anche nei cassetti, così misi in borsa le due lettere di mio padre e il libretto degli assegni.

La luce del primo giorno inondava la cucina che splendeva di ordine divino. Sul tavolo un biglietto con una lista della spesa bella lunga posato su un vassoio, scrittura a stampatello e molte sottolineature per esempio sotto sale iodato. Al posto del biglietto lasciai sul vassoio il danaro per l'affitto di una giornata.

Fuori mi accolse un'aria fresca e salmastra, colori smaglianti e cielo blu, fronde e cespugli smossi da una brezza pungente attendevano il sorgere del sole. Il mondo intorno a me, pensai, è perfetto.

Be', felicità, qui si può essere felici. Sorridevo, sorrisi anche agli alberi. E anche alla vecchia cagna che mi venne incontro scodinzolando, camminava a fatica, mi chinai ad accarezzarla, Marian le saltellava intorno.

Trovai la bicicletta dietro casa, con tanto di cestino in cui deposi Marian. Anche quando stavo da zia Esther me ne andavo in giro in bicicletta con Marian nel cestino.

«Prima a fare la spesa e speriamo che qualche negozio sia già aperto» le dissi spingendo la bicicletta lungo il viottolo che portava al cancello. «Poi si va al mare.» Mi fermai per controllare di avere in tasca il calendario delle maree che mi aveva dato il professore. E via di volata tra prati e villette assediate dalla vegetazione.

Saint-Pierre si fregia del pomposo nome di capitale e

mi accolse con l'aria di dire che cosa credi? Qui ci si sveglia quando è ancora buio. Negozi aperti, e aperti ristoranti, magazzini, bar, tutto in attività. Anche il sole ormai sorto si dava da fare sciabolando sventagliate d'oro a destra e manca. Gironzolai in bicicletta prima di occuparmi della spesa, curiosai nelle vetrine di piccoli negozi, pedalai lungo vicoli tra case basse a un piano, fiori, nessun turista in giro ancora, mi sentivo padrona dell'universo. «Splendida giornata, vero?» mi sorrise la donnetta che mi servì la colazione al tavolino di un bar e tese la mano per carezzare Marian che dalle mie ginocchia sporgeva il muso verso i croissant. «Anch'io avevo una gatta proprio così, a macchie bianche e nere, ma i gatti ogni tanto spariscono, stai attenta, la mia non l'abbiamo più ritrovata.»

Poi feci la spesa e quando pagai alla cassa il tipo nel darmi il resto: «Tutto per il professore, vero?» disse. «Se ne occupa lei adesso?». Mi aiutò a infilare pacchi e pacchetti in un sacco. «Il professore e la moglie mangiano in un modo che se mia moglie mi facesse da mangiare questa roba prenderei la frusta... io non mi sognerei di venderla ma ho dovuto adeguarmi. Se c'è qualcuno che vuole mangiare sbobba, allora faccia pure» e mi aiutò a caricare il pacco sulla bicicletta, nel cestino. Dovetti così infilare Marian nella borsa di tela che misi a tracolla mentre il tipo reggeva la bicicletta e mi osservava scuotendo la testa. «Ma come fa a portarsi dietro un gatto? È un bell'impiccio...» e raccontò che in tempo di guerra all'isola c'era un distaccamento di tedeschi, la gente moriva di fame: «I gatti se li mangiavano, sa?».

«Ma a lei non piacciono i gatti? Non da mangiare...» specificai salendo sulla bicicletta «...come gatti, dico.»

«Ne abbiamo tre. Non potremmo stare senza gatti in casa. Due gatti comuni e un certosino. Anzi, una certosina, ci ha sfornato due bei cuccioli.»

Solo in quel momento mi ricordai di dover comperare altre scatolette per Marian.

Quando finalmente arrivai a casa, quando rientrai in cucina: «Fai piano,» Adelita seduta al tavolo davanti a una tazza fumante si mise un dito sulle labbra «più dorme meglio è» sussurrò. Mi mostrò dove disporre quello che avevo comperato, sui ripiani e nei cassetti geometricamente ordinati. Quando poggiai sul tavolo gli scontrini di quanto avevo speso lei li prese e li stracciò senza una parola. Senza un'occhiata. Notai che il danaro per l'affitto che avevo lasciato sul vassoio era sparito. Ma Adelita versò del caffè in una tazza. «L'ho fatto bello forte» e me lo porse con gentilezza.

Me ne andai al mare. A piedi, non in bicicletta. Volevo camminare lentamente e guardarmi attorno. Volevo gustarmi ogni riflesso di sole, ogni foglia, ogni filo di vento. Appena uscii dal cancello Marian sgusciò fuori dalla sua borsa, saltò a terra e mi precedette sul sentiero. Zampettò fino alla curva, in fondo, e sedette in attesa. Mi osservava socchiudendo gli occhi. Quando le fui vicino mi accorsi che stava facendo le fusa.

Proseguimmo, lei davanti a coda ritta, io dietro. Come fosse lei a guidarmi. Trovai subito, tra gli alti alberi frondosi, il viottolo di cui mi aveva parlato Alphonse. STRADA DELLA PICCOLA FELICITÀ. Questo si leggeva sul cartello sbieco fissato al tronco di un albero, in alto a sinistra. Chissà perché quel nome. A chi era venuto in mente? Comunque non si poteva che sentirsi felici percorrendo quella stradina. Marian si era già incamminata come se sapesse dove andare.

Non c'era nessuno. Alberi, arbusti, canto di uccelli, strida dei gabbiani. Marian zampettava rapida, con l'aria di non voler arrivare in ritardo a un appuntamento.

«Marian... dove corri?»

Si girò un attimo. Solo un attimo senza smettere di zampettare.

Il mare ci si aprì davanti all'improvviso con un sorprendente e sconfinato orizzonte cangiante. Bassa marea? O stava salendo l'alta marea? Spiaggia deserta, immensa spiaggia deserta. Avanzammo tra pozze con granchiolini e alghe, Marian sembrava dirigersi verso un punto preciso, conosciuto solo da lei, la seguivo incuriosita, che cosa la attirava tanto? Non gironzolava annusando qua e là come faceva di solito, no, andava bella spedita.

Si fermò. Seduta, alzò il muso verso di me.

«Ehi,» le sorrisi «che cosa succede?»

Continuava a fissarmi socchiudendo gli occhi. Ancora fusa. Dall'alto la osservavo. Rimpiangevo i tempi in cui gli esseri umani comprendevano il linguaggio degli animali. Pareva che Marian volesse dirmi qualcosa.

«Allora?» Mi chinai per farle una carezza. «Era proprio qui che volevi fermarti? Qui che volevi venire?»

Voltò appena il muso. Si guardò intorno senza muoversi.

Mi raddrizzai e lasciai anch'io spaziare lo sguardo. Colori soffici, morbidi, azzurro velato, l'infinita e misteriosa profondità di quanto ci circondava, ocra e seppia e giallo della spiaggia e il baluginare della marina là in fondo, i balzi delle dune alle mie spalle oltre cui si affacciava scomposta la vegetazione, un senso di quiete e di immensità. I gabbiani. Respirai a fondo, riempii i polmoni, ogni mia cellula esultava.

Abbassai gli occhi verso Marian. Non c'era.

Girai lo sguardo. Non la vidi. Mi guardai largamente attorno. Nessuna traccia. Le sue orme sulla sabbia.

«Marian...» mi misi a chiamarla. Poi urlai il suo nome. La spiaggia era assolutamente deserta. «Marian.»

Sparita.

Era scomparsa mentre stavo lì a guardarmi intorno beandomi della bellezza della natura. Scomparsa. Dove accidenti si era ficcata? Corsi verso le dune. Le salii e le discesi. Tornai indietro, dove ero prima. Esaminai di nuovo le orme, altre ne cercai. Ormai sudata, il sudore mi scorreva per la schiena, per la faccia. Il mondo intorno cambiò luce. Mi sembrò di aggirarmi nel gelo. Un gelo in cui grondavo sudore. «Marian...»

Niente.

Non so per quanto tempo corsi avanti e indietro. Verso il mare, poi verso le dune, poi nella vegetazione così fitta da impedirmi il passo. Poi di nuovo sulla spiaggia.

«Hai perso qualcosa?»

Mi girai di scatto. Davanti a me una ragazzina con un secchiello in mano. Mi guardava accigliata.

«La mia gatta... Marian.»

«Un gatto?»

«Era qui con me, poco fa, poi è sparita...» ansimavo.

«Un gatto?» ripeté lei.

«Sì, la mia gatta, Marian, era qui con me, poi non so... a un tratto non la vedo più...» Mi si stringeva la gola, un nodo feroce, la paura. «Marian...»

«Uno non va in spiaggia con un gatto» disse lei. Mi scrutava sospettosa. Forse pensava che fossi matta.

«Senti, lascia perdere.» Tornai verso le dune, ma lei mi venne dietro: «Ti aiuto».

«È bianca e nera, a macchie...» Non avevo un nodo alla gola, era molto peggio, una morsa feroce che mi strappava il respiro.

«Stai calma, ora la troviamo.» La ragazzina marciava volonterosa qua e là, aggirò alcuni cespugli, io vagavo ormai incapace di riflettere, con la violentissima speranza di rivedere Marian da un momento all'altro. Una speranza cattiva che mi stava soffocando. Una speranza con le grucce, che rischiava di cadere da un momento all'altro.

«Non ce la faccio più.» Mi lasciai andare sulla sabbia. Nascosi la faccia tra le mani. Dovevo calmarmi. Quando rialzai la testa vidi la ragazzina già lontana, camminava tranquilla dondolando il suo secchiello. Si girò. Mi fece un cenno di saluto. Ciao ciao. Se ne andò.

Non so quanto rimasi seduta a guardarmi attorno. In attesa.

Mi alzai di scatto. Forse è tornata a casa, anzi senz'altro. Ha fame. Sì, è tornata indietro per conto suo e io non me ne sono accorta. Percorsi di gran carriera la Strada della Piccola Felicità, girai sempre correndo sulla strada principale, di corsa fino alla casa di quei due, spalancai il cancello, di volata il viottolo, scansai la vecchia cagna, mi guardai attorno, cercai dietro la casa, dove avevo messo la bicicletta, tornai indietro, piombai in cucina.

«Marian...» Mi guardai intorno. Niente neanche qui.

I due, il professore e Adelita, seduti al tavolo rivolgevano verso di me due facce di gesso, attonite. Lui con una mezza mela nella mano alzata a mezz'aria, lei anche.

«Chi?» disse infine lei. Depose la mela nel piatto.

«La mia gatta... sparita.» Mi lasciai andare su una sedia, l'angoscia che mi stringeva la gola traboccò, scoppiai in singhiozzi. «Eravamo sulla spiaggia... scomparsa, sono ore che la cerco.» Disperata. Per un attimo mi passò per la testa la faccia intrisa di lacrime di Marco quando piangeva per Ingrid. Ora toccava a me... a me, possibile? È davvero possibile che Marian mi abbia abbandonata? Impossibile... «Le è successo qualcosa, non so, qualcuno... ma in spiaggia non c'era nessuno, proprio nessuno» tra un singhiozzo e l'altro.

«Scusa ma ti pare il caso?» disse il professore. Diede un morso alla mela. «Si tratta di un gatto» disse masticando. «Un gatto.»

«Non è un gatto,» proruppi ormai isterica «si tratta di Marian... il mio gatto, la mia Marian...»

«Noi stavamo facendo una tranquilla colazione e tu...» disse Adelita.

«Ho capito, scusate,» la interruppi quasi strillando e

balzai in piedi «scusate accidenti!» e uscii di nuovo, di nuovo correndo mi diressi verso il cancello, sentii la voce di Adelita, mi gridava dietro: «Torna presto, abbiamo da fare la traduzione, hai sentito?».

Non mi fermai, non risposi, tornai in spiaggia di corsa. In spiaggia c'era qualcuno in giro, poche persone, qua e là, secchielli in mano, raccoglievano granchi e pesciolini dalle pozzanghere, a tutti chiesi se avessero visto un gatto e descrivevo Marian, non badavo alle occhiate di sconcerto, mi prendevano per matta. Chi se ne frega e continuavo a cercare. A cercare.

Credo che solo quelli che amano gli animali, il proprio gatto o il proprio cane, solo quelli possano capirmi. Quelli che si disperano quando perdono l'amato gatto o l'amato cane.

Infine, ridotta a uno straccio, tornai a casa e mentre tornavo frugavo ancora tra i cespugli lungo la strada e la chiamavo. Niente. Mi sentivo come se mi avessero tagliato via una parte. Ero mancante. Sperai follemente di trovarla ad attendermi in giardino, in cucina, in stanza sul mio vecchio maglione... niente.

Mi lasciai andare piangendo sul letto.

Sentii aprirsi la porta. La voce di Adelita: «La traduzione? Vieni?».

«Non adesso» gemetti. «Non adesso... non posso proprio, non oggi.»

«Vedi di calmarti,» la sentii dire «non puoi capitare qui a casa nostra e fare queste scenate sorprendenti, il professore ci è rimasto proprio male.» E ancora: «Non potevi lasciarlo a casa 'sto gatto? Invece di portarlo a zonzo?».

Appena sentii richiudere la porta cercai il cellulare e subito digitai il numero di zia Esther. Ringraziai il cielo di averle regalato un cellulare, visto che non aveva mai voluto il telefono in casa, e di averle insegnato a usarlo, soprattutto di averla convinta a usarlo.

Quando finalmente – finalmente! – rispose, piangendo le raccontai di Marian e anche che mi trovavo con gente che non amava gli animali e mi prendeva per matta perché ero disperata. Le raccontai anche di Ingrid che aveva mollato Marco e anche me, che se n'era andata *a zonzo* con un tipo. Inzuppai un pacchetto di fazzoletti. Le dissi anche che avrei voluto tanto essere lì, da lei e non qui... lì da lei con Marian.

«Come faccio, adesso? Come faccio?»

«Continua a cercarla, tesoro. Non so cos'altro dirti.»

«E se non la trovo?»

«Prima di disperarti prova ancora. Poi, forse, sarà lei a tornare.»

«E se non torna?»

«Evina, non ti resta che rimanere ancora lì dove ti trovi per poter ancora cercare Marian, e può essere che lei torni proprio in quella casa. Non ti conviene spostarti. Sopportali, quei due. Sii gentile. Non badare alla loro freddezza, c'è gente che è così, sono dei poveretti, non sanno godersi la vita.»

«Non oso pensare a stanotte senza Marian...»

«Hai provato a telefonare a Ingrid?»

«No. Poi ha il cellulare staccato.»

«Certo che quella ragazza è una bella testa...» commentò zia Esther «...una bella testa di rapa.»

«Se almeno fosse qui con me...»

«Mandale un messaggio, scrivile di raggiungerti subito, che hai bisogno di lei.»

«Va bene...»

«Telefonami ogni volta che vuoi. Anche stanotte. Tengo questo aggeggio vicino al letto.»

«Sì...»

«Vorrei tanto essere lì con te, tesoro, vorrei tanto.»

«Lo so.»

In giardino era già apparecchiato per cena, candele accese, zuppiera con vellutata di verdure e ceci, il professore aveva già riempito fino all'orlo la mia scodella e appena mi avvicinai «Avrai fame dopo questa giornata intensa» dichiarò e servì la moglie poi se stesso.

Mi scusai per il mio comportamento, dissero che certo dovevo essere una persona molto emotiva e cose di questo genere. Mentre li ascoltavo ripensavo a Ingrid: come fa a trovarli simpatici? Anzi, adorabili? Mi aveva detto: sono proprio *adorabili*. Sospettai che la colpa fosse mia, non gli ero simpatica, fin dall'inizio. Di nuovo mi scusai e dissi che potevo capire che fosse incomprensibile il mio turbamento per la perdita di un micio, ma Adelita ribatté che non potevo accusarli di non amare gli animali visto che avevano Zaza, cioè la vecchia cagna.

«Se sparisse o morisse» interloquì il professore «che cosa credi che faremmo? Ci strappiamo tutti i capelli? Anche gli animali hanno il loro destino e siamo tenuti ad accettarlo.»

«Be', io non lo accetto...» protestai «...voglio mettere dei biglietti sui cancelli e agli angoli delle strade, ci scrivo che ho perso una gatta a macchie bianche e nere e...»

«Biglietti?» Il professore tagliò l'aria con un gran gesto liquidatorio. «Biglietti neanche per sogno. Questo non è un luogo in cui si va in giro ad attaccare biglietti o cartelli o altro. Ci piove sopra e diventa uno schifo e poi non si fa. Questo è un luogo che va rispettato. Non ti sognare di lasciare in giro cose del genere.»

«E poi, cara, davvero...» si intromise Adelita «...un animale non è una persona, dobbiamo tenerne conto, noi ne teniamo conto eppure, come ti dicevo, amiamo la nostra cagna.»

Evitai di sottolineare quanto la povera Zaza fosse poco amata, bastava guardarla: poco curata, denutrita a forza di mangiare miglio, tormentata dalle zecche e sporca. Tenevo d'occhio il giardino, il viottolo, mentre l'oscurità della sera avanzava incupendo prato e cespugli. Sentivo dentro come una punta, una punta di fuoco, cioè un'ansia intollerabile, ed era – lo sapevo – la speranza di vedere apparire Marian. Chiudevo per un attimo gli occhi e pensavo: quando li riapro lei sarà qui vicino a me.

Invece niente.

«Ti stai comportando come una bambina,» il professore sospirò «a un certo punto della vita bisogna decidersi a crescere. A dare il giusto peso agli eventi.»

«Qual è il giusto peso?» chiesi a mezza voce.

Per tutta risposta: «Non avanzare il cibo nel piatto» mi raccomandò con blando rimprovero. Già, una bambina. E aggiunse: «Sei molto dipendente da quel gatto. Si vede che sei dipendente per natura. Sei una che si aspetta dagli altri chissà quali vagonate di affetto e di sostegno. Non è una buona cosa. Devi imparare a essere autonoma. Mi spiego?».

«Perfettamente» borbottai.

Quella notte non riuscii a dormire. O quasi. Continuavo ad alzarmi per sbirciare oltre la zanzariera, nel buio del giardino. Le travi al soffitto scricchiolarono alcune volte. Mi si accapponò la pelle quando mi parve di intravedere un'alta sagoma biancastra scivolare oltre i cespugli neri. Tornai a letto in un balzo.

Era da poco l'alba quando in cucina deposi sul vassoio il danaro della giornata e presi la lista della spesa. Dovevo dar retta a zia Esther, comportarmi decentemente con quei due, non ero in casa mia.

Ero talmente abituata ad avere Marian ogni istante con me, da anni, che ogni gesto mi costava fatica, ogni gesto sembrava un altro gesto che non avevo mai compiuto prima, che dovevo imparare a compiere.

Con fatica presi la bicicletta. Cestino vuoto. Infilai il viottolo, oltrepassai il cancello.

«Sa che ho perso la mia gatta?» furono le prime parole

che dissi al tipo del negozio dove ero stata – con Marian – il giorno prima.

«Cioè?» Sembrava interessato.

Mentre gli raccontavo come erano andate le cose mi porse un fazzoletto di carta che sfilò da una scatola sul banco.

«Che strano che sparisca così a un tratto, da qualche parte deve pur essere la sua gatta» commentò quando ebbi finito. «Se ci sparisse anche solo uno dei nostri gatti saremmo a terra in famiglia.»

«Lei dice che la troverò?» Intanto mi asciugavo le lacrime e consultavo la lista e raccoglievo quello che dovevo dagli scaffali. Lui mi veniva dietro con il carrello. «Oppure che Marian torna?»

«Si spera,» e quando mi fermai alla cassa «mi faccia sapere, mi raccomando.»

Marian non era nel giardino di casa, c'era solo la povera Zaza; mi fermai e rovesciai nella sua ciotola una grossa scatoletta di cibo per cani che avevo comperato al negozio. Era incredula, scodinzolava come una matta.

Marian non era in cucina dove deposi gli scontrini della spesa sul solito vassoio – il danaro che avevo lasciato poco prima era già scomparso. Ma la casa era silenziosa, nessuna traccia di quei due.

Marian non era neanche nella mia stanza.

Poco dopo percorrevo lentamente la Strada della Piccola Felicità, che nome assurdo date le circostanze, pensai con amarezza. Chiamavo Marian. La mia voce mi risuonò stonata.

Sulla spiaggia non c'era nessuno. Nel punto in cui ci eravamo fermate, quando Marian era ancora con me, ritrovai le sue orme.

Che strano. L'alta marea non era arrivata fino a lì? Non le aveva cancellate? Mi chinai e le sfiorai con un dito. Sembravano scolpite nella sabbia. Gironzolai lì intorno.

Lentamente, scrutando il terreno, passai oltre dirigendomi verso le dune. Fu con un tuffo al cuore che vidi, stampate nella sabbia, altre orme. Mi chinai a esaminarle. Marian. Le riconobbi. Erano le sue orme. Sembravano fresche. Mi prese una tale agitazione che dovetti sedermi un momento sulla sabbia umida. Stavo esagerando? Era logico, era razionale prendersela così?

Molte orme. Aveva zampettato lì intorno. Avanti e indietro come se cercasse una direzione.

«Marian!» Mi rialzai. Identificai altre orme, sempre sue, che si dirigevano verso le dune. Salii e ridiscesi le dune, c'era uno stretto viottolo tra alberi e cespugli, le orme svanivano nell'erba. «Marian!» Fruscio del vento. I gabbiani. Nient'altro. L'acuto aroma di resina delle conifere riscaldate dal sole.

E un miagolio. Sì, un miagolio, un *miao*, insistente. Un miagolio lamentoso, implorante. Acuto. Con il sangue che mi pulsava in gola, nelle orecchie, in tutto il corpo, avanzai inciampando, arrivai davanti a un cespuglio, il miagolio proveniva da lì, da lì sotto. Mi buttai in ginocchio, scrutai tra le foglie.

Era un minuscolo micio. Lì accucciato. Fauci rosee spalancate. Miagolava e miagolava fissandomi. Piccolo, tutto grigio. Pelo ritto. Miagolava percorso da un fremito.

Non era Marian. Non lei.

Avrei potuto capirlo subito, se non fossi stata tanto agitata. Marian non miagola così. Mi alzai, mi passai le mani sulla faccia sudata. D'un tratto mi folgorò il dubbio che ogni ricerca sarebbe stata inutile. Non volevo crederci.

Di là sotto il cespuglio il micio non si dava pace. Strillava più che miagolare. Strideva. Mi guardai intorno, non c'era nessuno, da dove accidenti era sbucato? E di nuovo mi inginocchiai, eccolo lì, proteso verso di me. Tesi la mano. Si lasciò prendere morbidamente. Lo raccolsi sul petto e mi alzai.

Incredibile che un essere così minuscolo – qualcosa che mi stava in una mano – potesse fare delle fusa così rombanti.

Lo rimisi a terra. «Devi stare qui, la tua mamma verrà a prenderti, io ho da fare adesso» e lo deposi vicino al cespuglio. Ripresi a scrutare il terreno cercando altre orme o un segno, almeno un segno minimo... Avanzai nella vegetazione, cercavo tracce di Marian, scostavo i rami e le alte erbe. E la chiamavo.

Niente. Sedetti, Appoggiai la schiena a un tronco e chiusi gli occhi. La ruvida corteccia mi pizzicava la schiena. Torna, pensai. Smettila di farmi star male. Riaprii gli occhi.

Davanti a me c'era il micetto. Mi aveva seguita. Seduto, mi fissava.

Con un sospiro mi alzai, lo raccolsi, andai a deporlo davanti al cespuglio. «Devi stare qui, è questo il tuo posto.»

Mi diressi verso la duna e la risalii: spiaggia deserta, il mare. Sedetti in cima alla duna e scrutai tutto intorno. Sussultai, spaventata, qualcosa mi si appoggiava su un fianco.

«Ancora tu.» Il micio. Di nuovo le fusa. Mi alzai e corsi via, giù nella spiaggia.

Si mise a miagolare e forse per il gran silenzio, forse non so perché, i suoi miagolii mi rintronarono nelle orecchie, più che miagolare gridava. Mi stava assordando e mi venne su una gran rabbia, non ero lì per cercare lui, non lui, era Marian che volevo, mi pareva una feroce beffa cercare Marian e trovare un altro gatto... un qualsiasi gatto con cui non avevo niente a che fare. Mi allontanai fino a quando quei miagolii non si spersero nell'aria azzurra. Lo troverà qualcun altro, pensai, ci penserà qualcun altro, non io.

Continuai a vagare per la spiaggia. Quando mi ritrovai di nuovo all'imbocco della Strada della Piccola Felicità mi parve di sentirlo di nuovo miagolare. Mi avviai per tornare a casa. Cercavo di non ascoltare quel richiamo. Mi fermai. Rimasi incerta.

Poi tornai indietro. Lo trovai in fondo alla duna. Lo raccolsi. Era tutto sporco di sabbia.

«Guarda un po'» disse il professore quando entrai in cucina. Era in piedi davanti ai fornelli. Stava preparando il tè. Depose il contenitore dell'acqua calda. «Guarda un po'.»

Venne verso di me.

«Perdi un gatto e torni con un altro» e osservò il micino che tenevo appoggiato al petto. «Guarda un po'... è un certosino.»

«Ero sulla spiaggia. L'ho trovato lì. Ho chiesto nelle case intorno se è di qualcuno e mi hanno detto tutti di no.»

Me lo tolse di mano con un gesto inaspettatamente delicato. Lo osservò. Il micio spalancò le fauci ma non emise alcun suono.

«Credo che abbia fame» dissi.

«Questo qui è proprio un bel certosino, un perfetto certosino, ma talmente piccolo, avrà poco più di un mese. Troppo piccolo.»

Me lo restituì.

«Chi lo allatta adesso?» e scosse la testa. «L'hanno portato lì e l'hanno piantato in asso e addio.»

Piantato in asso, pensai. E addio?

Mi gettò un'occhiata: «Scusa ma vedi di darti una pettinata prima di uscire, se no i vicini pensano che ospito una strega».

8

Quando si lotta per qualcosa
o qualcuno che ci sta nel cuore,
bisogna circondarsi di persone
che ci sostengono.
(CLARISSA E. PINKOLA)

«Però questo non è il suo gatto» disse il tipo del negozio a Saint-Pierre quando tolsi il certosino dalla borsa di tela – la borsa di Marian. Lo raccolse, sorrise. «È meraviglioso, un magnifico certosino, questo è pura razza, glielo dico io. E guarda com'è conciato, deve mangiare, è davvero piccolo, nato da poco.»

«Appunto» gli raccontai come l'avevo trovato e: «Volevo chiederle... non potrebbe tenerlo lei? Lo fa allattare dalla sua gatta, se ha due cuccioli può allattarne tre, non crede? Io non c'entro con lui, ho già un gatto io, ho Marian, la devo cercare».

«Va bene, ci proviamo» disse lui, e si presentò – Roland – come se fosse indispensabile una formale presentazione quando si ha a che fare con il mondo felino. «Andiamo subito.» Affidò il negozio al commesso. Ci inoltrammo nei vicoli, il certosino lo tenevo io, non in borsa ma raccolto sul petto, due ossicini in croce, così magro. «Deve mangiare» mormorai. E Roland: «Nessuna traccia del suo?».

«Non ancora.»

«Siamo arrivati... quel portoncino dipinto di verde.»

Ci furono tutti intorno in cucina, due gattoni tigrati, la moglie di Roland, due bambini eccitatissimi. Roland mi tolse il micino dalle mani: per terra nella cuccia una grossa gatta grigia, vellutata, era distesa regalmente e stava allattando due piccoli più o meno della taglia del mio, volevo dire cioè di quello che avevo trovato in spiaggia. La gatta ci fissava socchiudendo gli occhi.

«Ora ci proviamo» disse Roland. Si chinò e depose il micino accanto alla gatta. Lui barcollò qua e là, lei lo annusò e subito gli assestò una zampata sulla testa facendolo rotolare fuori dalla cuccia.

«Poverino...» strillò la bambina.

«Ci riproviamo» disse Roland. E raccolse il micino. I due bambini sedettero sul pavimento. La moglie scuoteva la testa. «Non lo vuole, Rolli, guarda che non lo vuole.»

«Aspetta un attimo...» Roland accarezzò il micino e di nuovo lo depose davanti alla gatta. Altra zampata, bella secca. Con uno squittio il micino rotolò fuori dalla cuccia.

«Inutile che insisti, testone che non sei altro,» commentò la moglie «non lo vuole, lo avrebbe già accettato, se fa così vuol dire che sa benissimo di avere latte solo per due.» Raccolse il micino. Si girò verso di me. «Devi allattarlo tu.»

«Scusi?» feci sconcertata. «In che senso?»

Lei rise. «Devi dargli il biberon, oppure lo nutri a cucchiaini, un lavoraccio ma se vuoi ti insegno. Adoro i gatti ed è una vita che me ne occupo.»

«Io non ho tempo...» Pensavo a Marian, alle mie ricerche.

«Però questo qui ha fame.» Lo teneva sul petto e lo accarezzava con la punta dell'indice. I bambini le saltellavano intorno. «Voi due giù le mani. Abbiamo già i nostri gatti.»

«Diamogli il latte allora.» La bambina corse verso il frigorifero. «Ferma lì,» la richiamò la madre «lascia perdere il latte. Non può berlo così, va preparato» si girò verso di me «e scusa... se non hai tempo per occuparti di un gatto, perché diavolo hai un gatto?»

Roland le raccontò tutta la faccenda.

«Com'è possibile che sia finito in spiaggia da solo? Ovvio che l'hanno lasciato lì, brutti mascalzoni.» La moglie di Roland sedette su uno sgabello. I bambini accanto. Infilò il mignolo tra le fauci del micino. «Si sentono appena i canini, non ha ancora un mese...»

«L'ho raccolto ma devo cercare la mia gatta... non mi capacito di non averla più» dissi a mezza voce.

Lei mi commiserò, raccontò quando un suo amatissimo gatto era stato schiacciato da una macchina, disse che capiva la mia disperazione, disse che un gatto è qualcosa di molto importante nella vita e sembrava non voler smettere più di chiacchierare fino a quando Roland: «Margot, e questo latte?».

«Allora ti insegno» mi disse lei con piglio pratico. «Devo avere ancora tutta l'attrezzatura perché non si sa mai.» Mi consegnò il micino e si alzò. «Siediti tu adesso» ordinò.

«Lo dai un po' a me?» Il bambino allungò le mani.

«Fermo tu, lascia perdere» lo sgridò la madre. «Tutti fermi e zitti che ho da fare adesso.» Tolse dal frigo una bottiglia di latte e un uovo.

«Attenta» mi disse e depose sul tavolo anche una ciotola e una tazza, poi una scatoletta di metallo e un piccolo biberon.

«Ci vuole tutta quella roba?» Ero seduta con il micino tra le mani.

«Zitta e ascolta. Questo è latte di capra, più leggero di quello di mucca. Non devi metterne tanto, io vado a occhio, l'abitudine, sai, però siccome penso che tu non abbia qualcosa per misurare la quantità... ecco, mettici una ventina di cucchiai da minestra di latte di capra, capito? Una ventina... ecco, poi rompi l'uovo, stai attenta a togliere bene tutto l'albume se no gli viene mal di pancia. Poi...» aprì la scatola di metallo, ne tolse una siringa senza ago e la infilò delicatamente nel tuorlo «...poi con questa buchi il rosso e aspiri e lo aggiungi al latte...» eseguì, i bambini osservavano attentissimi. Mescolò con una forchetta, andò di nuovo al frigo. «Poi un po' di panna, basta un cucchiaino, al massimo due, ecco vedi, poi amalgami un po'.» E tolse un piccolo imbuto da un cassetto. Lo infilò nel biberon. «Ci versi dentro il tutto... possiamo aggiungere anche un po' di proteine di latte, devo averne ancora,» da uno stipetto prese una scatola di cartone «sono in polvere, una punta, basta così.» Avvitò il ciuccio sul biberon e me lo porse. «Tocca a te, adesso. Fai tu così ti riconosce come mamma.»

«Non ho nessuna intenzione di fargli da mamma.»

«Non girarlo sulla pancia per dargli il biberon» ammonì senza badarmi la moglie di Roland.

«Dai che ha fame» incalzò la bambina.

Il micino mosse il musetto qua e là, frenetico, quando gli accostai il ciuccio. Lo annusò, ci si attaccò, succhiò a occhi chiusi, tremando.

«Mangia!» I bambini erano deliziati. «Guardate come mangia.»

«Poverino, ne aveva bisogno.» Roland si era appoggiato al tavolo, ci osservava dall'alto.

«Certo è un impegno.» La moglie di Roland mi si era seduta accanto. «Vedi? Si è attaccato benissimo. Ha capito. Gli piace. È salvo, vedrai come cresce bello grosso... guarda che devi dargli da mangiare ogni cinque ore, massimo sei.»

«Che cosa?» Alzai lo sguardo verso di lei. Incontrai il lampo allegro di due occhi castani. «Cinque o sei ore?»

«Certo. Quella è la sua razione, quello devi dargli e devi rispettare i tempi, ti pare?»

«Ogni cinque, sei ore...»

«Anche di notte è ovvio. E devi tenerlo al caldo,» proseguì lei imperterrita «è piccolo e soffre il freddo. Devi tenerlo vicino, anzi tienitelo spesso addosso, lo avvolgi in qualcosa di caldo e devi anche pulirlo... un panno pulito appena inumidito in acqua calda, lo lisci, lo pulisci, come potrebbe fare la sua mamma, poi lo asciughi, non usare il phon che si spaventa, usa un asciugamano, poi avvolgilo nella lana.»

«Se ha zampettato in giro sulla spiaggia forse se la cava da solo a pulirsi,» disse Roland «non è proprio neonato e non soffre così il freddo, non più.»

«Meglio curarlo come si deve» obiettò lei.

«Non ho tempo. Non ho intenzione. Devo continuare a cercare Marian, l'ho già detto» e lui intanto continuava a rimpinzarsi.

«Quando ha finito di poppare massaggiagli dolcemente il pancino» disse la moglie di Roland. Rideva tra sé. Che cos'hai da ridere? avrei voluto dirle. Mi irritava.

«Certo, ma io proprio non posso. Non voglio!» replicai con durezza.

Il biberon era vuoto e Margot me lo tolse di mano. «Ora giralo sulla schiena.»

Lo girai sulla schiena. Gli massaggiai piano piano la pancia. Teneva le zampette anteriori tese all'indietro, gli occhi chiusi. Deliziato. Buffo. Mi aspettavo che ruttasse soddisfatto come faceva Alphonse.

«Un magnifico certosino...» sussurrò la moglie di Roland.

«Sì,» sospirai «è adorabile ma io proprio non posso.» Adorabile. Ma non era Marian.

«Vuoi che te la dica, una cosa?» esclamò lei e adesso era seria. «Vuoi?»

Alzò lo sguardo verso il marito. Uno sguardo d'intesa, fra loro due.

«Torno in negozio,» disse subito Roland «porto con me i bambini. Ci muoviamo?» Li prese per mano e uscì.

Appena restammo sole Margot versò del sidro di mele in due bicchieri e me ne porse uno. Il micino si era raggomitolato sulle mie ginocchie e ronfava. Margot sedette di nuovo vicino a me. Provai a un tratto, con sorpresa, un senso di quiete. Da quando Marian era scomparsa vivevo nel tormento e ora invece mi pareva di riuscire di nuovo a respirare, di essere tornata nel mondo, per così dire. Solo allora mi accorsi guardandomi intorno che la cucina era spaziosa e molto accogliente, illuminata da macchie di sole che sfuggivano ai vasi di fiori accostati sul davanzale. Piastrelle azzurre correvano intorno alla cucina, e c'erano pentole lucide, molte di rame. Tutto là dentro era tranquillo.

E guardai Margot e vidi una graziosa donna di forse quarant'anni, non un filo di trucco, un'espressione buona, una buona creatura che aveva le sue convinzioni.

«Mi ascolti?»

«Sì...» immaginavo già dove volesse andare a parare e, passando al tu: «Vuoi che tenga il gatto.»

«No, non è questo. A parte quel micino, credo che tu ti debba convincere di una cosa.»

«Che se ho un gatto posso tenerne due? Ma cosa penserà il mio, Marian voglio dire... quando troverà che ne ho un altro?»

«Mi vuoi ascoltare?» Ecco, ora era proprio severa. Come era stata con i figli poco prima. Stesso tono.

«Va bene».

«La tua gatta non la rivedrai più. È triste da dire ma è così. Se non tornano entro poche ore non tornano più. Non è affatto detto che le sia accaduto qualcosa di male, ha semplicemente deciso di andarsene per i fatti suoi. Ai gatti può succedere.»

«Non è vero,» mi ribellai «c'è gente che perde il gatto e lo ritrova anche dopo un bel po' di tempo. So di una signora che non trovava più il suo, ha dovuto traslocare e un giorno il suo gatto è riapparso, e lei stava addirittura in un'altra città.»

«Secondo me invece se n'è andata. In cambio ti ha affidato lui» indicò il micino. «Non so come questo gattino sia finito in spiaggia, ma tu cercavi lei e hai trovato lui. Te l'ha lasciato in dono, sembra proprio così.»

Rimanemmo a lungo in silenzio.

«Piangi? Non ti vergognare per questo... piangere serve» disse sottovoce con dolcezza.

Agguantai il fazzoletto che mi porgeva.

«Questo gattino non lo voglio, non lo posso tenere. Non riuscirei ad amarlo, a volergli bene, a curarlo... uno non ama così, non passa da un oggetto d'amore all'altro.»

«Oggetto d'amore...» sorrise lei. «Che bizzarra espressione.»

«Nel senso che se ami una persona, un animale, non è che poi puoi amarne un altro come niente fosse, non succede.»

«Roland è il mio secondo marito» disse lei quietamente. «Il primo è stato un grande amore per me, il mio primo uomo... Ci siamo messi insieme quando eravamo ragazzi, poi ci siamo sposati e non è durato molto. È morto in mare, una burrasca, faceva il pescatore e non l'hanno mai ritrovato. Ho passato giorni e notti sperando di vederlo apparire all'improvviso. Di vederlo tornare. Ero sicurissima che sarebbe tornato. Invece no, non è mai tornato. Un giorno, non so come mai, ho capito che era finita. Credimi, è stato terribile, anch'io la pensavo come te, pensavo che non avrei mai più potuto amare nessuno. Mi sentivo finita. Sentivo che non avrei combinato più niente di buono nella vita.»

Silenzio. Dalla strada salì un richiamo, la risata di un bambino. Poi di nuovo silenzio.

«Vedi come vanno le cose,» riprese lei dopo un lungo momento «vanno così, come uno strano caso, credi di aver chiuso per sempre. E ti senti come se avessi eretto delle mura intorno a te, intorno al tuo cuore.»

Ascoltavo a occhi bassi.

«Pensi che niente e nessuno possa sciogliherti. Invece non è così, perché poi ho incontrato Roland ed è stato...» cercava le parole «...è stato così diverso, così un'altra cosa. Un'altra cosa che davvero valeva la pena di vivere. Si ama ancora...» e disse all'incirca le stesse parole dello psicanalista «...si può amare ancora e si ama meglio, più a fondo... più profondamente e più felicemente.»

Di nuovo silenzio. Non riuscivo a pensare a niente. Proprio a niente. Mi sentivo vuota.

«Be'...» dissi infine «...almeno ho parlato con qualcuno che non mi piglia per matta se mi dispero tanto perché mi è sparito il gatto.»

«Tutto qui?» Mi scrutava grave.

«Ma sì...» sbottai «...è che ti accadono delle cose...» non continuai ma pensavo a George. Mi sentivo d'un tratto irosa e offesa. Il senso di quiete di poco prima era sparito. Irosa e offesa, ecco.

«Capisco» annuì lei come se le avessi spiattellato tutta la storia con George, quella che mio padre – chissà come aveva saputo – aveva definito con ferocia *scadente tragicommedia da avanspettacolo*. Definizione che non riuscivo a perdonargli.

«Ti prego,» sospirai «cerca qualcuno che si occupi di questo micio.» Glielo misi in mano e mi alzai. «Io devo andare.»

«No.» Si alzò anche lei e depose il micio sul tavolo. «Ha bisogno di te...» sorrise «...lui è proprio affar tuo.» Mise rapidamente in una borsa di tela la scatola metallica con la siringa, quella con i fermenti lattici, una confezione piccola di panna, un contenitore con due uova, una bottiglia di latte di capra. Più un cucchiaio da cucina. E anche due piccoli asciugamani. «Per lavarlo e asciugarlo.» E ancora: «E per tenerlo al caldo? Che ne so... usa un vecchio maglione».

Già. Un vecchio maglione. Me ne stavo impalata. Dentro ero color fuliggine. Detesto quando qualcuno cerca di impormi qualcosa su cui non sono d'accordo.

«Ecco, non manca nulla. E quando finisci la scorta vai da Roland, in negozio ha tutto.» Margot mi afferrò per le spalle e mi baciò sulle guance. Io rigida, irritata come non mai. Un furente stoccafisso.

«Non dimenticarlo» rise raccogliendo il micino che era rimasto immobile sul tavolo, e me lo porse. «Passa a trovarmi quando puoi così facciamo due chiacchiere e mi racconti come va.»

«Visto che non riesco a oppormi» dissi fredda «per il momento lo prendo, ma appena posso lo piazzo da qualche parte.»

«Ma va' là...» rise lei.

Mi accompagnò fino in strada. «E ricordati di allestirgli una piccola cassetta... una lettiera per i suoi bisogni.» Io mi ero già allontanata, il gattino in una mano, nell'altra la borsa con l'occorrente per farlo vivere.

«Ricordati!» ripeté lei, strillando. Allegra.

«C'è altro?» mi voltai, sgarbata. Provavo un senso di rabbiosa ribellione.

«Vieni a cena da noi una sera,» la sua voce ridente, come se tutto quello che era successo fosse una bella festa «vieni, ti aspetto.»

Poi mi raggiunse. Mi fermò mettendomi una mano sul braccio.

«Non trattarlo male perché non è la tua Marian» disse fissandomi diritto negli occhi. «Non fargliela pagare. Lui non c'entra. Non trasformiamoci in vecchie megere perché abbiamo sofferto. Non fare questo errore.»

«Ci provo» secca secca.

«Non conta provare. Conta fare» ribatté lei altrettanto secca. Mi girò le spalle e tornò verso casa.

Quando arrivai con il certosino, Adelita e il professore

non la presero bene. Dissero cose come: proprio non sai vivere senza un gatto... Erano in giardino e avevano già finito di pranzare, insalata e olive e una zuppa di tarassaco e ceci mi informò il professore, ottima zuppa : che cosa ti sei persa.

«Fa niente, tanto non ho fame.» Il tono non era quello gentile di sempre. Ce l'avevo su con tutti. Il professore alzò lo sguardo, mi accorsi che si era stupito della mia secchezza. Ma subito guardò altrove, inespressivo come al solito.

Avevo messo il certosino nella borsa di tela tornando in bicicletta, se n'era stato tranquillo. Ma ora lo tenevo in braccio per così dire, era talmente piccolo che stava in una mano.

Quei due... neanche una parola su quanto fosse carino.

«Ti sarei grata se adesso facessimo le traduzioni» disse Adelita. Altezzosa. Hai poco da darti tante arie, avrei voluto dirle. L'avevo vista in un bar di Saint-Pierre, stava divorando una bella fetta di torta con una montagna di panna. Una montagna. Dissi invece: «Ora mi occupo del micio, poi arrivo».

Nella mia camera, naturalmente Marian non c'era. Eh già, dissi ad alta voce, figurati se ti fai vedere! Ero fuori dai gangheri. Deposi il micio sul maglione. Cercai di accomodarlo lì con un gesto delicato. Non affettuoso ma almeno delicato. Si rigirò un paio di volte, poi si addormentò. Guardai l'orologio: mancavano quattro ore alla prossima poppata. Disposi sul tavolo, tra i miei libri, tutte le cose che mi aveva dato Margot. Mi sembrava di muovermi come un pupazzo meccanico. Vuota e rabbiosa. Facevo le cose che dovevo fare. Stop.

«Vogliamo metterci al lavoro?» Ero accanto a Adelita, in giardino. Il professore se n'era andato per ostriche. E per vino bianco. La moglie, sul tavolo, aveva allineato in ordine geometrico il computer e alcuni testi, e un fascicolo che poi mi porse senza una parola. Altera.

«Lei scrive e io detto» dissi sedendomi di fronte con il fascicolo in mano. «Pronta?» Lo sfogliai. Bello lungo.

«Prontissima.»

«Cominciamo.»

«Lì c'è il vocabolario russo-francese» disse ancora con quel suo tono da badessa indispettita. Ma vai un po' al diavolo, pensai, e non le risposi. Diedi un'occhiata e mi misi a tradurre. Ad alta voce. Rapida. Stammi dietro, pensai, galoppa adesso!

«Un attimo... non correre così.» Picchiava sui tasti ingarbugliandosi. «Un attimo. Come hai detto? Pensavo tu avessi bisogno del vocabolario...»

Alzai gli occhi dalle pagine: «Io andrò più lentamente ma lei cerchi di seguirmi. Tornare ogni momento indietro è fastidioso». Mi stava venendo su tutta la rabbia che mi sentivo dentro e mi sfogavo con Adelita.

«Non capisco come fai a tradurre così veloce dal russo in francese...» Mi guardava più ammirata che disorientata. «Come fai? Come fai?»

«Faccio.» E ripresi. Si trattava di qualcosa riguardante l'ascesa al potere di Stalin. Un personaggio di cui mio padre diceva ovviamente peste e corna.

«Affascinante questo testo, vero? Il totalitarismo ha aspetti che...»

«Andiamo avanti» la interruppi.

«Sì, certo, sì» disse lei con volonterosa umiltà. Aveva bisogno di me. Provai una soddisfazione maligna a leggerle in faccia un'espressione da pecora. Sto diventando cattiva? Una vecchia megera? Dovrei vergognarmi.

Stavamo ancora lavorando quando il professore tornò con il cestello di ostriche e il vino bianco nella sporta. Fortuna che questa roba la compera lui, pensai. Mi ci mancava di sborsare ogni giorno oltre ai soldi della spesa anche quelli per l'antipasto e le bevute. Stavo quasi per dirglielo, poi tenni il becco chiuso. Volevo rimanere lì per Marian. Se torna, torna qui in questa casa. E ogni mattina voglio andare di nuovo a cercarla. Non mi conviene aprire conflitti.

«Buon lavoro» bofonchiò il professore passandoci accanto.

«Tu non hai idea...» lo fermò Adelita con tono entusiasta «...non hai idea come questa ragazza conosca le lingue. Sta traducendo dal russo in francese, sicura, veloce, e in un ottimo francese.»

«Se finiamo presto sono contenta» dissi. «Voglio occuparmi del micio.»

«Ma certo... certo» disse lei. Del tutto domata. «Riprendiamo.»

Appena arrivai all'ultima pagina del fascicolo mi alzai: «Finito».

«Domani di nuovo, vero?» pigolò lei. Immaginai che si fosse resa conto della velocità con cui avrebbe concluso il lavoro e aveva paura che la piantassi in asso. «Domani?»

«Abbiamo questo accordo, mi pare» e rientrai in casa. Un momento dopo ero in cucina e trafficavo per preparare il biberon. Latte di capra, uovo, siringa, panna, amalgamare, polvere di fermenti lattici.

«Posso darti una mano?» Era Adelita.

«Mi serve un piccolo imbuto.» Incredibile, pensai, ci sono persone che ti trattano con i guanti solo quando dimostri di eccellere in qualcosa. Se no, se non brilli per una qualche tua inconsueta capacità, ti trattano a pesci in faccia. Adelita, per esempio.

«Hai detto un imbuto? Piccolo? Ce l'ho.» Me lo porse prontamente.

Mi chiese se poteva assistere alla poppata. Andammo nella mia stanza. Sedette sull'unica sedia, io sul letto allattavo il micio con il biberon. Lei mi osservava in silenzio, zitta anch'io e infastidita. Ma massaggiai il pancino del micio, secondo le istruzioni, e solo in quel momento mi accorsi che in mia assenza aveva deposto una minuscola cacca in fondo al letto. E se ne accorse anche Adelita. Invece di protestare, come mi aspettavo, andò a prendere della carta igienica, mi disse che mi avrebbe portato un'altra trapunta, quella si poteva infilare in lavatrice. Mi aiutò a scovare nella baracca in fondo al giardino una scatola adatta a far da lettiera al micio e insieme andammo in spiaggia con un secchiello a raccogliere un po' di sabbia. Io muta e ingrugnita, non le risposi quando mi chiese se era lì che avevo perso Marian.

«Pensa che di solito» mi disse mentre tornavamo «di solito percorrere questa strada... la Strada della Piccola Felicità, porta un gran bene. Ti succedono delle buone cose.»

«Eh già,» borbottai acida «si è visto.»

Quando mi confessò di non sapere come inserire nella tesi alcuni testi che le avevano raccomandato i docenti, oltre a tradurre mi ingegnai a risolvere più o meno la situazione. Da quel momento Adelita fu mia alleata. Era sempre lei che faceva sparire il danaro per l'affitto che ogni mattina deponevo sul vassoio, ma adesso non stracciava più gli scontrini della spesa, li controllava e mi lasciava il danaro corrispondente sul tavolo, nella mia stanza. Era lei che incontrandomi per caso un giorno a Saint-Pierre volle condividere con me – disse proprio *condividere* – un fastoso panino al prosciutto imbevuto di salsa chili, mi disse che se li faceva preparare apposta e di nascosto. «Tu sei capace di non aprir bocca, vero?» Certo che sono capace, e condivisi il panino mentre lei mi assicurava – neanche si fosse pentita della trasgressione alle spalle del marito – che la loro era una vita del tutto serena.

«Tu sei fidanzata?» Mi scrutava da sotto l'ala del cappello di paglia.

«No...»

«Guarda che è importante avere un uomo» disse proprio *avere*, come si dice avere una bicicletta. O avere uno sfogo di brufoli. O peggio. Avere, insomma.

«Il professore mi sembra rigido, come tipo...» dissi dopo un po' ripulendo le dita dalla salsa chili.

«È un uomo molto equilibrato. Uno che sa il fatto suo» e ordinò per entrambe un altro panino al chili. «Uno tranquillo, sai...» disse ancora.

Eppure una notte lo sentii piangere disperatamente. Accadde poco dopo l'arrivo del certosino, che per me voleva dire anche alzarmi la notte, trascinarmi in cucina in punta di piedi, preparare il benedetto biberon, morta di sonno ma facendo attenzione alle dosi. Mentre stavo rientrando nella mia camera, un pianto mi arrivò dal fondo del corridoio dove c'era la stanza dei due. Mi meravigliai nell'accorgermi che a piangere era lui, il professore. Singhiozzava. E la voce bassa di Adelita, anche se non mi arrivavano distinte le parole, aveva un tono affettuoso, di conforto. I singhiozzi sembravano inarrestabili.

Rientrai nella mia stanza con il batticuore come quando si getta un'occhiata in un angolo oscuro della vita altrui e ci appare un'ombra che ci spaventa e non sappiamo perché. Per quanto mi ero figurata, il professore era l'ultima persona capace di piangere per qualche cosa e in quel modo. Rimasi sveglia a lungo, mi arrovellavo su quello che per me continua a essere il mistero dell'animo umano e non trovavo risposte, forse non ce ne sono. Possibile che le persone ti si mostrino in un modo e poi scopri che sono diverse da come appaiono? Il professore per esempio, con la sua faccia di pietra, si portava nascosto dentro chissà che intollerabile dolore. Era lui abilissimo nel non fare trapelare nulla di quello che lo faceva soffrire? O ero io incapace di vedere gli altri in profondità? Io che mi accontentavo di uno sguardo e di un giudizio superficiale?

Ma quanti ne avevo conosciuti che compiono azioni

che non avresti mai immaginato potessero fare? Silvy, altro esempio, tutta sorrisi poi di colpo una iena. E George? No, a lui non voglio pensare. Ma potrei stendere un elenco, riflettevo angosciata, di gente che scopri diversa da quello che credevi. È da lì che ti arrivano le peggiori pugnalate. Mi rigiravo nel letto. Il certosino continuava anche lui a cambiare posizione, deciso com'era a rimanermi appiccicato addosso. Così pensai a Marian... anche Marian, vero? Sì, anche lei, avrei messo la mano sul fuoco sul suo affetto, sulla sua fedeltà, sicura com'ero che non ci saremmo mai lasciate... poi mi aveva abbandonata. Tradita. Era scomparsa. Non per un incidente o una malattia. No. Mi aveva piantata in asso.

Nel silenzio della notte anche nella mia stanza potevo ancora sentire il pianto del professore. Ripensai al modo in cui trattava Adelita. Non l'avevo mai visto fare un gesto affettuoso. Lei vagava per casa con l'aria di dire nessuno prova interesse per me. Ingoiava pappe di miglio e si abboffava di nascosto per evitare troppi litigi. Eppure lo confortava con materna dolcezza. Che cos'è, mi chiedevo, vivere insieme, in coppia? Mi pare che ogni rapporto di coppia abbia infiniti lati inquietanti e stia solidamente in piedi troppo spesso per ragioni che non hanno nulla a che fare con l'amore. Possibile? E quali sono queste ragioni? E io? Come avrei fatto a districarmi? A imparare a vivere senza fingere? Era mai possibile avere rapporti limpidi? Chiari? Trasparenti? Era possibile essere autentici e provare sentimenti autentici? Da qualche parte avevo letto che l'unica cosa che può darci sicurezza è l'autenticità dei nostri sentimenti. Hannah Arendt, mi pare.

Gli uccelli dell'alba, quelli canori, avevano già iniziato il loro canto quando riuscii a riaddormentarmi.

Il giorno dopo lo osservai, il professore, lo osservai mentre beveva il suo tè in cucina. Solita faccia di pietra. L'aria di uno incapace di provare sentimenti ed emozioni.

Mi disse buongiorno, poi accennò alla solita lista della spesa sul vassoio e mi chiese freddo come mai mi ero alzata così tardi.

«Adesso vado subito.» Presi la lista e poco dopo pedalavo lenta verso Saint-Pierre. Cielo basso. Nubi che sapevano di pioggia. Non potevo proprio dire di avere il cuore alle stelle.

Quella sera, dopo una cena a base di carote stufate e falafel, dopo aver preparato il biberon notturno per il micio, telefonai a Ingrid. Cellulare spento. Segreteria.

Allora telefonai a zia Esther.

«L'hai trovata?» fu la prima ansiosa domanda.

«Magari...» sospirai e le raccontai del certosino e di Margot e di come fare una poppata per un micio ancora da svezzare. E delle mie levatacce notturne. Non le parlai del pianto del professore.

«Brava... gli fai da mamma.»

«Insomma, devo pur occuparmene di quel gatto.»

«Penso che sia incantevole... i certosini lo sono, sono anche affettuosi e fedeli.»

«Lui si rimpinza e dorme. E fa la cacca. E basta.»

«Non sei affezionata a lui» decretò zia Esther. «Giusto?»

«Le mie giornate sono così... al mattino vado a far la spesa, poi vado in spiaggia e in pineta e continuo a cercare Marian. A vuoto. Nel pomeriggio traduco per la tipa. E ogni cinque ore biberon. Anche di notte. Devo mettere la sveglia.»

«Non mi hai risposto...»

«Senti, per me c'è solo Marian. Conta solo lei. Non so se mi spiego.»

Lei rimase in silenzio.

«Non lo tratto male, ma... lasciamo perdere.»

«Sai che cosa penso?» e mi disse proprio quello che mi aveva detto Margot: Marian se n'era andata ma aveva voluto affidarmi al suo posto un micio nuovo da amare e da cui essere amata. Un dono felino, in definitiva.

«Mi sembra una spiegazione molto consolatoria e un po' troppo... da favola, insomma.»

«I gatti lo sono... sono esseri da favola» obiettò lei.

«Mi sento incattivita...» confidai «...sono così delusa, così terribilmente delusa per quello che è successo. Sarò anche infantile, ma non mi importa, non posso fingere folle amore se non lo provo... sono furente.»

Ero seduta sul letto. Osservavo il micio che stava giocando con qualcosa. Si bloccò ai miei piedi e subito si arrampicò aggrappandosi ai jeans. Si accomodò sulle mie ginocchia. Fusa. E adesso dovrei accarezzarti?

«Come l'hai chiamato?»

«E perché avrei dovuto dargli un nome?» replicai seccata. «Ora me ne occupo ma prima di andarmene da qui cerco qualcuno a cui affidarlo. È talmente carino, non dovrebbe essere difficile...»

«Quando esci lo porti con te?»

«Neanche per sogno. Lo lascio in stanza. Ha il maglione. Ha la lettiera.»

«Non si lamenta?»

«Adelita ha detto che lo sente miagolare.»

«Portalo con te.»

«Anche il professore ha detto che gli dà fastidio sentire quel miagolio continuo. Non so che cosa farci.»

«Comincia a portarlo con te. Si abitua a starti addosso. Comincia fin da subito, come hai fatto con Marian.»

«Lui non è Marian.»

Fu un mattino mentre ero in spiaggia che squillò il cellulare. Mi stavo aggirando a caccia di Marian. Cavai il cellulare dalla tasca del vestito. Zia Esther, pensai. Ancora lei?

«Sono Pierre. Si ricorda di me?» Non mi avesse detto il nome, avrei subito riconosciuto la sua voce. «Pierre...»

«Pierre, chi?» chiesi. Odiosa.

«Quello del liuto.»

«Oh già, ci siamo visti anche nel suo negozio.» Fredda, stavo sulle mie. Mi venne in mente di non avergli mai dato il numero del mio cellulare. Sedetti all'ombra dei pini, in cima a una duna. Nella perfetta solitudine. Come aveva fatto a trovarmi?

«Mi sono ricordato che lei stava dallo psicanalista. Sono miei buoni conoscenti. È stata Silvy a darmi il suo numero.»

Silvy? Chissà perché gli ha dato il mio numero.

«E senta... adesso sono qui, a Saint-Pierre, stasera ci sarà un concerto. Sono qui per lavoro. Concerto per violino di Mozart. A lei piace Mozart, lo ricordo benissimo.» E con lievità: «Mi farebbe piacere se ci rivedessimo. Perché non viene insieme a Marian?». E aggiunse: «Non si ricorda? Nel mio negozio a Deauville, prima che lei se ne andasse, le ho messo un biglietto nella borsa, avevo scritto *ci rivedremo*. Non ricorda? L'ha trovato nella sua borsa?».

«No, non l'ho trovato» mentii. L'avevo trovato e buttato via.

«Fa niente...» disse lui «ma stasera viene al concerto?»

«Stasera sono impegnata» mentii ancora.

«Si disimpegni. Il concerto è solo stasera. Come sta Marian?»

«Benissimo... è qui con me a godersi la marea» mentii di nuovo.

«Allora la aspetto. Lei e la sua micia. Ora sul suo cellulare c'è il mio numero. Mi chiami. Sono in macchina, posso venirla a prendere.»

«Vediamo... grazie per l'invito» e interruppi la comunicazione. Più scostante di così non avrei potuto essere. Pierre. Uno che credeva che avessi ancora Marian con me.

Ce l'ho su con il mondo intero, pensai. Come se il

mondo intero, cioè tutti, mi avessero fatto una micidiale cattiveria personale facendo sparire Marian. Come se fosse colpa loro. Tutti contro di me?

Mi accorsi che faceva un gran caldo. Le cicale ci davano dentro come matte, nascoste tra i rami. Assordanti. Anche il sole era assordante. Assordante, accecante. Scesi correndo dalla duna, correndo raggiunsi il mare, mi liberai del vestitino di cotone, sotto avevo il costume da bagno. Entrai nell'acqua che mi parve gelida, mi tuffai. Cercavo qualcosa di più di un refrigerio. Molto di più. «Il refrigerio del cuore...» dissi emergendo; mi voltai sulla schiena, guardai il cielo senza nuvole, mi lasciai cullare distesa sulle onde, a braccia aperte. Ripensai alla telefonata di Pierre così sorprendente. Ma io non volevo farmi sorprendere. Forse, se non avessi perso Marian, mi avrebbe fatto piacere sentire la sua voce, accettare il suo invito. Forse.

Mi venne in mente a un tratto che non avevo mai consultato il bollettino delle maree che mi aveva dato il professore. Subito mi rigirai per adocchiare la spiaggia. Mi parve lontanissima. Mi parve che l'acqua, da sotto, protendesse verso di me lunghe viscide grinfie e mi trascinasse al largo. Cercai di non spaventarmi, nuotai con forza verso la riva, nuotai e nuotai e nuotai. Mi buttai infine sulla spiaggia, esausta. Stupida marea, rischi anche di farmi affogare.

Raccolsi il vestito e camminai avanti e indietro lungo la battigia, per calmarmi, per asciugarmi. Ripensai alla telefonata di Pierre. Non avevo voglia di rivederlo, si sarebbe subito accorto dell'assenza di Marian e sarei stata obbligata a raccontargli che era sparita. Sarebbe stato come ammettere una volta per tutte che non l'avrei rivista più.

Poi, d'un tratto, mi ricordai del bracco. Pascal. Ma certo, Pascal! Non era stato lui, il bracco, a Deauville, a trovare Marian in un attimo?

Tolsi il cellulare dalla tasca del vestito.

«Pierre? Sono ancora io... sono Eva.»

«Ha deciso di venire?»

«Be'... lei... lei è qui all'isola con il bracco?»

Sembrò molto sorpreso della domanda: «Certo, Pascal è qui con me...».

«Va bene,» dissi subito, mi sembrava già di avere di nuovo Marian in braccio a far le fusa «va bene... la richiamo verso sera. Insomma ci vediamo, la richiamo non tardi.»

Fantastico!

9

È bene prosternarsi nella polvere
quando si è commessa una colpa,
ma non è bene restarci.
(FRANCOIS-RENÉ DE CHATEAUBRIAND)

Con ben altro animo imboccai la Strada della Piccola Felicità. Pensavo non a Pierre ma al bracco. Ce ne andiamo in spiaggia e troverà Marian. Ne ero sicura... fu con felicità, per l'appunto, che percorsi quella strada, come la prima volta insieme a Marian.

Il mondo aveva ripreso i suoi colori, il frinire delle cicale divenne musica, il profumo di resina e di mirto e di salmastro mi inebriò. Fantastico che il bracco sia qui all'isola!

Con ben altro animo andai subito in cucina a preparare il biberon per il micio. Ma mentre disponevo sul tavolo il biberon, e l'uovo e la siringa, mi venne in mente che forse la marea aveva cancellato le orme di Marian.

Forse il bracco non sarebbe più stato in grado di rintracciarla.

Di colpo ripiombai nell'umor nero. Quando tolsi la panna dal frigo mi accorsi che il contenitore era ammaccato e quasi vuoto. Al massimo ancora mezzo cucchiaino. Neanche. Eppure ce n'era più di metà. Ne ero certissima. Mancava anche un po' di latte di capra.

Andai a cercare Adelita. La trovai nel prato a raccogliere tarassaco.

«Scusi, ma lei cucina con la panna?» dissi bella diretta. Non avevo mai visto panna nel frigo prima di metterci quella per il micio.

«Ma sei matta? Panna? Noi non mangiamo panna. Grassi animali nella nostra dieta mai.»

E la panna che hai ingoiato, al bar? Non lo dissi.

«Perché?» chiese china sul tarassaco.

«Impossibile che il micio apra il frigo per ciucciarsi la panna.»

«Non capisco...» continuava a star china sul tarassaco. Non mi mostrava il viso.

«Fa niente.» Me ne andai con la sensazione di star tirando fuori dalla mia indole i lati più fuligginosi, quelli che ti fanno accanire sugli altri per delle piccolezze... perché infierire contro la povera Adelita? Che cosa c'entrava lei con le mie paure? Con le mie inquietudini? Con questo dannatissimo senso di attesa che mi faceva in ogni momento tener d'occhio prato e cespugli e vialetto d'ingresso?

«Non mi piaccio» dissi al micio mentre gli davo il biberon seduta nella mia stanza. «Non mi piaccio per niente.» Lui succhiava frenetico e fremendo. Era tutto un sussultare, un gorgoglio e anche quando ebbe finito non voleva più staccarsi. Anche senza panna il biberon lo entusiasmava.

Gli massaggiai il pancino e intanto pensavo a quando avrei incontrato Pierre o meglio a quando saremmo andati in spiaggia con il bracco. Impossibile che un bracco non scovi delle tracce significative come quelle che aveva lasciato Marian.

Deposi il micio nel maglione che avevo poggiato per terra vicino alla sua lettiera. Poi lo misi nella lettiera. Arrancò un po' qua e là e si schiantò addormentato con il muso nella sabbia. Non si svegliò quando lo rimisi sul maglione. «Be', buonanotte allora» e me ne andai in giardino per la solita traduzione.

«Tutto bene il tuo micio?» chiese gentile Adelita. Forse voleva dire invece scusami per panna e latte...

«Tutto benissimo» risposi, come a dire non preoccuparti, posso capire.

«Perché non lo porti un po' fuori?»

«Fuori?»

«Magari gli piace, nell'erba, qui sotto gli alberi dove ho sistemato il tavolo si sta abbastanza freschi, può giocare... perché non lo porti qui?» Indicò Zaza che stramazzata dal caldo se ne stava sotto un cespuglio. «Noi il cane lo lasciamo sempre fuori.»

«Boh...» e cominciai a tradurre e lei a battere sui tasti. Mentre traducevo, alla truce figura di Stalin si sovrapponeva nella mia mente l'immagine della spiaggia, il bracco che corre avanti e indietro, che fiuta le tracce di Marian come aveva fatto a Deauville...

«Qualche problema?» Adelita mi stava guardando interrogativa. Non mi ero neppure accorta che aveva finito di scrivere quello che le avevo dettato mentre io mi perdevo nelle mie fantasticherie.

«Nessun problema.» Ripresi il lavoro.

Solo quando finimmo, quando Adelita versò sidro di mele freschissimo nei bicchieri, lì all'ombra e nella leggera brezza, mi venne in mente Ingrid. Appena Adelita rientrò in casa, presi il cellulare e provai a chiamarla. Telefono staccato. Allora le mandai un messaggio, questo: NON SO SE SARÒ ANCORA QUI QUANDO TI DEGNERAI DI FARTI FINALMENTE VIVA SONO COMUNQUE STUPEFATTA DI COME TI SIA FACILE MANDARE AL DIAVOLO LE PERSONE AMORI O AMICIZIE CHE SIANO e premetti subito il tasto di invio.

Avrei voluto scriverle anche: non credo di aver più voglia di vederti.

E in ogni caso, appena ritrovata Marian, sarei subito partita. Parto e me ne vado finalmente da zia Esther. Non sto certo qui ad attendere Ingrid. Fa niente se di quest'isola non ho visto proprio niente. E il certosino? Impossibile affidarlo a Adelita e al professore. Lo lascerebbero morire di fame. Dovrò cercare qualcuno che lo tenga. Chiederò a Margot.

Così ritelefonai a Pierre, come d'accordo. Gli chiesi se poteva venirmi a prendere. Mentre diceva che gli faceva piacere venirmi a prendere, pensavo che ce ne saremmo andati subito sulla spiaggia a cercare Marian e quindi, naturalmente, non sarei andata al concerto, dopo. Chissà, pensai ancora, chissà che reazioni avrà Marian quando vedrà il certosino sul suo maglione. Sorridevo tra me.

«Però non posso venire prima delle nove. Ho da fare con il violinista fino all'incirca a quell'ora. Il concerto inizia verso le dieci.»

Alle nove? Troppo tardi. Pierre avrà fretta di tornare per il concerto. Impossibile che mi lasci il bracco.

«Va bene. La aspetto» dissi. Gli chiederò di venire qui domani mattina. Farò così.

«Qualcosa non va? Ha cambiato tono... mi è sembrata delusa. Purtroppo non posso arrivare prima.»

Mi affrettai a dirgli che andava benissimo così, non volevo credesse che ero divorata dall'ansia di rivederlo.

«Alle nove allora» dissi cercando di sfoderare una voce qualsiasi. Quella che si usa con un qualsiasi conoscente. Ma aggiunsi anche un «grazie!» con la voce che si usa quando sai che chiederai a una persona un grosso favore.

Poi me ne tornai in spiaggia.

Al tramonto, dopo una doccia, infilai il vestito che mi aveva regalato zia Esther, di cotone leggero a fiori. Diedi al micio un altro biberon, questa volta senza panna, e lo risistemai sul maglione. Invece di rimanere lì a ronfare, mi seguì, me ne accorsi appena in tempo quando stavo per richiudere la porta rischiando di schiacciarlo. Lo raccolsi e lo rimisi sul maglione. Niente da fare: mi rincorse. Quando mi voltai dalla soglia verso di lui, si bloccò. Rimase seduto, con il musetto alzato, puntato verso di me.

In attesa. Vedendolo lì da solo, così piccolo, d'un tratto mi sentii travolgere da uno struggente senso di pena.

Mi avvicinai. Lo osservai dall'alto.

«Micio,» dissi con un sospiro «tu devi stare qui, non posso proprio occuparmi di te.»

Lo rimisi sul maglione e uscii in fretta.

Poi, in giardino, dissi a Adelita e al professore che la sera sarei andata al concerto a Saint-Pierre.

«Allora ti porti anche il gatto» disse il professore.

«Il micio a un concerto?» Scossi la testa: un bel no!

«Senti, ti portavi sempre appresso la tua gatta, ora ti porti anche questo. Quando non ci sei lo sentiamo miagolare, ma siccome è mattino cerchiamo di non badarci. Ma la sera no. La sera, avere noi qui un concerto di miagolii, proprio no.»

«Magari lo tieni tu...» mi rivolsi a Adelita.

Mi accorsi che stava per accettare ma il professore: «Non ti sognare, A-de-li-ta!» sillabando il suo nome.

Lei scosse la testa con l'aria di dirmi mi dispiace non posso proprio.

Come se la questione fosse chiusa, il professore: «Prima di uscire, a parte il gatto, prendi la pila che trovi nel cestino di vimini accanto alla porta» mi disse inespressivo come al solito. «Qui, come ti sarai accorta, non c'è luce elettrica al cancello o in giardino, ti serve la pila per percorrere il viottolo di casa. La porta di ingresso è sempre aperta, basta che la spingi per rientrare.»

Quasi le nove. Tornai in stanza e staccai dal gancio la borsa di tela di Marian. Un gesto di tristezza. Non la usavo da giorni ormai. Il micio mi gironzolava intorno ai piedi, dovevo stare attenta a non pestarlo. Lo raccolsi. Lo infilai nella borsa. Si aggrappò con le unghie e sporse il muso.

«Ehi,» gli dissi «non saltare fuori di lì.»

Misi la borsa a tracolla. Fusa assolutamente pazzesche. Non aveva nessuna intenzione di saltar fuori. Felice lì dove stava, addosso a me, a cuccia nella borsa. Mi resi conto in quel momento che, da quando si trovava con me, era rimasto sempre da solo nella stanza, a parte i momenti del biberon, a parte la notte quando si arrampicava sul mio letto. Così minuscolo... inerme.

«Per questa volta ti porto in giro» lo avvertii.

Uscendo raccolsi la pila dal cestino, vicino alla porta di ingresso, salutai Adelita e il professore che erano in giardino, seduti al tavolo, candele accese.

«Hai preso con te il certosino?»

«Preso.»

Alle nove in punto ero al cancello. La prima cosa che adocchiai non fu Pierre ma il bracco. Mi venne incontro scodinzolando, gli carezzai la testa, annusò la borsa, minuzioso. Il certosino non si mosse.

«Come va?» era Pierre. Mi era vicino. E subito: «Non mi ricordo se a Deauville ci davamo del tu o del lei, ma potremmo darci del tu...».

«Ma sì, certo» sorrisi, gli strinsi la mano, avevo un unico pensiero: acconsentirà a venire a cercare Marian sulla spiaggia? Lui e il bracco? Domani mattina presto?

«E Marian?» sorrideva guardandomi. Poi abbassò lo sguardo verso la borsa. Il certosino sporgeva il musetto.

«Ma quello...» disse sorpreso. Mi guardò: «E Marian?» ripeté ma con ben altro tono, come a dire dov'è finita Marian?

«Racconto tutto mentre andiamo a Saint-Pierre,» con un sospiro «non è facile da raccontare.»

«Allora?» Guidava adagio. Mi accorgevo che ogni tanto mi lanciava un'occhiata.

Gli dissi che avevo mentito dicendogli, in quella telefonata, che Marian era con me... era già sparita e gli raccontai quello che era successo, a mezza voce, come se fosse colpa mia. In effetti, mentre raccontavo, mi venne in mente che forse avevo fatto qualcosa di sbagliato con

Marian. Qualcosa che l'aveva spaventata o offesa e di cui non mi ero resa conto. Quando succede che ci piantano in asso può essere anche colpa nostra, o no?

E infatti Pierre: «Per caso è accaduto qualcosa, prima che se ne andasse? Non so... ti è successo di trascurarla? Di fare qualcosa che la spaventasse o la indispettisse? I gatti sono permalosi».

«Non mi pare...» Frugai nella memoria, cercai di ricostruire le ore prima della sua scomparsa e il giorno precedente «...no, direi proprio di no. E poi...» sbuffai, mi ero sentita accusare e ingiustamente «...e poi con Marian sono sempre stata dolcissima. Non avrei potuto fare diversamente perché per me è preziosa...» Ci mancava che mi mettessi a piangere.

«Qualcosa di inconsueto...»

«Be', sì...» riuscii a ingoiare le lacrime. «Sì, a parte la fuga dal tuo negozio...» Gli raccontai di quando si era infilata nel furgoncino di Alphonse... e via per l'Ile d'Oléron. E di quando si era arrampicata sulle ginocchia della bambina per raggomitolarsi addosso al certosino, durante quella festa in paese.

«Anche quando siamo arrivate qui... sembrava impaziente di andare in spiaggia. Era come... come se conoscesse già la strada. Era sconcertante.»

«Così in spiaggia non hai trovato lei ma il certosino.»

Annuii senza rispondere.

«Chissà...» disse Pierre dopo un momento. «Ha deciso di andarsene ma ti ha lasciato in dono il micino.»

«Oh, guarda...» mi ribellai «...è la terza volta che mi raccontano questa storia.»

«Non sarebbe male crederci.»

«Nel senso che dovrebbe servire a consolarmi?» Aggressiva.

«Non ti arrabbiare» disse e chissà perché il suo tono gentile mi irritò ancora di più.

«Eh sì che mi arrabbio... credi che non mi secchi di passare per una mezza isterica che dà i numeri se gli sparisce il gatto?»

«Se a me sparisse Pascal... altro che numeri» obiettò lui.

Sentendo il suo nome il bracco si agitò sul sedile posteriore e sporse il muso verso Pierre.

«Stai giù, cuccia» disse lui.

Era il crepuscolo. Dai finestrini aperti un profumo di terra umida, di resine, l'indimenticabile profumo dell'isola.

«Scusa,» dissi infine «mi sento proprio a terra. Anche se sì, è vero... confusamente penso che sia colpa mia se Marian è scappata.»

«Ahimè, i maledetti sensi di colpa...» disse lui con tono sorridente. «Come se non bastassero i colpi della vita, ci mancano i sensi di colpa per alleggerirci? Lascia perdere, Eva.»

Mi fece uno strano effetto sentirgli pronunciare il mio nome. Con quel tono in qualche modo intimo. Mi sorprese. Mi calmò.

«Domattina, se vuoi, con Pascal andiamo a cercarla in spiaggia. La cerchiamo di nuovo, vuoi?»

Voltai la testa verso di lui. Ero meravigliata. Non c'era stato bisogno di chiederglielo. Intravedevo nell'oscurità la linea del suo profilo aquilino.

«Davvero?»

«Davvero. Andiamo prestissimo, così non c'è gente.»

«Grazie, sai...» ma non mi bastava ringraziarlo, volevo essere sincera «...sai, non avevo voglia di venire al concerto, di... ma sì, di rivederti. Poi mi è venuto in mente il tuo cane, è per quello che ti ho telefonato.»

«Era facile da capire,» si mise a ridere «quando mi hai raccontato che Marian è sparita mi è venuta in mente la tua telefonata... mi avevi chiesto se avevo il bracco con me.»

«È perché l'aveva già trovata la prima volta...» mi giustificai.

«Magari la trova una seconda volta» disse lui. «Ecco, siamo arrivati, parcheggio qui.»

«Tu lasci in macchina il bracco?»

«Neanche per sogno, lo porto con me. Tu porti con te il micino.»

Ci avviammo tra la folla, lui con Pascal al lato, io con il certosino. Stava tranquillo. Sbirciai nella borsa. Dormiva. Sembrava Marian, così minuscolo, Marian nei primissimi tempi.

«Ma non è Marian...» Non mi accorsi di aver parlato ad alta voce.

Pierre si fermò. Eravamo quasi arrivati in piazza.

«Aspetta un momento, c'è una cosa che voglio dirti.»

Era di fronte a me.

«Può anche essere che non ritroviamo Marian. Mi ha colpito quando mi hai raccontato di quella festa in piazza, non mi ha colpito la festa ovviamente... ma che Marian ti abbia in un certo senso condotta da quella bambina che aveva un certosino. Poi trovi un certosino dove speri di trovare lei... proprio un certosino. Può essere un caso, o forse no. Non sono uno fissato con messaggi paranormali o cose del genere. Ma perché non crederci?»

«Non so...»

«Che ne pensi?» insisteva.

Non riuscivo a rispondergli.

«Andiamo adesso. Ti ho tenuto un posto in prima fila, al concerto. È in piazza. Sono impegnato con gli strumentisti e ti verrò a prendere alla fine. D'accordo?»

Rimanevo lì impalata a guardare a terra, la folla ci scorreva ai lati.

«Che cosa c'è adesso?» disse sottovoce, con gentilezza.

Scossi la testa.

«Fazzoletto?» Me ne porse uno di carta.

Lo presi. «Che idiota a piangere, scusa» mormorai.

Arrivammo in piazza. Mi accompagnò al mio posto, in prima fila. Prima di lasciarmi si chinò su di me, già seduta con il certosino in grembo; aveva voluto uscire dalla borsa e se ne stava lì, beato, sotto la mia mano.

«Grazie di tutto.» Alzai lo sguardo verso di lui.

«È una buona orchestra, sentirai.» Il viso scarno era illuminato dal sorriso. «A dopo.» Mi appoggiò la mano sulla spalla, per un brevissimo momento.

«A dopo.»

Mozart, concerto per violino numero 4. L'avevo sentito tante volte, mio padre era appassionato di musica, ci portava spesso ai concerti. Prediligeva Mozart. Ma tra le molte volte di questo concerto, fu una sola a tornarmi all'improvviso alla memoria. Mi rividi una sera, non ero a Londra, ma nel Kent, George aveva voluto invitarmi a un concerto che si teneva in una chiesa, dalle parti di Rye mi pare. Ero con Marian. George parcheggiò poco distante dalla chiesa, era un tardo pomeriggio estivo, c'era vento tra gli alberi che circondavano la chiesa.

«Una chiesa antica... sapevo che ti sarebbe piaciuta» mi aveva detto appena scendemmo dalla macchina.

Ero felice in quel momento. Assolutamente felice.

«Bella, vero?» Mi aveva messo un braccio intorno alle spalle. «Andiamo?»

Subito si bloccò: «Ehi, non vorrai portare con te il gatto». Avevo la solita borsa a tracolla e nella borsa, al solito, Marian.

«Ma certo... la porto sempre con me. Sta tranquilla, vedrai. È abituata. Non la lascio in macchina.»

«In chiesa con il gatto, no!»

«Non posso fare diversamente...» cercavo di difendermi.

«Non succederà nulla se per una volta lo lasci in macchina. Il concerto non dura in eterno.»

«Non posso, davvero non posso.»
«Non vorrai lasciarmi entrare da solo!»
«Ascolterò il concerto da fuori. Mi siedo su quella panca con Marian. Ti aspetto fuori.» Ormai ero implorante. «Non posso lasciarla chiusa in macchina da sola.»
«Non capisci che voglio sentire Mozart tenendo la tua mano tra le mie? Non lo capisci proprio? È questo che sognavo venendo qui...»
C'erano stati solo baci tra noi due. Da quando lo avevo conosciuto non facevo che pensare a lui. E ora era lì e mi implorava. Ero troppo innamorata per capire che in quel momento aveva ingaggiato con me una lotta di potere. Voleva essere il più forte.
«Non deludermi... non posso pensare che preferisci il gatto a me.» Parlavamo sottovoce, varie persone ci passavano vicino per entrare nella chiesa. «Non deludermi, tesoro.»
Così ero tornata alla macchina. George aveva aperto la portiera. Avevo messo Marian sul sedile anteriore. Lei aveva cercato di sgattaiolare giù per tornarmi vicino. George l'aveva respinta e aveva richiuso la portiera con un tonfo secco. Mi aveva preso la mano e via quasi di corsa verso la chiesa, e mi sentivo nelle orecchie il richiamo di Marian. Miagolio di richiamo. O meglio di aiuto, un miagolio che non aveva mai miagolato prima, o meglio solo una volta, quando l'avevo salvata dalle acque del Tamigi dove era stata gettata, chiusa in una scatola.
Eppure non tornai indietro. Non potevo. Non riuscivo.
Per tutto il concerto George mi tenne la mano. Ogni tanto si rigirava verso di me e mi sorrideva. Ricordo quel sorriso, il sorriso del vincitore, ma allora mi era sembrato il sorriso di chi ama. Non ricordo una nota di quel concerto, continuavo a pensare a Marian.
Quando uscimmo dalla chiesa ci accolse il quieto frusciare del vento tra le fronde.

«Visto?» mi disse George; tornavamo verso la macchina, mi teneva il braccio intorno alle spalle. «Marian non si lamenta, si è addormentata... sei troppo ansiosa con quel gatto.» Ma io mi domandavo: e se fosse scappata? Se fosse riuscita a uscire dalla macchina e non la vedo più?

Non era fuggita. Doveva aver sentito i nostri passi, quando fummo vicini udii di nuovo quel miagolio disperato. Aprii la portiera. Era appiattita sul sedile, mi fissava dal basso con occhi sbarrati, disperati, non miagolava, urlava. Era terrorizzata. Del tutto terrorizzata. Tentai di prenderla subito in braccio, si ritrasse come fossi un'estranea, il pelo arruffato, le orecchie appiattite. Si fermarono alcune persone, qualcuno disse: «Non si chiudono gli animali nell'auto e li si lasciano lì, è da incivili». Infine riuscii a raccoglierla e a stringerla al petto, come facevo sempre. Gemeva nascondendo il muso tra il mio collo e la spalla. Gemeva.

«Non è abituata a restare senza di me...» balbettai. E George: «Dovrà abituarsi, ti porterò in tanti posti.» Risuonava nelle sue parole la promessa di un futuro insieme.

Ma quella fu l'unica volta in cui mi separai da Marian. L'unica.

Ora, nella piazza di Saint-Pierre, seduta in prima fila, sotto tutte quelle stelle, ripensavo a quella volta... come avevo potuto?

Mi sentii sfiorare il gomito. La signora seduta accanto a me mi scrutava con occhi splendenti.

«Anche lei piange, vedo...» mormorò «...anch'io, sa, questo concerto commuove sempre anche me» e si portava agli occhi un fazzolettino. «Che musica! Che genio Mozart!»

Qualcuno ci zittì. Io mi asciugavo le lacrime. La signora anche. Il certosino dormiva sulle mie ginocchia, sotto la mia mano. Non si svegliò neppure con gli applausi.

«Ti è piaciuto?» Pierre era vicino a me.

«Certo che le è piaciuto,» la signora che avevo accanto si sporgeva verso di lui «le è tanto piaciuto... non ha fatto che piangere.»

Lo seguii in un ristorante all'aperto, sotto gli alberi. Si sentiva il mare. Sul tavolo, il solito apparato: candela al centro tra me e Pierre, due rose in un vaso di cristallo.

«Come va adesso?» Pose una mano sulla mia, subito la ritrasse. «Vino bianco ghiacciato?»

«Scusa un attimo.» Mi aveva colpito il suo sguardo, mi osservava... Mi alzai in fretta. «Vengo subito,» poi «tieni tu il micio per favore». Lo accolse con un gesto sensibile. Un attimo dopo ero davanti allo specchio della toilette. Era come pensavo: faccia disastrosa. Il ricordo di quella volta a Rye era stato una mazzata. Marian chiusa in auto per un'ora e mezzo... Mi lavai la faccia, tamponai gli occhi con l'acqua fredda, fortuna che non ero truccata, sarebbe stato ancora peggio.

Mi pettinai. Raccolsi i capelli in un nodo sulla nuca. Andava meglio.

«Eccomi.» Ero di nuovo di fronte a Pierre. «Più presentabile» mi sforzavo di scherzare.

«Del tutto presentabile» sorrideva. Niente di ironico. Niente di compassionevole. Sorrideva come uno che ti sta osservando con calma.

«Il certosino?» Subito ansiosa. Mi guardai intorno.

«È qui con me. Sembra a suo agio. Lo vuoi?»

«Tienilo pure tu...»

«È una creaturina incantevole. Un bellissimo certosino.»

«Ma sì... lo è.»

Mi porse il menu. Gli chiesi di scegliere quello che voleva, anche per me. Non riuscivo a staccare la mente dal pesante ricordo di Marian a Rye. Non era George che ricordavo. Era lei. Era il mio comportamento di cui ora non riuscivo a capacitarmi. Continuavo a pensare al modo in cui George l'aveva rinchiusa nella macchina. E come mi aveva guardato, Marian, e come aveva pianto quando ero tornata... e non voleva farsi prendere.

«Se ti fa piacere raccontarmi, ti ascolto.» La voce di Pierre mi strappò a quel ricordo.

Alzai gli occhi dal piatto: «Che cosa?».

«Sei assorta su un pensiero...»

«Scusami.» Mi avevano insegnato che quando si è a tavola con altri si è conviviali.

«Smettila di scusarti... non ne hai bisogno» mi assicurò. «Davvero. Non vogliamo essere formali, credo.»

«È che ripenso a una cosa, qualcosa che ho fatto, mi è venuta in mente durante il concerto e non me la perdono» e subito, come se non riuscissi più a tenermi dentro quel disastro che avevo combinato, non potei fare a meno di vuotare il sacco, come diceva Geoffrey, neanche fossi davanti a un amico e non sotto lo sguardo di qualcuno che quasi non conoscevo.

Gli raccontai di quel pomeriggio e di quello che avevo combinato a Marian, e che avevo agito in quel modo perché ero cotta di George e non capivo più niente vicino a lui... Scodellai tutta la dolorosa vicenda che si riversò sul tavolo, sull'insalata di mare e sul pesce alla griglia, nel vino bianco, nello sformato di verdure. Un fiume di parole inarrestabili. Non piansi, almeno questo.

Certe volte ci si vergogna talmente di se stessi che non si riesce neanche a frignarci su.

«Bella storia, vero?» conclusi con amarezza. Lo guardai. Non mi importava che mi giudicasse male, dopo quello che gli avevo raccontato. Aveva tutte le sante ragioni di giudicarmi male. Me lo meritavo.

«Nella vita si fanno delle cose inammissibili» disse lui. Mi osservava attento. «Non sei l'unica a cui succede.»

«Non mi consola sapere che siamo legioni a fregarcene

degli altri, anche se gli altri sono un gatto.» Bevvi un sorso di vino. Profumato, secco, ghiacciato. Avevo la gola riarsa come se raccontando quella brutta storia avessi ingoiato pietra pomice. «Non mi consola proprio. Anzi.»

«La cosa incredibile è che certe volte quando si è in preda a un forte sentimento, quando ci si sente trascinati verso qualcosa che ci sta follemente a cuore, si combinano un sacco di guai.» Disse proprio *follemente.* Non mi chiese di George, non mi chiese com'era andata a finire con lui. Gliene fui grata.

«Io ho tradito Marian quel giorno...» dissi sottovoce; mi ero accorta che la coppia vicino a noi aveva rizzato le orecchie, faceva orecchie pelose, come diceva Ingrid.

«In un certo senso sì, l'hai tradita» ammise lui, anche lui sottovoce; ci scambiavamo parole come fossero segreti.

«E non mi perdono di aver tollerato quel gesto quasi violento con cui George l'ha respinta in macchina perché non ne uscisse, l'ha spinta dentro e le ha sbattuto la portiera sul muso.»

Mi protesi verso di lui, volevo buttar fuori tutto il veleno di quella vicenda, anche il peggio: «Lui ha sbattuto la portiera e io? Niente. Immobile. Attraverso il finestrino vedevo Marian che piangeva. Mi invocava. Io niente. Giro le spalle e la pianto in asso.» Era brutto da dire. Bruttissimo.

«E poi... è come se un'azione del genere mi abbia ammaccato l'anima. Mi sento dentro una macchia indelebile color fuliggine. Qualcosa di sporco che mi porterò addosso... vero?»

«L'importante è accorgersene di queste macchie di fuliggine, come le chiami tu.»

La coppia del tavolo accanto cercava di non perdersi una parola.

«Possibile che Marian se ne sia andata per questo?» chiesi angosciata. Era passato tanto di quel tempo...

«Mi permetto, per vostra informazione...» Pierre si rivolse all'improvviso alla coppia del tavolo accanto «...mi permetto di specificare che Marian è un gatto.»

Rimasero pietrificati. Come due che vengono colti con le dita nella marmellata altrui.

«Un gatto. Forse non avevate capito che si tratta di un gatto» disse ancora Pierre.

«No, mi scusi, noi non volevamo, del resto abbiamo finito» borbottò l'uomo, si alzarono e se ne andarono. Li seguii con lo sguardo.

«Avranno pensato che Marian è mia figlia, una bambina...»

«C'è gente che fa cose del genere anche con i bambini. Posso dire soprattutto con i bambini? Con gli esseri inermi, comunque, con chi non si può ribellare.»

«Marian era inerme. Non poteva ribellarsi. E pensa che questo ricordo l'ho cancellato per anni, come se non fosse accaduto. Anche questo è terribile. Compio un'azione ignobile e poi me la dimentico. Come se niente fosse. Neanche un graffio sulla mia coscienza...»

«Questo non è vero. Mi sembra che adesso che sai come sono andate le cose tu ci stia veramente male.»

«Già... solo perché lei non c'è più? Me la sarei ricordata quella storia se fosse ancora qui con me?» E questo lo dissi con immensa amarezza. «Eppure ho continuato a blaterare per anni quanto sono legata a lei e bla bla bla... terribile.»

Lui non disse niente. Si era fatto davvero molto serio.

«E se invece lei se ne fosse ricordata?» proseguii. «Se si fosse giustamente legata al dito... no, alla zampa, quello che le avevo fatto e infine...»

«Impossibile saperlo» obiettò lui, mi parve con una certa durezza, forse ne aveva abbastanza delle mie lagne. Così chiusi il becco.

Rimanemmo a lungo in silenzio.

«Allora domattina mi trovo al tuo cancello» disse infine lui. «Prestissimo, dimmi tu l'ora. Torniamo in spiaggia con il bracco.»

«Sì...» Gli sorrisi con gratitudine.

«Andiamo allora.»

Quando stavamo per salire in macchina mi venne in mente che per il biberon del certosino non avevo niente in casa. Non latte di capra, non panna e neanche uovo. Niente. Solo un po' di polvere di fermenti lattici. Ed era l'ora della pappa, il certosino si stava agitando e protestava.

«Pierre, c'è un problema.»

«Dimmi» disse con gentilezza. Uomo dalla pazienza infinita?

Ebbe lui l'idea di andare a casa di Roland, era ormai tardi e i negozi erano chiusi.

«Ah sei tu...» Fu Margot a sporgersi dal balcone quando suonammo il campanello. Era in camicia da notte.

«Il certosino... a casa non ho più niente...» Come avevo potuto dimenticarmene?

«Mi cambio in un attimo... salite.»

«Può salire anche il cane?» chiese Pierre. Teneva Pascal per il collare.

«Certo che sì.»

In cucina non smettevo di scusarmi, lei si era infilata un vestito e anche Roland, entrambi sorridenti, come fossero divertiti da quella irruzione notturna. Margot preparò il biberon, aveva sempre tutto l'occorrente in casa e intanto mi diceva di smettere di scusarmi, che l'ora della pappa era già passata e non si poteva far aspettare il gattino.

«Fino a oggi sono sempre stata puntuale.»

«Ma dai, può succedere, non stare a giustificarti.» Margot rideva, e «Tieni», mi mise in mano il biberon. «Sei tu la mamma.»

Sedetti, lo appoggiai sulle ginocchia sotto gli occhi di Pierre, Margot e Roland. E anche del bracco che teneva d'occhio il biberon. Il gattino si mise a ciucciare, tra mille squittii e gorgoglii e sussulti, occhi persi nel vuoto, zampe sul biberon come se avesse paura che glielo portassi via. Pierre sorrideva e diceva: «È proprio incantevole».

«Sì, è bellissimo» disse Margot. «Guarda che colore, un grigio caldo, stupendo.»

«Un bicchiere di vino bianco bello freddo?» Roland tolse una bottiglia dal frigo.

«Volentieri.» Pierre si alzò. Io scossi la testa, avevo bevuto anche troppo durante la cena. Anche Margot rifiutò. I due uomini brindarono e si misero a parlare di non so quale squadra di calcio che aveva clamorosamente perso una partita. Mi accorsi che Margot teneva d'occhio Pierre, mi parve con ammirazione, poi mi lanciava rapide occhiate interrogative.

Appena i due, con i bicchieri in mano, se ne andarono chiacchierando sul balcone: «E lui?» sottovoce, maliziosa. «Il tuo uomo?»

«Solo un conoscente...»

«Molto simpatico. Un grande fascino,» sempre con quel tono malizioso «non me lo farei scappare se fossi in te.»

«Ma che cosa dici...» bisbigliai «...e poi è sposato.»

«Non porta la fede.»

«Ah sì? Non ci ho badato.»

«Perché non la porta se è sposato? Vuoi vedere che è separato?»

«È la seconda volta che lo incontro. No, anzi... la terza. La prima volta ha detto subito che è sposato e ama la moglie.»

«Non si direbbe da come ti guardava...»

«Non mi guarda in nessun modo. È solo una persona gentile.» Misi il biberon sul tavolo e accomodai il gattino pancia all'aria. Lo massaggiai e intanto: «Domani mi aiuta a cercare Marian. Sai, con il cane... il cane conosce Marian, l'ha già vista».

«Se è vero che è sposato e ama sua moglie allora... alla larga!»

«Puoi giurarci.»

«Però ti guarda... eccome se ti guarda.» Si alzò e andò a lavare il biberon nell'acquaio.

Voltai la testa verso il balcone. Pierre e Roland si erano seduti sulla panchetta. Chiacchieravano animatamente. La luce della cucina spioveva sul viso di Pierre. Così lo guardai, lo guardai per la prima volta da quando lo avevo rivisto. Era proprio quello che si dice un bell'uomo, uno di quelli che saranno belli anche da vecchi, non tanto per i lineamenti che gli disegnavano il viso scarno, ma per il suo atteggiamento che rivelava un'energia interiore fuori dal comune.

«Delicato e appassionato...» sussurrò Margot tornandomi vicino, e rideva. «Quello è uno che rimane in piedi anche nella peggior bufera, te lo dico io. Peccato che sia sposato, ti ci vedo con uno così.»

«Ma smettila...» Ridevo anch'io, come per uno scherzo.

«Che cosa fa di mestiere?»

«Il liutaio.»

«Uno che costruisce violini e cose così?»

«Esatto».

«Oh, allora...» esclamò con una nota di trionfo nella voce, come se quella professione fosse un attendibile indicatore di qualità eccelse. Poi si chinò su di me: «Posso dirti una cosa?».

«Come no...»

«Guarda che il lato più affascinante di un uomo, il lato più virile, è la generosità. Non so dove l'ho letto, ma penso che sia vero.»

«La generosità?» Non capivo.

«La generosità di sé, generosità di sentimenti, di sentire, generosità d'animo... è questo il lato più virile di un uomo. Capisci adesso? Io penso che...»

Cambiò discorso, Pierre e Roland stavano rientrando.

Il gattino si addormentò nella sua borsa, Pierre prese il pacchetto con l'occorrente per il biberon. Seguirono abbracci, strette di mano, promesse di rivederci presto.

In macchina, Pierre e io rimanemmo silenziosi. Un silenzio che non pesava, che nessuno dei due aveva voglia di rompere. Un silenzio accogliente.

Arrivammo davanti al cancello; quando scendemmo dalla macchina, cercai la pila.

«Accidenti... non la trovo.»

«Eccola. Era caduta per terra, in macchina.» Mi porse la pila.

Il cielo stellato schiariva l'oscurità. Il buio si addensava nel folto. Grilli, qualche cane che abbaiava lontano, la civetta.

«A domani allora» disse Pierre e aprì il cancello per farmi passare. Lo richiuse dietro di me. Accesi la pila.

«Dormi serena se riesci.» Si era appoggiato con i gomiti al cancello chiuso che ci divideva. Io di qua e lui di là. Tenevo la pila girata verso il basso. Un cono di luce illuminava l'erba.

«Devi dare un nome al certosino.»

«Buonanotte, Pierre. Ti sono davvero grata» dissi per tutta risposta. Dare un nome al certosino? No, non era proprio nei miei pensieri.

Mi avviai. Quando arrivai in fondo al viottolo, prima di svoltare in giardino mi girai. Era ancora lì, appoggiato al cancello, intravedevo la sua sagoma scura contro il basso orizzonte stellato.

La sua immagine, così nitida e definitiva, ritagliata nel lucore di quella notte estiva – lui e il cane oltre il cancello – mi si impresse nella mente con la potenza di una fotografia. Ci sono immagini, nella nostra memoria, simili a un archivio fotografico, rimangono immutate e incorruttibili, connotano certi nostri incontri. La nostra vita. Quell'immagine andò a disporsi accanto a quell'altra che già avevo di lui – l'uomo e il cane sulla spiaggia deserta di Deauville e sotto la pioggia. Le due fotografie di Pierre che conservo nella memoria.

Per un momento rimasi a guardarlo. Lo vidi alzare una mano in un cenno di saluto.

«A domani» lo sentii dire.

10

Quando un gatto certosino
entra nella tua vita
puoi dire una sola parola:
finalmente!

(MIA NONNA OLGA POLANSKI)

«Strada della Piccola Felicità.» Pierre osservava la targa. «A chi sarà venuto in mente di chiamarla così?» Si voltò verso di me. «È un nome incredibile, uno si domanda che cosa lo aspetti quando imbocca una strada così...» Non terminò la frase, sorrise tra sé, poi di nuovo naso all'aria a contemplare quelle parole, pensieroso.

Non vedevo l'ora di essere in spiaggia.

Era davvero presto, quel mattino. Poco dopo le sei. Lo strano è che Pierre e io non ci siamo messi d'accordo sull'ora, la sera precedente, abbiamo solo detto *prestissimo*, ma quando ero uscita di casa verso le sei, lo avevo già trovato al cancello. Sembrava che non se ne fosse andato dalla sera precedente. Ma ora non indossava il suo elegante abito scuro. Ora camicia e jeans.

Appena mi avvicinai sorrise. «E porti con te il certosino...» Sembrava che la cosa lo rallegrasse.

«Per forza. Quando non ci sono miagola e i padroni di casa qui si sono lamentati.» Il bracco mi scodinzolava intorno, il certosino se ne stava zitto e buono in fondo alla borsa.

«Dormito?» Pierre aprì il cancello per farmi uscire. Mi piantò gli occhi in faccia. «Va meglio di ieri...» Continuava a sorridere, con l'aria di chi vuol scambiare due chiacchiere. Ma io non ero in vena.

«Come facciamo a far capire al cane che cerchiamo Marian? Ho portato il maglione su cui lei spesso dormiva.» Il vecchio maglione che per Marian è casa. «Serve? Però ci ha già dormito su anche il gattino.»

«Può servire.»

L'aria era fresca, i colori puliti, come fossero stati lavati e stirati, forse la notte aveva piovuto, gocce iridescenti scivolavano lungo le foglie. Le rose d'Oléron sui loro lunghi e arruffati steli ondeggiavano verso il cielo. Il bracco correva avanti e indietro con il naso appiccicato al suolo. Fiutava tracce di Marian?

Ci inoltrammo fra gli alberi, l'aria si scurì e si fece ancora più fresca. Nel folto gli uccelli canori si davano un gran daffare.

«Senti come se la cinguettano...» disse Pierre «...sono entusiasti che ci sia un altro giorno, e che giorno!» Alzò lo sguardo alle fronde tra le quali si intravedevano macchie di cielo. Poi mi guardò: «Assorta?».

«E se non la troviamo?» Cercavo di nascondere l'ansia.

«Se non la troviamo?»

«Noi ci proviamo, Eva.» Pronunciava il mio nome in modo curioso. Chiamò il bracco che arrivò al galoppo, si accucciò di fronte a lui, lo fissò in attesa. Pierre gli mise il maglione davanti al muso. Pascal lo fiutò rumorosamente. Affondava il naso qua e là.

«Vai» comandò Pierre. E quello partì rapido, naso al suolo. Noi dietro. La spiaggia oltre le dune ci si spalancò davanti sterminata. Nessuno, a parte i gabbiani. Pierre si arrestò. «Che meraviglia,» mormorò guardandosi intorno «che meraviglia.» Io tenevo d'occhio Pascal che continuava ad andare avanti e indietro, compiendo però sempre lo stesso tragitto, come se volesse assicurarsi della direzione. Uggiolava.

«Perché fa così?» Affannata per l'agitazione.

«Tracce... guarda, forse ha trovato qualcosa.»

Pascal si era fermato e fiutava intorno. Quando gli fui

vicino riconobbi il punto in cui per l'ultima volta avevo visto Marian.

«Eravamo proprio qui quando è sparita...»

«Sicura?»

«Sono sicura che eravamo qui, ci sono tornata tante volte, è qui perché guardando oltre le dune c'è quell'albero con la punta mozza... mi sono orientata così tutte le volte in cui sono tornata in spiaggia a cercare Marian.»

«Strano,» si chinò per carezzare il cane che rimaneva immobile, muso sulla sabbia «strano... la marea è arrivata fino a qui, vedi che ha lasciato queste pozze d'acqua tutto intorno? Non mi sembra possibile che Pascal riesca a individuare ancora un particolare odore...»

Sentii il certosino agitarsi. Con una certa insofferenza mi liberai della borsa a tracolla e la appoggiai a terra per farlo uscire, che si arrangiasse un po', io ora non avevo proprio l'animo per occuparmi di lui. Ora no.

«E tu l'hai trovato qui?» Pierre si era accoccolato sui talloni, carezzava il gattino che dopo qualche passo più o meno incerto si era seduto e alzava il muso verso di me. «È proprio adorabile...»

«Lo è, ma io sono qui per Marian» sbottai secca.

Lui, dal basso, mi scoccò un'occhiata un po' sorpreso. Non disse niente. Mi affrettai a scusarmi: «Non vorrei usare questo tono ma sono agitatissima».

Si tirò su, teneva il certosino raccolto in una mano. Lo appoggiava al petto, un po' come facevo io con Marian.

In quel momento pensai a Ingrid. Avrei ardentemente voluto che fosse con me. Avevo cercato ancora inutilmente di telefonarle, le avevo mandato messaggi a cui non aveva dato risposta. Avevo anche telefonato a Marco, si era messo a piangere al telefono, diceva che aveva soltanto ricevuto dei messaggi da lei, sul cellulare, gli scriveva di non preoccuparsi, come se uno che è abbandonato, diceva, non potesse preoccuparsi e anche piangere.

Giusto, pensai.

«Ma di Marian non mi preoccupo,» dissi «sono sicura che non le è accaduto niente di male, se n'è semplicemente andata...»

«Il certosino l'hai trovato qui, in questo punto?» chiese di nuovo Pierre. Ebbi l'impressione che cominciasse ad averne abbastanza di tutta questa faccenda.

«Senti, se vuoi posso continuare da sola a cercare Marian.»

«Non farti problemi...» e indicò il bracco «...sta lavorando.» Pascal continuava ad annusare la sabbia tutto intorno alle pozze.

«Il certosino l'ho trovato oltre le dune in un cespuglio, ma c'erano le orme di Marian che...»

Mi interruppi. Pascal, naso a terra, si stava dirigendo proprio verso le dune.

Lo seguimmo. Ci arrampicammo, scendemmo dall'altra parte, ci inoltrammo tra alberi e cespugli.

«Fai attenzione a quelle spine...» mi avvertì Pierre, ma non gli badai, tenevo gli occhi puntati su Pascal. Si fermò proprio davanti al cespuglio dove avevo trovato il certosino. Subito mi buttai in ginocchio e frugai con lo sguardo lì sotto, il cuore sembrava mi spaccasse il petto.

«Non c'è...» dissi dopo un lungo momento. Sedetti di lato al cespuglio. «Non è qui.»

«Vai, Pascal, vai» lo incitò Pierre. Il cane riprese a fiutare tutto in giro, poi si diresse verso il folto. Noi due dietro, scostando cespugli, inciampando nelle radici, aggirando grovigli di vegetazione, avanti e avanti nella pineta, poi sopra le dune e in spiaggia, poi di nuovo nel folto. Imboccammo un sentiero. Pascal ci faceva da guida, continuava a trotterellare naso al suolo, ogni tanto si fermava e si voltava in attesa, guardandoci come per dire ci muoviamo?

Si fermò infine davanti a una casa, lunga e bassa, i muri

bianchi occhieggiavano tra rampicanti, buganvillee e edera. Pascal si accucciò davanti al cancello, appoggiò il muso sulle zampe anteriori distese. Come a dire siamo arrivati.

«È qui dentro...» strinsi il braccio di Pierre «...qui, vai tu, vai dentro, chiedi tu...»

«È ancora molto presto.»

Sì, era presto, il sole stava appena indorando le vette degli alberi. Ma le finestre erano spalancate, e dalle finestre giungevano delle voci, una voce d'uomo, una voce di bambino. Le sentivamo distintamente nella grande quiete del luogo.

Sedetti nell'erba. La notte non avevo quasi dormito. Pierre in piedi, appoggiato al cancello, teneva il certosino sul petto. Sporgeva il musetto dal cavo della sua mano. Si guardava intorno. Notai i grandi occhi dorati. Attenti, curiosi. Incontrai il suo sguardo.

Ci fissammo per un lungo momento, io e il certosino. Fui io per prima a distogliere lo sguardo.

In quel momento dalle finestre ci arrivarono le note di un pianoforte. Qualcuno stava suonando Chopin. Era sorprendente ascoltare Chopin nella fresca mattina, poco dopo l'alba, tra tutto quel verde e le rose d'Oléron. Di Chopin era l'Opera 66, *Improvviso fantasia*. Seguivo ogni nota. Il pianista se la cavava piuttosto bene.

«Che cos'hai?» Pierre mi stava fissando.

«Cioè?»

«Hai cambiato faccia... sembra che tu stia per piangere.»

Scossi le spalle senza rispondere. Chopin, pensai... l'amato Chopin. Mi faceva male sentire Chopin. Troppo legato a un certo ricordo che non voglio ricordare.

«È per la musica,» dissi senza guardarlo «Chopin, sai... suonavo il pianoforte, l'ho suonato per anni e...»

«Guarda il gattino» mi interruppe Pierre e sedette vicino a me. «Guardalo!»

Il certosino si agitava, voleva sfuggire alla mano che lo accoglieva. Pierre lo lasciò libero. Balzò nell'erba, iniziò a rotolarsi, a contorcersi e stiracchiarsi e a rivoltarsi, in un gioco che sembrava farlo felice, breve corsetta di qua e di là poi di nuovo a rotolarsi poi a saltellare, non dico a tempo con la musica, ma sopraffatto dalla musica a quanto sembrava.

«Ma guardalo...» Pierre era estasiato.

Chi suonava commise un errore, poi un altro. La musica si interruppe del tutto. Il gattino si fermò all'istante, rimase immobile nell'erba. Affannato.

«Che cosa stava facendo? Balla solo se sente Chopin?»

La musica riprese nel punto in cui si era interrotta. Subito il certosino saltò su e tornò a danzare. Altre due note sbagliate. Silenzio. Il gattino di nuovo fermo immobile. La musica riprese.

«Guarda... si mette a ballare di nuovo... ma è pazzesco.» Pierre era alle stelle, anche il bracco si era messo a osservare le esibizioni del micio e muoveva la coda. «È pazzesco l'effetto che gli fa la musica... o è Chopin?»

Sì, era Chopin che lo faceva danzare. Perché il pianista si interruppe in un passaggio notevolmente arduo e dopo un momento riprese a suonare, ma questa volta era Schubert. E il certosino non si mosse, rimase steso nell'erba, con il fiato grosso. Poi venne a balzi verso di me e mi piombò in grembo.

«Schubert non lo fa danzare... solo Chopin! Non ho mai visto uno spettacolo del genere.»

Il certosino faceva le fusa, mi guardava, si strofinava contro di me, mi leccava la mano.

«Ti fa la corte,» disse Pierre «ti vuole conquistare.»

«Sì, ma siccome in casa adesso sono svegli potremmo chiedere di Marian...»

Ci accolsero con grande gentilezza. Un padre e un figlio sui dodici anni, dall'aria compunta. Ci ritrovammo in una grande stanza, il pianoforte era poco lontano dalle finestre aperte. Ci dissero che sì, alcuni giorni prima c'era stato un gatto a chiazze bianche e nere che era passato per casa, gli avevano dato da mangiare, ma dopo alcune ore se n'era andato e non era più tornato.

«Da che parte è andato?» chiesi ingenuamente.

«Come faccio a saperlo?» Il padre scuoteva la testa. «È uscito in fretta, come se avesse un impegno...» sorrideva «...quasi di corsa. Era seduto lì ai piedi di quella sedia, lì dove il vostro cane sta annusando, poi a un tratto si è alzato e se n'è andato.»

«È una gatta. La mia gatta» dissi.

«L'hai persa tu, allora...» Il ragazzino mi guardava con aria di riprovazione.

«Non l'ho persa. Se n'è semplicemente andata.»

«Allora vuol dire che si era stufata di stare con te,» disse convinto il ragazzino «io la so lunga sui gatti, ho letto un libro. I gatti non è vero che vogliono stare sempre in casa. Non è vero. A un certo punto ne hanno abbastanza. Non tutti ma molti e allora se ne vanno, vogliono viaggiare, vogliono gironzolare, dormire dove gli capita e andare a caccia. E procurarsi il cibo da soli, non quelle eterne pappe schifose delle scatolette.» Mi guardava severo. «Non hai letto quel racconto di Kipling? Si chiama *Il gatto che se ne andava da solo*. Non l'hai letto?»

«Certo che l'ho letto.» Ricordavo anche le illustrazioni.

«Dice che il gatto attraversa gli umidi boschi selvaggi e dimena la sua coda selvaggia e se ne va da solo. E dice anche che, quando un gatto ha fatto tutto quello che deve fare, allora se ne va da solo e tutti i luoghi per lui sono uguali, sale sugli umidi alberi selvaggi e dimena la sua coda selvaggia. E sta solo.» Sedette sullo sgabello del pianoforte. «Capito?» Mi guardava inclinando la testa su una spalla.

«Capito...» annuii debolmente. Bella lezione.

«Vuol dire che con te ha fatto tutto quello che doveva fare e se n'è andato.»

«Capito anche questo.»

A quel punto il padre ci chiese se volevamo bere qualcosa.

«Grazie ma ce ne andiamo subito,» disse Pierre «penso che riprenderemo a cercare il gatto, ma... chi suonava il piano?» Si rivolse al ragazzino. «Tu? Sei bravo.»

«Sì, è bravo» disse il padre con orgoglio.

«Vuoi suonarmi di nuovo qualcosa di Chopin?» chiese Pierre.

«Però faccio ancora un sacco di errori» disse il ragazzino. Roteò sullo sgabello e tese le mani sulla tastiera.

Appena iniziò a suonare, il certosino si divincolò. Lo misi a terra e lui subito si esibì nella sua bizzarra danza. Pierre chiese al ragazzino di suonare un altro pezzo, non Chopin. Suonò Mozart. Il certosino venne a rincantucciarsi vicino a me. Niente più danza. Ma riattaccò con il suo balletto appena si alzò nell'aria una mazurca di Chopin. Il ragazzino suonava e rideva di ammirazione guardando il micio danzante, i due uomini erano entusiasti. Io seduta sulla sedia – proprio dove si era fermata Marian – mi guardavo intorno. Marian è stata qui, si è riposata qui e ha mangiato qui. E se n'è andata anche da qui. Se n'è andata sola agitando la sua coda selvaggia.

Non la rivedrò più, pensai.

Il ragazzino continuava a suonare Chopin, il gattino continuava a danzare la sua danza felina. Lo guardai. Mi sentivo tristissima. Ascoltavo Chopin che mi torceva il cuore e pensavo a Marian. Peggio di così...

Che disastro.

Quando uscimmo da quella casa il sole era già alto.

«Aspetta un momento» mi fermai. Guardai Pierre. «Voglio chiedere a quei due se vogliono tenere il certosino.»

«Perché?» si accigliò.

«Il ragazzino... non hai visto come si diverte a vederlo ballare?»

«Non lo farei se fossi in te.»

«Non faresti che cosa?»

«Non mi disferei del gatto. Anzi, gli darei un nome.»

«Il nome glielo darà chi se lo tiene»

«Lo chiamerei Chopin» replicò lui. «Chopin, che ne dici?» e si rivolgeva al micio che teneva in braccio. «Ti piace questo nome? Non potrei trovarne uno più adatto.»

«Chopin?» Che bell'idea, pensai depressa.

«Ma sì, gli sta benissimo. È il suo nome!»

«Allora chiamalo così... che m'importa? E visto che il nome glielo dai tu, tieniti Chopin. È tuo.»

«Non se ne parla.» Infilò il gattino nella borsa e mi aiutò a metterla a tracolla. «Sei tu la mamma...» e con queste belle parole se ne liberò.

Chopin, pensai. Ci mancava che ti chiamassi così. Sporse il musino dalla borsa. Mi fissava, occhioni spalancati. E va be', pensai, ora ci sei e non ti abbandono certo per strada.

Pierre si rivolse verso il cane, che zampettava in fondo al prato. Con un breve fischio lo richiamò. Gli fece di nuovo fiutare il maglione-casa di Marian.

«Vai!» ordinò.

Il cane annusò il maglione, poi l'erba, mosse qualche passo. Poi si accosciò. Rivolgeva il muso verso Pierre e muoveva fiaccamente la coda.

«Vai!»

Di nuovo Pascal fiutò qua e là, poi si diresse deciso verso gli alberi che costeggiavano il prato, si fermò qua e là, alzò la zampa posteriore contro qualche tronco, lasciò un paio di segnali, tornò indietro e si distese accanto a Pierre con l'aria di dire ne ho abbastanza.

«Eppure se Marian è stata qui e...» non finii la frase. Mi

era calata addosso una stanchezza velenosa, di quella che ti svuota le vene, il cuore, la mente. «È inutile» sospirai.

«Credo anch'io che sia inutile continuare a cercarla. Non la troviamo più. Pascal, se così si può dire di un cane, ha gettato la spugna. Quel ragazzino forse non ha tutti i torti... Marian ha fatto quello che doveva e se n'è andata.»

Non avevo più niente da dire.

«Marian è qui, ovviamente,» disse Pierre «in quest'isola, chissà dove si è cacciata. Magari ci osserva da quei cespugli o si è arrampicata su un umido albero selvaggio e muove la sua coda selvaggia senza nessuna intenzione di tornare da te.»

«Non è piacevole sentirselo dire.»

«Posso capire... togliamoci dal sole però, sta facendo caldo.»

Lo seguii lungo il viottolo che si infilava nell'ombra tra gli alberi e tra alte erbacce. Tornammo indietro. Pierre si fermò solo quando imboccammo di nuovo la Strada della Piccola Felicità.

«Come va?»

«Svuotata» risposi.

«È la sensazione che si prova quando si conclude un capitolo della nostra vita. Il capitolo Marian è arrivato alla parola *fine*.»

«Non mi piace quando un capitolo finisce...» mormorai.

«Si apre il capitolo Chopin.»

«Non sono affezionata a questo gatto. Con Marian è stato diverso... Amore a prima vista, si dice così? È stata il mio nume protettore.»

«Chopin ti conquisterà, vedrai.»

«Adesso devo tornare a casa. Ho un mucchio di cose da fare» tagliai corto e mi sentivo a pezzi. Non avevo ancora fatto la spesa, dovevo andare subito a Saint-Pierre, anche per comperare l'occorrente per il micio che aveva preso il posto di Marian. Per Chopin, cioè. Chopin l'usurpatore, pensai impietosa.

«Non so come ringraziarti» dissi quando arrivammo al cancello di casa.

«A me ha fatto piacere...» Pierre mi scrutava.

«Ci salutiamo qui.»

Annuì ma non se ne andava. Non apriva il cancello per farmi passare.

«Allora vado.»

«Veramente, io...» sembrò riflettere poi aggiunse: «...Veramente io rimango ancora qualche giorno. Se vuoi potremmo andarcene un po' in giro.»

Non seppi che cosa rispondere. Notai alcuni fiorellini azzurri quasi nascosti nell'erba. Che cosa gli rispondo adesso? mi chiesi.

«Se vuoi...» disse ancora lui. Colsi una punta di implorazione nella sua voce. Fu quella a farmi ritrarre.

«No» scossi la testa. Che senso avrebbe rivedersi? pensai.

«Te ne vai subito di qui, tu? Parti?»

«No.» Anche se il capitolo Marian era arrivato alla parola *fine*, dentro di me, in qualche angolo segreto, brillava una piccola sia pur irragionevole speranza. «Non parto adesso.»

«Potremmo andare in giro a esplorare l'isola. La conosci già?»

«No.» Sembrava che non sapessi dire altro che *no*.

Lui girò lo sguardo intorno, sembrava disorientato. Io non mi mossi, e mi dicevo adesso vado.

«Dici di no, perché non conosci l'isola o *no* perché non vuoi che ce ne andiamo in giro insieme?» e sorrideva, come se adesso stessimo giocando una divertente sfida.

«Devo scappare.» Spinsi il cancello e mi avviai per il sentiero. Sentivo la sua presenza alle mie spalle.

Dopo un momento mi voltai. Era ancora lì.

Allora tornai indietro e questo dimostra come sia facile contraddire se stessi. Prima avevo detto *no* e adesso tornavo indietro. Prima dico una cosa poi ne faccio un'altra.

Mi fermai davanti a lui e guardandolo diritto in faccia: «Va bene, aspettami qui un attimo che devo andare a Saint Pierre a fare la spesa».

«Mi sembra un'ottima idea» rise Pierre.

Rideva come se gli avessi buttato lì una frase di audacia inaudita.

Allora risi anch'io.

Così andammo insieme a far la spesa, come due qualsiasi buoni amici che condividono gli impegni della giornata. Spesa da Roland, e non solo, perché questa volta sulla lista di Adelita e del professore erano inclusi i giornali, due quaderni in cartoleria, non so che medicinale in farmacia, poi tisane al finocchio e al tiglio in erboristeria. Comperammo anche tutto l'occorrente per il biberon di Chopin che se ne stava tranquillo nella borsa a tracolla. Poi andammo a sederci in un bar, tavolini all'aperto. Parlammo del più e del meno, lui si divertì a sentirmi commentare il testo su Stalin che stavo traducendo per Adelita, io mi divertii a sentirgli raccontare degli aneddoti sul suo lavoro di liutaio.

Come due buoni amici. Niente di più. Ma sotto quel nostro atteggiamento svagato e un po' formale sentivo scorrere tra me e lui una tensione costante, sottile. Non mi chiesi se la percepisse anche lui. Non mi sforzai di capire il senso di quella tensione che continuavo ad avvertire.

Mi accompagnò a casa e mi disse che sarebbe tornato a prendermi per cena e io dissi va bene, come fosse ovvio. Dopo i biberon a Chopin, dopo la traduzione, dopo due chiacchiere con Adelita che si lamentava per il caldo, riuscii finalmente a farmi una doccia. Mentre ero lì sotto il getto d'acqua calcolai quanti giorni avrei ancora potuto rimanere all'isola. Ne mancavano non pochi al mio appuntamento di lavoro. Non pochi.

Tornai nella mia stanza avvolta nell'asciugamano.

«Un bel mucchietto di giorni» dissi a Chopin che stava finalmente usando la sua lettiera. «Un bel mucchietto... molti giorni in cui non voglio pensare più a niente. Assolutamente a niente.»

Neanche che Marian non c'è più. Neanche quello. Magari si è presa solo una specie di vacanza e uno di questi giorni me la ritrovo in giardino. Ecco come sarà.

Infilai il vestito, non mi truccai perché non ne avevo voglia, ma mentre mi giravo i capelli in un nodo sulla nuca guardandomi allo specchio mi accorsi di avere gli occhi pieni di lacrime. Eh già... Marian. Che disastro!

Raccolsi le infradito. «Pronta.»

Mi chinai su Chopin che si era seduto al centro della stanza e vigilava su ogni mio gesto. «Vieni con me, contento?» e lo accomodai in borsa.

Trovai Pierre già in attesa al cancello.

In macchina, accanto a lui, lungo i viottoli di campagna e con i finestrini aperti che lasciavano entrare una brezza di erba umida e di resine, avvertii di nuovo, tra me e lui, quella tensione. Come se fossimo due che sanno bene dove andranno a parare ma non se lo dicono. E fanno finta di niente. Mi sbagliavo? Voltai la testa per guardarlo. Il suo profilo aquilino. Un lieve sorriso. Si accorse del mio sguardo. Il sorriso si accentuò.

«Qualcosa da dire?» Mi scoccò un'occhiata divertita. Be', sì, pensai, devo ammettere che sa essere molto affascinante. E sa anche *di essere* molto affascinante e ci gioca. Questo non mi poteva piacere. «Allora?» disse ancora. «Vuotiamo il sacco?»

«Certi sacchi io non li vuoterei» replicai.

«Saggia prudenza» e si mise a cantare. Una bella voce

di baritono, una canzone che diceva qualcosa come *le soleil veut rendez-vous avec la lune, mais la lune n'est pas là et le soleil attend...* un appuntamento tra luna e sole che va sempre a vuoto, insomma non riescono mai a incontrarsi, mai a stare insieme, quando appare lui, lei impallidisce e scompare, e quando lei risplende in tutta la sua beltà, il sole è obbligato a sparire. Una vecchia canzone di Charles Trenet, mi disse Pierre.

Mentre la cantava, Chopin continuava ad agitarsi sulle mie ginocchia, infine si tirò su di scatto sulle quattro zampine e fissò Pierre soffiando e ingobbendosi come davanti a una minaccia, e con la coda ritta e gonfia.

«Hai spaventato Chopin...» ridevo. Un minuscolo cosino di pelo grigio che vuole far l'aria feroce. «È buffo.»

«Tu carezzalo per calmarlo e io canto. Adoro cantare.»

«A Chopin non piace.»

«Lasciamo perdere allora le canzoni francesi. Proviamo con Donizetti. Ti va? *La Favorita*?»

«Mi va.»

«Vediamo se Chopin gradisce.»

Iniziò a cantare e ogni parola rivestita di musica si librava nell'aria e volava fuori dai finestrini come bolle di sapone... e diceva: *spirto gentil ne' sogni miei brillasti un dì ma ti perdei, fuggi dal cor mentita speme, larve d'amore fuggite insieme...* e qui Pierre si interruppe e allora continuai io e a squarciagola: *donna sleal a te d'accanto...* cantai, ma ridevo e allora dissi: «La canta sempre mio padre, sai... e mia madre, quando lui arriva a quel *donna sleal*, si arrabbia e gli dice di smettere».

«Chopin però non si è arrabbiato,» Pierre allungò una mano per una rapida carezza al gattino che si era di nuovo accucciato ed era rimasto tranquillo «vuol dire che gli piace solo la musica classica. Al massimo la lirica.» Parcheggiò con un'abile manovra.

«Tutto bene?» e si girò verso di me con l'aria di uno

pronto a ricevere la coppa del vincitore. Accidenti, pensai, è proprio così sicuro di conquistarmi?

Gironzolammo per Saint-Pierre, c'erano frotte di turisti, a stento trovammo posto in un bar per un aperitivo. Vino bianco, secco, freddo.

«Fame?»

«Tantissima. Sono a stomaco vuoto. Se bevo mi sbronzo.»

«Non sarebbe una brutta idea.»

«Non ho bisogno di sbronzarmi.»

«Non ne hai bisogno... per che cosa?» Molto malizioso.

«Non essere banale» replicai.

«È la seconda volta che mi accusi di essere banale.» Seccato.

«Non è un'accusa, è un fatto...»

«Hai capito benissimo che mi secca sentirmelo dire.» Sempre più seccato. «L'hai capito.»

«Un po' ti conosco. Pochissimo, ma un po' ti conosco.»

«È sufficiente» disse lui.

«Sufficiente per che cosa?» Ma subito: «No, per favore non rispondere o rischi di essere banalissimo». Alzai il bicchiere e brindammo di nuovo. Di nuovo mi sorrise, placato. Fu lui a decidere di andare a cena dall'altra parte dell'isola e per tutto il tragitto cantammo pezzi d'opera compreso *Voi che sapete che cos'è l'amor* e lo cantò lui in falsetto, Mozart sarebbe inorridito. Avevamo bevuto un po' e la cosa sembrava innervosire Chopin che continuava a mordicchiarmi le dita. Mi sarei accorta solo in seguito – e in una memorabile occasione, ahimè – che gli dava un dannatissimo fastidio trovarsi vicino a qualcuno che alza il gomito.

«Con te sto bene» dichiarò Pierre quando scendemmo dalla macchina. Mi si fermò di fronte. Mi scostò una ciocca di capelli dal viso, con un breve gesto. Per un momento temetti che volesse baciarmi. «Hai sentito? Con te sto bene.» Subito si tirò indietro. Niente bacio, con mio sollievo.

«Detto ciò?» ridevo... sì, ero un po' brilla.

«Detto ciò andiamo immediatamente a cena.»

Eravamo dalle parti della Perroche, mi sembra. Un ristorante o meglio una trattoria biancheggiava nel buio degli alberi. Sotto le fronde lunghi tavoloni con lunghe panche su cui ci si sedeva a casaccio, tra altra gente. Disposte ovunque una quantità di lanterne. Pierre e io di fronte, in fondo a un tavolo.

«Però qui si mangia benissimo» disse lui.

«Però?» Volevo scherzare, volevo prenderlo in giro. «In che senso *però*?»

«Dicevo che sarebbe stato più adatto un ristorante come si deve» disse senza ironia.

«Cioè?» Ridevo. Possibile che fosse anche lui uno di quelli convinti che un ristorante extra lusso schiuda più facilmente la porta della stanza da letto?

«E non chiedermi adesso più adatto a che cosa.» Aveva intuito il senso della mia ilarità. Invece di riderne si era accigliato. È uno che si inalbera spesso questo qui, pensai. La linea delle labbra si era fatta dura. Linea di eccessiva riprovazione rivelata dalla luce della lanterna che gli illuminava il viso. Questo qui, pensai, sa essere una carogna se vuole. Sotto sotto è anche molto conformista. Rigido, insomma. E permaloso.

«Be', qui *però*...» sottolineai di nuovo quel però «...qui posso dare il biberon a Chopin. In un ristorante di lusso ti guardano male.»

«Può essere» replicò secco. E con lo stesso tono risentito: «Non si ordina a menu. Ti portano loro quel che c'è».

«Anche Chopin poppa quel che c'è» e abbassai lo sguardo sul micino che stava succhiando come un demonio, sempre affamatissimo, sempre con i suoi piccoli gorgoglii sussulti gemiti. E zampe allacciate alla bottiglietta. «Poppa tutto contento.» La ragazza accanto a me si sdilinquì in esclamazioni: che adorabile, che tesoro, come vorrei un certosino anch'io e si rivolgeva all'uomo accanto a lei che subito la rimbeccò con un non se ne parla.

«Volevi disfarti di Chopin... ti è andata male anche questa volta» disse Pierre, acido. Ma che cosa gli aveva preso?

«Avevo una governante che mi faceva osservazioni del genere» dissi.

«Cioè?» Mi stava facendo il verso.

«Ora ti spiego.» La sua irritazione mi divertì. «La governante mi diceva: ti è andata male anche questa volta... ed era quando fallivo in qualche mia iniziativa. Era svizzera. Hai anche tu ascendenze svizzere?» Ora va fuori dai gangheri, pensai.

«Vogliamo continuare su questo tono?» disse a denti stretti.

«Un'alternativa, per esempio, potrebbe essere... goderci questa cena!» In quel momento qualcuno ci mise davanti vino bianco e due bicchieri. «E brindare, no?» Non avevo nessuna intenzione di litigare e rovinarmi la serata. «Qui si sente anche il mare.»

Versò il vino senza una parola.

«Pace pace?» e alzai il mio bicchiere.

«Sei un bel tipo...» finalmente con l'accenno di un sorriso. Pace pace.

Ci misero davanti piatti ricolmi di pesce arrosto e verdure, qualcuno prese a suonare una fisarmonica, anzi, erano in due, due giovanotti che suonavano in piedi, poco discosto dai tavoli. Suonavano sottovoce, se così posso dire. Valzer soffusi. La gente intorno a noi chiacchierava e rideva senza clamore. Come se ognuno volesse rispettare la quiete di quel luogo, il fruscio del mare e quello del vento tra le foglie.

«Questo posto è una delizia» dissi, mi sentivo così felicemente aerea che avrei potuto lievitare tra le fronde che ci facevano da tetto «e queste fisarmoniche mi incantano.»

«Qui si balla, anche...»

Ci voltammo a guardare le coppie che stavano già preparandosi a volteggiare sulla pista. Il valzer fece rizzare le orecchie a Chopin. Si sporse appoggiando le zampette sul tavolo e si guardò intorno allarmato. Mi chinai su di lui carezzandolo. «Non è musica classica ma non è male» gli sussurrai.

Rivolse verso di me i grandi occhi luminosi. Con totale fiducia. Sì, non era musica classica ma gli andava bene lo stesso.

«Sai ballare?» Pierre depose il bicchiere. «Immagino di sì.»

«Come facciamo a ballare? Non possiamo certo lasciarlo qui da solo...»

«Lo tengo io!» squittì entusiasta la ragazza accanto a me. «Voi ballate.»

«Andiamo allora?» Pierre si alzò.

«Non fartelo scappare però» e affidai Chopin alla ragazza.

Appena mi alzai Pierre mi prese per mano.

Si diresse verso la pista a grandi passi veloci come se temesse di vedersela svanire davanti agli occhi. Con un braccio imperioso, caldo sulla stoffa leggera del mio vestito, mi avvolse alla vita raccogliendomi contro di sé.

«Balli divinamente...» mi soffiò all'orecchio. Avrei voluto dirgli anche tu, ma mi mancava il fiato e non per la velocità con cui ci muovevamo. Era il contatto del suo corpo contro il mio. Non un millimetro della mia pelle sfuggiva a una pungente e precisa eccitazione mentre piroettavamo sulla pista in accordo perfetto. Ballavo a piedi nudi senza nessun timore che Pierre potesse calpestarmi. Volavo.

Sembravamo programmati per vincere il primato dei primati, la corona d'alloro dei ballerini di valzer.

Poco per volta si fece il vuoto intorno a noi, gli altri si ritirarono sul bordo della pista, in cerchio: noi ormai soli, confusi uno nell'altro, condotti più dall'armonia dei nostri corpi che dalla musica. Sotto gli occhi di tutti.

«Bravi!» e tutti batterono le mani quando ci fermammo. Anche i due fisarmonicisti che dovevano averne viste di coppie. Mi scostai bruscamente da lui senza guardarlo.

«Siete due campioni» gridò qualcuno, altri acclamarono. Per un lungo momento ebbi la detestabile sensazione di essermi esibita in uno spettacolo indecente.

«Torniamo al tavolo» dissi e raggiunsi in fretta il mio posto. Con lui non ballo più, pensai sedendomi e togliendo Chopin dal grembo della ragazza che lo aveva custodito.

«Voi due siete professionisti, vero?» disse ammirata.

«Certo» rispose Pierre. «Stiamo preparandoci per una gara molto impegnativa.»

Tutto allegro lui, oppressa da un'oscura vergogna io.

«Vincerete senz'altro» rise la ragazza; aveva denti sporgenti, cavallini, che balenarono alla luce delle lanterne. Mi sembrò un ghigno di avvertimento. In quattro e quattr'otto mi riuscì di annientare quello che Ingrid avrebbe definito il tumulto dei sensi.

«Siete bravissimi, voi due. Si capisce subito che siete due professionisti, siete così affiatati...» disse ancora la ragazza.

«Ci stiamo esercitando da anni» confermò Pierre.

«Dai, ballate ancora,» disse la ragazza, ora le fisarmoniche avevano attaccato una mazurca «dai, è bello starvi a guardare.»

«Un'altra volta» ribattei.

«Tutto bene?» disse Pierre ironico. Si stava prendendo gioco di me, del mio turbamento.

«Adoro il valzer» e gli gettai una rapida occhiata: guarda come gongola per avermi sconvolta a tal punto. Agguantai il bicchiere e bevvi qualche sorso.

«Tutto bene?» ripeté lui e se la rideva tra sé.

«Mi sento un topo avvistato dal cobra...» deposi il bicchiere «...sì, dal cobra.»

La ragazza accanto a me scoppiò a ridere, anche la risata era cavallina. «Ma qui non ci sono i cobra,» disse «stai tranquilla, qui all'isola ho visto solo certi serpenti innocui, li trovi dalle parti delle sabbie mobili, ma i cobra ci sono solo in Africa, vero tesoro?» e si rivolse al suo compagno per aver conferma.

«Dipende» ridacchiò lui, che doveva aver capito il senso della mia battuta.

«Infatti dipende» e questo era Pierre. «E comunque non ho mai torto un capello a un topo.»

La ragazza si sbellicò dalle risa, il suo compagno anche. La ragazza squittiva esilarata. «Se i topi hanno capelli non ha mai torto un capello a un topo, lui...»

«Encomiabile per un cobra» dissi e in quel momento sentii squillare il mio cellulare. «Marian?» La voce di zia Esther. «Un attimo...» le dissi sottovoce e mi alzai subito dal tavolo tenendomi Chopin sul petto.

Mi allontanai inoltrandomi nella confusa oscurità, tra gli alberi. Chopin si mise a far le fusa. Aghi di pino mi pungevano i piedi, ma appena appena, con gentilezza direi.

«Non l'ho trovata e spero che arrivi per conto suo da un momento all'altro. Non smetto di sperare e mi fermo ancora qui.»

«Raccontami tutto nei dettagli.» Voleva sapere dove e come l'avevo cercata, così le raccontai di Pierre e di Pascal, e naturalmente di Chopin. Le dissi anche che Ingrid non si era ancora fatta viva.

«Mi dispiace che tu sia lì da sola a cercare Marian...»

«Non continuerò a cercarla, sai. Aspetto che torni lei. Rimango qui per questo.»

«Ora dove sei? Sento musica.» E quando le raccontai per filo e per segno dove mi trovavo e con chi, mi chiese di descriverle Pierre.

«Se tu lo conoscessi diresti che non è un uomo di poco conto.» Mi faceva un immenso piacere sentire la voce di zia Esther.

«Comunque sia non farti infinocchiare» e non mi chiese se era sposato o no, che è la prima domanda che di solito ti fanno le amiche. Ma zia Esther è molto molto di più di un'amica. E non lo chiese.

11

O chiara luna al cui
tranquillo raggio danzan
le lepri nella selva...
(Giacomo Leopardi)

«Che cosa significa non farti infinocchiare?» sorridevo, mi sentivo di nuovo lieve e trasparente. Che non vuol dire felice, ma all'incirca. Lieve e trasparente per nessun'altra ragione che per quella voce nota e amata e affettuosa, per il profumo di mare e di resina nell'aria fresca, per la luna che si alzava rosea e immensa sgusciando dalle pinete. «Che cosa significa?»

«Non farti infinocchiare anche se ci vai a letto» disse lei. «Che non ti capiti come con quello lì.» "Quello lì" era George.

«Impossibile che mi capiti di nuovo.» Una volta basta, pensai. Era stata una lezione una volta per tutte, pensai ancora.

«Ti piace questo Pierre?»

«Parecchio.»

«Tu gli piaci?»

«Parecchio» risi. Sapevo di non sbagliarmi.

Quando terminai la telefonata e tornai al tavolo, le fisarmoniche avevano smesso di suonare. I due fisarmonicisti si erano seduti tra la gente e stavano cenando. Pierre era in piedi, poco discosto dal tavolo, con il cellulare all'orecchio. Mi gettò un'occhiata poi lo intascò rapido. Mi venne incontro.

«Andiamo a far due passi in spiaggia? C'è una luna speciale.»

«Devo recuperare le infradito. Le ho lasciate sotto il tavolo.»

«Vado a prenderle io.» Me le depose davanti. Mi disse di infilarle, sul sentiero potevano esserci dei sassi. Poi mi disse di attenderlo un attimo e quando tornò reggeva un maglione che aveva lasciato in macchina.

«È per te,» disse «c'è umido in riva al mare.» Protettivo.

«Grazie.» Un bel maglione morbido. Me lo buttai su una spalla. Salutammo la ragazza cavallina e il suo ingrugnito compagno e ci avviammo con il bracco al fianco.

«Una telefonata del fidanzato?» chiese Pierre con mia sorpresa.

«Di mia zia Esther.» Era la verità, che lui ci credesse o no. «Anzi, è un prozia. La sorella di mia nonna. Ho vissuto a lungo con lei, in montagna, sulle Dolomiti. È una persona fantastica» e gli descrissi la casa e i gatti e i cani che avevano tutti nomi di città o di luoghi lontani, esotici. E che zia Esther scriveva oroscopi ed era richiestissima, scriveva gli oroscopi ancora con una macchina da scrivere vecchio stile, poi spediva il tutto per posta alle redazioni. Non gli parlai degli amori di zia Esther, soprattutto non del marito di quell'amica di famiglia che aveva perso la testa per lei ed era poi morto in circostanze misteriose. Meglio lasciar perdere.

«Vuoi sapere altro?» gli sorrisi scherzosa. «Chiedi pure quel che vuoi, sono un libro aperto.»

«Niente telefonata dal fidanzato?» chiese Pierre. Di nuovo quella domanda. Però, pensai, che insistenza! Che cosa gli importa di un mio eventuale fidanzato?

«Niente telefonata perché niente fidanzato.»

«Ah» disse lui. Nient'altro che un *ah* soddisfatto.

Eravamo quasi in spiaggia. La luna imbiancava le dune. Tra l'una e l'altra si allargavano larghe pozze di oscurità. Pierre sembrava in attesa, credo si aspettasse che adesso fossi io a chiedergli con chi stesse parlando al cellulare. Forse si aspettava che volessi sapere di sua moglie e magari anche del figlio.

Invece non chiesi niente.

Mi sfilai le infradito, le raccolsi e precedetti Pierre salendo veloce la duna poi scendendo dall'altra parte. Mi fermai ad attenderlo. La spiaggia si stendeva immensa e misteriosa nella fallace luce lunare. Misteriosa era la luna, assorta nei fatti suoi, niente a che fare con il nostro mondo e le miserie della vita di tutti i giorni. Sublime nel suo quieto lucore e quasi piena. Il fruscio ininterrotto delle onde che si disfano sulla sabbia accompagnava il silenzio. Notte d'estate, spiaggia, mare calmo, luna quasi piena, un uomo niente male vicino: che cosa potevo volere di più? Non mi trovavo forse al centro del classico scenario da romanzo sentimentale?

«Sta salendo la marea» disse Pierre.

Per favore, pensai, non abbracciarmi, non baciarmi, non fare niente di tutto questo. Non adesso. Il turbamento di poco prima – attrazione, desiderio, eccitazione, voglia di baci e non solo – era andato a farsi benedire per quanto mi riguardava... ora c'è una stonatura tra te e me, pensai, ora sono in guardia, impossibile far finta di niente.

«È bello camminare di notte lungo il mare, quando c'è la luna.» Le parole più insulse che potevano venirmi in mente.

«A me piace sempre passeggiare lungo il mare, anche quando piove» disse lui di rimando, vicino a me ma senza neppure sfiorarmi con il braccio. Intuisce, pensai, che non è il momento. Non è certo uno stupido.

«Quando piove, sai,» riprese «faccio lunghe camminate sulla spiaggia con Pascal... come su quella spiaggia, quando ci siamo conosciuti.»

«Sembravi assorto in una profonda meditazione.»

«Stavo rompendomi la testa su un tema complesso.

Non riguarda il mio lavoro. Prima o poi può darsi che te ne parli.»

Rimasi in silenzio. Sentivo la sabbia umida sotto i piedi. Seguivo con lo sguardo le lunghe strisce luminose e tremolanti che la luna stendeva sul mare.

«Non sei un tipo curioso, tu.»

«Se sono curiosa?»

«Lo sei?»

«Dipende» dissi. Poi mi misi a ridere: «Dipende dai cobra».

«Giusto» rise anche lui. Non so per quale bizzarra associazione di idee si mise a raccontarmi dettagliatamente di un suo viaggio a Vienna, era andato lì per una mostra di violini d'epoca; poi aveva dovuto trattenersi a lungo per lavoro e la sera, in una birreria tra le tante, un'orchestrina iniziò a suonare valzer e polke e mazurche. «Ero con un paio di amici. Loro ballavano. C'erano molte ragazze, i miei amici passavano da una all'altra. Io me ne stavo seduto per una ragione semplicissima: non sapevo ballare. A un certo punto mi trovo di fronte una ragazza, decisamente poderosa, con il costume tirolese, sai, molte vestono così. Mi chiede se ballo e io dico di no. Lei si inalbera subito, mi dice che non è affatto gentile rifiutare quando una donna ti invita. Allora mi alzai e goffo come non mai la abbracciai alla vita come vedevo fare dagli altri e mi sforzai di muovere qualche passo. Lei a quel punto si infuria, mi sibila che la sto prendendo in giro, che voglio darmi delle arie, aveva saputo che sono francese e i francesi hanno la puzza al naso... sosteneva che facevo finta di non saper ballare, di non voler ballare con lei perché non era un tipo *kokett* come tutte le francesi, perché era grassa... mi piantò in asso dicendo che era offesa e che avrei dovuto farle le mie scuse.»

«E tu?»

«Il giorno dopo sono andato a cercare una scuola di

ballo. Ho preso lezioni tutti i giorni cioè tutte le sere, per un paio d'ore. Avevo un'insegnante severissima, mi sgridava come fossi un ragazzino, mi diceva che era inutile che mi illudessi di essere un uomo attraente, diceva che un uomo che non sa ballare è un uomo che non sa fare l'amore e viceversa.»

«Ah sì?» Lo dice anche zia Esther, pensai. Lei dice anche che un uomo che non sa ballare quando è a letto con te non sa dove mettere le mani. Non mi pareva il caso di sottolineare la faccenda, così non aggiunsi altro.

«Alla fine imparai» proseguì Pierre. «L'insegnante mi fece i complimenti, ero stato un allievo diligente. Pretesi da lei una specie di documento in cui era scritto che avevo imparato a ballare nella sua scuola e che quando ero arrivato non sapevo muovere un passo. Tornai nella birreria. La vidi subito, era seduta accanto a un'amica poderosa quanto lei. Mi riconobbe. Le mostrai il documento che mi aveva rilasciato l'insegnante di ballo. Lo lesse. Si mise a ridere, disse che quello che avevo fatto valeva di più di qualsiasi scusa. Ballammo tutta la sera... lei naturalmente era bravissima ma mi fece anche lei molti complimenti.»

«Sei un tipo tenace...» commentai.

«Molto. Se punto a un obiettivo non mollo. Se voglio ottenere qualcosa la ottengo.»

Fece una pausa. Io zitta. Mi era rimasto nelle orecchie il tono duro con cui aveva parlato.

«Ti racconto com'è andata a finire la serata. La mia ballerina mi spiegò che suo marito faceva parte dell'orchestrina. Passava le sere in quella birreria per stargli vicino, per tenerlo d'occhio, era gelosissima... il marito era il suonatore di clarinetto, un bel tipo che lei mi presentò con entusiasmo; cenammo insieme quella sera, una birra via l'altra... di lui pensa che mi ricordo ancora il nome, Franz Madersbacher, chissà perché questo nome non l'ho dimenticato. Certe volte si ricordano con precisione dettagli del tutto insignificanti della propria vita.» Si fermò e si voltò verso di me: «A te non capita?».

«Zia Esther dice che tutto quello che ci succede e che si ricorda ha un senso. Dice che sono come fili che intrecciano il senso di una vita. Ne tiri uno e scopri il nesso con tutti gli altri.»

«Non vedo proprio come potrebbe essere significativo per me il marito di Barbara, che sarebbe poi il nome della donna poderosa. Non vedo proprio.»

Risultò in seguito che dei due aveva ragione zia Esther, anche per quanto riguarda il suonatore di clarinetto. Ma questa è un'altra storia.

«Hai mai verificato che un particolare della tua vita apparentemente insignificante avesse per te un peso?» volle sapere Pierre.

«Be'... Chopin per esempio.» Lo sentii agitarsi nella borsa, così lo misi a terra. Zampettò un po' in giro, scavò un buchetto nella sabbia e si accosciò fissando il mare assorto. «Apparentemente insignificante... ma eccolo qui.»

Sopra di noi, l'immenso cielo di quella notte di luna, luminosa e oscura, la spiaggia sconfinata e il silenzio delle dune alle nostre spalle. La marea che avanza e noi due in rispettosa attesa che il gatto concludesse i suoi bisogni. Il bracco correva sulla battigia sollevando spruzzi argentei.

«Quattro esseri per niente insignificanti...» dichiarò Pierre.

Con accurati colpi di zampa Chopin ricoprì di sabbia il suo personale water, poi mi saltò sui piedi. Lo raccolsi. Lo scossi un po' per liberarlo dalla sabbia. Lo accostai al petto. Appoggiò le zampine sulla mia spalla, delicatissimo, sembrava volesse abbracciarmi piccolo com'era.

«Vedrai,» disse Pierre «vedrai che questo certosino farà di tutto per farsi amare... Credi che non si renda conto che hai ancora il cuore da un'altra parte, per quanto accudente tu sia con lui?» e mi appoggiò la mano sulla spalla, allusivo.

«E per quanto incantevole sia questa notte... è tardi» e mi scostai.

«Allora meglio che infili il mio maglione adesso» disse lui imperturbabile. «Con quel vestitino hai freddo.»

Infilai il maglione e tornammo indietro silenziosi. La trattoria si era svuotata, i suonatori sedevano chiacchierando nella semioscurità, tante lanterne erano state spente. Fine della serata. Trovammo Pascal già in attesa accanto alla portiera posteriore della macchina. Appena Pierre la aprì saltò dentro e si addormentò.

«*Madame*... si accomodi» disse Pierre aprendo la portiera anteriore per farmi salire.

Neanche una parola durante il ritorno. Resistevo con fatica al sonno. I fari illuminarono a un tratto una lepre, pietrificata al centro della strada. Pierre frenò e tese di scatto il braccio davanti a me in un gesto protettivo, come se non avessi la cintura di sicurezza. Dopo un istante la lepre balzò di lato e scomparve.

Quando arrivammo scesi subito dalla macchina. Mi sfilai il maglione, lo lasciai sul sedile. Pierre mi accompagnò al cancello, con il cane al fianco.

«Grazie» dissi. Accesi la pila e la puntai verso il basso, ma la spensi subito. Bastava la luna ormai alta a illuminare ogni foglia, ogni filo d'erba. «È stata una serata...»

«...incantevole?» continuò lui in tono piatto. «Usi spesso questa parola che io non uso mai.»

«Incantevole, certo» gli sorrisi senza risentirmi per la precisazione. Non sorrise. Pazienza, pensai, pazienza se è rimasto deluso da come sono andate le cose.

«*Lebewohl*» gli dissi per salutarlo, chissà perché gli dissi *addio* in tedesco. Forse avevo ancora in testa il suo racconto sulla birreria di Vienna. Mi aprì il cancello per farmi passare, lo richiuse alle mie spalle. Mi avviai.

Che strano, però, non vedersi più.

Quando arrivai in fondo al vialetto, prima di svoltare verso il giardino mi girai. Era ancora lì, appoggiato con i gomiti al cancello sotto il cielo lunare. Pascal accanto. Alzò una mano e la sventolò in un cenno di saluto. Come la prima volta.

Inspiegabilmente, quel semplice cenno di Pierre in qualche modo mi commosse. Come se lì al cancello, a seguirmi con lo sguardo e a salutarmi, ci fosse una persona cara. Rimasi solo un momento incerta, poi alzai anch'io una mano e risposi al suo saluto.

Rientrai in casa facendo attenzione a non far rumore. Dalla cucina proveniva una flebile luminosità. Mi affacciai silenziosa alla porta.

Davanti a un paio di candele accese il professore sedeva al tavolo con la faccia tra le mani. Stava piangendo. Rimasi interdetta.

Singhiozzava, del tutto desolato, avvolto in una vestaglia blu a pallini bianchi da cui sporgevano in alto, sotto la gola, un petto villoso e in basso i piedi infilati in consunte ciabatte. I capelli arruffati ritti in testa gli davano un aspetto da spaventapasseri.

Aveva davanti un libro aperto. O un grosso quaderno. Quando l'avevo sentito piangere, sere prima, mi ero rifugiata in stanza. Il suo pianto mi aveva fatto andare il cuore in gola. E anche adesso, a star lì sulla soglia e guardarlo piangere in quel modo, non vista, mi spaventai: mi si apriva davanti il pozzo dei misteri, il cupo pozzo dell'animo umano su cui non hai alcun desiderio di affacciarti: laggiù si annidano angosce e rabbie e guai infiniti, ferite mai rimarginate, cattiverie e miserie e chissà quali orrori.

Che cosa aveva da disperarsi in quel modo? Quale coltellata alle spalle, ricevuta o data? Quale sventura senza rimedio?

Non si era accorto di me. Potevo scivolar via, silenziosa, rifugiarmi nella mia stanza? No, non potevo. Chopin deve mangiare, pensai per prima cosa, e poi... come può non farmi pena, lì da solo in lacrime, a notte fonda? Dopo un lungo momento – e se mi avesse cacciata furente per essere stato colto a frignare? –, sottovoce mi arrischiai a dire: «Posso fare qualcosa per lei, professore?».

Alzò la testa di scatto. Si passò le mani sulla faccia fissandomi neanche fossi un fantasma.

«Eva?» Non era sicuro che fossi io? Poi notai gli occhiali appoggiati sul tavolo accanto al quaderno.

«Sì» e avanzai di qualche passo. «Sì, sono io.»

«Vieni... vieni pure, stai qui» disse subito e non era affatto arrabbiato. Anzi. Rivolgeva il viso verso di me con l'espressione di un bambino scampato all'orco.

«Vieni pure...» ripeté.

«Sono qui per il biberon del micio.»

Tolse di tasca un fazzolettone e ci affondò il naso. «Fai, fai... poi siediti qui vicino a me se vuoi. Solo se vuoi.» Era una richiesta.

«Posso mettere il gatto sul tavolo? Se lo metto per terra ho paura di pestarlo.»

«Fai, fai...» ripeté di nuovo. Continuava ad asciugarsi le lacrime. Non si vergognava di mostrarmi il suo pianto.

Chopin appena fu sul tavolo zampettò verso di lui tenendosi alla larga dalle candele. Poi sedette e rimase a guardarlo. Il professore allungò una mano e gli sfiorò la testa. Mi sorprese quel suo gesto gentile. Chopin si accucciò e si mise a far le fusa.

«È un gatto molto affettuoso...» assicurai.

«Un bel gatto,» mormorò lui «proprio un bel certosino» con quella voce tremolante che non gli conoscevo. Dov'era finito il suo tono sprezzante e di costante rimprovero? È vero allora, mi chiedevo, che il dolore fa affiorare la verità di una persona? Quella parte di lei più autentica ma schiacciata giù nel profondo? È da tanto, pensai, che mi aggiro tra gli altri cercando di capire chi sono e come sono, e il valore dei sentimenti, dei rapporti, per imparare a vivere, per cogliere il senso della vita, della mia vita, di me stessa... e ogni volta rimango disorientata e sorpresa per la difficoltà di decifrare il mondo intorno a me: tutto è così nascosto, così invisibile. Così inatteso. Gli altri, pensai ancora, rivelano così poco di sé... credi di avere accanto una persona che conosci come la tua mano, poi di colpo ti trovi davanti a un estraneo.

Bisognerebbe essere un gatto, un gatto ti guarda e capisce subito chi sei, la sua occhiata felina ti trapassa l'anima. Ti fa la radiografia. Con un gatto non puoi mentire. Con gli umani sì.

Mentre riflettevo su tutto questo – e pensavo ovviamente a Marian –, mentre trafficavo con latte di capra e il resto, il professore mi disse sottovoce, tra una lacrima e l'altra, che non voleva svegliare Adelita, povera donna, deve sopportarmi, non sai quante volte la sveglio di notte.

Sedetti, agguantai Chopin che si attaccò frenetico al biberon. «Eccomi» dissi. Il sonno mi era passato.

«È così grave?» mormorai.

«Lo è... lo è» gemette lui.

Faceva caldo lì dentro, dalla finestra spalancata entrava appena un filo di brezza notturna, trattenuta dalla zanzariera. Il frinire dei grilli andava e veniva ondeggiando sul profondo silenzio.

«Se crede la ascolto... se no ci facciamo compagnia senza parlare» dissi.

«Mi succede così solo di notte,» mormorò sottovoce e scuoteva il testone «di piangere, intendo, solo di notte, non è curioso? Di giorno me ne infischio di questa storia, proprio non ci bado. Non mi tocca. Come se mi fosse del tutto indifferente. Invece di notte...» Si alzò, riempì due bicchieri di camomilla, me ne mise uno davanti, sedette, bevve qualche sorso. Depose il bicchiere con un'accuratezza eccessiva, come se temesse di mandarlo in pezzi. «È così,» disse con tristezza «di notte mi sveglio e mi esplode dentro questa disperazione. Incontenibile, capisci? Incontenibile.»

«Ma per che cosa...» balbettai, impressionata dalla sua dolorosa veemenza.

Con uno scatto improvviso andò alla finestra. «Questa maledetta zanzariera» e la scuoteva con violenza per riuscire ad alzarla «non fa passare l'aria, si crepa di caldo in questa schifosissima casa.»

Non fiatai. Ero intimorita dalla sua furia. Riuscì infine a far scorrere la zanzariera con un colpo secco, poi tornò a sedersi.

«Di giorno...» riprese sottovoce «di giorno, al mattino dico, apro gli occhi e non mi importa più di nulla. Mi dico ma guarda che scemo, invece di dormire stai lì a rimuginare. Sì, mi do dello scemo... di giorno mi sento un altro, ho da preparare pranzo e cena, andare a comperare le cose, qualche ripetizione nella mia scuola in attesa di ricominciare dopo l'estate... poi le ostriche, il vino, due chiacchiere con gli amici. Di giorno mi sento davvero un altro.»

Io zitta.

«Dottor Jekyll e mister Hyde, insomma» ghignò. «Non ricordo mai quale dei due è l'assassino.»

«Neanch'io» replicai allarmata.

«E naturalmente c'è Adelita, che si è intestardita nel volersi prendere la laurea alla sua età.»

«Non è certo vecchia, Adelita» protestai ma cauta.

«Che cosa spera di fare, con quella laurea? Un viaggio a Mosca?» Si soffiò il naso a lungo. «Ci mancherebbe» disse con risentimento.

«È per questo che lei si dispera? Per paura che Adelita...»

«Tutto può essere,» scosse la testa «ma non è per questo, non per lei.» Si zittì di colpo, voltando lo sguardo intorno, come se temesse di essere spiato. Chi ci stava ascoltando? Fantasmi impigliati tra le travi di legno di pero che scorrevano anche sul soffitto della cucina?

«Non è per Adelita... leggi se vuoi» mi sussurrò. «A questo punto puoi leggere. Sei l'unica persona a parte Adelita» e spinse verso di me il grosso quaderno.

Erano poesie. Scritte a mano con calligrafia accuratissima. Il professore mi spostò accanto una candela. «Leggi, le ho scritte io. Sono mie.» E aggiunse: «Le scrivo di notte, di giorno non ne sarei capace»

Lessi. Ogni pagina una poesia. Versi fitti fitti. Una pagina dopo l'altra, circa una ventina. Lessi e rilessi. Chopin si era addormentato abbracciato al biberon. Io mi ero persa nella lettura. Il professore sembrava trattenere il respiro accanto a me. «Allora?» esalò infine. «Allora?» Incapace di tollerare ancora l'attesa del verdetto.

«Che cosa posso dirle, professore?» Alzai lo sguardo con incredula ammirazione. «Che cosa posso dirle?»

«Dillo...»

«Le sue poesie sono straordinarie... toccano il cuore, c'è dentro una passione, una commozione, un'intensità... ecco, alla lontana ricorda... non so, Neruda? Insomma guardi che lei... lei è davvero un grande poeta.» Non mentivo, non parlavo per compiacerlo. Era quello che pensavo. Avevo preparato non so quanti esami sulla letteratura, francese e inglese, russa e naturalmente italiana e non solo... ne avevo lette di poesie!

«Le assicuro, sono senza parole.»

Si buttò all'indietro, si appoggiò di schianto allo schienale della sedia.

«Dici sul serio?» Spalancava gli occhi sbalordito. «Proprio sul serio? Grande poeta, hai detto?»

«Eccome!» Possibile che uno come lui, così come lo conoscevo io, rigido e propenso a giudizi negativi, possibile che proprio lui sia capace di creare con tanta appassionata precisione versi che ti mandano il cuore in gola?

«Lei ha scritto un capolavoro.»

«Dici sul serio...» ripeté e affondò il naso nel fazzoletto? «Sì, dici sul serio, lo sento.»

«E scusi, non capisco... lei piange per questo? Scrive simili poesie e si sveglia di notte disperato? Perché?»

«Perché sono convinto che siano delle vaccate.»

«Delle vaccate?»

«Lo dice anche Adelita. Dice che sono carine... come dire che sono delle vaccate, capisci? Lei non dice vaccate perché è sempre gentile con me. Ma una poesia non può essere *carina*... se dici che è carina vuol dire che è una vaccata.»

«Lei è un uomo colto. È un professore. Possibile che non si renda conto...» indicai il quaderno «...della qualità di quello che ha scritto?» Mi tolsi il foulard che avevo al collo, lo appoggiai sul tavolo, lo appallottolai. Chopin non si svegliò quando lo deposi in quella specie di nido.

«Allora?» mi rivolsi al professore. «Mi sembra strano che lei non riesca a valutare la qualità della sua opera.»

«Non hai idea di quanto siano violenti i miei dubbi. Io insegno chimica, scienze, anche matematica... non letteratura. Che ne so di poesia? Non posso valutare... le rileggo, le mie poesie, e mi sembra che siano misere, banali, al massimo *carine*... e mi dispero perché sono troppo importanti quei versi per me, capisci? Sono la mia ragione di vita. L'unica, per non sentirmi un fallito. Se sono delle vaccate sono un fallito. Se non riesco a mettere in poesia quello che mi si agita dentro... che cos'altro sono se non un fallito? Uno che non lascia tracce nel mondo? Vita inutile!»

È così allora, pensai sconcertata: hai una casa e una moglie che ti accudisce e il tuo lavoro a scuola e gli amici e le ostriche anche... ma se nelle poesie che scrivi non riesci a leggere una sublime bellezza, allora ti senti un fallito e tutto il resto delle tue giornate non ha alcun valore.

«Mi guardi stupita» disse il professore.

«In effetti...» Sì, ero davvero stupita: l'uomo che avevo davanti si credeva un incapace e non sapeva di essere un poeta. Poteva accadere anche a me così? Magari di credermi in gamba e non sapere di essere una pasticciona? Di credermi innamorata e non sapere di essere solo famelica dell'attenzione di un uomo? Di credermi in un modo e non sapere di essere in un altro? E via di questo passo?

«Qual è il problema?» disse il professore stancamente.

«Deve pur esserci una via d'uscita...» dissi «...perché queste sue poesie non le ha mai mandate a un editore? A un esperto del ramo? Un critico?»

«Per sentirmi dire che faccio ridere?»

«Lei crea qualcosa di meraviglioso che nasconde in un cassetto per paura...»

Voltai la testa di scatto verso la porta aperta. Mi era parso di sentire un rumore. Marian? Non smettevo di attenderla... era lei? Tornò il silenzio. Niente Marian. Mi girai di nuovo verso il professore e mi bastò un istante per decidere di darmi da fare.

«Allora, senta, facciamo così...» dissi e appoggiai sul quaderno una mano aperta e risoluta «...lei ha una copia del suo lavoro?»

«Molte copie.»

«Vuole lasciarmi questo quaderno? Penso io a chi rivolgermi. Posso?»

«Tu? Faresti questo, tu?»

«Certo. Anche molto volentieri.»

«E pensi che le accettino? Le pubblichino?»

«Lo penso.» Non poteva essere diversamente.

«Se accadesse...» era sconvolto «...se accadesse significa che avverrebbe la cosa più importante della mia vita. L'unica cosa importante. Quella che dà senso a tutto.»

Lo osservavo perplessa. Come è possibile che questo tipo punti tutto il senso della propria vita su una cosa soltanto e che tutto il resto conti per lui meno di zero? Poi mi venne in mente George e quello che seguì dopo, e anche Marian e il senso di mancanza che mi stavo portando addosso da quando era scomparsa... allora succede anche a me di puntare principalmente su una cosa e non capire il valore di tutto il resto?

«Mi ascolti? Te ne occupi davvero delle mie poesie?»

Mi riscossi: «Sì, certo... certo che me ne occupo».

Aspirò l'aria con energia. «Sì, d'accordo, sì...» proruppe, era agitatissimo, si era rimesso gli occhiali e continuava ad aggiustarseli sul naso «sì, però a un patto... un patto tra noi due...»

«Un patto?»

«Non diciamo niente a Adelita.»

«No, scusi...» protestai subito «...lei mi mette in imbarazzo. Mi mette molto a disagio non poter dire a Adelita...»

«Che cosa non dovreste dire a Adelita?» Era lei. Sulla soglia. In una lunga camicia da notte nera, una cosa tutta pizzi che non avrei mai immaginato potesse indossare. Era lì, a braccia spalancate, puntava le mani contro gli stipiti della porta. «Che cosa?»

Il professore e io ammutoliti.

«Ora mi spiegate.» Andò decisa alla finestra in uno sventolio di sete e trasparenze, afferrò le maniglie della zanzariera e la abbassò con energia. «Vogliamo farci divorare dalle zanzare?»

Sedette al tavolo.

«Ne parla lei?» Gettai un'occhiata al professore.

Lui agitò una mano, a occhi bassi, come a dire fai tu. Così spiegai a Adelita che cosa avremmo voluto tacerle.

«E speri di far pubblicare le sue poesie?» Come se mi stesse chiedendo se ero impazzita.

«Sono straordinarie» dissi con forza, mi bastava guardarla per capire che non era d'accordo.

«Come te la caverai quando gli editori ti risponderanno che non valgono la pubblicazione? Che sono carine e basta?» Adelita aveva appoggiato il mento sulle mani e volgeva il viso verso il professore. «Mi dici come te la caverai?»

Lui zitto fissava la camomilla nel bicchiere come se ci si volesse affogare dentro.

«Lo vedi? La sola idea ti spaventa, *mon amour*.»

Non avevo mai sentito dire *mon amour* con un tono tanto risentito.

«E tu...» Adelita si rivolse a me «...tu, perché credi che non sia d'accordo con voi due per tentare di far pubblicare questa roba? Sai perché non voglio? Per tutelare lui, la sua delusione... totale delusione... sarebbe un bel dramma... riesci a capirlo?»

«Non ci sarà delusione» dissi alzandomi. Raccolsi Chopin. E il quaderno.

«Potrei vietarti di occuparti di questa faccenda» disse lei con calma. Quasi soave.

«Penso sia inutile. Ormai è deciso.»

«Ah sì? Quando ti diranno che non se ne parla di pubblicazione, ti occupi tu di lui? So ben io come si ridurrà con quel *no*. Ti prendi tu questa responsabilità?»

«Le cose non andranno così.» Ne ero assolutamente convinta. Diedi la buonanotte e me ne andai nella mia stanza.

Poco dopo, a letto con la lampadina accesa, il quaderno di poesie davanti agli occhi, spostai Chopin che insisteva per acciambellarsi tra spalla e collo, come faceva Marian.

«Mi fai caldo» e lo appoggiai in fondo al letto. Tornò su varie volte con un esile miagolio. Ogni volta tornai ad appoggiarlo in fondo al letto. «Lì sui miei piedi, se vuoi. Addosso no. Va bene tutto ma non esageriamo.»

Mi addormentai con il quaderno di poesie sul petto.

Poco prima dell'alba fu Chopin a svegliarmi: raggomitolato contro il mio collo, mi rombava nelle orecchie le sue fusa assordanti.

«Guarda che tu non sei Marian» lo avvertii nel dormiveglia.

Continuò tranquillo a far le fusa, come se non avesse sentito.

12

Adesso so che bisogna
alzare le vele e prendere
i venti del destino
ovunque spingano la barca.
(Lee Masters)

Se mai avessi dubitato di non rivedere più Pierre, be', mi ero sbagliata di grosso. Il mattino seguente, quando infilai il vialetto per uscire, lo rividi. Camminava avanti e indietro al di là del cancello. Il bracco era disteso accanto a una bicicletta da uomo appoggiata a un tronco.

«Ehi...» lo salutai così, con un mezzo strillo, un'allegria improvvisa mi sbocciò da ogni poro. «Ehi...»

Lui si mise a ridere e mi aprì il cancello con piglio cerimonioso.

«*Madame*... si accomodi nel mondo.» Mi tolse di mano la bicicletta, attese che io uscissi, richiuse il cancello. «Tutto bene?»

«Più o meno» e continuavo a sorridergli contenta di averlo trovato ad attendermi.

Poco prima, quando ero in cucina e preparavo l'ennesimo biberon per il micio, dopo aver adocchiato la lista della spesa posata al solito sul vassoio, non mi sentivo per niente allegra. E questo perché avevo trovato il professore in piedi accanto alla finestra, elegante come sempre, camicia azzurra e impeccabili pantaloni di tela, la tazza del caffè in mano, occhiali sul naso, capelli ben pettinati con la loro brava riga da una parte.

«Buongiorno» salutai entrando.

«Salve» fu la risposta, diceva così tutte le mattine e anche adesso: *salve*, come se salutasse un estraneo.

Non era proprio il caso di parlargli delle poesie, di quello che era accaduto quella notte. La sua freddezza mi invitava al silenzio. Probabilmente, pensai mentre, seduta al tavolo, infilavo il biberon tra le fauci di Chopin, probabilmente adesso non gli importa più un accidente di tutta questa faccenda. Dottor Jekyll e mister Hyde. Possibile?

Aspettai impaziente che Chopin finisse di poppare, gli massaggiai il pancino come dovevo, evitai di far colazione, agguantai la lista della spesa e me ne andai salutando educata. Non vedevo l'ora di uscire: mi stava stretta l'atmosfera che pesava in cucina, quel far finta di niente lo trovavo insopportabile.

I *far finta di niente*... per quanto mi riguarda avevo giurato mai più nella vita.

«È un giuramento che purtroppo va a vuoto» commentò Pierre dopo che gli raccontai tutta la vicenda di quella notte, compresa l'ostilità di Adelita e l'atteggiamento del professore poco prima, in cucina.

«Perché deve andare a vuoto?» gli chiesi e mi guardavo intorno deliziata dall'aria trasparente e fresca di quella splendida e luminosa mattina estiva. «Basta sottrarsi, no?»

Eravamo seduti in un bar, all'aperto e sotto gli alberi.

«Sotto ogni rapporto c'è sempre qualcosa che non si dice,» obiettò Pierre e respinse gli occhiali da sole sulla testa «si parla del più e del meno e troppo spesso, sotto questo gran parlare all'apparenza senza peso, stanno in agguato recriminazioni, rimproveri, urlacci, tante cose che avvelenano... o sta in agguato una gran voglia di baciarsi, per esempio.» Puntava gli occhi nei miei, scherzoso. Un cobra che se la rideva sotto i baffi.

«Ah sì?» ridevo ed ero imbarazzata. «Voglia di baciarsi mentre si fanno chiacchiere qualsiasi?»

«Per esempio...» Si alzò a metà e si sporse attraverso il

tavolino, sentii la sua mano sulla nuca e la sua bocca sulla mia, lì davanti a tutti. Un bacio casto. Un breve bacio casto e ardente. Non me l'aspettavo quel bacio, parola mia che non me l'aspettavo.

«Non so se mi spiego» disse risedendosi.

«Ti spieghi» deglutii per sciogliere il groviglio di emozioni che mi serrava la gola. Anche lui però non mi sembrava messo meglio, sembrava che quel bacio gli avesse disfatto i lineamenti e mi accorsi che aveva il respiro corto.

«Era solo per spiegarti quello che può scorrere sotto banali chiacchiere.»

«Mi rendo conto.»

Alla luce di quello che accadde in seguito, cioè per come andarono poi le cose, sarebbe stato meglio per lui – e anche per me – se avesse lasciato perdere.

«Abbiamo rotto il ghiaccio» disse lui. Non aveva nessuna intenzione di lasciar perdere. «Torniamo a prima, allora, torniamo alle poesie» disse lui. Mi sorrideva, gli scintillavano gli occhi, era proprio bello in quel momento, più bello del solito, o forse ero io che lo vedevo così. Ingrid dice: quando hai una voglia matta di andare a letto con un uomo ti sembra che sia come minimo Mister Universo, anche se è uno sgorbio.

«Sì, certo, torniamo a prima» mi affrettai a dire.

«Vuoi farmi leggere quelle poesie?» Tese la mano perché gli dessi il quaderno che tenevo accanto a me, sul tavolo.

«Non sono poche, ed è una specie di poema, cioè c'è un collegamento tra l'una e l'altra... insomma, ti narrano una storia, e la storia è il viaggio di Ulisse oltre le Colonne d'Ercole quando lascia Itaca per riprendere il mare, e volta le spalle alla sua patria e soprattutto a Penelope e, condotto dalla sua piccola vela, scopre l'oceano... l'immensità del nulla... è l'avventura, è il viaggio dell'anima al di fuori di...» mi azzittii. Pierre era sempre lì con la mano tesa a mezz'aria, verso di me, in attesa. Infilai il quaderno tra le sue dita come se lo imbucassi in una cassetta postale.

«Ecco.»

«Posso leggere con calma?»

«Io intanto faccio un salto a fare la spesa per il professore e Adelita. Okay?»

«Vai, ti aspetto.»

Fu con sollievo che mi allontanai. C'era vento, un vento che sapeva di sale e spazzava via tutto, mi sciolsi i capelli, il vento li sbatteva di qua e di là e sprimacciava il mio vestitino di cotone per liberarmi dall'ardore di poco prima.

Nel negozio trovai anche Margot. Mi venne incontro ridente, mi abbracciò, raccolse Chopin dalla borsa che avevo a tracolla, «Ma come sta diventando grande» e «Ma che brava sei, lo stai nutrendo bene» e ancora «Bello cicciotto», lui miagolava spalancando le fauci, un miagolio esile come uno spillo, anche Marian da cucciola miagolava così.

«Vai pazza per lui, adesso, vero? È troppo adorabile...» e se lo appoggiava al petto.

«Boh, pazza proprio non direi,» dissi «non si dimentica così in fretta.»

«Guarda che si possono amare due gatti contemporaneamente. Nel caso torni Marian.»

«Sai che credo ancora che da un momento all'altro me la ritroverò vicino?»

«Si possono amare non solo due gatti ma anche due persone contemporaneamente...» disse ma sottovoce.

Pensai a quello che mi aveva raccontato. Il marito che non ritorna, che è scomparso in mare. Lei che lo aspetta per anni. Forse lo aspetta ancora. Eppure ama Roland.

«Ti capiterò nella vita, vedrai... capita sempre» disse Margot.

«Non so, non credo di poter amare in quel certo modo due persone contemporaneamente» dissi.

«Però Chopin lo stai trattando con cura, basta guardarlo» disse lei.

«Non sono disumana...» protestai «...e intanto che lo tieni tu faccio la spesa.»

Roland spinse verso di me il carrello, ammirò anche lui il micio, mi chiese come stavo, mi invitò a cena. Margot disse che avrebbe fatto la torta di rabarbaro. Sono sempre stati così affettuosi con me, come se mi avessero adottata... e anche adesso che siamo lontani, quando ci telefoniamo con la promessa di rivederci presto, anche adesso che tutto è talmente cambiato per me.

Comunque quel mattino, nel negozio, io sceglievo quello che dovevo comperare e Margot mi camminava al fianco.

«Sai che ti ho vista? Sono passata vicino al bar, ma tu non badavi a nient'altro... c'era il tuo amico» ridacchiava.

«Oh, il mio amico...» ridevo anch'io. Margot aveva capito come stavano andando le cose.

«Ti ha parlato della moglie? Attenta se ti dice che si stanno separando, o che sono separati in casa, o che dormono separati da anni, non crederci.»

«Per fortuna non ha detto niente di tutto questo.»

«Ma a te piace lui, di' la verità...»

«Certo che la dico,» e mi sentii arrossire «la dico eccome. Hai perfettamente ragione» continuavo a ridere come una stupida.

«Ma... e la moglie? Non ci pensi che è sposato?»

«Non penso sia affar mio.»

«Cioè?» Mi osservava perplessa.

«È lui che ha giurato fedeltà all'altare. Non io. Io non sono sposata. Non devo fedeltà a nessuno. Sono libera come l'aria, tanto per usare un'espressione comune.»

«Ma il fatto che sia sposato, se ti innamori...»

«Margot,» esclamai «credi che possa succedere? Io no.»

«Se ti innamori e lui è sposato... è per niente facile.»

Non risposi.

Continuò a starmi al fianco, in silenzio anche lei, ma ogni tanto mi sbirciava.

«Dai, vieni a cena con lui, domani sera» disse infine.

«Devo chiederglielo... magari ha a fare.»

«Va' là, mi gioco la testa che non ha da fare. Quello ha deciso di mettere tutto il suo tempo ai tuoi piedi, scommettiamo?»

«E scommettiamo anche che non mi innamoro di lui?»

«Come fai a esserne così sicura?»

«Chi lo sa!» risposi.

Scoppiammo a ridere, come si ride certe volte tra donne, si ride di noi stesse, degli uomini e di tutto quello che ci costruiamo sopra. E anche di tutto quello che gli uomini costruiscono su di noi. Si può riderne come ne stavamo ridendo Margot e io, quel mattino.

Poco dopo ero di nuovo seduta davanti a Pierre, al tavolino del bar. Aveva appoggiato il quaderno sulle ginocchia.

«Ah, sei qui...»

«Allora?» Mi sembrava di avere addosso la stessa ansia del professore quando aspettava di sapere che cosa ne pensassi delle sue poesie.

«Sorprendenti» disse lui. Continuava a rivolgere lo sguardo all'orizzonte. Era turbato. «Raramente ho letto cose del genere, di un tale livello... davvero sorprendenti.» E aggiunse in fretta: «Ti emozionano e questa parola non rende quello che si prova a leggerle. Perché quello che provi è molto di più». E ancora: «L'Ulisse che leggi in quelle poesie... quell'Ulisse è in ognuno di noi, è quella nostra parte preziosissima... se la perdi, perdi te stesso». Poi: «È la parte dei sentimenti più autentici... la passione, la creatività, l'audacia, il coraggio di rischiare...» disse ancora «...è così facile purtroppo perdere tutto questo». Una linea di tristezza gli piegava le labbra.

Girò la testa verso di me: «È così, mia dolce amica. È proprio così».

Mia dolce amica.

Chopin spuntò dalla borsa e mi venne in grembo. Lo accarezzai. Mi mordicchiava le dita, le leccava, cercava di giocarci. Pensai che non avevo mai giocato con lui. Con Marian invece...

«Bisogna pubblicare queste poesie» disse Pierre.

«Non sarà difficile.»

«Bisogna trovare la persona a cui rivolgersi.»

«Tu conosci qualcuno che...» iniziai ma lui subito mi interruppe con un «Sì, certo!» immediato. Poi si accigliò. «Ci devo pensare» disse con altro tono, come se si fosse rammaricato di tanta irruenza.

«Cioè?»

«Ci penso.»

«Be', anch'io ho dei contatti interessanti. Potrei...»

«Ma no, so che c'è qualcuno qui all'isola. Di solito vive a Parigi ma adesso... mi pare che adesso sia ospite di amici. Un eccellente critico letterario. Uno di grande nome. Lo conosco. Adesso ci penso e vediamo.» Tante frasi secche secche. Come se qualcosa lo contrariasse.

«Va bene» dissi e mi alzai. «Adesso devo tornare a casa. Solito biberon del micio. Poi ho da fare la traduzione con Adelita.»

Si alzò subito anche lui e con il bracco al fianco mi accompagnò spingendo entrambi la bicicletta tra la gente che affollava le strade.

«Vengo a prenderti a metà pomeriggio» annunciò imperioso. «Potremmo andare a nuotare poi a cena.» Sentivo il suo sguardo.

Gli sorrisi.

«Sì?»

«Sì, certo.» Salii in bicicletta e infilai la strada che portava verso casa.

Il professore e Adelita mi accolsero arcigni, erano in giardino, lei stava apparecchiando, lui stava stappando una bottiglia di vino bianco. Solo la vecchia cagna mostrò di gradire la mia presenza, mi venne incontro, povera Zaza, tutta pulci e zecche, scodinzolava. Andai a mettere la bicicletta sul retro della casa, poi mi infilai in cucina. Lasciai sul tavolo gli scontrini della spesa accanto alla lista. Adelita entrò subito dopo di me, prese gli scontrini, li stracciò e li buttò nella pattumiera. Era il suo modo per farmi capire che ce l'aveva con me? Bene, pensai, ho la sensazione che da questo momento dovrò rinunciare al rimborso.

«Senta, Adelita, guardi che le poesie che ha scritto il professore sono di altissima qualità...»

«Di che cosa stai parlando?»

«Delle poesie...»

«Non so proprio come ti venga in mente di parlarne» obiettò lei. Aprì il frigorifero, ne tolse una scodella: «Il professore ha fatto questa insalata di cetrioli... hai comperato lo yogurt?».

«Certo.» Tolsi la spesa dai sacchetti e disposi ogni cosa sul tavolo. «Dicevo che quelle poesie...»

«Fossi in te sorveglierei il tuo micio.»

Chopin saltellava in giro per la cucina, annusando, poi si sistemò in un angolo... lo afferrai al volo e corsi in stanza. Lo adagiai appena in tempo sulla sua lettiera. «Non si sporca in giro» gli dissi. «Inoltre trovo antigienico tenere la tua cassetta nella mia stanza. Non potresti fare come faceva Marian? Andar fuori? Usare i cespugli?»

Lui non mi badò, stava accosciato, concentratissimo fissava davanti a sé.

Me ne uscii richiudendo la porta. Devo purtroppo ammettere che ogni volta che tornavo in quella casa e non trovavo Marian in giardino – come speravo – e neppure nella mia stanza, provavo verso il certosino una certa irritazione. Come se la fuga di Marian fosse colpa sua.

Sedetti a tavola, il professore e Adelita erano già al loro posto. Era colpa del certosino se ero tornata a pranzo, aveva bisogno del suo biberon, non fosse stato per lui, pensai, non sarei qui ma insieme a Pierre.

Adelita mi lanciava rapide occhiate di avvertimento, come a dire non sognarti di tirar fuori l'argomento poesie.

«Ti piace la mia zuppa di aglio?» volle sapere il professore. «Ci ho messo una quindicina di spicchi di aglio, carote, cipolla, qualche patata, latte di riso e rosmarino, salvia e un pochino di olio.»

«Quindici spicchi di aglio?» Avevo una fame pazzesca e la zuppa ahimè era ottima. «Quindici? Si sentono, eccome se si sentono» e pensavo a Pierre che avrei incontrato tra qualche ora. «La zuppa ideale per una giornata come questa.»

«Non mi hai detto se ti piace.»

«Squisita» dissi. «Da ripetere.» Quanto tempo ci vuole per digerire quindici spicchi d'aglio?

«Oggi è il giorno dell'aglio» disse lui.

«Non mi dica...»

«Sì, è il giorno dell'aglio. L'ho messo anche nelle polpette di verdura e due spicchietti nei cetrioli.»

«Spero che lei oggi non abbia fatto anche la frutta cotta» dissi.

«Molto spiritosa» commentò lui asciutto. Però a Adelita sfuggì un sorrisetto.

Dopo pranzo ci mettemmo al tavolo di lavoro sotto le piante per la traduzione. Prima però andai a prendere Chopin e lo lasciai libero di scorrazzare in giardino. L'erba lo entusiasmava, ci saltava sopra, scompariva in quella alta, inseguiva le foglie, si concentrava a osservare una coccinella poi schizzava via come se avesse avuto a che fare con un drago. Ma quello che lo eccitava di più era fermarsi dove l'erba era stata tosata. Quello era il suo regno. Era anche il regno delle gazze, due o tre si erano messe a becchettare qua e là. Chopin ci si rotolava nell'erba tosata, si allungava tutto, correva a zig zag e tornava indietro. Una pacchia. Poi si accucciò tranquillo a osservare le gazze. Stavano a guardarsi le gazze e Chopin. Poi si addormentò.

Traducevo il solito testo, Stalin ne stava combinando di tutti i colori, un colpo alla nuca e fuori dai piedi per sempre tutti quelli che gli facevano ombra.

«Un colpo alla nuca o a picconate...» commentai «come con Trotsky, poveraccio.»

«Poveraccio un corno» disse Adelita. «Ha cercato di far le scarpe a Stalin...»

«Senta, Adelita,» deposi il testo che stavo traducendo «i regimi totalitari sono disumani ma se lei non la pensa così evitiamo qualsiasi discussione. Non la reggerei.»

«E allora non far pubblicare le poesie» scattò.

«Non vedo il nesso con Stalin» protestai.

«Ne avremmo gran danno da una eventuale pubblicazione. Grandissimo danno. Io almeno, te lo assicuro.» Non potevo sapere, al momento, quanto avesse ragione, povera Adelita.

«In ogni caso...» proseguì lei più calma «in ogni caso resto della mia opinione, quelle poesie sono poco meno che modeste.»

Lasciai perdere, ripresi in mano il testo, abbassai lo sguardo sulla pagina. «E ora si passa ai gulag, sai che spasso!» dissi aspra.

«E i lager dei nazisti allora?» fece lei polemica.

«Che cosa c'entra?!» sbottai.

Avevamo entrambe una gran voglia di accapigliarci, ma non sugli orrori della storia. Quella era la scusa. In realtà lei ce l'aveva con me perché io volevo pubblicare le poesie di suo marito, io perché lei ne negava la bellezza e si opponeva.

Ripresi a tradurre, naso sulle pagine, senza guardarla. Resistevo con fatica al desiderio di darle addosso: perché umiliava il marito convincendolo di aver scritto delle *vaccate*? Alla fine del capitolo chiusi il testo.

«Per oggi basta, direi.» Avevo ritrovato la calma.

«Ti ringrazio,» fece lei subito «sei sempre bravissima.»

«Ha notizie di Ingrid?» le chiesi. «Continuo a mandarle dei messaggi ma senza risposta.»

«Ha telefonato ieri sera» disse lei. «Arriverà tra non molti giorni. Sì, credo tra poco. Tu naturalmente puoi stare qui quanto vuoi, anche se abbiamo finito la traduzione.»

«Ha telefonato?» Perché telefona a Adelita e a me no? «Sta bene?»

«Sembrava tutta allegra.»

«Tanto meglio» ma ci ero rimasta male. Che amicizia è se non si è amiche davvero?

«Aspetta un momento prima di andartene...» Adelita mi tese un rotolino di banconote «... queste sono per la spesa.»

«Grazie.»

«Sbagliavi a pensare che non ti rimborsassi più.»

«In effetti l'ho pensato...» sorrisi «...si pensano spesso cose sbagliate.»

«Volevo dirti anche che ho saputo che hai un amico, me l'hanno detto, sai qui si sa tutto di tutti. Il *tuo* amico o un amico e basta?»

«Dipende.»

«Capisco... in ogni caso perché non lo inviti a cena qui da noi? Ci farebbe piacere.»

«Non ama la cucina vegana,» non sapevo se Pierre la amasse o no, ma mi parve un ottima scusa «anzi, la detesta.» Non so perché l'idea di quell'invito a Pierre mi dava fastidio.

«Non te l'ho mai detto, non c'è stata l'occasione, ma il professore è un abile cuoco anche nelle ricette della cucina francese. Per un ospite non avrà difficoltà a cambiare menu.»

«Allora in caso...» Poi girai uno sguardo intorno. «E Chopin?» Era scomparso anche lui? Cercai in giro per tutto il giardino. Niente. Sparito. Anche Adelita frugava sotto i cespugli e nell'erba alta.

«Guarda, Eva, che non c'è.»

«Accidenti... anche lui?»

«Prova a chiamarlo.»

«Non sa neanche come si chiama, è troppo piccolo.»

«Prova.»

«Chopin...» chiamai a gran voce. «Chopin!»

Saltò fuori all'istante da chissà dove e mi galoppò incontro, mi rotolò sui piedi, pazzo di gioia.

«Visto?» disse Adelita. «Lui non ti abbandona.»

Raccolsi Chopin e con sollievo lo appoggiai al petto. Alzò il musetto e ci guardammo. Nei suoi occhi scintillanti lessi una devozione sconfinata. Allora lo presi tra le mani, lo sollevai davanti al viso e facemmo naso-naso. Per la prima volta.

«Ti adora... se uno ti adora non puoi non adorarlo anche tu.»

«Be', non è così matematico» obiettai «e poi neanche Marian mi abbandona...» affermai «...è andata solo a farsi un giro e tornerà.»

«Le illusioni rendono più facile la vita, vero?» ribatté lei.

Me ne andai in stanza e telefonai subito a Ingrid. In risposta la voce della segreteria. Al diavolo, pensai. Allora telefonai a Marco. L'uomo che picchia la moglie e che piange perché lei lo pianta in asso. Intanto osservavo Chopin che stava affondando le unghiette nei bordi della zanzariera, si era arrampicato da solo sul davanzale, lungo la tenda.

«Marco?»

«Ah, sei tu... guarda che non so niente di lei, se mi chiami per questo. Mi manda solo dei messaggi del tipo sto bene e tra poco torno.» Voce irosa.

«Oh, allora...»

«Non mi chiedi neppure come sto io?» Voce lamentosa.

«Posso immaginarlo» ma avrei voluto parlargli di quelle botte.

«Se torna faccio finta di niente... non rinuncio a lei. La amo.»

«Non ne dubito» e lo salutai.

Con il pensiero ero già in spiaggia insieme a Pierre. Raccolsi Chopin e tenendolo in braccio chiusi la finestra. Non incominciamo a far disastri, gli dissi mentalmente, Marian non ha mai fatto disastri. E questo lo ripetei ad alta voce, tenendomelo davanti al viso. «Capito?» Per la prima volta notai il colore dei suoi occhi, azzurri nel grigio intenso del pelo.

Mi fissava con aria interrogativa, serio serio. Sì, devo ammetterlo, era incantevole. Tese le zampette per giocare con il mio naso. «Devo andare...» gli sussurrai. Lui si divincolò, lo rimisi a terra, galoppò verso la porta e si piantò lì con l'aria di dire allora usciamo.

«Stavolta resti qui.» Lo acciuffai e lo deposi sul letto.

Infilai il costume, quello intero, nessuna intenzione di mettermi in due pezzi per andare a nuotare con Pierre. Poi il solito vestitino. Asciugamano, un telo e via. Stavo per uscire e mi arrivò il miagolio di Chopin. Mi fissava seduto accanto al cuscino. Mi fissava e miagolava, era una specie di minuscolo raglio il suo, una protesta energica, della serie: non mi porti con te?

«No, non ti porto con me. Hai fatto le tue corse nel prato, per oggi basta.»

Mi ricordai dell'aglio. Tornai in bagno con Chopin alle costole, mi sciacquai la bocca non so quante volte. Non si sa mai, come dice Ingrid. Tornai nella mia stanza e lui dietro. Lo rimisi sul letto.

«Ciao.»

Richiudendo la porta alle mie spalle mi sentivo un mostro. Mi arrivò un miagolio più sonoro. Poi un altro. Poi basta. Silenzio. Si era rassegnato. Ebbi la tentazione di rientrare per portarlo con me.

«Invece l'ho lasciato lì... e adesso mi sento in colpa» dissi a Pierre mentre spingendo le biciclette stavamo infilando la Strada della Piccola Felicità. Lo avevo trovato al cancello in attesa, non so da quanto tempo fosse lì, non me lo disse.

«Del resto anche tu non hai portato Pascal.»

«Per una volta senza animali appresso.»

«Ma dove l'hai lasciato?»

«A una persona» disse brevemente. Non gli chiesi chi fosse questa persona.

«Chopin è da solo, nessuno se ne occupa quando esco.»

«Fai bene a sentirti in colpa,» mi rimproverò lui «lui vuole stare con te.»

Non è Marian, avrei voluto dirgli.

Appoggiammo le biciclette a un albero, legate entrambe con la stessa catena, e procedemmo a piedi. Cicale, brezza salmastra, profumo di resine... vecchie conoscenze ormai, con tutte le volte che ero passata di qui per cercare Marian. Oggi no, non ero qui per cercarla.

«La marea?» chiesi quando oltrepassammo le dune.

«C'è tempo... nessun pericolo se andiamo a nuotare.» Camminammo lungo il mare per un bel pezzo, Pierre sosteneva che più avanti c'è un punto della spiaggia dove avremmo potuto goderci meglio il fulgore del tramonto.

«Conosci bene l'isola...»

«Ci sono stato molte volte» poi cambiò discorso e si mise a parlare del ritmo delle maree.

Camminavamo vicini, a piedi nudi, reggendo i sandali e le nostre borse. C'era poca gente in giro, era già tardo pomeriggio, l'ora più bella.

«Possiamo fermarci qui» disse Pierre, e lasciò cadere borsa e sandali e si tolse la camicia. Torace asciutto, pochi peli e spalle larghe. Si accorse della mia occhiata e «Adesso tocca a te» rise.

Mi cavai il vestito alla svelta, entrai subito in acqua sentendomi il suo sguardo addosso, dalla nuca ai talloni. Mi tuffai subito, l'acqua non era fredda, era gelida. Mi tolse il respiro. Nuotai con forza lungo la costa e mi assicuravo ogni tanto di avere ancora la terra sotto i piedi. Finché tocco, pensai, posso fidarmi.

Mentre nuotavo ridevo di me stessa per l'imbarazzo che mi dava Pierre, il suo corpo maschile slanciato e circospetto. Mi fermai sbuffando e mi guardai intorno. Dov'è? Lo vidi al largo, doveva essere lui, un crawl veloce e puntava verso l'orizzonte. Si fermò. Si girò. Si guardò intorno. Tornò indietro e questa volta puntando diritto verso di me.

Uscii alla svelta dal mare e mi avvolsi nell'asciugamano.

«Niente giochi in acqua?» disse Pierre quando mi raggiunse. Mi stava prendendo in giro.

«Macché giochi in acqua,» rabbrividivo «sto gelando.»

«Ci penso io» e passò e ripassò con forza la mano sulla mia schiena protetta dall'asciugamano, con l'altra mano mi teneva per una spalla. Poi si chinò e mi baciò su una guancia. «Sai di sale, che strano...» rideva e sembrava felice. Tempo dopo mi disse che in quel momento era davvero molto felice.

«Mi piace baciarti sulle guance...» I capelli gli spiovevano sugli occhi.

«Ho un freddo cane» ma avrei voluto dirgli: anche a me piace quando mi baci su una guancia. E mi piace anche quando mi strofini la schiena.

«Com'è che è così fredda quest'acqua?»

«L'Atlantico, tesoro mio... l'Atlantico» disse lui.

Tesoro mio?

Ci rivestimmo voltandoci le spalle. Poi infilai il maglione che aveva portato lui, io l'avevo dimenticato. Ci sedemmo spalla a spalla sulla sabbia ancora tiepida a guardare il tramonto, i colori che cambiano, sulle onde i gabbiani galleggiano come turaccioli, il cielo striato di rosso, il sole che se ne va. L'aria si fa umida e fredda.

«E tra poco il vento della sera» disse piano Pierre. «Non manca niente.»

Si girò verso di me. Ci abbracciammo. E i baci. Non uno ma ancora e ancora, come se non si riuscisse più a smettere. La sua mano tra i miei capelli bagnati, il calore del suo viso sul mio, la barba che pungeva quando mi baciò sul collo.

«Andiamo via di qui» mi disse all'orecchio. Ci alzammo in fretta.

Mi teneva la mano stretta nella sua e percorremmo insieme la Strada della Piccola Felicità, nel bagliore del tramonto.

«Non prendiamo le biciclette.» Mi conduceva camminando rapido, ci inoltrammo attraverso gli alti cespugli di rose d'Oléron, un sentiero dopo l'altro.

Non gli chiesi dove stavamo andando.

Poi quella stanza dalle pareti rosa. L'intensità del suo sguardo mentre si chinava sopra di me. Il suo vasto solido torace nudo. Piccola mia, mormorava. Piccola mia.

Dalla finestra entrò il buio della notte mentre giacevamo abbracciati. Stretti uno all'altra, ingarbugliati come se non riuscissimo più a sciogliercі. Quanto tempo era passato?

«Il biberon di Chopin...» sussurrai «...deve essere tardissimo.»

Mi baciò ancora davanti al cancello, nella luce quieta della luna. Mi disse che avrebbe voluto passare la notte insieme a me e che al mattino presto sarebbe venuto a prendermi. Percorsi il viottolo con passi incerti, mi sentivo spossata, felicemente, vergognosamente spossata.

Seguirono giorni del tutto ebbri. Ogni alba trovavo Pierre davanti al cancello.

Quella stanza ci ospitò per ore e anche le spiagge e le pinete e il piccolo porto dall'altra parte dell'isola dove la sera con la bassa marea le imbarcazioni giacevano inclinate da un lato sul fondo asciutto. Chopin nella sua borsa di tela e Pascal al fianco. Noi due con il bicchiere di vino bianco in mano seduti vicini davanti a un locale dove il banco del bar era stato costruito con la fiancata di una barca e il padrone era venuto a sgridarci: non ci si bacia così davanti a tutti.

Ci fu anche la cena da Roland e Margot con Pierre che mi teneva la mano sul tavolo e lei, Margot, che ammiccava con aria preoccupata. Quando i due uomini andarono a chiacchierare in balcone, mi sussurrò: «Scusa se te lo chiedo... ma sesso protetto? Non vorrai combinare dei pasticci». La rassicurai. Sesso protettissimo. Niente pasticci.

Ci fu anche una cena dal professore e Adelita, tutti e quattro fuori in giardino, la vecchia cagna che mostrava i denti a Pascal e Chopin sulle mie ginocchia. Cucina francese, il professore sapeva il fatto suo. Parlarono di musica, di come si costruisce un violino, di Mozart. Ascoltavo le loro voci quiete, affabili, osservavo Pierre e il suo sorriso. Nessun accenno alle poesie.

«State bene insieme» disse Adelita a un certo punto.

«Voi due...» e non aggiunse altro. Io feci finta di non aver sentito. Pierre anche.

Ma la notte ci separavamo. Sola nella mia stanza aspettavo l'alba.

Poi un mattino, appena uscii dal cancello Pierre mi disse che quel giorno ci saremmo occupati delle poesie del professore.

«Sai quel critico di cui ti parlavo? Ci aspetta verso le sei.»

«Ma è fantastico...» esclamai entusiasta.

«Ci sarà un po' di gente dall'amico che lo ospita. Mi sembra giusto che venga anche tu.» E dopo un momento in tono neutro: «Non mi fai mai domande, tu. Di solito le donne chiedono».

Rimasi interdetta.

«Problemi?» Mi fissava accigliato.

«Be'... no. Quali domande?»

«Non mi hai mai chiesto niente della mia vita.»

«Avrei dovuto?» Scossi le spalle. Che cosa mi sta dicendo? Che si stupisce perché non scoperchio l'argomento *moglie*? «Dobbiamo parlarne?»

«No, va bene così.» Prendemmo le biciclette e ce ne andammo in paese a far la spesa, a camminare lungo il porto, a girare tra i vicoli.

Quando tornai a casa trovai Adelita in giardino al tavolo di lavoro invaso da carte. Devo dire che ero molto contenta di avere concluso con le traduzioni. Preparai il biberon a Chopin e andai a sedermi davanti a lei. «Ti sei accorta che il professore non piange più di notte?» disse con aria inquieta. E quando risposi di no, che non me n'ero accorta, «Già», commentò lei aspra «si vede che hai la testa solo da una parte, basta guardarti per accorgersene.»

Ripensai a queste parole, mentre facevo la doccia. Mi scrutai nello specchio. Si vede che ho la testa da una parte? Ero abbronzata. Molte efelidi. Occhi brillanti. Occhi di sorriso. Sì, pensai, forse si vede... ma non è amore, mi dissi. Assomiglia all'amore, ma non lo è. Però mi dà gioia.

Non mi truccai. Neanche un filo di rossetto. Niente di niente. Capelli raccolti in un nodo. Ero pronta. Raccolsi Chopin e uscii di casa.

Pierre era già al cancello.

13

...e benedetto il primo dolce
affanno ch'io ebbi ad esser
con Amor congiunto.
(Francesco Petrarca)

Fu quel giorno che un tale di nome Jeremy entrò, senza saperlo, nella mia vita.

«Guarda,» una biondina vicino a me d'un tratto mi diede di gomito «lo vedi quello lì?» Non l'avevo mai conosciuta, la biondina, non conoscevo nessuno di tutta la gente che affollava il giardino sulla costa occidentale dell'isola, dove eravamo arrivati io e Pierre alle sei in punto. Avevamo appoggiato le biciclette alla siepe e subito Pierre mi aveva detto di cavarmela un po' da sola, «Io cerco di orientarmi e rintraccio il critico, comunque il quaderno di poesie tienilo tu... non hai problemi se ti lascio un attimo, vero?». No, non avevo problemi. Con Pascal al fianco era sparito nella villa a un piano assediata da rose rampicanti.

Nel vastissimo giardino gli alberi stendevano le fronde su una lunga tavolata ricoperta da tovaglie a quadretti rossi e gialli, dove due camerieri continuavano ad appoggiare bottiglie e vassoi ricolmi di cibo. Con Chopin nella borsa mi aggirai tra le persone – non meno di una quarantina – che andavano e venivano, bicchieri in mano, chiacchiere, risa, saluti a voce spiegata, gran schiamazzare di chi si ritrova con amici, tutti allegri e con buone intenzioni di alzare il gomito. Come succede alle feste in cui non si conosce nessuno, non c'era nessuno che si accorgesse di me.

Mi feci largo per raggiungere la tavolata, avevo sete.

Ora, con un bicchiere di acqua minerale *non gazeuse* in mano, mi guardavo intorno.

E mi ero ritrovata accanto la biondina a dirmi: guarda quello lì.

«Quello lì in fondo, dall'altra parte del tavolo,» sussurrava lei «quello che parla con la ragazza vestita di rosso, quella con la scollatura fino all'ombelico, lo vedi?» Aveva tra le dita un calice di champagne e mi si rivolgeva come una ragazzina che cerca una complice in pettegolezzi.

«Ma quale?» chiesi, c'erano vari uomini intorno alla ragazza in rosso.

«Quello che adesso si gira... quello con la camicia azzurra e il golf blu buttato sulla spalla, ma non lo vedi? Quello che si allontana...»

«Eh sì che lo vedo adesso!» dissi.

Si era fermato in una zona d'ombra. Ma un'obliqua lama di sole lo illuminava alle spalle dandogli un aspetto irreale, come se stesse per svanire da un momento all'altro. Il raggio di sole se ne va e lui scompare?

«Lo conosci per caso?» chiese la biondina.

«No...»

«Quello lì è l'unico che valga la pena tra tutti i barbagianni che abbiamo intorno,» sussurrava la biondina «non trovi? Il buffo è che non è poi chissà come bello ma ha qualcosa... qualcosa di... quello lì è un uomo, non trovi? Un uomo. Lo capisci a colpo d'occhio. Dote rara. Gli altri fanno solo finta di essere uomini.»

No, non era particolarmente bello infatti, come se per lui essere bello o no non avesse alcuna importanza. Era ben altro.

«Mi piacerebbe conoscerlo, ma quello lì non è uno che puoi abbordare...» disse la biondina sottovoce «...con gli altri non è difficile, due moine e via. Con lui... quello lì, è lui che sceglie.»

Il tipo aveva in mano un taccuino, lo stava sfogliando.

Il raggio di sole svanì. Lui no. Era sempre con il naso sulle pagine. Alzò la testa. Forse si accorse che lo stavamo osservando?

«Ehi...» mormorò la biondina eccitata «...sta venendo qui, vuoi vedere che...» Speranzosa.

Ci si fermò poco distante. Non rivolse la parola a noi ma a una donna che aveva appena raccolto dal tavolo un bicchiere ricolmo, una vestita di blu, abito di seta lungo fino ai piedi e una bella faccia nordica e aggressiva. Si salutarono come vecchi amici. La biondina e io rizzammo le orecchie. Quei due si erano messi a parlare di vini.

«Ha anche una bella voce...» mi sussurrò la biondina all'orecchio. «Lo senti?»

«Ma chi è?»

«So solo che ha dei vigneti, produce vino... in Toscana mi sembra... sì in Italia, ma lui è inglese.»

«Sai già un sacco di cose.»

«È un po' che lo tengo d'occhio e mi sono data da fare, conosco un po' di gente, lui no, lui è la prima volta che lo vedo qui all'isola. A guardarlo così mi immaginerei che fosse, non so, un pittore? Un famoso musicista? Qualcuno insomma che fa non so che cosa di sublime... invece zappa la terra nelle vigne. Ma ti pare?»

«Be', produrre vino non è una cosa da poco se è buono...»

«Sai, io sono un tipo romantico. In ogni caso mi attira e vorrei farci due chiacchiere. Magari non solo due chiacchiere...» e questo la fece torcere dalle risa.

Quel tipo... non sono una che pianta gli occhi addosso agli uomini, proprio no. Ma lo sguardo mi scappava via in continuazione e si posava su di lui. Ecco come stava andando. Basta così, pensai, e gli girai le spalle. La sua immagine mi restò nella mente, non quando parlava con la donna in blu ma quand'era sotto gli alberi con quella lama di sole addosso. Mi restò nella mente così. Che strano.

«Si chiama Jeremy» sussurrò la biondina.

«E tu come ti chiami?» Volevo cambiare discorso. Lei, che era già al terzo bicchiere, buttò lì un nome e se ne andò ancheggiando, come se non ci fossimo mai rivolte la parola.

Intorno a me la gente si affollava allungando le zampe sui vassoi strapieni di tartine di ogni tipo. Non avevo fame. Ma Chopin sporse il muso dalla borsa. Annusava l'aria, un qualche profumo stuzzicante lo aveva svegliato. Ora gli do il biberon, pensai, lo avevo lasciato nel cestino della bicicletta. Senza voltarmi a guardare di nuovo quel tipo – Jeremy – mi feci strada fra la gente e mi incamminai sul prato verso le biciclette.

«È lei che ha trovato un certosino in spiaggia?» Una voce alle mie spalle che non mi fu difficile riconoscere.

«Come lo sa?» Lo avevo di fronte. Proprio lui.

«L'ho vista a Saint-Pierre. L'ho vista con un certosino cucciolo. Qualcuno mi ha raccontato che lei ha perso il suo gatto ma ha trovato un certosino.»

«È suo?»

«No...» mi esaminava minuziosamente, come se stesse contando le efelidi che ho sul naso «...non è mio. Dove lo tiene?»

«È qui» e raccolsi Chopin dalla borsa. Sgambettava miagolando. Un batuffolo di velluto grigio dalle fauci rosa. Me lo appoggiai al petto. «È questo. Adesso ha fame.»

«Eccolo... vuole darmelo?» Aveva mani quadrate e rudi, callose, mani che lavorano e capaci di accogliere il micino con sorprendente delicatezza. Sorrideva carezzandolo. Sorrise anche a me, occhi scuri e calmi. Ingrid lo avrebbe definito un uomo di calma potente.

Ripensavo alle parole della biondina: quel tipo non era bello, non nel senso banale del termine, proprio per niente. Non capivo che cosa lo rendesse tanto attraente. Che cosa?

«Me lo regala?»

«Scusi?» Mi ripresi Chopin. «Ora deve mangiare.» Dal cestino della bicicletta tolsi il biberon, accomodai Chopin sul foulard sistemato nell'incavo del braccio, come una cuccia. «Guardi che fame...»

Chopin succhiava gorgogliando e grugnendo e squittendo e abbracciava il biberon. Come faceva di solito.

«È una delizia questo gatto...» disse lui.

«Sì,» ammisi «lo è...»

«Sto cercando un cucciolo di certosino» riprese lui. «Quelli che hanno un gatto simile se lo tengono, ho già chiesto in giro. Ma se lei l'ha trovato per caso... voglio dire, immagino che l'altro ritornerà.»

«Cioè mi faccia capire... dovrei regalarglielo?»

«Immagino che lei sia molto affezionata al gatto che ha perso.»

«Si chiama Marian.»

«Ecco, Marian. I gatti tornano prima o poi, e questo... non le sarà difficile privarsene.»

«In effetti avevo pensato di liberarmene, di darlo a qualcuno... qualcuno che ne avesse cura.»

«Perché non lo dà a me?»

«Non so...» Guardavo Chopin. Gli occhi persi nella beatitudine della poppata. Ricordavo i suoi tentativi tenaci di starmi sempre addosso. Le sue fusa. E come giocava con l'erba o con una fogliolina. Il suo sguardo adorante.

«Ci sta pensando?»

«Chopin fa di tutto per farsi amare da me...» dissi.

«E lei?»

«Io?»

«Guardi... sono capitato qui per caso. In bicicletta anch'io... sono a Saint-Pierre per un convegno sui vini. Da questa festa me ne andrei anche subito. Lei mi dia il gatto e non ci pensi più.»

Lo guardai. Faceva sul serio.

«Pensa che non sia capace di occuparmi di lui come una madre?» Sorrise senza arroganza. «Le assicuro il contrario.»

«Perché si è fissato con un certosino? Ci sono un sacco di gatti d'altro tipo in giro.»

«Il certosino ha doti che altri non hanno.»

«Acchiappa i topi, vuole dire?»

«Parlo di doti...» esitò, poi sorridente: «...doti dello spirito gattesco, direi. Feline qualità morali per così dire. Sono gatti eccezionali».

Solo Marian è eccezionale, pensai. È molto più di un gatto. È il mio nume protettore.

«Affare fatto?» disse ancora lui.

Eppure mi immaginai di tornare a casa senza Chopin. Niente più lettiera. Niente più biberon di giorno e di notte. Niente più affannarmi a prendere l'occorrente per le sue poppate. Niente impegno ogni tot ore. Niente più fusa né quel suo zampettare per venirmi incontro. Neppure quel rimetterlo ai piedi del letto quando voleva starmi sul collo. Certo, non lo amavo come Marian. Nessun confronto.

E se fosse vero che Marian andandosene per i fatti suoi avesse però voluto lasciarmi questo cosino di pelo grigio lucente e affettuosissimo? Lo guardavo mentre poppava. Si affidava a me e alle mie cure con fiducia totale.

«Lo prendo io, allora?»

Guarda un po', pensai, questo tipo che ha la faccia di un uomo capace di rovesciare il mondo, si fissa a voler avere un cucciolo di certosino? E non smette di insistere?

«Mi chiamo Jeremy» disse come se il suo nome fosse la parola chiave per portarsi via Chopin e tanti saluti.

«Bene, Jeremy. Credo che non se ne farà nulla.»

«Nel senso?»

«Non glielo regalo. Chopin resta con me.»

«E quando la sua Marian torna? Che cosa se ne fa di due gatti?» Non mollava il colpo.

«Senta, fino a ora non ero sicura che questo micio rappresentasse qualcosa per me. Non lo ero per niente. Adesso che lei... insomma, che lei mi ha proposto concretamente di separarmene, mi sono resa conto che non me ne voglio separare.»

Si passò una mano nei capelli, in un gesto che avrei imparato a conoscere. Il gesto di quando non riesce a spuntarla. Di quando non vuole perdere le staffe. Uno degli eloquenti gesti di Jeremy.

«Prima o poi riuscirò a convincerla.»

«Oh, non ci sarà né un prima né un poi... è no e basta.» Neanch'io mollavo il colpo.

Vidi Pierre che attraversava il prato. Pascal era già al mio fianco e allungava il muso verso Chopin.

Si conoscevano. Pierre e Jeremy intendo. Si strinsero la mano, sorridevano. In Pierre notai però una maltrattenuta irritazione. In Jeremy un filo di freddezza. Sentii parlare di una certa Magda. Poi capii che Magda era la moglie di Pierre e che anche lei era all'isola per un convegno sui vini. Anche lei era qui, alla festa. Anche lei?

«Ho chiesto a questa graziosa fanciulla di regalarmi il suo gatto. Sto cercando un certosino e voglio prenderlo in Francia, visto che in un certo senso è la patria dei certosini.»

«E tu?» mi fece Pierre. Seccato.

«Io niente. Chopin resta con me.» Gli stavo massaggiando il pancino. «Sì, certo, resta con me.»

«Ormai lo ama,» disse Pierre soddisfatto, e si rivolse a Jeremy con piglio arrogante «basta guardarla questa graziosa fanciulla per capire che si è decisa ad amarlo.»

«Ah sì?» ribatté Jeremy, con ironia.

Ero stupita: con quelle due battute sul micio, Pierre

aveva voluto far capire il nostro rapporto. E Jeremy aveva capito benissimo.

«Niente gatto, allora» disse.

«Già, devi rassegnarti.» Con una nota di trionfo, Pierre mi ammiccava come a dire l'ho rimesso al suo posto questo qui. Sembrava non gli importasse assolutamente che la moglie fosse a pochi metri, in questa stessa festa.

Trovai sciocco quel suo tono possessivo: questa donna è mia e tu giù le zampe. Si era immaginato che Jeremy mi stesse abbordando? Mi era chiaro che non c'era stata alcuna ambiguità nell'atteggiamento di Jeremy. Non si interessava a me. Jeremy voleva Chopin. E poi, pensai ancora, perché mai Pierre sfodera quest'aria da fidanzato? Come se avessimo chissà che impegno reciproco di fedeltà eterna e progetti? Come se fossimo insieme da anni?

Non solo. C'era la moglie. O no?

Lei era la donna in abito blu di seta lungo fino ai piedi. Quella con la bella faccia nordica e aggressiva. Ci raggiunse al tavolo sotto gli alberi. Pierre e Jeremy si stavano riempiendo il piatto di tartine e io mi dedicavo a un'insalata di gamberi. Pierre mi presentò, presentò anche Chopin che continuava a sporgere il muso dalla borsa. Lei mi fece un cenno della testa con distaccata cortesia, non badò a Chopin. Era davvero bella con i capelli biondissimi corti, lisciati, non un capello fuori posto e sopracciglia arcuate che le davano un'aria freddamente interrogativa. Si mise subito a parlare con i due uomini, argomento i vini, come se io non ci fossi. Si dilungarono sull'ugni vuoto che è il vitigno principale per la produzione di vino da distillazione, quello per fare il cognac, non sapevo che fosse in definitiva lo stesso vitigno trebbiano toscano importato in tempi lontani in Francia. E questo lo raccontò Jeremy. Lei, Magda era il suo nome, naturalmente lo sapeva già, dato che si occupa di vini. Quanto a me, il professore a cena mi aveva fatto vere e proprie conferenze sulla produzione di cognac e del *Pineau des Charentes* dell'isola e su quella del vino bianco secco per accompagnare le ostriche e sui vitigni di sauvignon, merlot eccetera eccetera.

Poi Magda si mise a elogiare la bellezza dell'isola, parlando del faro di Chassiron (dove ero stata con Pierre), e della Strada delle ostriche (che avevo percorso con Pierre) e anche di Fort Boyard (che aveva visitato con Pierre mano nella mano) e infine anche della foresta di Saint-Troyen (che avevo attraversato un mattino all'alba con Pierre e avevamo anche fatto l'amore su un letto di aghi di pino).

Pierre si comportava come se il fatto che io fossi lì a un passo da sua moglie non gli desse alcuna preoccupazione.

E io? Come mi comportavo, io? Be', avrei voluto essere mille miglia lontano da lì. Tutti e tre, lei, Pierre, io, facevamo finta di niente. Il solito *far finta di niente.*

«Andiamo, adesso?» mi disse lui. «La persona con cui dobbiamo parlare ci aspetta, è laggiù dove ci sono le panche,» mi sorrise «appena finisci i tuoi gamberi.» Poi si rivolse alla moglie tranquillo, e da come le parlava delle poesie del professore compresi che doveva averla già informata.

Jeremy sembrava distratto, sorseggiava il vino bianco, si guardava intorno con calma noncuranza. Uno che non vede l'ora di andarsene ma non lo dà a vedere. Non rivolgeva mezzo sguardo a me e a Chopin. Avevo rifiutato di regalarglielo e lui c'era rimasto malissimo.

Ci allontanammo senza salutare, come fosse sottointeso che ci saremmo incontrati di nuovo.

Sulla panca era seduto un uomo anziano in giacca e pantaloni di lino color panna, cravatta indaco sulla camicia azzurrina. Era l'unico uomo della festa davvero ben vestito. Vicino a lui, su uno sgabello, un giovanotto biondo dall'aria slavata e angelica nel suo abito bianco.

Pierre si rivolse all'uomo anziano chiamandolo Maestro e gli porse la busta in cui avevamo racchiuso le fotocopie con tutte le poesie; le avevamo preparate a Saint-Pierre, avevamo aggiunto il nome e l'indirizzo del professore e il suo numero di telefono.

«Il poeta di cui mi parlavi?» Il Maestro tese verso Pierre una mano scossa da un tremito.

«Faccio io,» il giovanotto liberò le fotocopie dalla custodia «ti passo un foglio dopo l'altro» disse con tenerezza e il Maestro gli rivolse il sorriso che si rivolge al proprio prediletto.

Lesse le poesie, concentrato, una dopo l'altra. Il giovanotto gli porgeva a mano a mano i fogli e gli appoggiava leggermente una mano sul ginocchio protendendo il viso. «Così leggo anch'io» sussurrò.

Pierre e io eravamo seduti sulla panca di fronte. Il Maestro leggeva e rileggeva. Studiavo la sua espressione, ero in ansia.

«Sono assolutamente meravigliose» furono queste infine le sue parole.

Miele per le mie orecchie.

«Non nascondo il mio stupore... che meraviglia» altre parole del Maestro. Il giovanotto annuiva vigorosamente togliendogli le fotocopie di mano.

«Lo penso anch'io» disse Pierre.

«Meravigliose davvero» ripeté il Maestro. «Da non credere che esistano ancora poeti come questo. Quest'uomo è un grande. Sarà un successo.»

Ecco, pensai. È fatta. E ne sono felice. Niente più pianti notturni, niente più disperazione. Il professore realizza la sua ragione di vita.

«Si occuperò il mio Alain di contattarlo.» Il Maestro appoggiò una mano su quella del giovanotto. «Conosceremo questo professore, definiremo i rapporti con la casa editrice e tutto il resto. Ho già in testa come mi organizzerò per questo capolavoro, i pezzi che gli dedicherò sui giornali... mi ci voleva un progetto del genere. Proprio mi ci voleva. Così vincente!» Agguantò il calice di champagne che il suo Alain gli porgeva.

«Bravo Pierre» e alzò il calice verso Pierre. «Mi hai regalato un vero poeta.»

«Ho fiuto» disse Pierre. «Molto fiuto.»

«Sei stato in gamba a scovarlo e a capire l'importanza di questo piccolo perfetto poema. Complimenti. Come l'hai trovato?»

«Per caso. Mi è bastata un'occhiata. Mi intendo di poesia» sorrise Pierre. Neanche una parola su di me. Non che ci tenessi, non ci tenevo per niente ma rimasi sconcertata. Mio padre, pensai, non avrebbe mai fatto una cosa del genere.

«E questa ragazza?» chiese il Maestro.

«Una cara amica» disse Pierre. Mi mise una mano sul braccio, possessivo.

«Capisco» rise il Maestro e alzò il calice verso di me. «Ti auguro buona fortuna in amore... è quello che conta per voi ragazze che pensate solo agli uomini, mi pare» e si rivolse ilare verso il giovanotto. «Vero?» Risero entrambi.

Ce ne andammo attraverso il prato, Pascal al fianco e Chopin che spuntava dalla borsa.

«Adesso tagliamo la corda» disse Pierre, come niente fosse. Si diresse verso la siepe dove avevamo appoggiato le biciclette. «Andiamo a brindare noi due, adesso... ce lo meritiamo proprio.» Mi guardò: «Tutto bene?»

«Il professore ne sarà felice» dissi. Non aggiunsi altro. E neanche lui.

«Non era il caso che dicessi al Maestro che il quaderno di poesie l'hai trovato tu» disse lui. «Sai, il Maestro è una persona molto importante...»

Mio padre, pensai, non avrebbe mai detto una cosa del genere.

«Molto importante, mi spiego?» disse ancora.

«Mi rendo conto.» Ma evitai di guardarlo in faccia.

Prima di salire sulla bicicletta, quando eravamo già in strada, guardai oltre il cancello, cercando tra la gente affollata nel giardino. Vidi la biondina che si aggirava con il bicchiere in mano. Vidi la moglie di Pierre, anche lei con il suo bicchiere, rideva parlando con qualcuno.

Non vidi Jeremy.

«Allora?» Pierre era già sulla strada, impaziente. «Andiamo?»

E via in bicicletta, lui davanti e io dietro.

Ci ritrovammo ai tavoloni della trattoria vicino al mare e sotto gli alberi, dove avevamo ballato insieme. C'era poca gente, le lanterne non erano ancora accese. Niente fisarmoniche questa sera. Sedemmo di fronte, sistemai Chopin nel solito foulard appallottolato a fargli da cuccia e lo misi sul tavolo. Allungò una zampina verso di me. Mi chinai a fare naso-naso. Questa di fare naso-naso lo mandava in visibilio, se smettevo si agitava e si protendeva verso di me, minuscolo com'era, finché di nuovo facevamo naso-naso. Mentalmente gli dissi: ben arrivato, Chopin, da adesso stiamo insieme, è deciso. Lo carezzai tra le orecchie, fusa pazzesche in risposta.

«E così lo tieni» disse Pierre. Versò il vino nei due bicchieri. «Brindiamo alla pubblicazione delle poesie del professore ma anche a Chopin...»

Ci portarono grandi piatti di pesce arrosto e accesero le lanterne vicino a noi. Pascal implorava cibo da Pierre e Chopin zampettò verso il mio piatto. Gli misi davanti un pezzettino di pesce, sul tavolo. Lo divorò in un lampo.

«Guarda,» ero esultante «vuoi dire che basta biberon?»

Chopin affondò il naso direttamente nel mio piatto. Azzannò un pezzo di pesce. Era frenetico.

«Sì, credo proprio basta biberon» sorrise Pierre.

«Ehi, che cosa combini?» dissi, a Chopin non a Pierre.

«Ehi... non si fa così.» Continuava a divorare ogni cosa in cui affondava il muso, comprese carote lesse, piselli e un pezzo di patata e il sugo. E dire che aveva appena scolato un biberon intero.

«Marian non faceva così.» Lo allontanai dal piatto. Gli misi davanti un pezzetto di pesce. «Mangia qui.» Lui ignorò il bocconcino e subito si scaraventò di nuovo con il muso nel piatto azzannando tutto quello che gli capitava.

«Sei un disastro...» e lo allontanai di nuovo. Si buttò sulla schiena storcendo la testa per guardarmi. Mi misi a ridere: «È questo che vuoi? Un massaggio sul pancino?». Lo massaggiai pian piano, si addormentò con le zampe tese all'indietro come i bambini.

«Ti si è raffreddato tutto... del resto sarebbero gli avanzi del micio, questi. Non credo sia igienico. Ti ordino un altro piatto?»

«Sto bene così.» Guardavo Chopin, lo accarezzavo, sentivo che faceva le fusa. Quel noto affettuoso tremito di fusa in tutto il corpo.

«Lo sapevo che ti avrebbe conquistata. Non si può non essere conquistati da lui. E dimentichi Marian...»

«Ah, no,» sbottai impetuosa «non succede così, non l'ho affatto dimenticata, appena posso faccio qualche giro in spiaggia, in pineta... e la chiamo, sai? E la notte... dalla finestra guardo nel buio del giardino, mi pare di vederla passare ma sono ombre, non è lei, ma ritorna, ne sono sicura... no, non ne sono sicura,» mi corressi e scossi la testa «non ne sono sicura ma lo spero.» Avevo una lancinante nostalgia di lei. E sottovoce: «È molto importante per me, Marian. E Chopin non è Marian. È adorabile ma non è lei. Non ha il significato che lei ha per me».

«La vita va avanti» disse Pierre e appoggiò con forza una mano sopra la mia, abbandonata sul tavolo. Stava scendendo la sera. Un paio di lanterne posate vicino a noi illuminavano il suo viso. Aveva un'espressione severa.

«Dobbiamo parlare, noi due.»

«Parlare?»

«Non mi hai mai chiesto niente di mia moglie. Di mio figlio. Di solito... di solito le donne lo fanno, di chiederti. Tu no. Stasera però lei l'hai vista. Mio figlio è dai nonni, in Provenza. Sta bene, gli telefono ogni giorno... ma ti voglio spiegare.»

«No, Pierre, lascia perdere.» Voltai la mano sul dorso per stringere la sua. «Ascoltami, a me non interessa la tua famiglia... non voglio sentire i soliti discorsi sulle magagne di un uomo sposato, la solita faccenda del siamo separati in casa. Dormo da solo da anni. Lei ha la sua stanza io la mia. Siamo buoni amici e stiamo insieme solo per il bambino ma ognuno dei due ha la sua vita... No, non le voglio sentire queste cose. Mi sanno di muffa. Di vecchio. Di insopportabile.»

«Ti sei arrabbiata.» Era sorpreso dalla mia reazione. E contrariato. «Sì, arrabbiata.»

«Ma no, per niente. Solo che trovo così squallido fare questi discorsi... proprio non mi riguarda la tua vita.»

«Come puoi dire una cosa del genere? Non finisce certo qui tra noi due. Voglio rivederti. Non ci lasciamo anche se tu devi tornare in Italia e io a Parigi. Credi che questi giorni non abbiano significato niente per me? Non ti accorgi di quello che provo?»

Continuavo a stringere la sua mano. «Che cos'hai? Sembra che ti abbia detto chissà che cose orrende...» Ritirò la mano, risentito, sciogliendola dalla mia.

«Pierre, per me non è così,» non mi era facile spiegare quello che avevo in testa, ma non potevo certo farne a meno «tra noi due finisce qui. È stato bellissimo, sono stata felice... ma non c'è storia. Tu hai la tua vita io la mia.»

«Hai qualcuno che ti aspetta? Che ami?»

«Se lo avessi tra te e me non sarebbe accaduto niente di niente» dissi con forza, e non potei fare a mano di aggiungere: «Chissà perché un uomo quando viene rifiutato pensa sempre che la donna che lo rifiuta abbia un altro. Non è così. Non ho nessuno».

«E allora?» replicò con l'aria di dire allora che problema c'è? «Ma allora... allora perché?»

«Non sono innamorata di te.»

«Stai scherzando!» sbottò. Gli sembrava davvero impossibile che non lo amassi perdutamente? Era indignato. Offeso. Sorpreso, anche. Ma come, sembrava pensasse, vieni a letto con me e non mi ami?

«Non sto scherzando.»

«E allora tutto quello che abbiamo vissuto insieme in questi giorni? Eravamo felici...»

«Non significa che programmeremo il prossimo incontro, che ci telefoneremo, che ci manderemo chilometri di messaggi con il cellulare, che faremo progetti.»

Si alzò di scatto. «Che assurdità!» appoggiò le mani sul tavolo sporgendosi verso di me, iroso. «Ragioni come un uomo. Una bella avventuretta poi chi si è visto si è visto. Bella roba!» esclamò con l'aria di dire dovresti vergognarti.

Mi alzai anch'io. Quello che stava succedendo mi opprimeva. Mi addolorava. Raccolsi Chopin, lo appoggiai al petto. Fosse stata Marian mi avrebbe confortato. Lui continuava a ronfare tranquillo. Non era certo il mio nume protettore.

«Bella roba in che senso?» dissi fissandolo dritto in faccia. «Se la storia tra te e me continua allora sono una brava ragazza che diventa l'amante di un uomo sposato? Ma se non continua sono una poco di buono che se la spassa con il primo venuto? È questo che intendi?» E dopo un attimo: «E poi sai che pacchia essere l'amante di un uomo sposato».

Lui taceva. Le labbra strette come se volesse trattenere chissà quali parole di fuoco. Fosse stato Marco mi avrebbe dato uno schiaffo.

«Mi impedisci di spiegarti la mia situazione» disse tra i denti.

«Non voglio saperla.»

«Sei... sei...» ma si trattenne.

«Non mi importa quello che pensi di me. Non mi importa» e mi avviai verso le nostre biciclette. Era già buio.

Percorremmo la strada del ritorno senza parlarci. Quello che avevo detto a Pierre era vero, non ero innamorata di lui, non avevo nessuna intenzione di legarmi a lui. Ma ripensai alle parole di Geoffrey, lo psicanalista, l'*ottimo* psicanalista, come si definiva... ero davvero un cuore di pietra, come mi aveva detto lui? Era per questo che respingevo Pierre? Lo psicanalista diceva anche *non sei libera di posare di nuovo sul mondo lo sguardo della passione, dei sogni, delle speranze e aspettative.* Me la ricordavo benissimo quella frase, a proposito del mio tenermi alla larga da storie d'amore dopo quella disastrosa con George. E c'è anche questa durezza, questa chiusura che mi sento dentro, pensai. E pensai anche a Marie, che aveva chiamato il suo gatto con il nome del marito Alphonse, il nome dell'unico amore della sua vita. Marie diceva che si ama solo una volta. Per carità! Si dovrebbe amare allora per tutta la vita uno che ti distrugge? Ma per favore! Però – intanto e per prudenza – alla larga dagli altri quando ti dicono che ti amano alla follia.

E poi, pensai ma con tristezza, Pierre aveva molti lati che mi suggerivano di stare alla larga.

Scesi dalla bicicletta, davanti al cancello di casa. Pierre mi venne vicino. Mi afferrò per un braccio.

«Sii sincera,» disse veemente «che cosa è successo? La vista di mia moglie? È questo? È per questo che mi respingi?»

«Mi fai male.»

«Scusa» mi lasciò andare. «È per mia moglie?»

«Non possiamo lasciar perdere?»

«È perché non ho detto al Maestro che le poesie le hai trovate tu?»

«Ti prego, proprio non me ne importa...»

«Ci manca che tu mi dica che resteremo buoni amici, poi sono a posto...» disse con voce soffocata. Aprì il cancello e io passai spingendo la bicicletta. E dire che avrei proprio voluto dirglielo, di restare buoni amici e basta.

«Senti,» mi voltai verso di lui «mi dispiace da morire lasciarci così, ma non possiamo comportarci come se fossimo insieme da anni, come se avessimo chissà che esperienze di vita in comune, come se fossimo pazzamente innamorati...»

«Io lo sono!»

«Io no, Pierre, e neanche tu, non ci credo proprio.» Mi avviai lungo il viottolo, nell'oscurità. Meglio tagliar corto così, brutalmente, che seminare illusioni. Però mi sentivo perfida. Che stupida a sentirmi perfida.

Che disastro.

«Domattina sono qui, all'alba come sempre» sentii la sua voce alle mie spalle. Decisa. Il tono di uno che fa quello che dice. «Anzi no,» si corresse «all'alba domani non posso, ma sarò qui dopo pranzo, verso le due. Sarò qui, hai capito? E ci vediamo.»

«*Bonne nuit*» gli buttai lì nel buio.

«*Bonne nuit*» rispose lui.

Mi ritrovai nel giardino buio, tra i grilli, non proprio buio, era l'oscurità lieve delle grandi notti estive colme di stelle. Mi guardai in giro. La vecchia Zaza mi venne incontro. «Ci sei solo tu qui, vero?» Scodinzolò. Niente Marian. Scrutai sotto i cespugli dove la notte si ammassava. Niente Marian.

Quando entrai in cucina eccolo lì il professore, nella sua vecchia vestaglia, alla luce delle due candele. In versione Jekyll o Hyde? Davanti a sé aveva un quaderno simile a quello che aveva dato a me.

«Sei tu?» Gli occhiali erano posati sul quaderno.

Sedetti al tavolo e gli raccontai l'incontro con il Maestro. Conclusi dicendogli che gli avrebbero telefonato, questione di giorni. Ripetei varie volte che il Maestro aveva trovato meravigliose le sue poesie.

«Davvero?»

«Davvero.»

«Non posso crederci.» Si mise a piangere. «Scusami, ma è l'emozione...»

«Anche i grandi poeti piangono» dissi, mi chinai su di lui e lo baciai lievemente su una guancia. «Non c'è più ragione di piangere. Abbiamo realizzato il sogno della sua vita, no?»

Appena fui in stanza deposi Chopin nella lettiera. Mi accostai alla finestra. Dietro lo schermo della zanzariera guardai nel buio. Niente Marian. Continuai a pensare a lei quando mi infilai a letto, quando Chopin si arrampicò per arrivarmi vicino, strofinando il muso sul mio viso, con impeto, fusa rombanti, naso-naso... «Vai via» gli sussurrai. Si raggomitolò sul mio collo. «Vai via, quello è il posto di Marian.» Non si mosse, anzi, si accomodò meglio. Appoggiò una zampina sulla mia guancia e si addormentò.

Prima di addormentarmi ripensai a Pierre. No, mi dissi, alla larga da Pierre.

Pensai anche a Jeremy.

14

La vera amicizia resiste
al tempo, alla lontananza,
al silenzio.

(ISABEL ALLENDE)

A svegliarmi fu una risata.

Mi tirai seduta nel letto, la luce era ancora incerta, appena l'alba. Avevo sognato? Un'altra risata e una voce acuta. Quella risata squillante, quella voce...

Saltai dal letto così com'ero, in slip e canottiera, corsi in cucina. Nessuno. Allora corsi in giardino e la vidi, seduta al tavolo davanti a Adelita.

«Ingrid!»

Si alzò di scatto, esultante, e rideva ancora. Era lei, proprio lei, capelli arruffati e la vecchia maglia blu di traverso che le ricadeva da una spalla.

Ci corremmo incontro a braccia tese.

Ci abbracciammo di slancio, strette una all'altra, forte, fortissimo, sotto lo sguardo di Adelita: «Sembrate due bambine, davvero... proprio due bambine».

«Sei sopravvissuta, eh?» Ingrid si scostò per guardarmi. Occhi felici, sorriso fino alle orecchie. «Scusami se ti ho mollata!»

«Brutta testa di rapa...» dissi e ci abbracciammo di nuovo. «Credevo non arrivassi più.»

«Da te torno sempre» rise ancora. Poi si bloccò: «Ma quello?».

Mi voltai. Sulla soglia era comparso Chopin. Avevo lasciato aperta la porta della stanza. Mi aveva seguito. Minuscolo. Interrogativo. Sperso. Mi cercava.

«Ma chi è... chi è quella delizia?» strillò Ingrid entusiasta. «Un certosino, un meraviglioso piccolissimo certosino... incantevole.»

Un momento dopo Chopin era nelle sue mani, sul suo petto, davanti al suo viso a fare naso-naso. Come fosse Marian. Ingrid faceva così anche con Marian. «Ma quanto sei bello, ma che stupendo... ma chi sei?»

«È Chopin. Si chiama così.»

«Chopin?» Poi ridendo: «Guarda come si divincola, e ti guarda, vuole venire da te, ti adora... è pazzo di te» rideva porgendomi Chopin. «È tuo, ovvio. Sei la sua mamma. Dove l'hai trovato? E Marian che cosa ne dice?»

«Marian ha tagliato la corda» disse Adelita seccamente.

«Che cosa?» Ingrid non rideva più. Mi fissò attonita spalancando gli occhi. «Dov'è?»

«Non lo so» e sedetti. Tenevo Chopin sul petto, sotto la gola, come facevo con Marian. «Non lo so... poi ti racconto tutto.»

«Oh, *bonté divine*» esclamò Ingrid. Sedette accanto a me. «Eva... ma senza Marian... non è possibile!»

«Adesso ha Chopin, no?» disse Adelita. «Un gatto ce l'ha. Non basta?»

«No, no... non per lei. Per lei non è così, lo so bene io.» Ingrid mi mise un braccio intorno alle spalle. «Dov'è successo?»

«Qui all'isola.»

«Da quanti giorni?»

«Un bel po'...»

«Andiamo a cercarla insieme.»

«L'ho cercata ovunque, ti puoi immaginare. Non serve cercarla... sarà lei a tornare, se torna.»

Poco dopo eravamo in spiaggia, tutti e tre. Lei, io, Chopin. Ci eravamo messe il costume da bagno – entrambe in due pezzi –, avevamo portato il telo su cui stenderci, gli asciugamani, creme antisolari e una bottiglia di succo di mela che ci aveva dato il professore. Era stato lui a dirci di andarcene a zonzo, ma gentilmente «Penso io alla spesa, se volete venite a pranzo se no tornate quando volete». E aveva aggiunto che desiderava star da solo con Adelita, avevano da parlare loro due, ci disse. Io sapevo di che cosa avrebbero parlato.

A quell'ora in spiaggia non c'era quasi nessuno. Ingrid e io camminavamo lungo il mare, Chopin mi seguiva a corsette e balzi, tutti e tre nel radioso fresco mattino, nei colori del mare e del cielo, nell'immensa bellezza dell'isola.

Le raccontai quello che era accaduto: Marian scomparsa e quanto l'avevo cercata, e come avevo trovato Chopin nel punto in cui le orme di Marian svanivano... e le raccontai di Pierre e Pascal e di come avevano aiutato nella ricerca... lei ascoltava in silenzio. Ogni tanto mi metteva il braccio intorno alle spalle.

Mi misi a piangere.

Raccolsi Chopin da terra e tornammo indietro, a sederci sul telo. Io piangevo, lei mi confortava. Chopin si strusciava addosso a me e non smetteva più.

«È affettuosissimo.»

«È la razza...» ribattei.

«Non dire così. Ti adora» protestò Ingrid. «Sembra davvero che per andarsene Marian ti abbia lasciato Chopin in cambio... è maschio o femmina?»

«Non lo so.» Mi asciugavo le lacrime. Basta lacrime! «Dai, andiamo a nuotare... sentirai che acqua fredda» e avvoltolai il solito foulard a forma di cuccia, lo accomodai sul telo, misi Chopin al centro. «Lui lo lasciamo qui.»

«Una cosa...» disse Ingrid, eravamo già con i piedi nell'acqua «...perché secondo te Marian se n'è andata?»

«Come faccio a saperlo, Ingrid? L'unica cosa che so

è che non mi do pace. Nonostante Chopin.» Mi voltai per guardarlo. Accovacciato sul foulard, mi osservava con sguardo attento. Mi tuffai, riemersi, mi girai verso di lui. Lo vidi zampettare fino alla battigia. Si accucciò tenendosi alla larga dalle onde. Rimase lì a seguirmi con lo sguardo mentre nuotavo. Ogni volta che mi giravo lo vedevo lì, immobile, mi osservava tirando il collo per non perdermi d'occhio. Sembrava mi dicesse attenta alla marea. Anche Marian mi avrebbe detto così. Anche lei.

Quando il sole cominciò a scottare scappammo via dalla spiaggia e ci rifugiammo all'ombra di un bar, nel porticciolo vicino. Stesso bar in cui ero stata con Pierre, a bere vino bianco secco, a guardare le imbarcazioni inclinate sul fondo nella bassa marea e a baciarci. Ripensandoci, mi pareva fossero passati secoli da quel giorno.

Ordinammo vino bianco e insalata di gamberi. Ingrid spesso alzava gli occhi dal piatto e mi lanciava un sorriso d'affetto.

«Ora raccontami» le dissi. «Che accidenti hai combinato?»

«No, prima tu... ci metto la testa che Pierre non si è limitato ad aiutarti a cercare Marian.»

Così le raccontai i giorni con Pierre. Per filo e per segno come si può fare in una vera amicizia. Per filo e per segno, dalla prima sera, da quel ballo insieme, fino a quando avevo cercato di far capire a Pierre che non intendevo continuare. Ieri sera.

«Scusa ma... il posto in cui siete andati a fare l'amore?»

«Una casetta di legno, lui aveva le chiavi... poco lontano dalla spiaggia.»

«Ma lui vive lì?»

«No... lui sta a Saint-Pierre. Non so dove.»

«Quindi progettava di portarti a letto, il furbacchione. Si è organizzato. Si è fatto prestare la casa da un amico o qualcosa del genere.»

«Già.» Per un momento ripensai a quella stanza dalle pareti dipinte di rosa. «Ero abbastanza felice.»

«Ma non lo ami... neanche una cotta? Incredibile. Lui è molto affascinante.»

«Lo è. E sto bene con lui. Ma finisce qui. È affascinante ma... non mi tocca il cuore, capisci che cosa intendo?»

«Altroché se capisco!»

Solo in quel momento mi ricordai che Pierre mi avrebbe aspettato davanti al cancello di casa alle due. Mancava mezz'ora. Gli telefonai. Gli dissi che non potevo: era tornata Ingrid. Rimanevo con lei tutto il giorno.

«Come l'ha presa?» chiese Ingrid quando deposi sul tavolo il cellulare.

«Malissimo.»

«Non dirmi che ti ha insultata...»

«Ma no, per niente. Malissimo nel senso che... insomma, mi ha detto che vuole assolutamente vedermi e che se non ho tempo per lui durante il giorno verrà a cercarmi stasera. Non capisco, sai, non mi sembra possibile che abbia perso la testa per me.»

«Non è che sei proprio uno schifo, tu» rise Ingrid.

«Sì, va be'...» Finii l'insalata salvando qualche gamberetto che diedi a Chopin. «Adesso però mi dici perché mi hai piantata in asso e non ti sei fatta più viva.»

«Li ho letti i tuoi messaggi furibondi» rise Ingrid. «Sapevo che sarei tornata qui e non avevo voglia di rispondere, sapevo che eri arrabbiata, non volevo far discussioni... tanto ci saremmo riviste.»

«Ma non potevi avvertirmi? Dirmi quello che avevi in testa invece di far tanto la misteriosa? Dirmi me ne vado con un tizio e ci rivediamo all'isola?»

«Avevo paura che cercassi di trattenermi. Che tu piantassi giù un casino... eh?»

«Che ti giudicassi?»

«Esatto.» Teneva gli occhi bassi. E dopo un momento:

«Ero con un tipo. Simpatico. Mi piaceva. Ma basta. Ora siamo solo amici.»

«Ma... perché l'hai fatto? Sparire così da un momento all'altro e con un altro, poi.» Pensavo a Marco e alle botte. Non me ne voleva parlare?

Si strinse nelle spalle senza rispondere.

«Per punire Marco che ti picchia?» dissi sottovoce. Ecco, lo avevo detto io, visto che non si decideva a dirlo lei.

Le mie parole ebbero l'effetto di un'esplosione. Incassò la testa nelle spalle come per proteggersi. Fissava il piatto che aveva davanti, sgomenta. Si vergognava. Mi fece tenerezza.

«E tu come lo sai?» balbettò infine.

Le dissi che me l'aveva detto Marco, lui stesso, disperato quel mattino in cui lei era scomparsa.

«Ma guarda,» sospirò, incredula «te l'ha detto lui. Non avrei mai creduto che potesse avere il coraggio di dirlo...»

«Ti picchiava e io non ne sapevo nulla.» Tono di rimprovero, il mio.

«Come potevo dirtelo? Non sono cose che si dicono...»

«Ma come! Uno ti picchia e tu zitta?»

«È successo un po' di volte. Una storia pesante. Sai che è pignolo, possessivo, geloso... per certe cose che facevo, distratta come sono, aveva quegli attacchi d'ira... e anche quando si accorgeva che qualcuno mi ronzava intorno. Botte e poi voleva fare l'amore. È assurdo da dire, ma dopo che mi aveva picchiata mi abbracciava, mi baciava, diventava talmente appassionato, talmente... straordinario» proseguì con un filo di voce. Tormentava con le dita il bordo della tovaglia. «Sì... come facevo a dirtelo? Sono cose che non si possono dire, queste.» E dopo un lungo momento: «Ho capito che c'è qualcosa di perverso in questa storia, sai... In qualche modo ero complice di quei comportamenti, non so spiegarti... quelle notti di fuoco, dopo le botte... era come se mettessimo su insieme tutta una sceneggiata per dare più sapore al sesso.»

«Che brutto» mormorai. Ero impressionata. Quindi Ingrid era anche quello? Era anche una zona oscura, che non avevo mai immaginato potesse avere? E io? Avevo anch'io zone oscure che solo certi rapporti malsani possono far saltare fuori? Brutti rapporti? Poteva capitare anche a me?

«Sì, proprio brutto» sospirò lei. «Mi vuoi ancora bene o ti faccio schifo? Non siamo più amiche?»

«Ma sei matta! Che scemenze dici?» proruppi vivamente. «Certo che ti voglio ancora bene. Che cosa c'entra con la nostra amicizia? Sono solo... stupita, ecco. Anche di Marco.»

«E ogni volta...» disse ancora Ingrid «...prometteva che non avrebbe più alzato le mani, si pentiva, chiedeva scusa... Alla fine non ne ho potuto più e ho voluto dargli una lezione con i fiocchi. So che sta da cani senza di me... sapeva anche che me n'ero andata con quel tizio.»

«Marco diceva che bastava che tu tornassi e al tuo ritorno ti avrebbe accolta a braccia aperte.»

«Infatti. Appena mi ha vista, l'altro giorno, mi è corso incontro e mi ha abbracciata, come se mi fossi lasciata alle spalle una qualsiasi vacanza. Come se non fosse successo niente. Niente, capisci? Come te la cavi con uno così?»

Rimanemmo in silenzio sotto il tendone blu, a quel tavolino davanti al mare, circondate dai colori del mondo ma noi due immerse nella fuliggine. Lei con la sua storia. Io che mi domandavo perché ero andata a letto con Pierre. Che senso aveva? Ormoni? O bisogno di coccole, di essere abbracciata? Bisogno di qualcuno che si interessi a me? Non potevo farne a meno? Non sarebbe stato più *serio* farne a meno?

«Le nostre madri direbbero che non sappiamo stare al

nostro posto.» Non lo dissi con allegria. Mi sentivo oppressa.

«Ma chi se ne frega adesso del nostro posto! Il problema è aver a che fare con gli uomini. Ti fai mille idee in testa poi ti trovi vicino un estraneo. E non credo che un uomo possa cambiare» disse Ingrid. «Se è in un modo resta in quel modo. Ci sono tante che dicono: poi lui cambia, lo faccio cambiare... cambierà. E continuano a sperare nel cambiamento... che lui non sia villano ma gentile, non sia assente ma presente, non sia privo di iniziative e abitudinario ma energico e fantasioso, non sia più collerico o sbevazzone... potrei farti un elenco lungo un chilometro. Non ci credo più che uno cambi.»

«Credo che anche noi donne... anche noi non cambiamo. O sì?»

«Che ne so...» Scosse le spalle. «Comunque Marco ha tanti lati di valore, ma quel lato delle botte abbinate al sesso ce l'ha appiccicato addosso. Anche la sua fidanzata precedente la menava, quella prima di conoscere me. Lo sapevo, mi dicevo con me non succederà... invece succede.»

«Scommetto che ti diceva che è colpa tua, che sei tu che lo fai arrabbiare, ingelosire, a fargli perdere le staffe.»

«Infatti, dice proprio così,» sbuffò, raccolse i capelli in un nodo, sistemò la maglia che continuava a caderle da una spalla «ma io nei primi tempi ero davvero fedele, innamorata, parlo dei primi mesi di matrimonio, stavo attenta a non contrariarlo... tu e io in quell'epoca non ci frequentavamo, tu eri non so dove. Sì, ero fedele, non mi fregava niente degli altri. Lo amavo... poi ha cominciato a picchiarmi per delle scemenze... e da lì siamo andati sempre peggio.»

«E adesso?»

«Ho deciso di lasciarlo.» Rialzò la testa. «Sì, deciso. Gliel'ho già detto.»

«Fai sul serio?»

«Sul serio. Ne ho abbastanza. Di lui e soprattutto di me stessa in quella situazione.»

«Non lo ami?»

«Non voglio far la fine di quelle che continuano a subire, ad amare un uomo anche se da lui si sono prese tanti di quei calci nel didietro... non voglio!»

Io zitta. Come non pensare a George?

«Quindi per me è chiuso» affermò Ingrid con forza. «Non mi faccio più domande sui miei sentimenti. Ho bisogno di andarmene.»

La vidi sorridere. Raddrizzare le spalle, la schiena, tirare su il mento con un piglio deciso. Combattiva, stracolma di energia.

«E adesso?» chiesi incuriosita. Che cosa le frullava in testa?

«Adesso sono venuta a prenderti... c'è una fantastica novità!» Mi fissava con occhi scintillanti. «Assolutamente fantastica!»

«Non dirmi un altro uomo» sbuffai depressa. Si ricominciava?

«Macché uomo... macché uomo! Un progetto, tesoro, per noi due. Nuova vita, capisci?» Si protese verso di me, impetuosa: «Dimmi che ci stai, che affronteremo tutto insieme. Eh?».

«Posso sapere almeno di che cosa si tratta?» Ridevo. La fuliggine stava per disperdersi. Il mondo stava riprendendo i suoi colori, mare blu cobalto, aria azzurra nell'immenso cielo, il tendone del bar a strisce rosse e bianche, i fiori variopinti nei lunghi vasi di terracotta.

Che meraviglia.

«Mia cugina, ricordi? Bravissima cuoca,» Ingrid traboccava entusiasmo «quella che ha un ristorante in Maremma, ricordi? Ecco, si sposa con un americano, se ne va a Boston o non so dove... e lascia il ristorante, non del tutto, cioè non lo vende, diciamo che me lo affida per gestirlo... capisci che cosa significa questo? Che cambiamo vita. Ci stabiliamo laggiù. C'è anche la casa dove vivremo, poco lontano dal ristorante, in quel paese dalle parti di Saturnia. Sai da te che sono luoghi bellissimi. Ecco... io cucino divinamente, lo sai. So cucinare anche per molte persone. Il ristorante va bene, sempre clienti, ha un suo nome. Ci sarà da sgobbare come demoni ma non mi spaventa, lo sai. Ecco... non è un colpo di fortuna?»

«Accidenti!» Ero sopraffatta.

«Cioè? Non lo trovi fantastico? Avrò il mio lavoro, la mia vita, la mia autonomia. Lo desideravo... ed ecco che si è avverato. Per quanto riguarda i soldi mio padre ci aiuta. Anticipa lui. Gliene ho già parlato, è d'accordissimo... Non vedeva l'ora che lasciassi Marco, del resto. Anticipa lui, poi gli rendiamo poco per volta. Tu devi essere con me. Da sola non ce la faccio.»

«Ma io...»

«No, tu niente» mi interruppe veemente. «Tu vieni con me. Ho bisogno assoluto di qualcuno che si occupi di tutto il resto. Di cui fidarmi ciecamente. Chi, se non tu? Io cucino, tu organizzi tutto l'occorrente, sei in gamba, sai come muoverti, sei precisa... e ci sarà da fare. Nei primi tempi mia cugina rimane con noi, ci insegna. Poi se ne va e noi due ci lanciamo... Lo trovo meraviglioso!» Rideva. «Libere e selvagge e con un solido progetto tra le mani. Un futuro. Eh?»

«E il mio lavoro?»

«Il tuo lavoro puoi farlo dove vuoi, Eva! Non fai che scorrazzare in giro eppure non hai mai saltato una consegna. Ti porti il tuo computer,» si sporse, mi afferrò la mano «non dirmi che non ci stai. Non dirmelo... Non puoi continuare a vagabondare, e poi quell'appartamento dove stai insieme a quella squinternata di Giulia non è casa... non lo era neanche per Marian con tutto quello che ha combinato lì.»

«Marian non c'è più» e appena dissi queste parole provai una dolorosa stretta al cuore, come se per la prima volta mi rendessi conto che il capitolo Marian era davvero arrivato alla parola *fine*. «Non c'è più» ripetei.

«Sì okay, purtroppo, ma dicevo... insomma, fermati in un posto finalmente. Un posto che sia casa tua. Il tuo luogo. Metti radici. Tu e quel coso grigio e adorabile che Marian ti ha lasciato in eredità.» Continuava a scuotermi la mano come se dovesse risvegliarmi da chissà quali illusioni. «Dimmi che ci stai, non è meglio in Maremma che in una puzzolente città?»

Davanti ai miei occhi Ingrid stava schiudendo un altro orizzonte. Un'altra vita. E poi, la Maremma. Quante volte mi ero detto come vorrei vivere qui? Quante volte sulla spiaggia dell'Uccellina o nei dintorni?

«Però, tradurre e fare un altro lavoro... un lavoro molto impegnativo oltretutto. Ce la farò?»

«Dai, buttati. Un po' di rischio, un po' di coraggio... cambiamento, eh?»

«Zia Esther dice sempre: non temere la passione del cambiamento. Lei però non si è mai schiodata dalle sue Dolomiti.»

«Senti, siamo arrivate qui come due ragazzotte qualsiasi piene di casini. Adesso ce ne andiamo da quest'isola belle decise con un grande progetto da affrontare. Ci stai? Sì o no?»

«Devo decidere subito?»

«Subito perché partiamo domani.»

Girai la testa e guardai il mare. Ripensai alle appassionate parole di Ingrid. Un progetto nuovo, tutto nostro. Un altro orizzonte. La Maremma... Sentii un guizzo di gioia farsi spazio dentro di me, una gioia che cresceva, densa di curiosità, interrogativi, entusiasmo...

«Insomma... sì o no?» incalzò Ingrid.

«Sì» sbottai e risi. «Sì e sì e sì.» Mi ero buttata.

«Ecco, brava!» E Ingrid diede una gran manata esultante sul tavolo.

Chopin, che avevo in grembo, sobbalzò. Si arrampicò su per la canottiera pungendomi con le unghiette. Lo raccolsi nella mano, facemmo naso-naso. «Si va in Maremma» gli dissi. «Capito, gattaccio?»

Quella sera, nella stanza buia, dietro lo schermo della zanzariera scrutavo nella notte, le oscure sagome degli alberi immobili contro il cielo stellato, le macchie dei cespugli.

«Vieni a dormire» disse Ingrid. Era già raggomitolata nel letto. «Domani partiamo presto, col caldo che fa ci conviene partire prestissimo.»

«È che Marian potrebbe tornare qui. Se vado via e non mi trova?»

«Vuoi rimanere all'isola in eterno?» disse Ingrid con voce di sbadiglio. «No, immagino. E poi... non le sai quelle storie di gatti che si fanno chilometri su chilometri per tornare dal padrone?»

«La Maremma è lontanissima» sospirai. Tenevo Chopin appoggiato al petto. Non avrebbe mai potuto prendere il posto di Marian.

«Una come Marian,» disse ancora Ingrid «se vuole tornare, torna da te anche se sei in capo al mondo.»

«Dici?»

Andai a stendermi accanto a lei nel letto stretto ma non troppo, come diceva Adelita.

Ascoltai la notte, silenziosa nei suoi incomprensibili fruscii.

Sembrava di tornare all'infanzia, Ingrid e io nell'incantata età delle grandi domande.

«Ingrid... ce la faremo?» mormorai.

«Pensi che sarà troppo dura, eh?»

«Non hai un po' di fifa?»

«Non sarebbe assurdo se non ce l'avessimo, un po' di paura, a fare un simile salto?»

«Ma tu ce l'hai?»

«E tu no?»

Di nuovo il silenzio.

«Ehi...» disse ancora Ingrid sonnacchiosa «...ma quel gatto, che fusa forti fa? Neanche Marian faceva fusa così.»

15

Senza il fuoco, le nostre
grandi idee e i nostri desideri
non vengono cucinati,
e nulla si compie.
(Clarissa E. Pinkola)

Fu il nome di Jeremy la prima cosa che mi trovai sotto gli occhi in quel negozio di Grosseto, una vineria. Il nome era su una brochure aperta sul banco: produzione di vini, nomi di produttori, di aziende, vigneti, bottiglie, grappoli d'uva bianca e nera contro un cielo blu.

Jeremy Taldeitali. Eccolo lì. C'era il suo nome, quello dell'azienda. L'immagine di una fattoria, vigneti, alberi da frutta, cipressi. E bottiglie. Indirizzo. Anche il telefono.

Jeremy. Ma guarda.

Non c'era la sua foto, la sua foto ce l'avevo in testa io.

«Visto che ci stai su con il naso da un'ora, se ti interessa tanto puoi prenderla,» una donna dietro il banco spinse la brochure verso di me «ce n'è altre» e continuò a occuparsi dei clienti che affollavano il locale. Ingrid era vicino alle casse a parlare con un tipo.

Infilai la brochure nella borsa. Finì sul tavolo tra i vocabolari nella mia stanza a pianterreno del casolare in fondo al paese dove adesso Ingrid e io vivevamo. Il ristorante era a neanche un chilometro, ci andavamo in bicicletta. Strada attraverso i prati, poi in salita per andare e in discesa, per fortuna, per tornare, finito il lavoro. Strada sterrata. Avremmo scoperto che con la pioggia si trasformava in una fangaia. Ma in Maremma piove poco, a parte quando ci fu l'inondazione che per noi, come per altri, fu un disastro.

Il ristorante era una vecchia costruzione bassa e ampia, circondata da alberi, un vasto giardino protetto da un muro di cinta invaso da rampicanti. Tavoli all'aperto e tavoli nella sala in cui si aprivano grandi finestre. Gerani ovunque. Petunie ovunque. Fuchsie ovunque. Sui davanzali e in grossi vasi disposti ovunque, all'ingresso, in giardino, accanto alle tre panchine sotto i tigli. Uno arriva e dice che bellezza tutti questi fiori. Per me diventarono uno strazio: ad annaffiarli all'alba o la sera dopo la chiusura, a spulciarli di parassiti e seccumi, non finivo più. Toccava a me. Toccavano a me un sacco di cose, dalle pulizie in cucina, in sala, in giardino, e poi riordinare negli scaffali, stoviglie, posate, bicchieri e tovaglie e tovaglioli. Non sapevo ancora infine che la batteria da cucina di un ristorante consista in una montagna di elementi implacabili, da pulire lavare riordinare ogni minuto... e come non bastasse c'erano la dispensa, il magazzino, la cantina. Anche il giardino, naturalmente, niente foglie secche, niente erbacce e via sgobbando. E c'era anche il furgoncino, da lavare e pulire, doveva essere bello lucido anche il maledetto furgoncino rosso, che rifiutava di mettersi in moto quando ci salivo per andare a ritirare tutto quello che ci serviva dai fornitori indicati dalla cugina di Ingrid.

A lei chiesi: «Ma chi faceva tutto questo prima che io arrivassi?».

«Io, stellina» mi rispose. «E in più cucinare. Organizzare ogni cosa. Non dirmi che ti stanchi a far quello che devi... e poi non hai visto? Le pulizie, pavimenti, vetri, le due toilette, quelle non sono affar tuo, a quelle ci pensa il mio fedele Vasco» che era poi un omaccione anziano e silenzioso; quando lei partì per l'America appoggiò la fronte al muro di cinta e non smetteva più di singhiozzare.

La cugina di Ingrid merita non poche parole, visto che in fondo, e neanche tanto in fondo, fu determinante nella mia vita. Era decisamente una bellezza, una delicata minuziosa bellezza di nome Giacinta, a vederla sembrava incapace di muovere un dito.

«Quella ci massacra.» Ingrid si era schiantata sullo sgabello della cucina, la sera del settimo giorno – dopo il nostro arrivo – passato come gli altri precedenti a imparare come si fa a gestire un ristorante. I primi sette giorni della costruzione di un mondo. Dovevamo saper mandare avanti tutta la baracca, come diceva Giacinta. Ci insegnava lei, un piglio da generale d'armata, ordini e spiegazioni che fioccavano a mitraglia, un subisso di «ragazze alzate il culo», lavate di testa più che rimproveri a ogni errore, guai a sbagliare scelta di padelle, pentole, condimenti, tempi di cottura. Guai a sbagliare in genere. Non un minuto di sosta dal mattino alla chiusura, neanche il tempo per andare in bagno. «Quella non è una donna, è un panzer.» Ingrid si tolse i sandali con un gemito. «L'hai vista? Un fiore dopo dodici ore secche di lavoro. Un fiore. Ancora la voglia di sorridere e far due chiacchiere con gli ultimi clienti, quelli che non si schiodano mai.»

Sì, perché c'era anche quello: il rapporto con i clienti. L'accoglienza. «Non è che li puoi accogliere con un grugnito e gli sbatti davanti i piatti. Trattare con i clienti è un'arte» continuava a rintronarci nelle orecchie Giacinta. «Devono sentirsi meglio che a casa loro, ognuno va trattato come fosse l'unico che conta, il principe, il re, l'imperatore dei clienti, capito ragazze? Il cliente non deve attendere ore al tavolo smangiucchiando pane. Dovete stargli intorno, coccolarlo, servirlo subito, sorprenderlo con qualche piattino fuori menu, come fosse cucinato apposta solo per lui, capito ragazze?» Quel *capito ragazze* sarebbe diventato il ritornello che ci scambiavamo per ridere o per disperazione Ingrid e io quando ci trovammo a dovercela cavare da sole, dopo che Giacinta se ne andò in America.

Rimase con noi un mese. Un mese da incubo, e senza di lei non furono certo facili i mesi che seguirono. «Imparate o no un sacco di cose?» ci diceva quando ci vedeva con le orecchie basse e il fiato corto. «Imparate o no?» Ingrid le diceva che sì, impariamo, certo. Era vero. La sera – tardi – arrivavamo stremate a casa nostra, c'erano ancora alcuni scatoloni del trasloco da disfare, ma chi aveva tempo? Ci buttavamo sotto la doccia, poi stramazzavamo nel letto. Poche ore di sonno e di nuovo in pista.

«Tu non pensavi che fosse così...» dissi un mattino, mentre prima di andare al lavoro ripulivamo le biciclette. Guai se Giacinta vedeva un granello di polvere anche sulle biciclette che lasciavamo accanto all'ingresso del ristorante. «Non lo pensavi.»

«Marco non mi aveva mai detto di ammazzarsi fino a questo punto» rispose lei. «Tutto sembrava semplice...»

«Forse è perché siamo ancora incerte, lente?»

«Giacinta dice anche che siamo imbranate, disordinate, pasticcione...» Salì sulla bicicletta sospirando. «Mai contenta. Però se ci giudicasse inadatte a fare questo lavoro non ci darebbe in gestione il ristorante. Invece è deciso, mio padre ha già concluso, soldi, carte, documenti e tutto quanto.»

«Giacinta ha dichiarato che cucini divinamente...» arrancavamo su per la salita «...non è una che fa complimenti.»

«Sì, però quando le ho detto che pensavo di aprire il ristorante solo la sera, almeno nei primi tempi, mi ha chiesto se sono matta. Dice che così perderemmo un sacco di clienti abituati a venire anche a pranzo.»

«Fortuna che almeno una volta in settimana c'è la chiusura.» Eravamo finalmente in cima alla salita. Mi fermai. Il panorama si stendeva in un orizzonte di colline morbide, prati, folti boschetti, qualche cipresso e in fondo in fondo la striscia smagliante del mare. Un baluginare azzurro. Il mattino del mondo, anzi l'alba vista l'ora.

«Comunque» mi girai verso Ingrid, si era fermata accanto a me. «Comunque non ci perdiamo d'animo direi. Secondo me ce la facciamo» ma pensavo con preoccupazione al romanzo da tradurre, non lo avevo neanche aperto. Era nella mia stanza sul tavolo, a far compagnia alla brochure. Jeremy, ecco. Ripensai a lui. Alle mani rudi e callose che avevano raccolto Chopin con tale tenerezza. Viveva da qualche parte, nei suoi vigneti, da qualche parte in queste colline. Non lontano.

«A che pensi?» Ingrid era ferma vicino a me.

«Niente...» Riprendemmo a pedalare. Davanti a me, nel cestino attaccato al manubrio Chopin se la spassava osservando il panorama.

Chopin, che mi stava appiccicato sempre addosso.

«Ma cos'è quello? Un cane travestito da gatto?» E questo lo disse Giacinta, mani sui fianchi, quel mattino in cui mi piombò alle spalle mentre stavo innaffiando i fiori. «Che ci fa qui?» sbraitò ancora.

«È buono e non sporca» esclamai subito. Appena arrivavo al ristorante me ne andavo in giardino, gli avevo messo un cestino dietro i cespugli di rosmarino e nel cestino il suo foulard-cuccia. Gli avevo detto stai qui. Era subito saltato fuori e mi si era appiccicato alle caviglie. Mi seguiva passo passo mentre innaffiavo tutti quei fiori. Non si staccava di un millimetro. Mi ero chinata su di lui e: «Allora però non farmi inciampare». Mi fissò attento, minuscolo ma non troppo, era cresciuto. «Non devi farmi inciampare.» Da quel momento continuò a seguirmi, ma mai fra i piedi.

«Quel gatto come ci è arrivato qui?» Giacinta era indignata.

«È il mio gatto» e continuai a innaffiare i gerani.

«Qui niente gatti» disse lei.

Ci voltammo a guardarla, Chopin e io.

«Lo prendi, te lo riporti a casa e torni di volata al lavoro.»

«Giacinta, io vengo qui a lavorare con il gatto o non vengo qui. Questa è la mia condizione. Ingrid lo sa.»

«Senti, cocca bella, non me ne importa un fico delle tue condizioni. Qui niente gatti.»

«Non lo lascio da solo a casa» continuai a innaffiare come niente fosse. Chopin dietro.

«Ma guarda» bofonchiò lei. Si mise a ripulire le fuchsie dai fiori secchi, poi si voltò vivamente: «Ehi, puoi darlo via! Mi sembra una buona soluzione. Puoi darlo a qualcuno che ama i gatti. Qualcuno ce n'è anche in Maremma... qui non siamo cuori teneri, ma qualcuno c'è».

«Impossibile.»

«Ma smettila...» mi venne vicino «ora che ci penso c'è un tizio che so che cercava proprio un certosino. Sarà entusiasta del tuo.»

Mi girai a guardarla. Un tizio? Che cerca un certosino?

«Non sta lontano. Ha una piccola azienda, produce vini. Un uomo affidabile per quanto riguarda i gatti» aggiunse convinta. «Anche per quanto riguarda i vini. Buoni, i suoi. Ottimo livello.»

Jeremy. Lui, evidentemente.

«Ehi, ti sei incantata? Stai annegando quelle povere petunie...» Mi strappò l'innaffiatoio di mano, una pozza d'acqua si stava allargando per terra. «Oggi gli porti il gatto, è deciso.»

«Jeremy resta con me...» sbottai, le tolsi l'innaffiatoio di mano e all'istante mi accorsi del lapsus, mi sentii le guance paonazze «...volevo dire Chopin resta con me» balbettai.

«Jeremy?» rideva. «Allora lo conosci. E arrossisci. E com'è? Sei appena arrivata e già conosci?» Mi dedicò un lungo sguardo indagatore: «E come hai fatto a conoscerlo?».

«Non so, boh... ho guardato la brochure dei produttori...» mi chinai a ripulire le petunie. Non potevo dirle subito che l'ho conosciuto in Francia invece della scemenza della brochure? Era la verità, no? Perché non dirla?

«Ma va' là...» sghignazzò lei «...però lasciamo perdere i fatti tuoi. Meglio se lo conosci! È chiaro che tratterà bene il tuo micio.»

«Non mi separo da Chopin.»

«Neanche se te lo chiede Jeremy?» contilenò lei sardonica.

«Ripeto: non mi separo da Chopin.»

«To'...» Ci fissò a labbra strette. Pugni sui fianchi. Infine: «D'accordo, allora. Mi arrendo. Sarà il gatto della nuova gestione. È talmente adorabile che dovrebbe portarvi fortuna».

E un'altra volta, mentre stavo apparecchiando rapida e precisa sotto lo sguardo matematico di Giacinta: «Ma lo sai che quel gatto è innamorato pazzo di te?» disse lei divertita. «Non ti molla un attimo e quando ti fermi ti guarda come se tu fossi la sua divinità, neanche il mio Bob mi guarda così.» Raddrizzò un cucchiaio che avevo disposto non perfettamente parallelo al coltello. «Ehi, bada all'ordine delle posate, facciamo un troiaio sulla tovaglia, adesso?» Mi puntò contro un dito. «In ogni caso tu non vai matta per questo micino. Hai cura di lui ma non ne vai matta. Giusto o sbagliato?» Non è Marian, avei voluto dirle. Rimasi in silenzio. «Non ti capisco proprio, Eva, non lo ami ma non te ne vuoi separare. Sei stramba.» Agguantò Chopin che protestò squittendo, lo esaminò sollevandogli la coda: «Questo è un maschio,» lo depose a terra senza alcuna grazia «lo sapevi?».

No, non lo sapevo. Non ci avevo mai pensato, mi era indifferente se fosse maschio o femmina.

«Non farlo castrare,» ordinò Giacinta «poi diventa come quegli uomini maltrattati dalle mogli: mogio, noioso, inetto e mangione.» Di nuovo si appoggiò le mani sui fianchi, un gesto che trasformava quella fragile delicata creatura in un orco alto due metri: «Ricordati, mai mortificare un uomo, e mai davanti ad altri, chiaro? Se hai da discutere discuti, ma mai umiliare. Questo ficcatelo in testa caso mai riuscissi a mettere le grinfie su Jeremy...» ebbe un ghigno che stranamente la imbruttì «...cosa di cui dubito, te lo dico io che ne so qualcosa di Jeremy».

«Jeremy chi?» Ingrid entrò in quel momento, ma subito Giacinta aggressiva: «A proposito di mariti, e Marco?». Giacinta sapeva tutto di lei, botte e gorilla e decisione di mandare a quel paese il matrimonio, Ingrid le aveva confidato ogni cosa. «Continua a farsi vivo quel disgraziato?»

«Continua,» Ingrid appoggiò sul tavolo un foglio «qui ho buttato giù il menu per oggi, pranzo e cena.»

«E tu? Vuoi tornarci?»

«Giacinta! Non ci torno con lui... mio padre dice che appena abbiamo preso la mano qui con il ristorante, mi aiuta ad avviare le pratiche per il divorzio. Però Marco... vorrebbe chiudere il ristorante in Francia e venire a lavorare qui con noi.»

«Gli telefono io» ringhiò Giacinta. «Non si sogni di farsi vedere. Se so che è da queste parti, fossi anche in capo al mondo torno a spaccargli la faccia.» Si girò verso di me. «E anche tu... non sei capace di difendere la tua amica? Com'è che voi ragazze fate comunella con i maschi che vi trattano a pesci in faccia? Voi ragazze avete in testa il cinci, eh?» Diceva *eh* come Ingrid che subito sbraitò: «Macché cinci e cinci, noi abbiamo in testa solo il nostro lavoro».

«Meglio!» rise Giacinta. «E fammi vedere 'sto menu allora.» Lo scorse, annuì poi fece quattro aspre osservazioni – ti pareva – e sparì con Ingrid in cucina. Continuai ad apparecchiare e a rodermi per quel lapsus. Che mi aveva preso di dire *Jeremy resta con me* invece di *Chopin*? Che mi importava di Jeremy? Lo psicanalista Geoffrey diceva che i lapsus sono una finestra sull'inconscio, uno sgambetto del dio Mercurio, il dio a cui non sfugge nulla. Sarà!

Non dimenticavo poi di tener d'occhio Chopin, che non combinasse guai, ma in qualche modo doveva aver capito che al ristorante non poteva far quello che faceva a casa, tipo farsi le unghie ovunque, arrampicarsi ovunque, saltare sul tavolo infilando le zampe nel cibo per inseguire chissà cosa. A casa, devo dire, era un disastro. Qui no. La prima volta che l'avevo beccato a rovistare nel vaso delle fucsie lo avevo sgridato. Lui mi aveva ascoltato a occhi sgranati come se stesse traducendo le mie parole in linguaggio felino. Poi mi si era strofinato addosso per dirmi d'accordo, sarò perfetto. Gli avevo insegnato a usare come water un angolo folto dietro una pianta di fichi, e lì andava. Ammetto che Marian non avrebbe saputo far di meglio.

Si era però fatto un nemico in giardino: un cespuglio di salvia, un cespuglietto da niente lungo il muro di cinta, tra due lunghi vasi di geranio. Per Chopin, chissà perché, quello era il Grande Avversario da far fuori. Ogni giorno erano lotte. Gli si avvicinava a gobba alta, coda gonfia, pelo ritto, muso feroce, saltellando sulle zampe, unghie di fuori, piccino com'era si fingeva un drago e da lì partiva un assalto dopo l'altro. Più la salvia rimaneva impassibile più Chopin si accaniva. Alla fine, si buttava disteso e mi guardava soddisfatto: visto che ho vinto anche oggi? Questo accadeva solo al tramonto, per i clienti che venivano a cena la baruffa alla salvia era lo spettacolino serale. Volle il caso che al tavolo di lato alla salvia andasse a sedersi una sera proprio Jeremy. Ma questa è storia a venire, al momento di Jeremy nessuna traccia.

Siamo ancora alla giornata del famoso lapsus – Giacinta non smise di canzonarmi –, giornata infernale, non solo per il gran caldo di fine estate. Non era neanche sabato ma il ristorante si riempì a pranzo e a cena. Una volta, quando mi trovavo in un ristorante notavo i colori delle tovaglie, o i giochi di luce sui bicchieri, o se c'erano piante e fiori, il gusto del cibo, tutte cose beate da pacifico cliente... ora, nel mio grembiule blu intorno alla vita, sudavo freddo contando le persone che entravano: ma quanta accidenti di gente ci stava arrivando? Ovviamente Giacinta diceva più ce n'è meglio è. A me veniva l'ansia. Dare il benvenuto, sorridere, prendere le ordinazioni senza confondersi, fare in modo che ogni cliente si sentisse unico, servire andando avanti e indietro infinite volte con piatti e vassoi. Ad aiutarmi ai tavoli però c'era Emma, l'insostituibile Emma, aiutava me e aiutava Ingrid in cucina. Giacinta ce l'aveva presentata esattamente con queste parole, pronunciate davanti a lei. «La vedete? È una che con gli uomini non vede l'ora di calarsi le mutande.» Emma si era sganasciata dalle risate e aveva ribattuto con uno sfacciatissimo «Parla per te, Giacinta, che la sai lunga», poi indicando Ingrid e me che assistevamo mute «E di' a 'ste due bischere come funziono sul lavoro io!». «È impareggiabile e indispensabile» dichiarò Giacinta. «Però...» e le rifilò uno scappellotto in testa «però anche se non ci sono più io qui ricordati la regola numero uno: niente far la scema con i clienti,» si voltò a guardarci «e neanche voi due, capito ragazze?»

Ed Emma: «Per me i clienti vuol dire soldi mica sesso» sghignazzò e se ne andò sculettando con il vassoio dei bicchieri. Eravamo in cucina. Appena fu uscita: «Quella lì» disse Giacinta «brutta com'è deve avercela speciale. C'è da stupirsi come gli uomini le corrano dietro». Poi avvertì ridendo: «Occhio se avete un fidanzato... Emma ci proverà in tutti i modi, per lei è una missione ficcarsi nel letto di quelli delle altre». Lì per lì non ci badai, ma di quelle parole mi sarei ricordata tempo dopo, e non fu piacevole.

Quella sera, con la luna alta che imbiancava quietamente il paesaggio, Ingrid e io infilammo con sollievo la discesa che ci portava a casa. C'era neanche bisogno di accendere le luci con tanta luna. «Seratina romantica eh?» sbuffò Ingrid sarcastica quando imboccammo il viottolo di casa. «Ci fosse il re dei principi azzurri ad attendermi nel letto lo manderei a quel paese, sono a pezzi.» Buttammo sull'erba le biciclette ed entrammo in casa. «Spalanchiamo tutto che dentro è rimasto il caldo.» Poco dopo ci mettemmo in giardino, mezze distese sulle due poltrone di vimini, piedi in alto appoggiati sulla staccionata e un bicchiere di frullato di frutta che Ingrid aveva preparato al mattino e messo in frigo.

«Che meraviglia» disse Ingrid sottovoce. «Qui si sta bene... senti i grilli, il silenzio. Al ristorante quel vociare dei clienti... devo abituarmici, certe volte vorrei saltar fuori dalla cucina e chiedere a tutti di stare un po' zitti. Perché urlano invece di parlare? No, quelli si siedono e urlano. In Francia nel ristorante di Marco non succede così, tutti parlano sottovoce, qui no, qui sbraitano. Sono sordi?»

«Io per me ho i piedi in fiamme,» accolsi Chopin che mi era saltato in grembo a farsi far le coccole «però hai visto? Che successone in cucina. Sei bravissima, ho sentito Giacinta dire che sei meglio di lei...»

«Anche di te ha detto che sei brava. Brava, precisa, cortese. Rapida.»

«Ho sempre paura di sbagliare, che mi cada un vassoio, che ne so, qualche guaio...»

«Anch'io ho paura di sbagliare, invece ci sta andando tutto liscio. Vedrai, ce la facciamo alla grande.» Continuavamo a rassicurarci a vicenda.

La notte era quieta con la sua aria oscura e fresca. Ce la stavamo godendo, noi due, nella nostra nuova vita, nel nostro nuovo mondo e nel giardino della nostra nuova casa circondata da alberi di frutta. Era la parte più esterna di un casolare vasto a un piano, in cui vivevano altre persone. Di lato del grande cortile che si stendeva più in là, c'era un altro casolare ad angolo retto. I nostri vicini dormivano, solo una finestra fiocamente illuminata, in fondo.

«Guarda lì, perché Lietta non dorme? Fossi in lei mi farei certe ronfe invece di star su a leggere.» Lietta era anziana, aveva insegnato per tutta la vita a scuola. Da lei avrei imparato non poche cose. Era una come zia Esther, una che ha dentro saggezza e tenerezza ironica. Per il momento non eravamo ancora in confidenza... non sapevo ancora quante pene avrei riversato nel suo paziente orecchio.

«Lei lì che legge e io? Mi viene in mente che non ho ancora tradotto una riga del romanzo...» Prima di proseguire per la Toscana con Ingrid, al ritorno in Italia mi ero presentata puntualissima all'appuntamento con l'editore. Mi ero messa in tasca un buon contratto ed ero partita con un romanzo da tradurre, il primo di una lunga serie. C'era da star tranquilla per un bel po'. Ma ora... «Come accidenti faccio adesso? Ho fama di essere precisa anche nella consegna. Mai ritardato di un giorno.»

«Appena ingraniamo facciamo in modo che tu abbia più tempo per te, non ti preoccupare.» Ingrid si alzò, mi tolse di mano il bicchiere vuoto, rientrò in casa. Me ne rimasi da sola, immersa nella pallida oscurità di quella notte di luna piena. Ascoltavo i richiami dell'assiolo. Chopin faceva le fusa. Lo carezzavo tra le orecchie, come piaceva a lui. Ogni tanto mi leccava la mano, ci strofinava su il muso. Mi adorava, lo so, mi faceva una corte pazzesca, voleva conquistarmi. Ero affettuosa con lui, molto... ma non era Marian. Sembrava averlo capito e non ci si rassegnava. Chissà, pensai, forse prima o poi arriverà Marian, forse la vedrò venirmi incontro, una notte, quando torno a casa dal lavoro. Forse. O forse no.

«Sai,» dissi a Ingrid, era tornata con i bicchieri ricolmi, altra dose di frullato, mi mise in mano il mio «sai, ripenso spesso a quel giorno in cui abbiamo visto Pierre e il cane sulla spiaggia, vicino a Deauville, pioveva, ricordi? Pioveva... Avevo Marian sulle ginocchia che faceva le fusa. Mentre guardavo quei due sulla spiaggia, ho provato una sensazione strana e spesso ci ripenso...»

«Anch'io. Me lo ricordo benissimo anch'io. Era qualcosa di triste, no?»

«Sai, come quando saluti qualcuno che se ne va e non lo rivedrai più. Quando dici addio, insomma. Ti fa male, ti senti spersa, abbandonata. Sai che tutto è finito. Ecco, ho provato una sensazione così... ma forte, sai? E mi ero stupita di aver provato una cosa del genere nell'osservare uno sconosciuto che se ne va in giro con il suo cane... Avevo Marian sulle ginocchia e provavo quel senso di addio. Forse quello che ho provato riguardava Marian. Come se da quel momento dovessi prepararmi a una definitiva separazione da lei. A dirle addio. Ed è successo proprio così... Se rivado a quei giorni mi appaiono costellati di segnali, come se Marian avesse voluto dirmi guarda che me ne vado... guarda che è finita.»

Ingrid si era riseduta vicino a me. In silenzio nella notte di luna.

«Sì,» dissi ancora «proprio così... è da quel momento che è iniziato il congedo da Marian. Lo capisco solo adesso.»

«A consolarti c'è Chopin...» disse Ingrid.

«Marian era davvero un nume protettore. Chopin è adorabile ma non lo sento come guida felina... sono io che lo proteggo.»

«Aspetta,» voce sorridente di Ingrid «aspetta, con i gatti non si può mai dire. Con un certosino, poi... sai che sorprese?»

Sarà, pensai. Abbassai lo sguardo su Chopin. Faceva le fusa ma non dormiva affatto. Mi fissava, dal basso in alto, occhioni sgranati. Il suo musino aveva un'espressione risentita. Cos'è? Ti sei offeso? gli chiesi mentalmente. Marian mi avrebbe capita subito, mi capiva quando le parlavo mentalmente. Devo ammettere che Chopin non fu da meno: mi appoggiò una zampina sul braccio, affondò le unghie e non smetteva di fissarmi e solo quando gli sussurrai «Ma sì, sarai anche tu un ottimo spirito guida» mollò la presa.

Rimanemmo di nuovo in silenzio, immerse nei nostri pensieri. Io pensavo a Marian, e Ingrid?

«Chissà,» disse infine e la sua voce aveva una nota grave «con quel viaggio in Francia abbiamo detto addio a molte cose.»

«Pensi a Marco?»

«Non solo a lui, ma anche a certe cose che avevo dentro e che non sento più. Sai, quel mio bisogno di sedurre gli uomini, di avere i loro occhi su di me... entravo in un locale o per strada... mi assicuravo che mi guardassero, come se potessi sentirmi viva solo se un uomo mi guarda. Se no, se non mi guardano con interesse, non esisto.»

«Be', lo ricordo bene... e adesso?»

«Non so che cosa mi sia successo... ma dopo che ho piantato in asso il gorilla, dopo che ho lasciato Marco, dopo che mi sono buttata in questo lavoro, in una vita tutta diversa... mi sono accorta che quello sguardo maschile non è più importante. Non ci bado più. Mi sono lasciata tante cose alle spalle, e anche quello. Prima con una sola occhiata verificavo quanti sguardi avevo addosso. Ora non mi viene neanche in mente. Strano, eh?»

«Io non so se sono cambiata.» Osservavo pensosa due civette che volavano da un albero all'altro. Si inseguivano nel loro volo soffice e silenzioso. «Non so...» Ricordavo il famoso muro. Quello di cui parlava l'ottimo psicanalista Geoffrey. Il famoso muro che ho dentro e che impedisce passione e aspettative e sogni... come diceva lui. C'era ancora? Sì, senz'altro. C'era, lo sapevo. Non si era sbriciolato neppure con Pierre. O forse con Pierre si era incrinato. O si era aperta una porticina che avevo subito richiusa.

«Fantastico che domani sia giorno di riposo» disse Ingrid. «Possiamo star qui a chiacchierare, questa notte è incantevole, domani si dorme, e domani ti accompagno anch'io dai fornitori e ce ne andiamo un po' in giro» e subito, con un tono da Momento delle Grandi Confidenze: «Jeremy... chi è? Giacinta oggi ti prendeva in giro per questo Jeremy».

Così le raccontai di quando l'avevo incontrato a quella festa. E di com'era lui, chissà perché era attraente, chissà perché *molto* attraente. E che voleva Chopin. Le raccontai anche della brochure e anche dell'incomprensibile lapsus.

«Macché incomprensibile,» rideva «quello ti ha colpita ben bene... altroché se ti piace. E abita da queste parti...» esultò, neanche pregustasse già il seguito della storia «...ti ci vedo quando ti troverai faccia a faccia con lui, tutta timida, come fai tu quando ti accorgi che uno ti fila...»

«Non mi ha affatto filata.»

«E allora come fai tu quando ti accorgi che uno ti piace» fece lei.

«Non ero affatto timida quando ha preteso che gli regalassi Chopin. E su quell'incontro non ci ricamo sopra, non ci faccio su un film.»

«Però hai conservato la brochure che parla di lui.» Implacabile Ingrid!

«Cambiamo discorso?»

«Dai, non ti arrabbiare, lasciamo perdere Jeremy» ma se la rideva sotto i baffi. Non dissi niente. Fu lei a riprendere dopo un po' e con altro tono: «Tra due giorni Giacinta se ne va. Il suo Bob la aspetta a Boston, poi un bel matrimonio a New York, poi a vita in una tenuta in campagna a far la brava moglie e tanti bambini.»

«Vorresti essere al suo posto?»

«Io col cavolo che farei una scelta simile dopo Marco. Non mi beccano più» mugugnò Ingrid.

«Visto che neanche tu ti fidi più? Poi dici tanto di me.»

«Sì, ma come si fa a mandare al diavolo uno come Pierre?» sbadigliò Ingrid. «Ti ricordi la sera prima di partire dall'isola? Poveraccio, sembrava disperato.» Me ne ricordavo e con un notevole senso di colpa. Eravamo in giardino Ingrid e io. Adelita e il professore non c'erano. D'un tratto vedo Pierre che arriva, me l'aveva detto al telefono che sarebbe venuto a trovarmi verso sera, ma me n'ero dimenticata. Me lo ero trovato di fronte con un'aria imperiosa, come uno che viene a riscuotere un credito. Non mi sono dimenticata la sua faccia quando gli dissi che l'indomani saremmo partite e *adieu*.

«Secondo me...» Ingrid continuava a sbadigliare «secondo me Pierre si farà ancora vivo,» si alzò, raccolse i bicchieri «vedrai che piomba qui, una volta o l'altra. Me lo sento.» E tra uno sbadiglio e l'altro: «Però adesso a nanna che è tardissimo, *capito ragazze?*».

16

Il futuro è preparato
nell'inconscio già molto tempo
prima, per questo può essere
indovinato dai chiaroveggenti.
(CARL GUSTAV JUNG)

Era da non credersi! Che Ingrid si facesse venire un attacco di panico in cucina il giorno della partenza di Giacinta era davvero da non credersi. E parlo della cucina del ristorante. Possibile? Proprio lei?

Quel pomeriggio, nel giardino del ristorante, con Chopin che mi seguiva zampettando, stavo assicurandomi che i tavoli fossero apparecchiati in modo perfetto, al centro di ognuno sistemavo qualche fiore mentre il vecchio Vasco controllava le lampade e i due tendoni.

«Mi fa effetto che non ci sia Giacinta con noi» dissi. Quel giorno ci era stata vicina a pranzo. Poi, quando i clienti se ne andarono, ci radunò in giardino, ci baciò e ci abbracciò, me, Ingrid, Emma e Vasco. Ci sgridò. Ci incoraggiò. Ci disse che non ci avrebbe dimenticati. «Da adesso ve la cavate da soli. Sono convinta che farete scintille.» Rideva tutta allegra. Noi quattro no. Quando se ne andò Emma filò in cucina borbottando che la gente che se ne va per sempre non le piace. Ingrid e io sedemmo sulla panca ai lati dell'ingresso, mute. Guardavamo il vecchio Vasco che si era avvicinato al muro di cinta, aveva appoggiato la fronte tra i rampicanti e singhiozzava, secchi potenti singhiozzi. Emma si era sporta dalla cucina e gli aveva gridato di smetterla. «Vuoi spezzarci il cuore a tutte e tre?» Vasco si era asciugato la faccia nella manica e se n'era andato con un «torno per cena» a testa bassa.

Ora, lui e io nel giardino del ristorante, stavamo dando gli ultimi tocchi, era tardo pomeriggio, non ancora l'ora di cena ma mancava poco, le rondini garrivano come matte girando e rigirando intorno al campanile della chiesa. Una gran quiete.

«Adesso tocca a noi» dissi ancora. Lui zitto. Mi sentivo eccitata e gioiosa, piena di energia. La gioia del nuovo, ecco. Quante volte la provi nella vita? Era il grande inizio!

A un certo punto Chopin mi saltò su un piede, quasi mi fece inciampare, mi chinai per sgridarlo e vidi che mi fissava abbracciato alla mia caviglia, occhioni sbarrati e un piccolo miagolio. «Che accidente ti prende? Arriva il terremoto?» e mi chinai per raccoglierlo. In quel momento «Eva... ti muovi? Corri?». La voce di Emma, un urlaccio, dalla cucina. Tirai su Chopin e corsi.

Ingrid era seduta su una sedia, le mani premute sulla faccia. Più che seduta mi accorsi che era accasciata, come se stesse per scivolare a terra.

«Guardala, guardala...» Emma sbraitava più rabbiosa che spaventata. «Guardala, proprio adesso.»

«Che cosa c'è?» Mi chinai su Ingrid. Chopin saltò a terra e si accucciò. «Che cos'hai?» La toccai. Sudata fradicia e fredda. Non staccava le mani dalla faccia. Gemeva. Era tutta un tremore, un brivido. Mi spaventai. «Ingrid, per carità... che cos'hai?» La abbracciai, la tenni stretta. «Che cosa ti piglia?»

«Non posso farcela... non capisco più niente, guardo le pentole e mi viene da vomitare, da sola non ce la faccio, senza Giacinta...» Si aggrappò a me affondandomi le dita nella carne. Era terrorizzata. «Ho paura, ho il panico, adesso arrivano tutti, io non ce la faccio... non riesco più a muovermi.»

Continuai a stringerla e mi folgorò un pensiero spaventoso: e se Ingrid non cucina?

«Calmati, devi calmarti,» balbettai, le accarezzai la fronte viscida di sudore «mettiti tranquilla, ce l'hai sempre fatta» e già mi vidi a mandar via i clienti con tante scuse, avevamo un sacco di prenotazioni, venerdì sera, sì era venerdì sera, come accidenti avremmo fatto? «Calmati, Ingrid» implorai.

Lei niente. Continuava a tremare.

«Dai, mettiti in piedi, reagisci, sei sempre stata capace di cucinare benissimo...» Cercai di tirarla su, sembrava un pupazzo sfasciato, faceva corpo morto. «Per carità, Ingrid!»

«Spostati un po' che ci penso io» sbraitò Emma e mi spinse di lato, brutale. Buttò Ingrid all'indietro, contro lo schienale, e le urlò in faccia un: «La pianti con queste scenate?».

Ingrid era bianca, mi fece impressione, una faccia di cera bianca, sembrava che si stesse disfacendo: «Lasciatemi, non ce la faccio» farfugliò, ubriaca di paura.

«Vedrai che con questi ce la fai» sbraitò Emma e con mia sorpresa – con mio orrore – le rifilò due potenti ceffoni, uno a destra e uno a sinistra.

«Capito? In piedi adesso.»

Ingrid si portò le mani alle guance e la fissava con totale stupore. Poi scoppiò in lacrime. Emma la attirò a sé, in un grande violento abbraccio. «E adesso basta» disse senza urlare ma decisa. «Vai a lavarti il muso.» La tirò su, Ingrid stava in piedi, piangeva come una bambina sgridata, «Fila in bagno e lavati la faccia».

Vasco era sulla soglia. «Brava, Emma,» bofonchiò «è quello che ci vuole.»

«Te la lavi 'sta faccia?»

«Sì, Emma, vado» pianse Ingrid. «Vado.»

«Te non seguirla!» Emma mi fermò. «Fa da sola.» Vidi Ingrid avviarsi alla porta barcollando. Chopin invece la seguì, a coda ritta. La stava scortando. Bravo Chopin.

«Su, bimba, coraggio, ci siamo tutti, siamo qui» le disse

Vasco scostandosi per farla passare. «È tutto a posto.» Aspettò che Ingrid uscisse poi se ne tornò in giardino.

Rimanemmo in silenzio. Emma guardava nelle pentole che fumavano. Io ferma e zitta, del tutto sconvolta. Due sberle? Picchiata come faceva Marco?

«Eccomi qui.» Ingrid stava rientrando con Chopin in braccio. Aveva ripreso colore. O erano le sberle che si era beccata ad averle fatto le guance rosse. «Chopin è proprio un tesoro» mormorò. Mi fece un piccolo sorriso. Poi: «Scusate, mi è passata... scusate».

«Scusate un paio di balle,» tuonò Emma «ancora una scena così e ti caccio la testa nella zuppa di ceci.» Si misero alle pentole, osservavo Ingrid, mi parve calma. Poi vidi che si mordeva le labbra: se la stava imponendo la calma, aveva ancora paura, cercava di dominarsi. Vorrei abbracciarla, pensai. Emma sembrò intuire e mi fulminò: «Levati di torno, tu, fuori!».

Due sberle, pensai accendendo le candele antizanzare in fila lungo il muro di cinta. Due sberle. Non era stata picchiata abbastanza da Marco?

«Lascia stare,» Vasco mi venne vicino, le candele in effetti erano affar suo «ha fatto bene Emma, è come con i bimbi... piangono e piangono e non riescono più a smettere, due ceffoni gli fanno capire che non sono mica soli, ci sei tu che li proteggi, tu sai come si fa a scacciare la paura.» Il discorso più lungo che gli avevo sentito fare da quando ero arrivata. Discorso da educatore svizzero, chi l'avrebbe detto? «Due sberle e loro smettono e si sentono al sicuro, diventano anche tutti allegri, vedrai la ragazza, anche lei...» Si chinò a raccogliere Chopin: «Questo qui...» mi disse sottovoce come se mi stesse confidando un segreto «stai attenta a questo qui, è un gatto che la sa lunga». Me lo mise in braccio: «Mi sono accorto, che cosa credi? Per lui sei una dea, la sua dea, ma tu niente, lo tratti da gatto qualsiasi e fai male... qui ci vuole amore» pronunciò questa parola in un sussurro e mi fissava torvo sotto le sopracciglia arruffate. Lo seguii con lo sguardo, incredula, mentre si allontanava con quel suo passo pesante. Si girò e mi disse ancora: «Portalo dalla matta. Lei ti saprà dire di quel tuo micio, altroché se ti saprà dire, quella sa tutto».

Entrarono i primi clienti, già cinque o sei, deposi Chopin, mi stampai un sorrisone sulla faccia e andai loro incontro. Per tutta la sera mentre correvo avanti e indietro tra i tavoli ormai gremiti, continuavo a rigirarmi quelle parole nella mente: qui ci vuole amore... e me le aveva dette il vecchio Vasco, uno sempre zitto con l'aria di aver la testa vuota se non per il lavoro. Incredibile.

Quella sera ricevemmo un sacco di complimenti. Ma proprio un sacco. Cibo squisito, ogni pietanza un capolavoro, facciamo un brindisi alla cuoca... frasi che fioccavano a destra e manca. Ingrid venne un paio di volte in giardino, girava tra i tavoli, sopraffatta dalla stanchezza e dalle lodi. Un successone, come continuava a ripetere Emma.

Quando finalmente infilammo la discesa per tornare a casa, sotto il cielo luminoso di stelle, Ingrid in bicicletta davanti a me si mise a cantare a squarciagola. Canto di vittoria. Non le sarebbero più venuti attacchi di panico. Solo una volta, per la verità, e fu quando arrivò Marco, storia ancora da venire come tante altre che accaddero.

Come ogni notte ci schiantammo nelle due poltrone di vimini, i piedi sulla staccionata e il solito bicchiere di frullato. «È andata bene, bene, bene...» Ingrid ridacchiava «... se penso come mi sono terrorizzata, chissà che cosa mi ha preso.» Si girò verso di me, con gli occhi abituati all'oscurità potevo vedere il suo sorriso esultante. «È stato fantastico quando dopo quell'attacco di fifa spaventosa mi sono accorta che stavo andando alla grande, come se fossi in un'altra dimensione, come se cucinando stessi componendo musica o fossi sulle nuvole, non so... quando fai qualcosa di perfetto, capisci? Estasi». Rise aggiungendo: «Però la prossima volta che Emma mi prende a schiaffi glieli rendo».

Chopin girellava intorno, nell'oscurità. Poi arrivò di gran corsa e mi saltò sulle ginocchia, con frenetico affetto, come se non ci vedessimo da secoli. Allora raccontai a Ingrid di Vasco e di quello che mi aveva detto, di come mi ero sorpresa a sentire le sue parole e quel suo *qui ci vuole amore* a proposito di Chopin. Ma intendeva *solo* a proposito di Chopin? O in genere? E chi era la matta da cui secondo Vasco sarei dovuta andare? Dove stava? Ingrid ne aveva sentito parlare, nient'altro. Carezzavo Chopin e pensavo che sì, qui ci vuole amore.

Così, il mattino dopo con Chopin che mi scortava, mi aggirai nel cortile dietro casa nostra, incerta. A chi chiedere della matta? Vivevano in diversi lì accanto a noi. C'era una coppia anziana, non facevano che litigare, li sentivamo rinfacciarsi vecchi sgarbi e recenti offese, uscivano sempre insieme condividendo nell'odio il reciproco risentimento. Poi c'era una famiglia, lui, lei e tre bambini, in scala dai cinque ai dieci anni. Quello di mezzo lo trovavo spesso in un angolo del cortile, seduto a terra all'ombra con un album sulle ginocchia, a disegnare. Suo padre, un ometto secco secco che ci guardava diffidente, lo avevo visto un paio di volte chinarsi sui disegni per dire: «Che bischerate sono queste? Ti crederai mica Giotto?». Li avevo visti anch'io quei disegni, non proprio Giotto ma linee già complesse e felici, sempre paesaggi, alberi e colline e tante volpi. Bravissimo. Il bambino mi chiedeva «Ti piacciono?» con sguardo simile a quello del professore, quando aspettava il mio verdetto sulle sue poesie. Sì, proprio bravissimo. Una volta aprendomi l'album sotto gli occhi mi disse anche «A te li faccio vedere, a lui non li faccio più vedere», lui era suo padre. Poi c'era una coppia giovane, la moglie incinta veniva ogni mattina a portarci uova fresche delle sue galline come faceva con Giacinta che abitava qui prima di noi. Sapevamo ormai tutto delle sue galline, le predilette erano di razza Livorno ma quelle due di razza Siciliana le trovavamo spesso in cucina, sul tavolo a becchettare se avevamo dimenticato un piatto con dentro qualcosa. E a parte qualcun altro che ci ignorava in quanto non parte della comunità, cioè straniere, c'era Lietta. Detestava essere disturbata quando leggeva e leggeva anche al mattino. Decisi di rischiare quattro urlacci.

Così andai da lei. La trovai sulla sua seggiolina di paglia, all'ombra del fico, davanti a casa. Picchiettava sul cellulare. «Sto litigando con il mio amico,» mi disse senza alzare la testa «aspetta un attimo... lui e io non ci si vede mai ma si litiga con esse-emme-esse.» Non aveva meno di ottant'anni, vestitini da mercato di cotone a fiorellini, piedi infilati in ciabatte, mani che hanno lavorato e lavorano tanto, capelli tinti e tinti male, e viso abbronzato. Rughe di molti sorrisi e rughe di molte preoccupazioni. «Lui sta a Siena, che ci vuole a prendere la corriera per venirmi a trovare? Mai. Si arrabbia perché non ci vado io a trovarlo. Dice che gli racconto balle. Sospetta che abbia degli amanti, ma si ricorda o no quanti anni abbiamo?» Appoggiò il cellulare nel vaso di oleandro che aveva accanto. «Gli uomini... sai che sforzo!» ghignò. Poi mi osservò al di sopra degli occhiali: «E tu? Truccarti un pochino no? Sei giovane, che ci vuole? Mi trucco anch'io, non esco mai senza rossetto». Lo usava di un colore carico, un prugna violento che le tagliava la faccia. La fede la teneva al collo, appesa a una catenina d'oro. Mi aveva raccontato che era quella del marito, uomo di chiesa. «Veniva a letto la sera e odorava di incenso, ma forte... questo sempre, anche da giovane, credimi insopportabile. Che ci fai a letto con uno che sa di confessionale?» rideva, aveva tutti i denti, sani e forti e bianchi. Suoi, come mi specificò un paio di volte. Ne era orgogliosa. «Te mangia rape bianche,» mi raccomandava «rape bianche cotte, un bel piatto tutti i giorni e i denti te li tieni fino alla tomba.» Il marito all'incenso era morto durante un pellegrinaggio in Spagna. Insolazione. Di lui le avevano riportato la fede. Lei aveva l'anulare nudo. «La mia» mi raccontò «me la sono levata un giorno che non ne potevo più, l'ho scaraventata in quei cespugli là,» aveva indicato i filari di rosmarino che cintavano il suo giardinetto «più trovata. Devo dire mai più cercata. Lui, quel sant'uomo, mi faceva andar fuori dalla grazia di Dio.» Mi aveva chiesto se avevo il fidanzato. Quando dissi di no, mi chiese se avevo l'amante. Quando le dissi ancora di no mi chiese se ero lesbica. Le dissi di nuovo di no. Allora scosse la testa: «Non far la suora,» mi ammonì «un amore ci vuole. Sceglitelo come si deve». E ancora: «C'è nessuno dei nostri che ti piace qui?». Pensai a Jeremy ma non lo dissi. Scossi la testa: «No». Lei mi scrutò con quei suoi occhietti acuti. «Si vedrà...» disse. Non mi aveva creduto.

Ecco, questa era Lietta. Grossomodo. Altre cose di lei le avrei scoperte più avanti.

Quel mattino, quando le chiesi della matta, volle subito sapere perché. Le parlai di Chopin che le era saltato sulle ginocchia e faceva le fusa. «Credevo andassi da lei per farti fare un filtro d'amore» mi canzonò lei e grattava Chopin tra le orecchie. «Io non ci credo a quegli intrugli, amari come pochi, e la matta ci mette la genziana e ci mette il tarassaco, roba che fa bene allo stomaco... ho sentito però che certe volte funzionano,» si aggiustò la crocchia ridendo «funzionano per cosa non so... un uomo che si fa acchiappare con una tisana meglio se lo lasci a casa.»

«Perché la chiamano matta?»

«Qua se non sei come tutti gli altri ti chiamano matta,» sbottò lei «qui non te la perdonano di non essere uguale.

Teste di rapa. E lei non è uguale per niente, proprio per niente» e mi disse dove potevo trovarla. «Non andarci in bicicletta, è tutta salita. Fatti prestare il motorino dal ragazzo, glielo dico io di prestartelo.» Il ragazzo era un extracomunitario e abitava all'ultima casa del cortile con la madre. Uno del Ghana mi pare. Adorava Lietta che gli aveva insegnato l'italiano e ora lo preparava per l'esame della terza media. Mi consegnò il motorino con un grande sorriso e mi prestò anche il casco.

Un'auto si fermò nel cortile. Ne scese un tale con il cappello in testa e venne verso di noi. Subito Chopin saltò a terra e gli andò incontro ingobbendosi, gobba da combattimento all'ultimo sangue e coda gonfia che sventagliava l'aria. Stava per attaccare un nemico.

«No, non richiamarlo,» Lietta mi appoggiò una mano sul braccio «lascia fare, il tuo micio ha capito di chi si tratta.» Io ero stupefatta, non avevo mai visto Chopin esibirsi in quel modo, a parte il cespuglio di salvia.

«Mi levate 'sto gatto di torno? Che è? Una iena?» L'uomo si era fermato, si era tolto il cappello dalla testa pelata e lo agitava verso Chopin come per scacciare un pollo. «Sciò!» Chopin gli ballonzolava intorno a unghie di fuori, soffiando. L'uomo si arrestò. Chopin gli si piazzò davanti.

«Inutile che vieni fin qui. Non ce li ho» sbraitò Lietta. «Te l'ho detto che non ce li avrei avuti. Vuoi portarti via la casa? Accomodati. Mobili buoni per far legna e quattro stracci. Accomodati.»

«Se non ce li hai, passo alle maniere forti» sbraitò lui di rimando. Qualcuno del vicinato si affacciò alla finestra. «Maniere forti, mi spiego? Ti do tempo ancora due settimane poi ti mando l'ufficiale giudiziario.»

«E che ci fa?» gridò Lietta fuori di sé. «Che ci fa? Qui non c'è un soldo. Lo sai o no che hanno abbassato le pensioni, che ci strozzano con le tasse e che la vita costa una fucilata? Lo sai o no?»

«Giusto!» urlò qualcuno da una finestra. «Lietta ha ragione.»

Nel pomeriggio, dopo il lavoro, mentre filavo in motorino verso il paese dove abitava la matta, ripensavo a quella scena. E a Chopin. Mai visto così. Un cane da guardia? Ora se ne stava pacifico nella mia borsa a tracolla, ogni tanto metteva fuori il muso, socchiudeva gli occhi nel vento della corsa. Era buffo con i baffi tutti scompigliati. Per guardarlo mancò poco che finissi fuori strada. Mi concentrai sulla guida e sul paesaggio. Vigneti a destra e a sinistra, gonfi di grappoli in quel pomeriggio di gran sole. Lietta mi aveva detto che la matta stava dietro l'angolo, ma avevo già macinato un bel po' di chilometri. A un certo punto dopo una curva notai un cartello, poi un altro. Riconobbi il nome dell'azienda vinicola.

Quella di Jeremy. Sì, proprio l'azienda vinicola di Jeremy.

Rallentai, rallentai molto, la fattoria si intravedeva tra gli alberi, poi capannoni, alcuni pini marittimi e i vigneti. Rallentai moltissimo, Chopin sporgeva il muso come a dire che cosa aspetti a infilare lo stradino d'ingresso? Ne stava uscendo un trattore, mi fermai per farlo passare. Non era Jeremy quello alla guida che si sporse verso di me gridandomi tutto allegro «Caldo boia oggi» come fosse una notiziona.

Certo, ci voleva niente per infilarmi oltre il cancello spalancato, retto da due colonne di pietra. E poi, arrivata in fondo, davanti alla fattoria, che cosa gli avrei detto incontrandolo?

Innestai la marcia e non riuscii a far altro che proseguire per la mia strada. Il reame di Jeremy me lo lasciai alle spalle. Mi tornò in mente la frase che aveva detto la biondina, a quella festa all'isola. Guardando Jeremy aveva detto: quello lì non puoi abbordarlo, quello le donne se le sceglie da solo. O qualcosa del genere. Parole comunque molto efficaci. Inoltre non sono una che abborda gli uomini, comunque sia non lo faccio. Ingrid diceva che sono una bacchettona. Per me invece è una questione di coraggio. Con che coraggio mi presento a Jeremy che magari sta lavorando, mi presento per dirgli che cosa? Guardi qua il certosino com'è cresciuto? Accelerai continuando a inerpicarmi su per le colline. Ora però che sapevo dove stava Jeremy, ora che avevo visto le sue vigne e tutto il resto, qualcosa nel paesaggio maremmano mi sembrò diverso. Forse i colori? Può essere che quando si è emozionati si vedano i colori più intensi? C'è un nesso magari tra un cuore che batte come un tamburo e le capacità visive? Se il cuore è calmo i colori sono spenti, se va come un matto i colori sembrano esplodere tanto sono vividi?

Al paese chiesi a una ragazza dove vivesse la matta. «La matta?» Sgranò gli occhi come per un'oscenità. «E vuoi andarci da sola? Quella è strega.» Però mi disse come fare per arrivarci. Stava fuori dal paese. Vicino ai boschi. Come la strega di Hansel e Gretel? O come la Baba Yaga? Be', pensai, intanto non è notte, è un solare pomeriggio luminoso. La casupola si affacciava sulla stradina. Spensi il motorino. Mi guardai intorno. Chopin saltò a terra e si mise a raspare ai bordi della strada per crearsi il proprio water personale. Marian era pudica, andava a nascondersi nei cespugli. Lui se ne infischiava.

Mi buttai nell'erba a guardare il cielo. C'era un gran vento lassù, trascinava bioccoli di nuvole candide nel profondo blu. Ripensavo alla fattoria di Jeremy, tra gli alberi. Alla mia inattesa emozione. «Per carità,» sbottai a voce alta «non se ne parla!»

Alla larga.

Mi incamminai. Chopin mi precedeva sventolando la coda, bella ritta come se stesse per condurmi a una festa. Accanto alla porta di casa, spalancata, c'era per terra una ciotola vuota. Chopin cominciò a girarci intorno e si mise a miagolare frenetico, tirava fuori degli squittii di richiesta, esigenti, un concerto imperioso. Come se avesse dei diritti al banchetto. Si affacciò una donnina. Vide Chopin. Scomparve e tornò dopo un istante con qualcosa che versò nella ciotola. Chopin azzannava alla rinfusa, sembrava non mangiasse da secoli.

«E lui l'abbiamo sistemato.» La donnina era di fronte a me. Minuscola. Non proprio nana ma quasi. L'abito a strisce rosse e blu trasversali, traforato e con vistosi ricami, certo non la slanciava. Impossibile darle un'età, per un attimo mi fece venire in mente Silvy per quanto tra le due ci sia un abisso. Un faccino perfetto. Naturalmente me l'ero immaginata come banalmente ci si immagina una strega. Il suo era invece un viso da madonna trecentesca. O da fata. Avesse avuto le ali non c'era da stupirsi a vederla volar via.

«Ti costa cinque euri» mi disse come prima cosa. Un sorriso paziente. Occhi molto penetranti, per niente pazienti. Direi troppo penetranti, di un azzurro metallico. «Anticipati.» Stavo per dirle che non ero lì per un filtro d'amore ma mi affrettai a frugarmi in tasca e a tenderle la banconota. La esaminò con calma, la intascò precisando «senza fattura». Non aveva per niente l'aria di essere matta. E mi invitò a entrare.

Potrei stare ore a descrivere la cucina, vasta e foderata di scaffali dove si stivavano alti barattoli di vetro ricolmi di semi, foglie e non so che cos'altro. Mazzi capovolti di erbe secche pendevano da una parete, sul lungo tavolo mucchietti di erbe fresche separati uno dall'altro, bottiglie ricolme di un liquido verdastro. Mele tagliate a spicchi su un tagliere e bacche di non so che cosa e radici scure e contorte sparse in giro, lunghe neanche un dito. In un angolo, contro la parete, una pila di libri. Quello più in alto, di cui riuscii a leggere il titolo, era nientemeno che l'opera di Jung sui fenomeni occulti.

«Ti manda qualcuno?» mi chiese lei. Andò a sedersi al tavolo e mi indicò la sedia accanto. «Vasco, per caso?»

«Lui... sì, lui.» Ero sconcertata.

«Brav'uomo, Vasco. Sa voler bene.» Si chinò su un mucchietto di erbe, lo smosse.

Una fragranza diffusa e acuta che sapeva di menta mi riempì i polmoni come fosse ossigeno, puro ossigeno. Mi guardai di nuovo intorno. Tutto pulitissimo, tutto splendente, anche la stufa da cucina fitta di anelli di ferro concentrici, i vetri rilucenti della finestra spalancata sul bosco da cui entravano folate d'aria fresca e umida, come se qui dentro fosse già autunno. Come se il tempo qui dentro mi fosse scivolato d'un colpo alle spalle e mi trovassi già a mesi di distanza da quello che avevo vissuto sino a pochi istanti prima. Impressionante. Come trovarsi buttati nel futuro. Provai un curioso senso di vertigine.

«Rilassati» mi sorrise lei. Si appoggiò una mano sul petto, sul ricamo che ornava il bizzarro vestito rosso e blu. «Rilassati, qui si sta bene.»

Sarà, pensai. Ma mi sentii ancora più inquieta quando vidi Chopin entrare a pancia bassa – bassa ma piena zeppa –, strisciava sul pavimento con le orecchie piatte, baffi ritti a tastare il pericolo. Con un guizzo saltò sulle ginocchia della donnina. Marian salterebbe sulle mie ginocchia, per tranquillizzarmi. Lui no.

«Fai male a pensarla così» disse lei neanche mi avesse letto in testa. «Questo qui ti ama ma davvero. Chi ama davvero protegge.» Lo carezzava a mano aperta, dalla testa alla coda. «Lui sa perché è venuto da me.» Chopin non faceva le fusa, stava lì a occhi spalancati, ipnotizzato da quella pesante e continua carezza. «E lui è molto di più. Lui è un passo avanti. Nella vita hai una cosa, mi segui? La prossima cosa che ti arriva può essere un passo indietro o un passo avanti. Lui è un passo avanti.»

«Nel senso?» mormorai.

«Ci sono gatti. Poi ci sono gatti speciali. E poi ci sono gatti straordinari. I certosini sono spesso gatti straordinari. Lui di più. Lui è un certosino di più.» Mi scoccò un'occhiata. «Mi segui?» Mi vennero in mente le parole di Jeremy, quando parlò di... di che cosa? Sì, di doti dello spirito gattesco. Doti morali, gatti eccezionali i certosini... era questo che aveva detto?

«Proprio questo.»

«Ma lei mi legge davvero nella testa?»

«Il tuo è un certosino eccezionale» e non rispose alla mia domanda neanche avessi detto un'ovvietà. Mi sentii sciocca.

«Sì, però...» proruppi «...il gatto che avevo prima, voglio dire Marian...» non riuscii a proseguire.

«Legati al passato e non vivi più. Il passato ti impicca. Ti fa vivere all'indietro. Si vive da qui in avanti. Se no si muore.»

Mi si strinse lo stomaco. Paura?

«Tu vuoi sapere da me in che cosa è eccezionale il tuo gatto» riprese lei. «Vuoi che te lo dica io e paghi cinque euri per saperlo. E così ti levi il piacere di scoprirlo da sola.»

«Scusi,» sbottai e non capivo perché mi ero irritata «scusi, sa... ma allora perché fa i filtri d'amore, lei? Perché una dovrebbe venir qui? Per levarsi il piacere di scoprire da sola che l'uomo che ama continuerà a mandarla al diavolo?» Tacqui sorpresa da quello che mi era uscito dalla bocca. Ero tutta sudata. «Ecco!»

Lei scoppiò a ridere. Prese Chopin e lo depose sul tavolo con distratta cautela. Continuava a ridere come per un'esilarante barzelletta. Chopin zampettò verso di me e mi saltò in grembo. Lo chiusi tra le mani. Lui e le sue confortanti fusa pazzesche.

«Il filtro d'amore...» continuava a ridere «...il piacere di essere mandata al diavolo...» si asciugava gli occhi, piangeva dal ridere «...ma come ti viene...» Io irritata e muta stavo a guardarla. Avevo davvero detto una scemenza?

«E poi un'altra cosa,» non so perché ma non riuscivo a trattenermi «ma a sentirla chiamare matta o strega credevo di trovarmi davanti tutt'altra persona... invece lei parla in modo molto molto colto, legge libri come quello...» indicai il testo di Jung «...e poi però fa filtri d'amore? Sono sconcertata.»

«Santo cielo, cara, hai una grande dote,» aveva l'aria di divertirsi un mondo «sai parlar chiaro. Te lo meriti un gatto certosino come il tuo Chopin!»

Le avevo detto che si chiama Chopin? Non mi pare proprio.

«Te lo meriti. Magari con lui al fianco ti farai meno rigida, mi segui?»

«Rigida?»

«Oh bimba, apri la testa: ogni cosa può essere diversa da quello che pensi e tutto può accadere anche se non lo pensi. Mi segui?» E senza aspettar risposta: «Lui sa chi ti vuol bene, chi ti vuol male. Da chi puoi avere cose buone, da chi cose brutte. Visto che a me è saltato in braccio subito? Sa che da me ricevi cose buone, magari amare da mandar giù ma buone. Tu tienilo d'occhio e vedrai... hai ricevuto in dono un gran certosino, credimi».

«In dono?»

«Lo sai da te. Adesso dimmi che cosa ti fanno venire in mente queste parole: filo da torcere.»

«Be', qualcosa di difficile, qualcosa che...» la fissai «...perché me lo chiede?» *Filo da torcere.* «Parole che non mi piacciono per niente.»

«Tu non ti spaventare. Filo da torcere... sì, certo, ma non averne paura. Non sarà filo spinato, vedrai.»

Si alzò, mi fece cenno di seguirla e mi accompagnò alla porta.

«Quei libri non li leggo io. So leggere a stento, non

sono come Lietta. Li legge mia nipote, lei studia... psicologia, si dice così?» Dal modo con cui mi guardava non riuscivo a capire se si facesse beffe di me o fosse sincera.

«Be'... allora...» non vedevo l'ora di andarmene. «Io, adesso...»

«Su, non stare a dirmi addio» mi interruppe lei «tanto tornerai, ci rivedremo, vedrai. Nel frattempo, lo farai lo sforzo di cercare di capire chi sei? Ci provi?» Si appoggiò allo stipite e mi fissava, dal basso in alto. Piccina e temibile. Poi indicò la strada: «Guarda lì... oggi mi sembra proprio di aver visto passare un angelo. Sai, tunica bianca e grandi ali. Ali grandissime. In un primo momento penso che sia una cosa della pubblicità, hanno aperto un supermercato, fanno pubblicità così, mi segui?»

La seguivo, eccome se la seguivo.

«Poi, quando è volato via, ho capito che era un angelo vero. Si è messo a sbattere le ali ed è volato via, lo vedo alzarsi sempre di più sopra il bosco, e sparisce là in fondo, dietro quella collina, dove c'è la vecchia cattedrale tutta rovine.»

Rientrò in casa e mi sbatté la porta in faccia.

Devo sedermi, pensai. C'era una panchetta accanto alla porta. Mi sentivo uno straccio. Rimasi così a lungo, vicino ai cespugli di lavanda. Mi sembrava di essere stata su un altro pianeta.

Poco per volta il mondo intorno a me riprese il suo senso. Ammesso che abbia senso, mi dissi. Ma ero di nuovo nel mio presente, il futuro era rimasto in quella cucina. O ero matta anch'io? Chopin si strofinava contro le mie gambe, per farmi coraggio. Lo raccolsi, lo strinsi al petto e intanto mi guardavo intorno. Guardai la strada che biancheggiava oltre il prato. Un angelo?

Me la filai via sul motorino, Chopin accucciato nella borsa, con il muso di fuori, baffi al vento. Me la filai via tra boschi, prati, vigneti. Ripassai come una freccia davanti all'azienda di Jeremy. In un istante me la lasciai alle spalle. Alla larga.

Fu con sollievo che rientrai nel nostro cortile. Resi il motorino al ragazzo e andai a cercare Lietta. La trovai sotto il fico.

«Scusa se ti disturbo ma sono sconvolta» e le sedetti accanto. Appoggiò il libro sulle ginocchia, con l'aria di dire di nuovo rompiscatole? «Sono stata dalla matta» dissi ancora.

«Ha ancora un cattivo alito?»

«No... quello non l'ho notato, non mi pare. Ma è davvero una maga... una maga o qualcosa del genere? Mi sembra impossibile.»

«Ci son più cose tra cielo e terra... eccetera eccetera. Ora vai che voglio leggere.»

«Un'altra cosa, scusa... la matta ha una nipote?»

«Ma dai, non ha nessuno. Vive da sola, sempre stata da sola. Era figlia unica di un carbonaio, la madre era straordinaria anche lei, sapeva tutto delle erbe, andavi da lei e ti guariva, altro che i dottori! Anche Clizia...»

«Si chiama così?»

«...dicevo che anche Clizia è straordinaria come sua madre, forse di più... a parte la sua cultura: lei se ne va a Grosseto con la sua sporta e la riempie di libri. Ma fossero nate secoli fa, lei e la madre, sarebbero finite sul rogo. Ti ricordo che sant'Agostino affermava che tutte le manipolazioni della Natura, quindi la preparazione di tisane, fumenti, decotti, filtri, pozioni e così via, preparati allo scopo di risanare...» tirò il fiato, era di nuovo l'insegnante in cattedra che spiega il mondo agli allievi «...se davvero risanano, se cioè ottengono il loro scopo, sono opera di Satana e sono quindi da considerare malvagie, empie e sacrileghe... a meno che non siano preparate dai santi. Per Clizia è una fortuna essere nata oggi. Straordinaria com'è, la processavano in quattro e quattr'otto e la bruciavano.

Oggi la gente ne ha solo paura, eppure ci vanno, eccome se ci vanno!»

«Lei dice che vede gli angeli...»

«Può essere. Si mangia tante di quelle bacche selvatiche... sai quante di quelle bacche ti mandan fuori di testa? Però credo che sia proprio questo che le dia un occhio in più, a parte le sue doti innate.»

«Vuoi dire un occhio magico?»

«Chiamalo come ti pare, e adesso vai.» Raccolse il libro dalle ginocchia. «Vai.»

Quella notte quando fui finalmente a letto – era stata una serata da incubo al ristorante, tanti di quei clienti che quando un tavolo si liberava subito se ne sedevano altri e così via – quella notte dicevo, quando Chopin si arrampicò lo accolsi come voleva lui, tra spalla e collo, rannicchiato su di me. Non lo respinsi più. Lo tenni lì, cercai di ascoltare le sue fusa. «Mi conforti...» gli mormorai. Mi resi finalmente conto, pensando a Marian, per quale ragione facessi fatica ad amare Chopin: amare lui era un po' come tradire Marian. Tenendo lui a distanza potevo continuare a sentirmi Marian vicino. Era questo? Lo accarezzai dolcemente, mi leccò la faccia, appoggiò le zampine sulla mia guancia, ci strofinò il muso. Avesse avuto la parola mi avrebbe sussurrato frasi d'amore... sorrisi nel buio. «Se ti permetto di toccarmi il cuore» gli mormorai «tradisco davvero Marian?» Insomma, mi stava conquistando.

O ero io che mi stavo arrendendo all'idea che dopo un grande amore ce ne può essere un altro?

Ripensai alle parole della matta, cioè di Clizia, quando aveva detto di cercare di capire chi sono. Be', riflettei, intanto sono una che in fondo in fondo non vede l'ora di affezionarsi a questo meraviglioso certosino, di volergli bene, di amarlo, in definitiva... di provare una gran gioia ad averlo vicino. Ha senso continuare a negarmi tutto questo? A guardarlo con una certa freddezza?

No, non ha senso.

«Proviamoci» gli dissi ancora, e con indubbia gioia me lo tenni addosso, mi addormentai cullata dalle sue fusa.

Al mattino mi svegliò alle cinque e mezzo in punto. Dopo poche ore di sonno. Mi saltava addosso. Appena mi svegliai corse verso la finestra. Lo seguii. Stava albeggiando. «Che cosa c'è?» Mi guardava con occhietti radiosi. Saltò sul davanzale. Mi affacciai. Un'alba fresca che sapeva di erba tagliata. «Non capisco che cosa mi stai dicendo, che cosa vuoi.» Lo raccolsi e tornammo a letto. Ancora un'ora di sonno. Ci addormentammo abbracciati. Ma da quel mattino, tutte le mattine Chopin mi svegliò a quell'ora: cinque e mezzo.

Era un gatto preciso, fedelissimo, puntuale. Se ne andava spesso in giro, in esplorazione, bastava che lo chiamassi e in un istante mi era vicino. Era di indole mite, ma si faceva rispettare dai gatti del vicinato, gli stavano alla larga quando gironzolava intorno alle micie; la sua prediletta, come si vide poi, era la micia di Lietta.

Fu Vasco a dirmi tempo dopo «Sei stata dalla matta, vero? Lo capisco da come sei diventata con il tuo micio. Sei cambiata, adesso si vede che...» fece un gesto come a dire non importa ripetersi. Ci vuole amore. Erano queste le parole che non volle ripetere.

Quel giorno, di pomeriggio prima di metterci al lavoro, ci eravamo trovati con altri al ristorante, nel giardino e intorno a un tavolo. Ingrid era seduta davanti a un quadernone, quello su cui Giacinta aveva scritto regole, consigli, raccomandazioni. C'erano Emma, Vasco, un'altra del paese che era sarta e di nome Marianna, c'era il farmacista e anche il parroco. E c'era anche il ragazzo che mi aveva prestato il motorino, lo chiamavano Livio. Si era sparsa la voce che Lietta avrebbe avuto grossi guai se non si fosse affrettata a pagare il debito.

«È stato quel baciapile di suo marito...» vociava Marianna, e al prete, con altro tono «...scusi, don Coso, se dico baciapile» lei non metteva piede in chiesa e il prete, don Pietro, lo chiamava don Coso, anche se con rispetto. Don Coso con la C maiuscola. «Quel baciapile dei miei stivali è stato lui a farsi prestare tutti quei soldi, diceva per la chiesa, ci credete voi? Io no. Non dico per cosa, lasciamo stare, ma adesso a Lietta, se non paga, le portano via la casa. Sai di quante rate è indietro? Lo so io. Ma non ha più soldi. Che fa senza neanche la casa? Che fa? Va a battere, vecchia com'è?»

«Per favore, Marianna, c'è don Pietro!» si indignò Emma che, oltre tutte le previsioni, frequentava attivamente la chiesa e di sé diceva: sono devota. Ingrid sosteneva malignamente che Emma in realtà puntava al prete, detto tra parentesi era proprio un bel tipo. Gambe da gran sportivo, gliele avevo intraviste una volta mentre sfrecciava in bici.

«Allora d'accordo, non ci resta che fare una colletta» disse Ingrid. Aprì il quadernone su una pagina bianca. «Quanti siamo?»

«Intanto noi,» dissi «eccetto don Pietro che si incarica di raccogliere i soldi della colletta.»

«Sì, il nostro parroco non può certo darli,» saltò su Emma «ne ha appena per vivere.»

«Tranquilla,» disse Ingrid «nessuno glieli ha chiesti. Siamo noi i primi a dare e siamo anche noi a battere cassa agli altri del paese. Anche cifre piccole, piccolissime ovviamente. Ma qualcosa.»

«Non sarà facile,» obiettò Marianna «da queste parti sono di braccio corto. Braccino.»

«Anche noi non sguazziamo nell'oro» replicò Vasco. «Ma si fa quel che si può.»

«Io chiedo ai miei, cioè a quelli della mia comunità» disse Livio.

«Ma se siete musulmani...» e questa era Emma.

«Che cosa c'entra?» protestò Livio. «Lietta ha insegnato l'italiano a tanti di noi e altri li segue per la scuola. E non si fa pagare. Per noi Lietta è importante.»

«Alcuni produttori di questa zona fanno beneficenza. Non dico i nomi, ma potreste darvi da fare» consigliò don Pietro.

«Ideona...» sghignazzò Marianna. «Chi? Quello dei formaggi? Quello è un pidocchio.»

«In compenso sua moglie è di una invidiabile bellezza» disse Emma, e mi sorpresi del suo tono accorato. Le pesava essere brutta? Faceva confronti, proprio lei che sembrava infischiarsene? Sì, le pesava, lo capivo dalla sua espressione. «Ha anche un bel nome» proseguì Emma, mogia. «Un nome strano... che le frega di stare a stecchetto con quell'avaraccio, se è bella così?» Il nome non lo disse.

Non mancò molto però che il nome di quella bellezza l'avrei saputo anch'io. Me lo avrebbe detto la matta, quel nome, e mi avrebbe detto anche altre cose. A proposito di filo da torcere.

«Ma secondo voi» continuò Emma «una così è fedele a suo marito? A un marito pidocchio?»

«Ehi, non andiamo fuori tema» ammonì Ingrid. «Facciamo un elenco di persone a cui si può chiedere?» Teneva in mano la penna e ci guardava interrogativa. Vennero detti dei nomi, molti vennero scartati, altri vennero scritti.

«E non dimentichiamo uno che senz'altro non dice di no» disse la sarta. «L'inglese, quello dall'azienda...» Ecco, mi dissi, ecco che ci siamo.

Jeremy. Proprio lui. E lo chiamavano l'inglese. Già, inglese anche lui come George. Ma guarda!

«Tu che cosa ne dici?» Ingrid mi stava guardando canzonatoria. «Eh?» si mise a ridere. Le chiesero perché rideva, scosse le spalle e dichiarò: «Potrebbe andarci Eva...».

«Lo conosci?» volle sapere Emma. Occhi pungenti e voce stridula. «Lo conosci?»

«Vagamente...» Mi sentivo la faccia in fiamme.

«Io lo conosco bene l'inglese. Ci gioco a scacchi.» Il farmacista fino a quel momento non aveva aperto bocca. Sul suo sgabello in fondo al tavolo aveva passato il tempo a guardare Ingrid. «Ci vado io dall'inglese.»

È strano come certe volte ci si senta divisi in due parti: una pensa una cosa, l'altra un'altra. Una *me* era sollevata – alla larga da Jeremy. L'altra no, per niente: perché diavolo da jeremy doveva andarci il farmacista?

«D'accordo, ci vai tu.» Ingrid gli rivolse un sorrisone. Non sorrideva più agli uomini come una volta, con aria da seduttrice. Ora sorrideva e basta. Un bel sorriso aperto, schietto, molto più attraente di quelli di una volta. «Potresti cominciare proprio da lui.»

«Ci vado oggi stesso» proruppe il farmacista con l'aria di dirle per te andrei in capo al mondo.

«Dividiamoci i nominativi» propose la sarta «e ci si vede qui tra qualche giorno.»

«Direi che le persone che partecipano alla colletta portino la loro offerta direttamente a don Pietro» disse Ingrid. «Non a noi. Mi sembra più corretto. Noi li sollecitiamo e basta.»

Furono tutti d'accordo, e la sarta «Non posso trattenere la mia linguaccia,» disse ridendo «è meglio così perché diffidenti come siamo da queste parti penserebbero che i soldi ce li intaschiamo noi.»

«Marianna, non esageriamo,» replicò don Pietro quietamente «la gente è spesso meglio di come ce la immaginiamo.»

«Quanto deve Lietta?» volle sapere il farmacista. Quando Ingrid disse la cifra fischiò tra i denti. «Mica poco...» commentò. Continuò a puntarle gli occhi addosso, adorante.

«Un'ultima cosa prima di lasciarci» disse don Pietro. «Sto organizzando un torneo di scacchi. Ci sono ancora dei villeggianti, dei turisti, c'è gente di qui che gioca a scacchi. Metterei annunci ovunque qui intorno, magari anche a Grosseto,» si rivolse a Ingrid «potremmo usare il ristorante, cioè questo giardino, magari nel giorno di chiusura. È possibile? L'iscrizione al torneo costerà un qualcosa, e quello che raccogliamo lo diamo a Lietta. Che cosa ne dite?»

Ingrid naturalmente accettò, anche se quando tutti se ne furono andati «Porca miseria,» sbuffò «proprio il giorno di chiusura che è il nostro santo giorno di riposo. Ovviamente dovremo essere presenti. E vorranno bere e mangiare qualcosa... ma potevo dirgli di no? Mi sarei sentita una merdaccia a rifiutare.»

«Impossibile rifiutare» e sedetti vicino a lei con Chopin sulle ginocchia. «Un torneo di scacchi... quasi quasi mi iscrivo.»

«Così ti trovi davanti l'inglese e lo batti?» rise lei.

«Perché no?» risi anch'io.

«In ogni caso l'inglese ti tocca» disse lei e sfogliò il quadernone. «Guarda qui: Giacinta ha lasciato un appunto sottolineato varie volte con tanto di punti esclamativi. Scrive che dalla fine di questo mese il nostro fornitore di vini e anche di prodotti dell'orto sarà proprio l'azienda dell'inglese. Prima di partire ha fatto un accordo con loro. Ha scritto anche qualcosa per te, vuoi che ti legga?»

«Leggi...»

«No, leggi tu» e spinse verso di me il quadernone. Mi chinai sulla pagina. C'era scritto: *Cara la mia Eva, una sola parola: provaci.*

«Visto?» Ingrid ridacchiava. «Non hai scampo.»

«Ma che le ha preso a Giacinta di scrivere una cosa del genere?» Ero sbalordita.

«Non fare quella faccia. Non ti ha mica chiesto di buttarti dalla finestra.» Ingrid carezzò Chopin che era saltato sul tavolo e si era acciambellato sul quadernone, giusto sulla pagina dove risplendeva quel *provaci*! «Ti toccherà salire sul tuo amato furgone e almeno una volta a settimana andare all'azienda di Jeremy. Dalla fine del mese... non male, eh?»

«Già» dissi. Fredda, calma, padrona di me. Che dire d'altro?

17

Il gioco degli scacchi non solo
è innocente, ma salutare
per l'animo sia del vincitore
che del vinto.

(Benjamin Franklin)

A lui toccò il bianco. A me il nero. Mi piace giocare con il nero, la regina degli scacchi, quella nera, mi è sempre sembrata una temibile regina. La bianca è più dimessa, una di quelle che non sanno governare e finiscono sulla ghigliottina. La nera no. La mia regina nera è implacabile. Riunisce in sé doti da grande condottiero, quelli che non perdono una battaglia: un Napoleone senza campagna di Russia e senza Waterloo.

Lo dissi a Jeremy che sedeva dall'altra parte della scacchiera, ci separavano neanche due metri. Mi figurai che fosse distante migliaia di chilometri, quanto l'Himalaya dal Cervino. Non me lo volevo sentire così vicino. Questo però non glielo dissi.

«Forse più che un Napoleone la regina nera è un Alessandro Magno che non viene mai sconfitto» e intanto disponevo i pezzi sulla scacchiera.

«Tre partite, no?»

«Sì, tre,» ciarlai con una disinvoltura che non sentivo «io perdo la prima e vinco le altre due. Mi succede sempre.»

«Dichiarazione imprudente» rise lui.

«E neanche tanto elegante, direbbe mio padre. È stato lui il mio maestro.»

«Che effetto ti fa essere l'unica donna in un torneo di scacchi? Ci sono ragazzi e uomini e anziani. Donne neanche mezza, a parte te.»

«Ci sono abituata» ribattei noncurante e intanto mi chiedevo che bisogno avevo di sfoderare tanta arroganza. Come fossi io la regina nera degli scacchi. Sembrava che mi sforzassi di essere odiosa. Vuoi vedere, mi dissi, che questo qui mi considererà l'opposto di quella che sono in realtà? Che ironia.

«Intanto io sono qui con il tuo gatto Chopin sulle ginocchia» disse lui. Ed era vero. Chopin gli si era slanciato incontro quando Jeremy mi si era avvicinato qualche ora prima, neanche fosse un amore ritrovato. E ora stava lì a far le fusa, bello tranquillo. Sulle sue ginocchia invece che sulle mie.

Quel giorno, il giorno del torneo di scacchi, Jeremy era entrato nel giardino del ristorante non per primo ma quasi, e si era messo a parlare con don Pietro, e con altri iscritti al torneo tra i tavoli pronti con le scacchiere. Ingrid e io eravamo sulla porta della cucina. «È quello lì» le dissi sottovoce, e lei capì subito di chi parlavo e infatti disse: «È ovvio che sia quello. Chi altri?». C'era un bel po' di ammirazione nella sua voce e come poteva non essere così? «Eppure non è per niente bello» le dissi ancora, sempre sottovoce. «Ma vedi com'è? Ha qualcosa... lo vedi anche tu com'è.» E lei lo definì: «Uomo di una calma potente», proprio le parole che mi ero immaginata potesse dire vedendo Jeremy. Emma si intrufolò tra noi due: «Secondo me sembra un po' George Clooney». «Ma per carità,» sbottò Ingrid «Clooney con quel microscopico naso rifatto... neanche per sogno. Quello lì è diverso. Quello non ha bisogno di tirarsela. Non vedi che non si dà un filo d'arie? Lui è quello che è e sa di essere quello che è. E gli sta bene così.»

Jeremy voltò la testa e mi vide. Avevo in braccio Chopin. Venne verso di me con un passo lento ma non indolente, un sorriso divertito ma non sfrontato.

«Così ci si rivede» fu la prima cosa che disse. Come

fosse ovvio incontrarsi di nuovo in un paesino di Maremma.

Chopin si agitò, saltò a terra, e – come ho già detto – gli corse incontro. Lui lo raccolse. Ingrid scomparve in cucina, si trascinò dietro Emma. Jeremy era di fronte a me con il *mio* gatto sul *suo* petto.

«Jeremy... si ricorda?»

Credo che leggesse sul mio viso che mi ricordavo di lui, altroché se mi ricordavo.

«Visto com'è cresciuto?» mi affrettai a parlare di Chopin, che altro potevo dirgli? «E com'è bello. Diventa sempre più bello.»

«Direi che ha una particolare simpatia per me» sorrideva. E scherzoso: «Me lo regala finalmente?».

«Impossibile: ho troppo bisogno delle sue spirituali doti gattesche... e anche delle sue feline qualità morali» ribattei.

«Feline qualità morali...» sembrò sorpreso «...non le avevo detto qualcosa del genere proprio io, quando ci siamo conosciuti?»

«Ho buona memoria se si tratta di gatti.»

«Ottima memoria...» Mi osservò con curiosità e stava per dire qualcosa, ma qualcuno in quel momento lo chiamò, mormorò «scusi», mi girò le spalle, lo vidi confondersi tra la gente che ormai affollava il giardino. Con Chopin.

«Parla anche benissimo l'italiano.» Ingrid era di nuovo vicino a me. Emma dietro di noi a sbirciare e a rizzare le orecchie.

«Mi scoccia che se ne vada in giro tenendosi in braccio Chopin» borbottai.

«Lo sanno tutti che adora i gatti» ci informò Emma. «E poi come fai a essere gelosa di un gatto?»

«Perché? È vietato?»

«Che antipatica sei» protestò Emma. Aveva ragione.

Ero proprio antipatica. Lo ero stata anche con lui, pensai, poco prima...

«È sposato per caso?» volle sapere Ingrid.

«No,» di nuovo Emma «non è sposato, non è fidanzato e non è neanche gay.»

«Uno così non ha una donna che gli stia appiccicata alle costole? È impossibile.»

«Se ce l'ha non lo sa nessuno.»

«Non ha fatto una piega nel rivedermi qui...» voce dal tono risentito, la mia «...non mi aspettavo certo che mi buttasse le braccia al collo, ma almeno stupirsi, chiedere come mai sono in Toscana.» Come fossi nessuno, pensai. Come fossi uno zero assoluto.

«Gli ha già detto tutto don Pietro» spiattellò Emma. «Li ho sentiti io, l'altro giorno in parrocchia, don Pietro gli ha mostrato l'elenco dei giocatori di scacchi e c'era il tuo nome e lui ha chiesto chi è questa donna, sei l'unica dell'elenco» parlava tutto d'un fiato, per lei era un vanto sapere tutto di tutti. «Don Pietro gli ha detto di te e del gatto, qui ti conoscono come quella del gatto certosino, lui ha detto che ti aveva conosciuta in Francia. Don Pietro gli ha detto del ristorante, che lavori qui con Ingrid, insomma lo sapeva già.»

«Fantastico come sei sempre informata» rise Ingrid. «Adesso vai,» mi disse «non vedi che i giocatori si stanno raccogliendo? Si comincia. Vinci, eh?»

Vinsi una partita dopo l'altra. Anche contro il farmacista che si rivelò un osso sorprendentemente duro. Lui, Jeremy, vinse una partita dopo l'altra. Così me lo trovai di fronte, dall'altra parte del tavolo con Chopin sulle ginocchia. Noi due. Per disputarci la vittoria.

«Eccoci» disse senza sorridere, quando sedetti davanti a lui. Ci guardammo. Mi fu difficile non perdermi nel suo sguardo profondo e calmo. Abbassai subito gli occhi sulla scacchiera e sentii Chopin che mi si stava arrampicando sulle ginocchia. Bravo, sei tornato da me. Allora aiutami a concentrarmi, a dimenticare che l'uomo qui di fronte mi intriga, come direbbe Ingrid. Pensa al gioco, mi dissi, non giocare alla carlona. Me lo raccomandava mio padre di non giocare mai alla carlona, né a scacchi e neppure nella vita.

Mi bastarono poche mosse per accorgermi che Jeremy non era concentrato quanto avrebbe dovuto.

«Però» esclamò qualcuno nel gruppo che ci circondava, tutti in piedi intorno a noi. Aveva notato la mia mossa con il cavallo. Mossa audace che portò al sacrificio di un alfiere, sacrificio ben calcolato. Mi resi conto che Jeremy era un buon avversario ma non così abile come mio padre. Mio padre mi avrebbe impedito di disporre una costellazione di pedoni a cuneo per restringere i suoi movimenti. Jeremy non lo impedì. Non mi ci volle molto per inchiodarlo.

«Scacco matto!» strillò un ragazzino al mio fianco. Mi batté una mano sulla spalla. «Ho scommesso su di te. Gli altri ti davano per morta. Solo io ho visto giusto.»

«Una donna che vince a scacchi non s'è mai vista» e questa era una voce femminile.

«Com'è che di solito perdi il primo incontro, come hai annunciato poco fa, e questo l'hai vinto?» Jeremy mi sorrideva. Non era come lo psicanalista che andava fuori dai gangheri quando perdeva. Sorrideva e basta. Per lui la questione non era saper incassare bene una sconfitta. Aveva l'aria di uno che quando gioca mette in conto di poter anche perdere.

«E quello che vince» proclamò il ragazzino eccitatissimo «avrà in premio una passeggiata a cavallo. Una passeggiata fino al mare. È il primo premio, un bellissimo primo premio.»

«Mi auguro che tu sappia andare a cavallo» disse Jeremy continuando a sorridermi. «Hai buone probabilità, mi pare.»

«Per il momento affronto la seconda partita.» E mentre disponevo di nuovo i pezzi sulla scacchiera mi stupii di quello che stavo vivendo: chi l'avrebbe immaginato che mi sarei trovata a giocare a scacchi proprio con lui?

«Secondo me hai qualcosa che ti distrae» gli dissi un po' ironica. «Non so come hai fatto a non accorgerti che...» ma in quel momento Chopin sporse il muso sul tavolo e con una zampata mandò all'aria re, regina e tutto quanto. Tutti i miei pezzi. Non quelli di Jeremy.

Poi tornò rapido ad accucciarsi sulle mie ginocchia. Che accidenti fai? gli dissi mentalmente e gli appoggiai una mano sul dorso. Faceva le fusa come niente fosse. Incomprensibile certosino.

Intorno a noi risate e commenti.

«Alla ragazza conviene ritirarsi.»

«Il gatto la sa lunga. Vuole risparmiarle un'umiliazione.»

«Vuol farle capire che l'inglese la farà soffrire.»

Mi farà soffrire? Parole che non mi sembrarono certo di buon augurio. Non solo per la partita a scacchi.

«Le donne invece di giocare fanno le furbe. Non dovrebbero avere il permesso di partecipare ai tornei» e questa era la madre del farmacista. Non mi perdonava di aver sconfitto suo figlio. Si ergeva alle spalle di Jeremy. «Vero che le donne non dovrebbero partecipare?» e si chinò su di lui per chiedere approvazione.

«Se vince vuol dire che è più brava di chi perde» disse lui. «Diego è bravo...» Diego è il nome del farmacista «...ma non come la graziosa fanciulla che ho di fronte.»

Graziosa fanciulla. Tenni lo sguardo sulla scacchiera. Graziosa fanciulla. Lo aveva detto anche quel pomeriggio, quando c'eravamo incontrati.

«Quella è una lenza, nient'altro che una lenza» rimbeccò la madre di Diego e si allontanò tirando su vistosamente con il naso, come per lacrime.

«C'è chi non ti perdona di vincere.» Jeremy mi si rivolgeva scherzoso.

«Tu la prendi bene invece» e intanto pensavo a quanto mi piaceva il suo sorriso. Chopin si era accucciato sulle mie ginocchia. Disposi di nuovo i pezzi sulla scacchiera. Ingrid andò a mettersi proprio dietro a Jeremy e mi ammiccava maliziosa.

«Se ti dico che dovresti fare più attenzione ti secchi?» Scoccai un'occhiata a Jeremy.

«Non accetto consigli dall'avversario» ribatté lui serio.

Mi diede filo da torcere. Era questo il *filo da torcere* a cui alludeva la matta? Mi concentrai totalmente nel gioco. Dimenticai di avere davanti un uomo che stava per occupare i miei pensieri. Cercai di decifrare il suo piano di attacco. Ci riuscii. Vinsi.

«Brava» disse Jeremy e buttò il suo re lungo disteso sulla scacchiera. «Non ci sarà una terza partita.»

Applausi. Anche Diego, vicino a Ingrid che si spellava le mani.

«Dai, inglese! L'hai fatta vincere,» disse un tizio con grandi baffi che gli penzolavano ai lati della bocca «ammettilo che l'hai fatta vincere.»

«Provaci tu allora.» Jeremy si alzò e gli porse la sedia. «Provaci.»

«Come no!» sbraitò quello. «Per tua norma ne ho vinti di tornei, io.»

«Però prima ti ho battuto» replicò Jeremy.

«Per questo ti dico che l'hai fatta vincere» e il baffo dispose rapido i pezzi sulla scacchiera. «A me sta bene il bianco.»

«A me il nero» e tenevo d'occhio Jeremy che si era diretto verso il tavolo dove avevamo disposto bibite e affettati. Non è che se ne va via subito?

«Si parte? Occhio che ti ammazzo» ghignò il baffo. «Non mi faccio incantare come l'inglese.»

Non mi ci volle molto per scardinare il suo sistema difensivo. E non mi ci volle molto per dargli scacco matto.

«Ti ringrazio di avermi lasciata vincere. Sei un vero gentiluomo» gli dissi sarcastica alzandomi. Qualcuno intorno rise. Lui arrossì di rabbia. Me ne feci un nemico, del tipo con i baffoni, e non fu una buona idea visto che era culo e camicia, come dicono da queste parti, proprio con qualcuno che tentava di boicottare il nostro ristorante.

Gli voltai le spalle e mi affrettai a raggiungere con Ingrid il tavolo dei rinfreschi. Per bere qualcosa. Per ritrovarmi accanto a Jeremy? Stava discutendo animatamente con un gruppetto di uomini. Argomento: qualcosa che riguardava i vigneti e certe norme della Comunità Europea. Non mi degnò di uno sguardo, io con il bicchiere in mano fingevo di non badargli. Mi sentivo così confusa che mi ero servita una bibita di menta e ghiaccio che detesto. Stavo lì con il bicchiere pieno in mano, ed ero così consapevole della sua presenza! Mi vennero in mente le parole che mi aveva detto lo psicanalista di Deauville, il centenario Geoffrey: *se fossi giovane ti farei una corte da toglierti il respiro.* Di una cosa potevo essere certa: Jeremy era giovane ma non mi stava facendo la corte, proprio per niente. Neanche un minimo accenno di interesse. Zero.

Meglio così.

«Tutti zitti un attimo,» don Pietro passava tra la gente «adesso ci sarà la premiazione» e venne verso di me. «Ci mettiamo lì in fondo, sarà una cosa rapida, così poi mandiamo via la gente e facciamo un po' di conti.»

«Il premio consiste davvero in una passeggiata a cavallo fino al mare?» La cosa mi entusiasmava. Già mi vedevo su quella spiaggia che si estende per vari chilometri, spiaggia tanto conosciuta e tanto amata quella dell'Uccellina. «E quando?» A cavallo, poi. Fantastico.

«Pensavamo domani poco dopo l'alba. È il momento più bello.»

«Il cavallo chi è? Cioè, volevo dire, chi dà il cavallo?» Speravo fosse uno dei tre che possedeva il tabaccaio. Precisamente il baio, lo avevo già ammirato nel prato in fondo al paese.

«Il cavallo è uno di quelli dell'inglese. Di Jeremy. È lui che farà da scorta durante la passeggiata» spiegò Emma e mi guardava di traverso.

«Lui, chi?» chiesi stupidamente. Avevo capito benissimo.

«L'inglese» confermò don Pietro. Si avviò verso una specie di piccola pedana allestita in fondo al giardino. Mi fece cenno di seguirlo.

«Tu, lui, l'alba, la spiaggia. Eh?» rise Ingrid.

In un lampo mi figurai la scena: lui, io, la spiaggia, il cielo con i suoi colori ancora misteriosi. Il quieto mare dell'alba. Lui e io, insomma.

Alla larga.

«Arrivo subito» dissi in fretta e mi aggirai tra le persone che ancora affollavano il giardino. C'era gente del posto, e, come aveva previsto don Pietro, qualche villeggiante e anche dei turisti, una coppia di russi che grondavano danaro, lui l'avevo sconfitto con una certa difficoltà e quando mi incrociò mi strinse ancora la mano calorosamente: che bello essere vinti da una donna, mi aveva detto dopo la partita e continuava a ripetermelo, ormai decisamente alticcio. Continuai a cercare tra la gente, cercavo il ragazzino che mi aveva messo la mano sulla spalla, quello che aveva scommesso su di me. Lo trovai, gli chiesi il nome: Ivano. Mi chinai e gli sussurrai poche parole all'orecchio. Mi fissò incredulo, non stava in sé dalla gioia. Mi misi un dito sulle labbra, gli dissi che era un segreto tra noi due.

«La premiazione» annunciò a gran voce don Pietro. Salii sulla pedana accanto a lui. Intorno si accalcava la gente. Tra le facce alzate verso di noi, potevo non notare subito quella di Jeremy? Don Pietro fece un discorso che non mi sforzai di seguire, non vedevo l'ora di scendere da lì... tutti quegli occhi addosso!

«Vuoi dire due parole?» Don Pietro mi guardò interrogativo.

«Sì, certo...» Farfugliai qualcosa ringraziando don Pietro che aveva organizzato il torneo, ringraziai tutti per aver partecipato, e intanto abbassavo lo sguardo su Ivano che si era piazzato proprio davanti alla pedana, eccitato.

«Ringrazio del primo premio,» dissi e a voce più alta «purtroppo non so cavalcare e son ben felice di cedere il premio a qualcuno, qui di fronte, che cavalca benissimo e che sarà felice di farsi quella passeggiata sulla spiaggia dell'Uccellina insieme all'inglese. Accetti, Ivano?»

«Eccome!» strillò lui. Saltò sulla pedana e mi abbracciò, tutti applaudirono. Nel vociare animato si alzò la voce stridula della madre di Diego: «Lo sa da sola che il premio non se lo merita, quell'imbrogliona». Scesi dalla pedana e andai a spiegarle con una certa veemenza che gli scacchi sono l'unico gioco in cui proprio non si può imbrogliare. Me ne disse di tutti i colori. Così anche di lei mi feci una nemica.

E fa due.

«Che cosa ti è venuto in mente?» Ingrid mi era vicina. «Ti sei ammattita? Non parlo di quella strega della madre di Diego, parlo del primo premio...»

«Lascia perdere.» Jeremy si stava avvicinando. Aveva Chopin in braccio.

«Tu vai benissimo a cavallo, perché mentire?» insistette lei.

«Lascia perdere, ho detto.»

Jeremy si era fermato davanti a noi. Teneva Chopin appoggiato al petto e lo accarezzava con tenerezza. Mi ricordai delle parole della matta: il tuo gatto ti farà capire da chi puoi ricevere cose buone. E Chopin aveva l'aria di trovarsi nel miglior posto del mondo. Meglio non poteva stare. Cose buone da Jeremy? Certo, pensai sarcastica, ottimo vino e ottimi prodotti dell'orto.

«Ancora con il mio certosino in braccio?» gli dissi senza gentilezza.

«L'ho sottratto ai piedi della folla» e mi tese Chopin.

«Oh, è abituato al viavai della gente qui al ristorante,» sorrisi fredda, mi strinsi Chopin al petto «se la sa cavare benissimo da solo.» Odiosa. Ero veramente odiosa.

«Mi dicono che qui la cucina continua a essere ottima. Come quando c'era Giacinta» si rivolgeva a Ingrid, il mio piglio odioso sembrava scivolargli addosso. «Andate a gonfie vele, brave.»

«Ora ho in mente un progetto... cioè che una volta in settimana cucinerò una cena di ricette antiche» annunciò Ingrid.

«Ci sarò» sorrise lui. «Dalla fine del mese tra l'altro sarete mie clienti.»

«Seguiamo alla lettera le indicazioni di Giacinta» rise lei. Che bisogno aveva di ridere? A me non veniva da ridere. Mi sentivo rigida e legnosa. Un manico di scopa.

«Ora me ne devo andare» Jeremy si rivolse a me. Mi considerò un momento, poi: «Sai una cosa? Sembra che tu te ne vada in giro con un pezzetto di cielo addosso».

Rimasi del tutto disorientata. Ma solo per un momento.

«Che cosa romantica» ribattei acida. «Dove l'hai copiata?»

«Strano a dirsi è farina del mio sacco» sorrise ancora lui. Imperturbabile. Poi: «Ero sicuro che sapessi andare a cavallo».

«Invece no.»

«Non so chi, mi ha detto che sei anche molto brava.»

«Non so chi, si è sbagliato.»

Lui si mise a ridere e con un «buona serata» se ne andò. Lo seguii con lo sguardo mentre si dirigeva al cancello, salutando a destra e manca.

«Che modo di rispondergli,» proruppe Ingrid «quanto sei villana. Ti ha fatto un complimento... un pezzetto di cielo... un bel complimento.»

«Ah, sì? E chi se ne frega» sbuffai. Mi erano venuti dei nervi tremendi. «Ora mettiamo tutto a posto, poi me ne vado a casa.»

«Un attimo. Dobbiamo fare i conti di quanto abbiamo raccolto. Don Pietro ci aspetta... non vedi? Poi andiamo via insieme... e piantala con queste paturnie.»

Tornammo a casa con il furgoncino. Non era ancora il tramonto. Infilammo nelle borse i costumi da bagno, asciugamano e telo, e naturalmente Chopin. Io sempre con il muso, lei accigliata. Guidai cauta per la strada tutta curve che scende verso il mare. Ingrid e io zitte, io chiusa nelle mie paturnie, come le chiama lei. Ingrid arrabbiata con me. Fermai sulla piazza di Alberese, davanti all'edicola.

«Perché ti fermi?»

«Non volevi prendere dei giornali?» chiesi sgarbata.

«Quando fai così ti strozzerei,» disse lei irosa «si può sapere che cosa ti piglia?»

«Li vuoi i giornali? Sì o no?»

«Non li voglio più.»

Riaccesi il motore e via. Quando arrivammo all'ingresso del Parco dell'Uccellina la sbarra che impedisce il passaggio era già alzata, come sempre nel tardo pomeriggio. Percorrendo la strada tra i pini marittimi rallentai, a quell'ora è facile che dal folto sbuchi qualche volpe. Chopin si era sistemato sulle ginocchia di Ingrid, proprio come faceva Marian. Ecco, mi dissi del tutto a terra, vorrei che ci fosse Marian. Se ci fosse lei non mi sentirei così strampalata, come se mi mancasse un pezzo. O come se non capissi più niente di me stessa. Ce l'avevo su con tutti, anche con Chopin. Vai a capire il perché.

«Da domani, sia chiaro, inizio la traduzione» annunciai in tono rabbioso. La dichiarazione d'intenti cadde nel vuoto. Ingrid guardava fuori dal finestrino, muta.

«Va be'...» e non dissi più niente. Alla mia destra scorrevano i prati, poi ci furono i giochi di luce tra le fronde quando entrammo in pineta. E in fondo alla strada, che si era fatta diritta, l'azzurra pennellata che annunciava il mare.

Lasciammo il furgone nel parcheggio di fronte alla spiaggia e ce ne andammo a sinistra, camminando lungo la battigia. Avremmo potuto camminare per un'ora e più prima di arrivare agli scogli che in fondo in fondo concludono il grande arco della spiaggia dell'Uccellina. C'era poca gente, e sempre di meno a mano a mano che avanzavamo verso lo sperone roccioso di Collelungo, con tanto di antica torre di guardia piazzata sul cocuzzolo.

Il sole stava tramontando. L'aria era diventata di una luminosità trasparente, come se fosse appena passata una qualche divinità.

«Che incanto.» Ingrid si fermò. Ci girammo entrambe a guardare il mare: laggiù l'isola del Giglio se ne stava adagiata sull'orizzonte, racchiusa in nitidi contorni contro il cielo chiaro. Ai nostri piedi le onde si disfacevano sull'arena, limpide e pigre.

«Che incanto» ripeté Ingrid e lasciò cadere la borsa. «Fermiamoci qui e tu fatti passare le paturnie. Niente paturnie in un simile incanto.»

Aveva ragione.

Ci spogliammo, eravamo sole. Buttammo i vestiti sulla sabbia, infilammo i costumi e ci tuffammo. Appena in acqua le paturnie mi passarono all'istante. Ritrovai la gioia infantile che stava vivendo anche Ingrid, in questo eravamo simili, lei e io, nel piacere di sguazzare sott'acqua, di toccare il fondo e di allontanarci una dall'altra e poi di nuotarci incontro, con i capelli sollevati e fluttuanti e le bolle d'aria che ci sfuggivano dalla bocca. Ci sentivamo due sirene, come ci accadeva da ragazzine nel fiume che scorre a mezz'ora di bicicletta dalla casa di zia Esther. Ninfe o sirene, era l'acqua ad avere il potere di trasformarci in personaggi di favola.

Quando riemersi per l'ennesima volta, mi girai a cercare Chopin. Era a riva, accovacciato sui miei pantaloni, non mi perdeva d'occhio. Ingrid affiorò sbuffando.

«Sai una cosa?» rideva. «Diego... mi sta dietro. Hai visto come mi guarda? Vuole ipnotizzarmi» e si rituffò.

Quando uscimmo dall'acqua il sole era appena tramontato. Avevo freddo. «Perché sei troppo magra» disse Ingrid e mi strofinava forte la schiena con l'asciugamano. Mi venne in mente Pierre. Avevo ricevuto un'altra lettera da lui. Non era la prima. Si era fatto dare l'indirizzo dal professore e mi scriveva lunghe lettere risentite che si concludevano con parole d'amore. Rispondevo ogni tanto con qualche cartolina che spedivo al suo negozio di Deauville. L'ultima sua lettera non l'avevo ancora letta.

«Sta scendendo la guazza» disse Ingrid.

«Ho dimenticato il maglione» sospirai. Ingrid aveva già addosso il suo. Frugò nella sua borsa, ne tolse il mio e me lo buttò: «Testa di rapa!» rise.

Ci sedemmo sulla sabbia ancora tiepida a contemplare i colori del cielo nel tramonto, il riflesso sul mare che si faceva color indaco, il Giglio che stava sfumando e avrebbe potuto essere l'isola misteriosa delle fiabe, quella che c'è e non c'è. Intanto Ingrid mi raccontava di Diego, che le lasciava biglietti appassionati sul davanzale della finestra della cucina.

«Sai, non è che ho perso interesse per gli uomini, ma adesso è diverso, te l'ho già detto. Diego è simpatico, è anche un bel tipo, mi piace anche. Una volta ci sarei andata a letto in quattro e quattr'otto. Ora più. Magari succede, ma... boh! Non sono in cerca dell'uomo della mia vita e non voglio più avventurette.»

«Neanch'io.»

«Però mi vuoi spiegare perché non hai accettato il premio? No, aspetta, credo di capirlo... hai paura di perdere la testa per Jeremy e ammetto che non sarebbe un'impresa impossibile.»

«Io, lui, la spiaggia, l'alba sul mare, i cavalli... te lo immagini? No grazie, Ingrid. Non ci ricasco.»

«Cioè, sai che potresti innamorarti di lui, innamorarti sul serio.»

«Se deve succedere di nuovo, se succede che uno si innamora di nuovo anche dopo una tremenda batosta e sto parlando ovviamente di George...» Pensavo alle parole dello psicanalista, e anche a quelle di Margot: non dicevano forse che la seconda volta è un amore diverso e più intenso? «No, guarda, non sopporterei un'altra batosta. Poi diffido, capisci? Non voglio più sentirmi travolta da un sentimento che annebbia il cervello, che fa fare cose che non farei mai se fossi lucida» e pensavo a Marian, a quando la lasciai imprigionata in macchina perché così voleva George. «Mi fa paura quell'amore che ti rende cieca. Di George non riuscivo a vedere i difetti, la sua vanità, il suo bisogno di dominare, di imporsi, la sua pochezza umana, in definitiva... ero convinta che mi amasse, lo amavo e tutto quello che faceva o diceva era legge. Ma si può?»

«Va be', mica puoi rimproverarti in eterno. Anch'io ero cotta marcia di Marco e mi rifiutavo di accorgermi che è uno che picchia le donne. Eppure ne avevo ricevuti di segnali... perché non li ho raccolti? Perché non ne ho tenuto conto? No, l'ho addirittura sposato.»

«Secondo me, l'uomo di cui ci innamoriamo è per noi automaticamente perfetto. Poi, quando cominci ad aprire gli occhi...» sbuffai.

«È chiaro che ami un uomo anche per i suoi difetti, cioè per quello che è, cioè pregi e difetti» dichiarò Ingrid.

«Ma se i difetti sono botte, come nel caso di Marco, o cinismo, come nel caso di George... gambe! Però mica sono tutti così.»

«È di me che non mi fido. Del mio modo di innamorarmi, capisci?»

«Capisco. Eccome se capisco.»

«Sai,» dissi dopo un po' «Pierre l'hai conosciuto, era un uomo notevole. Ma non potevo innamorarmi di lui. Intanto perché era sposato, e già questo mi impediva di mettere in ballo il cuore. Secondo me un uomo sposato che mi corteggia non può avere tutta la mia stima. Anche se separato in casa e simili giustificazioni demenziali. Uno non tiene il piede in due scarpe.»

«Avrebbe potuto lasciare la moglie per te... in fondo uno può anche cambiare e fare altre scelte.»

«Ma che brutto questo lasciare la moglie per me! No, non mi piace... un uomo, se un rapporto non va, lo chiude onorevolmente, sta con se stesso, e solo dopo ne apre un altro, se gli capita. Mi spiego? Pensa a Giulia, quella con cui ho avuto quel tremendo scontro. Stava da anni con uno sposato...»

«To', non me l'avevi mai detto.»

«Mi aveva chiesto di non dirlo a nessuno. Dato che vivevamo insieme me n'ero accorta. Be', lei stava da anni con questo tizio sposato, continuava a chiedergli di lasciare la moglie, lui diceva abbi pazienza ancora per un po'... l'ho conosciuta la moglie, una che sgobbava come un demonio, sicurissima che lui fosse incapace di tradirla. Giulia la odiava, come fosse la moglie l'ostacolo.»

«Sì, ma tornando a Pierre... eh?»

«È un uomo con grandi doti e anche molto spiritoso, divertente, generoso e sensibile... ma in lui ho riconosciuto una rigidità che mi ha fatto fare quasi subito dei bei passi indietro. È quella rigidità che a me fa paura... anche Pierre, sai... guai se non sei come vuole lui.»

«Un altro!» commentò Ingrid.

«Con lui non potevo avere che una piccola storia, qualcosa che non va in profondità, una storia lieve, anche affettuosa, ma basta così. Una piccola storia felice» aggiunsi. Sì, era stata una piccola felicità, come il nome di quella strada all'isola. «Ma ora le sue lettere grondano rimproveri per come mi sono comportata, grondano risentimento... neanche l'avessi sfruttato!»

«Non è che hai preso e basta» replicò Ingrid. «Hai anche dato. Sei stata anche tu generosa. Gli slanci che hai provato nei suoi confronti erano autentici. Non hai fatto la seduttrice da strapazzo, Eva. Ti piaceva, gli hai buttato le braccia al collo, gli hai dato momenti di felicità... i baci erano ricambiati, l'emozione che hai provato l'hai condivisa con lui, posso immaginare quanto fossi tenera e appassionata con lui, ti conosco. Avevi però tutti i diritti di non voler fare progetti, ma di chiuderla lì. Tutti i diritti. Con il suo risentimento Pierre dimostra di essere l'uomo sbagliato, uno che non ti rispetta.»

Rimanemmo in silenzio. Fruscio del mare, l'oscurità che avanza dalla pineta.

«Sai una cosa, poi?» disse ancora Ingrid. «Ti sei talmente chiusa dopo la vicenda con George. Hai fatto muro. Cioè, con gli uomini, capisci? Per anni... magari qualche storiella, ma niente di che. Li tenevi a distanza. Invece con Pierre è comunque stato diverso, se penso a quello che mi hai raccontato. Sei stata viva. Sei stata te stessa. C'eri. Insomma, volevo dire, è come se in quel tuo muro si fosse finalmente disegnata una porta, e questo è successo quando hai incontrato Pierre. Una porta che adesso può aprirsi... sono troppo banale?»

«Ma no, vuoi dire una porta...» pensai alla Baba Yaga, alla casa stregata che sembra non aver porte. «Una porta e ci vuole la parola magica per farla aprire?»

«Se la dice Jeremy, la parola magica, sei fritta.»

«Non la dirà mai. Nonostante il pezzetto di cielo non gli interesso.»

In quel momento Chopin, che tenevo in grembo, sporse il muso e mi piantò le unghie nel braccio. Mi voltai di scatto.

«Ingrid...» sussurrai. Raggelata.

Alle nostre spalle un cinghiale grosso come l'orco delle favole era uscito dal folto e stava sgrufolando nella sabbia. Era quasi buio. E un altro stava avvicinandosi.

«Via!» mormorò Ingrid. Raccogliemmo di volata le nostre cose, e con Chopin stretto al petto ce la filammo verso il parcheggio.

Ingrid si mise alla guida. Intorno a noi si stendeva il parco immerso nell'oscurità. Più che mai luogo di fiabe e di mistero.

«A parte una cosa...» continuavo a rigirarmi in testa quello che ci eravamo dette «...e cioè non è che ci si innamora di un uomo perché è il migliore, il più bello o il più in gamba. Ma perché ha un qualche cosa, vero? Un qualcosa di indefinibile che ti acchiappa. Che te lo rende unico.»

«E Jeremy ti fa questo effetto?» chiese lei.

«Eh, sì.»

«Paura?»

«Tanta.»

«Posso capirlo.»

«Con lui non potrei mai avere un'avventuretta.» Ero totalmente sincera. «Cioè come quella che ho avuto con Pierre. Proprio mai. Mi sarebbe impossibile.»

«Allora è grave.» Ingrid si mise a ridere, ma con tenerezza. «Proprio grave.»

Infilò la strada che ci portava a casa. Doccia, cambiarsi d'abito, pettinarsi, pappa a Chopin e via di nuovo con il furgone, questa volta sotto le stelle e verso l'interno. Andavamo spesso a cena, quando eravamo libere, in una piccola trattoria dalle parti di Saturnia, con pergola di glicini d'estate e saletta con il camino acceso d'inverno. La proprietaria, che era anche cuoca sopraffina, ogni volta chiedeva a Ingrid «Sei qui per copiare?» e rideva. E Ingrid le rivolgeva la stessa identica frase quando era l'altra, nel suo giorno di chiusura, a venire a cena da noi. E si scambiavano ricette.

Sedemmo al tavolo che Ingrid aveva prenotato, previdente come sempre. «Che pacchia farsi servire,» alzò il bicchiere di vino bianco e secco e freddo «che pacchia!» Rifiutava di toccare pentole o fornelli quando era libera e della mia cucina non ne voleva sapere. Diceva che andava bene per Chopin, non per lei.

«Pezzetto di cielo...» sorrise «...carino però, eh?»

«Be', sono rimasta di stucco,» bevvi qualche sorso «incredibile che un uomo possa dire una cosa del genere.

«Jeremy sì, evidentemente,» disse lei «tra l'altro è proprio così... tu sei così.»

«Davvero?» Mi faceva piacere aver l'aspetto di una che se ne va in giro con un pezzetto di cielo addosso. Potevo crederci?

«E non l'ha detto con la faccia da marpionazzo, quella che hanno gli uomini quando ti vogliono agganciare. Lui è stato semplice e schietto...»

«...e non mi vuole agganciare» risi io.

Dopo cena, quando si vuotarono gli altri tavoli, Ingrid tolse dalla borsa un quaderno spesso e ingrigito dal tempo. «Qui ho delle antiche ricette di mia nonna. La madre di mia madre, per l'esattezza. Mia madre era tanto se mi cucinava un uovo sodo, ma nonna era un'artista e le ricette le ha ereditate da sua madre, cioè la mia bisnonna» Chiamò la proprietaria: «Fiammetta, vieni con noi».

Tutte e tre chine sul vecchio quaderno, vergato con una calligrafia in corsivo, accurata, precisa.

«Guardate qui,» Ingrid ci mostrò una pagina «queste

sono ricette per stomaci deboli. E sono scritte dalla mia bisnonna. Si parla di stomaci di circa cento anni fa...»

«Leggi questa: *frittura di piedi di porco.*»

«Per stomaci deboli?» rise Fiammetta. «Leggi...»

«È scritto in un italiano di una volta» disse Ingrid.

«Ci capiremo, spero. Tu leggi.»

«"Fai cuocere nel brodo dei peducci di porco in modo che si disfino"» lesse Ingrid. «"Tagliali poi in pezzetti. Falli marinare in una terrina con vino bianco, spezie e erbe aromatiche. Lasciatili a infuserare per alcun tempo, asciugali con un pannolino e avvolgili uno ad uno nella pastina seguente: fa fondere in una casseruola un pezzo di butirro, uniscivi qualche cucchiaino di fior di farina, una presa di sale, bagna la pasta con vino bianco e rimestando bene toglila dal fuoco e incorpora una chiara d'uovo sbattuta in fiocca e quindi il tuorlo. Ben avviluppati in questa pastina i pezzi già marinati falli friggere con butirro o nello strutto bollente."»

«Stomaci deboli?» una risata femminile. Squillante. «Scusate ma ho sentito tutto, sono anch'io appassionata di cucina» e stava venendo verso di noi, nel suo fluttuante abito a fiori, alta e snella. Alti anche i tacchi e folti capelli castani. Lunghi occhi chiari nel viso abbronzato e bocca lussuriosa. Colsi tutto questo con un'occhiata. Era bellissima.

«Sieda qui,» Fiammetta scostò una sedia «sieda con noi, signora...» e aggiunse un cognome e lo pronunciò come fosse quello di una casata di principi. Si girò verso l'uomo che era rimasto seduto al tavolo: «Venga qui anche lei, venga, si accomodi con noi».

«Vieni?» tubò lei, già seduta al mio fianco, e a Fiammetta: «Mio marito un piatto come quello che ho sentito se lo divorerebbe. È ghiotto, lui».

Non c'era da dubitarne. Venne verso di noi preceduto dalla gran pancia su cui sporgeva un nasone arcigno. Circonfuso da una aureola di sciatteria: era una di quella persone che sembrano costellate di padelle anche se non lo sono. In effetti non una macchia sul vestito di lino chiaro e stazzonato. Anche i quattro capelli che aveva in testa erano stazzonati. Sedette pesantemente accanto alla moglie e ci passò in rassegna, me e Ingrid. Aveva occhietti astuti.

«Che onore,» disse derisorio «beato tra le donne...»

Fiammetta fece portare dello spumante, io respiravo il profumo della signora Taldeitali accanto a me, folate di mughetto, un profumo che adoravo. Ingrid aveva ripreso a sfogliare il quaderno, a leggere ricette, una più indigeribile dell'altra e ridevamo per la quantità di fritti, di burro – butirro – di strutto e lardo che condiva ogni piatto. Ci inorridì la ricetta di brodo di corvo.

«Io comunque una cena così la faccio.» Ingrid si voltò verso Fiammetta. «Te lo so dire così ci vieni...»

«Cose pesanti ma eccellenti, cose delle nostre donne di una volta, dei bei tempi antichi» proclamò il pancione. Rigirava tra le dita un sigaro spento. «Ci vengo anch'io alla cena con la mia metà» e sussultò per le risate, come se avesse detto una spiritosaggine. «Ma state basse con i prezzi.»

«Ci avverta, mi raccomando,» la signora si sporgeva verso Ingrid «abbiamo sentito parlare della vostra cucina dopo che se n'è andata Giacinta, solo complimenti devo dire, non ci siamo ancora venuti però...»

«Mica si può rovinarsi sempre al ristorante» e questo era ancora lui. E se la rideva. Forse era ubriaco. Accese il sigaro infischiandosene del cartello VIETATO FUMARE sulla parete di fronte.

«Oddio che adorabile!» Solo in quel momento la signora si accorse di Chopin che tenevo in grembo. Aveva sporto il muso sul tavolo. «Che colore meraviglioso, che colore...» e tese la mano per carezzarlo. Chopin si sottrasse rifugiandosi sotto il tavolo. «Poverino, è timido,» si chinò «vieni, vieni in braccio...»

Chopin se la filò verso la porta. Mi alzai e uscii con lui in giardino. Si mise a raspare qua e là, scavò e si accucciò lì, bene in vista.

Guardavo il cielo stellato e sentivo le risate provenire dall'interno. Sentii le voci animate di Ingrid e Fiammetta. La voce della signora. Lo sghignazzare del marito. Che coppia assurda, pensai. Rientrai con Chopin in braccio e mi sentivo dentro una sgradevole sensazione che non mi riuscì di decifrare.

«Voglio tenerlo in braccio» disse la signora e tese le mani. Chopin si divincolò, saltò a terra, andò a rifugiarsi sotto la mia sedia.

«È proprio timido» rise lei, ma ci era rimasta male. Con dita affusolate scostò i capelli che le ricadevano sul viso. «È proprio timido.»

«Ma va' là,» il pancione sbraitò come se di colpo fossimo diventate tutte e quattro sorde «ma va' là, non è timido, è di te che non ne vuol sapere, ci arrivi?»

«Guardi che sbaglia!,» sbottai subito «il mio gatto è timidissimo e non va in braccio a nessuno, chiaro? Sua moglie non c'entra proprio.»

«Ehi, bambina, guarda che prima ho visto il tuo signor gatto in braccio a Fiammetta» e mi puntò contro il sigaro. «Inutile che fai la difensora.»

«Conosce Fiammetta da quando è nato» mentii pronta. «E lei non alzi la voce con me, capito? Non si permetta.»

Seguì un silenzio.

«Non so se ci vengo al vostro ristorante» borbottò infine lui. Ingrid mi strinse forte il braccio per impedirmi di dire chi se ne frega o qualcosa del genere. Sapeva che ero furibonda.

«Andiamo, andiamo...» esclamò Fiammetta garrula, e riempì di nuovo i bicchieri «...facciamo pace e brindiamo alle antiche ricette,» mise a forza il bicchiere in mano al pancione «il punto è che lei non ama i gatti, dico bene?» e rideva conciliante.

Quando i due uscirono Chopin tornò ad accucciarsi sulle mie ginocchia.

«Potevi star zitta però» mi rimproverò Ingrid.

«Perché deve trattare la moglie in quel modo?» ribattei. «Mi ha irritata. Mi fanno rabbia quelli che trattano così le persone... e davanti a tutti.»

«Lei è stupenda ma così, di primo acchito, non è certo simpatica» disse Ingrid.

«Non lo è ma Eva ha fatto bene, dai» interloquì Fiammetta. «Ha fatto bene a dargli una lezione. Lui è un maledetto spilorcio. Viene qui e non paga mai... dice pago domani, poi paga dopo mesi. Del resto è uno importante, è un produttore, che faccio? Lo mando via?»

«Lei è più giovane di un bel po' però, avrà la nostra età. Perché l'ha sposato, bella com'è?» si stupì Ingrid.

«Cos'è?,» dissi a Ingrid «hai preso anche tu l'abitudine di qui di cacciare il naso negli affari degli altri?»

«Ebbene sì» rise Ingrid.

«Lei è figlia di poveracci o quasi,» Fiammetta si cavò le ciabatte e appoggiò i piedi sulla sedia che aveva di fronte, con l'aria di chi si mette comodo per dilungarsi meglio in chiacchiere «sua madre è una beghina terrificante, non si capacitava di avere una figlia così bella. Deve averle inculcato non so che paure, sapete il sesso, il demonio... e suo padre è uno che mena. Ma mena forte. Lui, lo spilorcio, quando è arrivato da queste parti con il suo lavoro, formaggi e cose del genere, le ha messo gli occhi addosso. Se l'è sposata, lei ha detto di sì subito.»

«Allora tu la conosci da sempre» disse Ingrid. «Perché le dai del lei e la chiami signora?»

«Le do del tu quando il marito non c'è. Quando c'è le devo dare del lei. È lo spilorcio che vuole così, l'ha fatto sapere a tutti. Dice che a sua moglie dobbiamo portare rispetto. Secondo lui se dai del tu manchi di rispetto.»

«Ma è ricco?» Ingrid non mollava.

«Be', non è un cialtrone,» Fiammetta strofinò rapida il pollice contro l'indice «soldi ne ha, non si sa quanti. Lei però la fa lavorare, mica la mantiene lui, lei lavora al comune, un lavoretto da niente, e le fa pagare da sola scarpe e vestiti e parrucchiere quando ci va. Deve pagarsi tutto lei, capito? Una volta lei si è fatta comperare non so che cosa perché non aveva dietro il portafoglio, poi lui le ha chiesto di ridargli i soldi e lei glieli ha dovuti ridare, cifra da quindici euro, robetta, eppure li ha voluti.»

«Accidenti...» mi stringevo Chopin al petto «...certo che qui si sa proprio tutto di tutti. Se una si cambia le mutande la notizia gira da un paese all'altro?»

«Come no!» Fiammetta rideva. «E hai sentito quanto profumo si mette lei? So anche quanto costa e da chi lo compera... è essenza, c'è uno che le produce a Pontassieve le essenze profumate, non costa tanto.»

«Fossi in lei lo pianterei all'istante» dichiarò Ingrid.

«Quello è cacciatore. Prende il fucile con cui spara ai cinghiali e ti fa fuori. Sai quante volte gliel'ho sentito dire? Si siede a quel tavolo, bercia le sue cavolate, mezzo ubriaco, e se ne va senza pagare quello spilorcio!»

Quando fui finalmente a letto, quella notte, mi sentivo ancora addosso il profumo di mughetto.

«Chopin...» mormorai carezzandolo, faceva le fuse sul mio collo. «Quella lì non ti piace, vero?»

18

I cuori sono spesso fatti
per essere spezzati.
(OSCAR WILDE)

«Parcheggia lì, lì in fondo al cortile, a destra nello spiazzo, ma proprio in fondo.»

«Lì a destra?» Mi sporgevo dal finestrino del furgone, guardavo giù verso Jeremy, e tenevo le mani sul volante.

«A destra... vai» disse lui.

Ma il motore non voleva riaccendersi. Giravo la chiave. Niente. Vecchia carcassa, pensai con ira, non proprio adesso. Niente: non si metteva in moto.

Mi ero fermata, poco prima, nel grande cortile della fattoria, all'interno dell'azienda di Jeremy. Mi era subito venuto incontro. Aveva teso la mano verso di me, io avevo sporto la mia dal finestrino abbassato. Una bella stretta tra uno che vende e uno che compera. Un sorridente: «Come va?». Poi mi aveva spiegato che l'ingresso per l'azienda era dall'altra parte; lì dove mi trovavo era proprio davanti alla casa.

«Un attimo,» impazientita giravo la dannata chiave dell'accensione e niente «il furgone ogni tanto fa così.»

«Scendi da lì e fai guidare lui» gridò un uomo che si era affacciato sulla porta di casa. Alto, secco, rosso in faccia. «Le donne alla guida mai!»

Jeremy si voltò, fece un gesto, calmo, senza dir niente. L'uomo scomparve all'interno.

«Mio padre è all'antica.» Alzò lo sguardo verso di me. Ci potrei affogare in quel tuo sguardo, pensai.

«Sì, ma questo coso non va più...» Ero desolata. «Vuoi

provare tu?» Aprii lo sportello e saltai a terra. Salì al mio posto. Naturalmente il motore si accese subito con un allegro ronzio. Bastardo.

«Non te la prendere» rise Jeremy. «Succede sempre così in questi casi. Sali vicino a me. Svelta che piove.»

Pioveva infatti. Una pioggia autunnale che veniva giù di traverso. Si era messo a piovere lungo la strada, eravamo alla fine del mese ed era venuto quello che Ingrid per prendermi in giro chiamava "il gran giorno all'azienda di Jeremy". Avevo guidato adagio per tutto il percorso, sia mai che vado fuori strada proprio oggi, pensavo. Chopin seduto sul sedile vicino a me sporgeva il muso verso il finestrino. Ora era sulle mie ginocchia e io vicino a Jeremy. Devo piantarla, mi dissi, di sentirmi quest'agitazione addosso. In definitiva sto semplicemente andando a far scorta di vino e di prodotti dell'orto.

«Ora torniamo in strada e ti faccio vedere da che parte devi entrare la prossima volta.» Jeremy imboccò il viottolo. Arrivò sulla strada. Non passava nessuno.

«Non facciamo inversione qui, escono come fulmini da quella curva, è pericoloso, ricordatene quando torni a casa» e girò a destra e proseguì costeggiando i vigneti.

«Pensavo che venisse Vasco a ritirare la merce.»

«Vasco si rifiuta di guidare il furgone. Dice che è troppo vecchio. E poi Giacinta prima di partire ha dato a me questo incarico.» In un lampo mi tornò alla mente quella parola: *provaci!*

«Mi ha mandato una cartolina da New York» disse lui.

«Eh sì, anche a noi.»

E adesso? pensai. Adesso di che cosa avremmo parlato?

«Andiamo a prenderci un caffè. Ti va?»

«Sì, mi va.»

Questo è un uomo, pensai, a cui non riuscirei mai a raccontare niente.

«Come vi trovate con il ristorante?»

«Bene...» dissi. E basta. Zitta.

«Faticoso?»

«Un po'» e di nuovo zitta.

«Molto diverso dalla vita di prima?»

«Eh, sì...» Chissà perché mi venne in mente che con Pierre ciarlavo e ciarlavo senza requie. E sparavo battute e scemenze, senza problemi. «Sì, certo, molto diversa da prima» mi affrettai ad aggiungere. Di più non riuscii.

Gli gettai un'occhiata. Lo vidi sorridere. Adesso crede che io sia completamente cretina, pensai. Con gli scacchi, arrogante. E adesso cretina.

«Porti sempre il gatto con te?»

«Sì, sempre» e mi sforzai di aggiungere: «Portavo con me anche Marian, sai quello che ho perso, non ci lasciavamo mai, andavamo ovunque sempre insieme». Mi sembrò di aver tenuto un discorsone.

«Com'era Marian?»

«A scacchi... no, cioè, a rombi, insomma bianca e nera.»

«No, com'era di indole.»

«Un nume protettore» mormorai.

«Secondo me lo è anche Chopin.» Si infilò in uno stradino laterale. «Non succede a tutti di avere per nume protettore un gatto. Anzi due. Uno dopo l'altro. Non credi?»

Non sapevo che cosa rispondere. Lui non aprì più bocca, io neanche. Mi attraversò il dubbio che anche lui non sapesse che cosa dire ma che lo imbarazzasse rimanere in silenzio. Possibile?

Parcheggiò davanti a un bar. Spense il motore.

«Ci siamo» disse. Scese in fretta e venne ad aprire la portiera dalla mia parte prima che riuscissi a farlo io. Corremmo verso l'ingresso del bar sotto la pioggia battente. To', pensai, fermandomi davanti al banco, anche quando ho incontrato Pierre pioveva a dirotto. Mi sembrò una coincidenza di nessunissimo conto.

«Caffè?»

«Caffè, grazie.» Educata.

C'era odore di umido e di colla, là dentro. Jeremy si era messo a parlare con la donna dietro al banco, lei gli stava dicendo che nel suo bar, la sera, erano in due ad alzare il gomito, «tuo padre e il...» e qui disse il cognome che avevo già sentito da Fiammetta. Lo spilorcio. «Si sono quasi picchiati ieri notte, quei due. Avevano una questione...»

«Sarebbe?» Jeremy mi porse le bustine dello zucchero. Zucchero di canna, neanche conoscesse i miei gusti.

«Sarebbe che ne so... per la caccia, sai, i cinghiali, non so. Li ho buttati fuori» spiegò la donna e continuarono a parlare.

Non seguii più quello che dicevano. Nel senso che non ascoltavo le parole, ascoltavo il suono della voce di Jeremy. La sua presenza, la sua vicinanza, mi catturavano con una intensità e una immediatezza mai provata. Neanche con George, riflettei mentre mescolavo lo zucchero nella tazzina. Adesso è diverso.

Incontrai la mia immagine in uno specchio mezzo corroso, alla parete di lato al bancone. Capelli ammosciati dalla pioggia, faccia stralunata. Mi alzavo all'alba per tradurre il romanzo, dormivo poco e lavoravo al ristorante... ma c'era bisogno di avere quell'espressione da spaventapasseri sperduto nel nulla? E la vecchia cerata blu che avevo addosso? Informe? E i jeans da lavoro, consunti? Il gatto sottobraccio dava il tocco finale al mio aspetto sgangherato e strambo. Sembravamo scappati da chissà quale brutta fiaba, io e Chopin. Mai stata così lontana dal fascino femminile.

Risalii nel furgone e non aprii più bocca. Neanche lui, del resto, che si era messo alla guida. Due che non hanno proprio niente da dirsi. Mi sentivo incolore e stupida.

Rientrammo nell'azienda da un viottolo laterale. Jeremy parcheggiò nello spiazzo dietro la fattoria. «È questa la strada che devi fare e ti fermi davanti al magazzino,» mi lanciò un'occhiata sorridente «come va?»

«Magnificamente» borbottai, aprii la portiera, scivolai a terra. Me lo trovai di fronte. «Dammi il certosino» e me lo tolse di mano, Chopin non fece una piega, «se i cani lo vedono in braccio a me non gli faranno niente.»

Erano in due. Due pastori tedeschi molto sicuri di sé. Mi vennero incontro. «Ho paura dei cani», mi tenevo vicina a Jeremy. «Sono stata morsa da uno schnauzer da piccola.» Lui diede un ordine e quelli se la filarono verso il fondo dello spiazzo. Entrammo nel magazzino. Dalla grande duplice porta di legno spalancata entrava la luce smorta di quel giorno di pioggia.

E si sentiva una musica.

«Tengo accesa una radiolina» spiegò lui. «Musica classica o jazz.»

Ora era Armstrong.

Pile di scatoloni, bottiglie, tini si perdevano nella penombra del grande spazio. Odore di vino e di spezie. Fiutai la menta. C'erano vasi rigogliosi di menta accanto a un lungo ripiano a lato della porta, invaso da cassette di zucchine, pomodori, patate, rape, uva. Una grande bilancia su un tavolone. Tutto meticolosamente pulito. Neanche una ragnatela tra le travi del soffitto. Jeremy mise Chopin a terra con un: «Bene, adesso puoi gironzolare mentre carichiamo». Si tolse la cerata e la appese accanto all'ingresso. «Vuoi levarti quella cosa fradicia che hai addosso?» Scossi la testa: «Tanto me ne vado subito».

Chopin venne a strusciarsi contro le mie caviglie. Mi guardavo intorno e pensavo che quel luogo mi sarebbe diventato familiare. Sarei venuta due volte a settimana con il mio furgone, Jeremy o forse qualcun altro mi avrebbe consegnato la merce. Avrei caricato il furgone e me ne sarei andata. Fine. Tutto qui. Potevo mettermi di buzzo buono a togliermi Jeremy dalla testa.

Stava impilando un paio di scatoloni. Gesti calmi e lenti. Precisi. Sentii squillare il suo cellulare infilato nel taschino del gilet che portava sopra una camicia a scacchi. Non rispose, come se non avesse sentito. Ancora qualche squillo poi stop.

«Ho preparato le cassette per voi, frutta e verdure.» Jeremy le indicò, erano quelle che aveva impilato accanto all'ingresso. «E anche le scatole con i vini, bianco e rosso. Ingrid mi ha telefonato ieri per ordinare. Ma controlliamo.» Tolsi di tasca la lista. Passammo in rassegna una cassetta dopo l'altra e i vini. «Mi sembra che ci sia tutto, le fatture le mando a fine mese» disse Jeremy. «Aggiungo due barattoli di miele in omaggio. Non lo produco io, lo produce un mio amico che sta all'Amiata.»

Lo guardai mentre si allontanava. Alto, solido. Sulla nuca gli si arricciolavano i capelli castani. Una nuca da ragazzo. Si girò, come se avesse percepito il mio sguardo. Mi lanciò un'occhiata seria, rapida. Subito proseguì verso un omino che stava trafficando intorno ai tini e che si affrettò a seguirlo.

Lo ringraziai per il miele mentre infilava i due barattoli in una delle cassette di verdura. Pensavo a quando l'avevo visto la prima volta, con il sole di traverso nel giardino all'Oléron. Secoli fa. Un'altra vita. Ed erano passati solo pochi mesi.

Adesso dalla radiolina Billie Holiday cantava *Strange Fruit*, del tutto straziante.

«Se non ci sono io ci pensa Silvano a caricare il furgone.»

«Sì, certo...» Misi in tasca la lista che mi era rimasta in mano.

L'omino si tolse il berretto in un gesto di saluto, e se lo sbatté di nuovo in testa con energia. Era basso, anziano, poderoso. Agguantò uno scatolone come fosse un fuscello.

«Aspetta qui mentre carichiamo.» Jeremy sollevò una cassetta, fece un cenno a Silvano.

«Va bene» Mi appoggiai al tavolone su cui torreggiava l'immensa bilancia. Per qualche minuto li vidi andare avanti e indietro.

«Chopin...» esclamai a un tratto. Si era allontanato da me e ora, ingobbito, orecchie piatte, sventagliava qua e là la coda gonfia come per prepararsi a un combattimento. Puntava verso un angolo oscuro. Con stupore vidi emergere un coniglio bianco. Non avevo le traveggole: era proprio un grosso coniglio bianco, immobile in fondo alla stretta pista tra gli scatoloni dei vini. A qualche metro da Chopin. Si fissavano.

«Quello è il coniglio bisestile» disse Jeremy. Era accanto a me.

«Scusa?»

«Il coniglio bisestile, certo. Lo chiamo così. Coniglio domestico se non ammaestrato. Se ne va in giro e sorveglia il territorio. Quasi meglio dei miei due lupi.»

«Ma lui e Chopin... vado a prenderlo?»

«Lascia stare. Vedrai che se la cavano.»

«Ma se il tuo coniglio è feroce... o se Chopin lo attacca?»

Non rispose. Allora non mi mossi. Chopin e il coniglio bisestile si studiavano. Il coniglio sembrava di pietra a parte il naso mobilissimo. Chopin si agitava con un gran sventagliare di coda e gobba ritta. Cominciò ad avvicinarsi rigido sulle zampe. Cautissimo. Il coniglio bianco fece un piccolo balzo in avanti, a orecchie flosce. Chissà che segnale aveva mandato: Chopin all'istante calò la gobba, smorzò la coda, rizzò le orecchie e si avvicinò saltellando come per giocare. Cominciarono a inseguirsi tra gli scatoloni, a farsi gli agguati, a corrersi incontro. A strofinarsi affettuosi uno contro l'altro. Stramazzarono abbracciati. Felici, a quanto sembrava.

«Visto?» Jeremy rideva. «Gli animali sono incredibili. C'è sempre da imparare» e andò verso la porta. «Forse devi andare?»

«Eh già.» Non vedeva l'ora che mi togliessi dai piedi? Andai a raccogliere Chopin. Mi tirai in testa il cappuccio della cerata e uscii. Il coniglio bisestile ci seguì saltelloni fino al furgone, Chopin si sporgeva dal mio braccio e penzolava all'ingiù allungando le zampe verso di lui. Pioveva a dirotto. Jeremy aveva già aperto la portiera.

«Sono diventati grandi amici quei due» disse. E acchiappò il coniglio bisestile che voleva inerpicarsi nel furgone.

«Eh già» e salii svelta. Dall'alto guardai Jeremy. Non aveva richiuso la portiera.

«Sei buffo con quel coniglio bianco in braccio» sorrisi.

«In mancanza di un certosino...» rise lui. Si comportava come se non stesse piovendo. Sollevava la faccia verso di me. Una ruga tra le sopracciglia. No, non una ruga, un segno di traverso breve, inciso, forse una cicatrice. «A presto.»

«A presto» risposi in fretta. Girai la chiave dell'accensione.

Sbatté la portiera. Il motore si accese. Guidai adagio, cauta, lungo la strada del ritorno tutta curve tra gli alberi. Il paesaggio era immerso nel grigio uniforme della pioggia. Nebbie lontane scorrevano lungo le colline. Il tergicristallo cigolava sul parabrezza sgocciolante. Provai un acuto senso di solitudine, io che avevo imparato così bene a stare da sola, prima di venir qui a vivere con Ingrid in una comunità dagli infiniti aspetti umani. Un acuto senso di solitudine, come se il piovoso verdissimo mondo intorno a me, con le sue colline e il suo mare lontano, fosse disabitato. Nessuno.

Nessuno sulla cui spalla appoggiare la fronte dicendo abbracciami.

«Ehi» gettai un'occhiata a Chopin. Sul sedile accanto a me era indaffaratissimo a ripulirsi. Per un attimo alzò verso di me i grandi occhi affettuosi. Poi riprese con vigore a leccarsi il manto grigio.

Accostai sotto gli alberi, in una piazzola. Appoggiai la testa alle braccia incrociate sul volante. Era tanto che non piangevo così. Da quando Marian era sparita, ma ora il senso di abbandono e di solitudine che stavo provando andava oltre. Era lacerante, del tutto lacerante. Tutto mi pareva lontano, perduto, i miei genitori immersi nei loro incomprensibili contrasti, e zia Esther china sui suoi oroscopi e con il suo amico francese al fianco; e le persone che avevo conosciuto nei miei viaggi e a cui volevo bene, e anche Silvy che dopo tanto affetto mi aveva detestata. E anche Ingrid, che pure era a qualche chilometro da me e continuava segretamente a pensare a Marco. Non so, balbettavo tra me, non so che cosa mi faccia tanto male in questo momento, mi sembra di non capire niente... sentivo la pioggia scrosciare su un mondo assente. Ero invasa da una amarezza senza senso.

Sobbalzai. Qualcuno stava picchiando forte contro la portiera. Tirai su la testa.

«Che succede?» Un vocione. La faccia di Vasco sbiadita dal vetro appannato del finestrino, sotto il cappuccio sgocciolante della cerata. «Apri.» Feci scorrere il vetro.

«Com'è?» Mi scrutava fradicio d'acqua. «Passavo con il motorino, ho visto il furgone.» Poi «Piangi...» constatò. «Guai grossi?»

Scossi la testa. Asciugai le lacrime con le dita.

«Andiamo allora.» Accigliato e spiccio, come dicesse piantala lì. «Ti precedo, tu vienimi dietro. D'accordo?»

«D'accordo.»

Quando scesi dal furgone nel cortile del ristorante, Vasco mi si piazzò davanti: «Adesso qui ci pensiamo io ed

Emma, tu vai ad asciugarti.» E sottovoce: «Che ti è successo?».

«Niente» sospirai. «Tutto.»

«Certe volte le cose non vanno proprio come vorremmo,» bofonchiò lui «la vita sembra messa su più dal diavolo che dal buon Dio» e aprì il portello del furgone chiamando Emma a gran voce.

Ingrid era già in cucina, avvolta dal suo grembiule blu. Con aria da maga si preparava a trasformare verdure, carni, uova e farine in capolavori.

«Com'è andata con Jeremy?» disse china a mondare i peperoni.

«Tutto a posto.»

«Va' là» replicò. Mi guardò. «Perché hai pianto?» Ma subito aggiunse: «Lascia perdere, che domanda idiota, come se non ti conoscessi» e indicò Chopin che si era affacciato alla porta e fissava la sua ciotola vuota a baffi ritti: «Dagli un po' da mangiare, a quello... e tu svelta, c'è una montagna di cosa da fare». Subito si alzò, mi venne vicino, mi tolse la cerata come la si toglie a un bambino, la buttò sullo sgabello e mi abbracciò. «Dai,» disse «siamo in due, eh?»

Comunque da quel giorno mi accorsi che qualcosa era cambiato. Dentro di me, dico. Ero diversa e mi sembrava diverso il mondo intorno a me. Non era questione di andarsene in giro con un pezzetto di cielo addosso... magari! Era qualcosa d'altro, qualcosa di tenace e di lieve, qualcosa che mi faceva sentire forte e vulnerabile, mi esaltava e mi faceva tremare di paura. Come se fossi rinata o come se avessi scovato da qualche parte, dentro di me, una vitalità nuova. Potevo essere allegra o triste, ridere o avere le paturnie, sgobbare come un ciuco o starmene in panciolle a guardare le colline di fronte a casa o il mare... quel qualcosa di luminoso e doloroso c'era sempre, girava e rigirava dentro di me.

Quel qualcosa aveva a che fare con Jeremy.

«E dire che lui non prova il minimo interesse per me. Il minimo.» La mia unica confidente era Ingrid, a nessun altro avrei potuto dire quello che confidavo a lei: ci si vergogna ad ammettere pubblicamente che si ha un cuore esposto all'amore e alla sofferenza. Ma con lei era impossibile far finta di niente. «Gentile, molto gentile, ogni volta che vado a prendere i vini e le verdure, ogni volta mi offre il caffè nel bar vicino. Poi chiusa lì. E io vicino a lui sento di avere il fascino di uno spaventapasseri.» Cercavo di prendermi in giro, di scherzarci su, ma non era facile.

«I casi sono due: o prima o poi ti passa. O lui si accorge di te.» Ingrid si mise a ridere: «Geniale, eh? Dimmi che sono geniale».

«E io che cosa sono? Faccio parte del popoloso club Sfortunati in Amore? Ho vinto il primo premio visto che mi perdo con uno come George e ora con uno che proprio non mi vede?»

Stavamo sistemando insieme la dispensa. Controllavamo ogni cosa, eravamo bravissime entrambe a non buttar via niente, a non lasciare scadere nessun prodotto, a usare tutto. Niente sprechi. Ora Ingrid aveva acquistato gli ingredienti per la sua cena per stomaci deboli e li stavamo sistemando.

«Il famoso muro che avevo messo tra me e gli uomini, sai no? Pensavo di avere ormai un cuore di stoppa, muto, inerte, che mai sarei riuscita a innamorarmi, che l'amore è una volta sola eccetera eccetera. Invece non è così... scopro che sono viva, e vado a perdermi con chi non mi vede? Ma sono proprio un'oca.»

«Non si sceglie per chi perdere la testa. Ti capita» sospirò Ingrid.

«Stai parlando di Marco» e intanto allineavo in alto nello scaffale i vasetti di conserva. Sapevo che continuava a pensare a lui. Me ne ero accorta con un certo stupore un giorno in cui l'avevo sorpresa a casa, in cucina, con una fotografia di Marco tra le dita e un'aria desolata. Le avevo chiesto se era impazzita a rimuginare su quel mascalzone, lei aveva risposto che la foto le era capitata in mano per caso. Mentiva. Tanti piccoli indizi mi avevano svelato che invece Marco era sempre nei suoi pensieri.

Nei miei c'era Jeremy. Era venuto un paio di volte a cena al ristorante, con qualche amico. Si era seduto proprio accanto al cespuglio di salvia, il nemico numero uno di Chopin. Aveva assistito alla furibonda lotta, aveva riso, aveva coccolato Chopin e apprezzato le pietanze che gli mettevo davanti. Aveva pagato, aveva sorriso e se n'era andato. Era accaduto già tre volte, a cena, e io mi muovevo a prendere le ordinazioni e a servire ai tavoli con un sorriso sereno e disinvolto: ero brava a nascondere quello che stavo patendo, tutti i miei sensi erano rivolti lì, al tavolo vicino al cespuglio di salvia, dove sedeva lui.

«A me non la conti giusta» e questa era Lietta, un mattino in cui andai da lei per occuparmi dei suoi capelli. Se li tingeva di un colore spento e pesante che le increspava i capelli, avevo scoperto che usava prodotti del tutto sbagliati. Così un giorno ero andata a Grosseto a comperare una tinta diversa, sempre castano ma più chiaro, e le creme e quello che serviva. Le avevo proposto di assumermi come parrucchiera personale.

«Diventerò la tua pettinatrice. Gratis naturalmente.»

«Non del tutto,» aveva risposto lei «in cambio ti darò massime di vita. Consigli, suggerimenti, sostegno. Ti par poco?»

Quel mattino c'era una luce abbagliante, cangiante, uno di quei meravigliosi giorni d'autunno con cielo blu sui boschi che iniziano a ingiallirsi. E il vento. Poco dopo l'alba ero andata con il furgone a fare scorta da Jeremy. Mi aveva accolta lui, gentile e spiccio come al solito: solito caffè, solito «Come va?», solita musica jazz, Chopin aveva giocato entusiasta con il coniglio bisestile, io mi sentivo in subbuglio per tutto il tempo... e me n'ero andata buttandogli lì un ciao qualsiasi.

Qualche ora dopo attraversavo il cortile per andare da Lietta, e mi sentivo ancora pungere il cuore – si dice così quando fa male?

Lietta era in casa, non sotto il fico a leggere come di solito a quell'ora. Sul filo teso tra due alberi, davanti all'ingresso, una schiera di mutande nere messe ad asciugare sbatacchiavano nel vento come pipistrelli.

Mentre preparavo la tinta, in giuste proporzioni, colore e ammoniaca, mi ero accorta che mi stava osservando, appollaiata sullo sgabello e con l'asciugamano sulle spalle.

«Non me la conti giusta» e faceva oscillare verso il soffitto l'ossuto indice. «Tu hai qualcosa. Hai dentro... un'emozione! Sei... sei emozionata. Ti succede da qualche tempo. Oggi più che mai.»

«Boh, non so...» Infilai i guanti di gomma e iniziai a pettinarle i capelli e a dividerli in ciocche. Li aveva folti. «Guarda qui che crescita, non sta bene una crescita così, la prossima volta li tingiamo prima.»

«Sei innamorata. Dimmi che è vero.»

«Così vai in giro a spiattellarlo a tutti?» sbottai subito aggressiva alzando la voce. «Come usa qui da voi? È per questo che vuoi saperlo?» Mi aveva preso una gran rabbia. Di che cosa si impicciava?

Ammutolì sotto le mie mani. Maneggiavo rapida e irosa il pennello, ma intanto notavo le due dita di crescita che svelava il candore dei capelli, notavo le spalle fragili che una volta dovevano essere state robuste e ben tornite, le mani nodose intrecciate una all'altra e posate in grembo, e i piedi nelle ciabatte, l'abito a pallini, il profilo del viso chino e triste, occhi chiusi: le mie parole l'avevano colpita dolorosamente. Così umiliata.

Le avevo dato addosso. Mi ero trasformata in un'arpia. Me l'avesse detto qualcuno, che ho dentro di me anche l'arpia, non ci avrei creduto. Invece eccome se c'era, con la sua grinfia violenta e odiosa. Ma da dove era saltata fuori?

«Accorgersi che non si è compresi, è inquietante» disse lei sottovoce.

Provai una pena acuta. Per lei che aveva subìto, per me che ero stata crudele. La vergogna mi attraversò da una parte all'altra. Che cosa mi era venuto in mente di risponderle in quel modo?

«Non sono una vecchia pettegola, io...» disse ancora sottovoce.

«Oddio, scusami» balbettai, posai la ciotola e il pennello, mi strappai i guanti di gomma, scivolai davanti a lei, appoggiai la fronte sulle sue ginocchia, la abbracciai. «Scusami... non so che cosa mi abbia preso di risponderti così, non lo so...» e scoppiai in lacrime. «Proprio tu... sei l'ultima persona che vorrei trattar male» e piangevo per lei che avevo ferito, per me che avevo scoperto di poter essere cattiva.

Sentivo la carezza delle sue mani sulla testa. «Non mi capisco, non mi capisco più... è tutto così diverso, così difficile, terribilmente difficile.»

La sua voce mi arrivò pacata: «Non fare così, può succedere... so ben io che quando si è innamorati non salta fuori solo la parte buona di noi... non solo quella». Continuava a carezzarmi la testa. «Anch'io non mi perdono di aver trattato male mia madre, mi ero innamorata, non capivo più niente... e potevo essere malvagia, avevo dentro tante cose che non sapevo di me. L'amore ti aiuta a conoscerti meglio, conoscersi meglio è una gran cosa.»

«Non volevo farti del male... umiliarti. Non tollero di averlo fatto.» Avevo alzato il viso verso di lei. Mi passò le mani sulle guance, in una carezza materna che non avevo mai conosciuto.

«Vedi, amare un uomo non vuol dire amare solo lui, e tutto il resto del mondo sparisce. Amare vuol dire amare anche gli altri, accorgersi dei loro guai, del dolore nascosto, di tutti i bordelli che la gente combina rendendosi infelice... amare vuol dire anche questo. O soprattutto questo.»

Non mi chiese chi era l'uomo di cui mi ero innamorata. Non mi chiese altro. Mi teneva il viso tra le mani e mi guardava con gli occhi buoni.

«Non posso credere che anche tu abbia dentro di te una parte malvagia...» dissi.

«Eccome se c'è.» Mi baciò in fronte. «E adesso, se non continui a mettermi la tinta, verrò di due o tre colori?» sorrideva.

La tinta venne benissimo. Meglio delle altre volte. Perfetta anche la messa in piega, che le avevo accuratamente fatto aiutandomi con la spazzola rotonda. Si guardò soddisfatta nello specchio, come se si vedesse di nuovo giovane e bella, si passò sulle labbra il rossetto color prugna. Sorrise a se stessa con un piccolo sorriso compiaciuto. Sentii di volerle molto bene, quasi come a zia Esther.

Non si arrabbiò quando scoprimmo che nel frattempo Chopin aveva tirato fuori con le unghie il suo lavoro a maglia dal cestino, aveva sfilato i ferri e fatto cadere non so quanti punti. Infine si era addormentato accucciato al centro di tanto sfacelo.

«Mi dispiace. Fa un sacco di disastri» sospirai. «Anche a casa.»

«I gatti sono gatti» fu il suo commento. Preparò un caffè e andammo a berlo sedute fuori, sotto il fico scosso dal vento.

«Voglio dirti ancora una cosa...» Lietta appoggiò nel vaso di oleandro il cucchiaino, bevve qualche sorso, poi: «...quando ci si innamora, ci si trova davanti un'emozione che non può essere evitata. Non succede a tutti, a te è successo. Ma ci sono molti, temo troppi, incapaci di vivere questa esperienza, incapaci di provare emozioni... sono morti dentro, capisci? Sono talmente chiusi nella loro rigidità da non riuscire a provare nulla, non sentire nulla. Per loro la vita è muta.»

«Forse ho rischiato di diventare così,» ne ero convinta «mi ero così indurita...»

«Ma no, tu no... essere indifferenti alla vita è ben altro.»

«E come li riconosci quelli per cui la vita è muta?» Volevo saperlo: e se fosse così anche Jeremy, per caso?

«Li riconosci subito, se vuoi... fiuti la loro freddezza. Potresti anche vederlo nel loro petto, se fai attenzione, il macigno che si tengono ben stretto a proteggersi da qualsiasi rischio sentimentale.» Finì di bere il caffè, appoggiò anche la tazzina nel vaso di oleandro e tolse dalla tasca il cellulare.

«Continui a litigare con il tuo amico di Siena?»

«Mi manda di quei messaggi...» Sorrise scuotendo la testa. «Voleva che ci incontrassimo a Pisa, per un pomeriggio. Lui può solo il mercoledì, ma io quel giorno ho i ragazzi a cui insegno italiano e possono venire da me solo quel giorno. E così gli ho scritto che non potevo raggiungerlo a Pisa perché avevo i ragazzi... ma lui non ci ha creduto.»

«Cioè?»

«Mi ha scritto testualmente: *scuse da Bertoldo*.» Scosse la testa. «Bertoldo... incredibile.»

«Da Bertoldo? Cioè? Che voleva dire?»

«Bertoldo è una figura della tradizione popolare, di tante antiche novelle, lo sai immagino... è un contadinaccio rozzo e scaltro, uno che si tira fuori dagli impicci con qualche astuto imbroglio. Un furbacchione di cui non fidarsi.»

«Scuse da Bertoldo... ma come gli è venuta?»

«Quando le cose non vanno come vogliamo, quando

diffidiamo, quando gli altri non sono come vorremmo noi... siamo delusi. La delusione porta rabbia e allora che fai? Copri di insulti la persona che ti delude e cerchi i termini più offensivi per ferirla, per fargliela pagare... lui fa così, rimane deluso se non ottiene da me quello che vuole, e reagisce male... l'amore tira fuori i lati peggiori anche a lui. Evidentemente gli è sembrato appropriato darmi della contadina rozza e astuta.»

«Lo trovo volgare...»

«Eh sì, purtroppo per lui.» Si alzò, andò a raccogliere le mutande asciutte dal filo del bucato. Sedette di nuovo davanti a me. «E dire che è un uomo di grande cultura, raffinato, sa essere simpaticissimo... quello che comunemente si dice un vero signore.» Anche il cellulare finì nel vaso di oleandro. «Temo che Bertoldo prima o poi si ergerà tra noi separandoci in modo definitivo.»

«Ti dispiace?»

«Un bel po', devo ammetterlo. Fa bene all'anima pensare a qualcuno e sapere che qualcuno ti pensa, e poi lui ha mille belle qualità, credimi.» E dopo un momento: «Però io a lui, anche se finisce, continuo a voler bene. Sì, gli voglio proprio un gran bene» concluse sospirando.

«Ma a te pensiamo in tanti... io e tanti altri...» volevo consolarla.

«Lo so,» sorrise «ma non è esattamente la stessa cosa.»

Aveva ragione. Non è la stessa cosa, proprio per niente.

Ai miei piedi Chopin seguiva immobile il viavai delle galline sul praticello di fronte. Ogni tanto lo vedevo tendere i muscoli, pronto allo scatto. Gli dicevo no! e lui ubbidiente si accucciava e mi guardava.

«Il tuo certosino ti adora.»

«Anch'io lo adoro,» mi chinai a fargli una carezza «mi ha conquistata.» Le avevo raccontato di Marian. «Non avrei creduto di potermi affezionare così a un altro gatto, invece è accaduto... per fortuna è accaduto.»

Mi alzai, raccolsi le tazzine del caffè e i cucchiaini, entrai in cucina e andai a lavarli e ad asciugarli. Lietta mi seguì.

«Volevo chiederti se mi dai una mano...» disse «...verso la fine settimana, o la settimana prossima, il giorno di chiusura del vostro ristorante così siete libere anche voi due. Voglio dare una piccola cena, invito qualcuno di quelli che mi hanno aiutata, sai per il debito di mio marito... gli altri li ho già ringraziati e non si muovono, ma tu e Ingrid e altri, anche il parroco naturalmente, vorrei invitarli qui.»

Ci radunammo a casa nostra, verso sera, nel giorno di chiusura, per organizzare il ricevimento da Lietta. Lietta avrebbe fatto i famosi ravioli, al resto avremmo pensato noi. C'erano Emma, Vasco, il farmacista cioè Diego, c'era Marianna la sarta, c'erano la nostra vicina incinta e il marito. E c'era anche la madre di Diego che si era seduta con aria offesa su uno sgabello. Ingrid si era affrettata a farla accomodare su una poltroncina. E c'era anche la vicina litigiosa che aveva lasciato il marito a casa dopo un'ennesima baruffa.

«Voleva venire anche lui,» sbuffò aggiustandosi il golfino sulle spalle «così mi rovina la serata, per una volta che sto insieme agli altri...»

Eravamo nel nostro giardino, al tramonto, sulle panche intorno al tavolo e sulle poltrone di vimini. Diego si era seduto vicino a Ingrid, naturalmente. Le aveva portato in dono un vaso di rose canine, che aveva deposto accanto alla porta d'ingresso, «Così ti proteggono da ogni male» aveva detto, goffo e timido. Rose da guardia che però, come si vide in seguito, non sapevano fare il loro mestiere.

«Io cucino un arrosto,» la ragazza incinta appoggiava le mani sul pancione «me lo porta il mio Giacomo» e non le parve vero di dilungarsi sulle molte doti del marito, attribuendogli attenzioni e veti protettivi di cui nessuno si era mai accorto. Facemmo tutti finta di niente, ma non Emma.

«Che cosa racconti, Rosa? Di che marito parli?» si sporse dalla panca, rabbiosa «del tuo? Non farmi ridere... sai quante volte l'ho visto trattarti da schifo?»

La ragazza incinta si fece penosamente rossa. Il marito, il bel Giacomo, stravaccato sulla poltrona di vimini, beveva il suo bianco come se non avesse sentito.

«Emma, fai meglio a star zitta» questa era la sarta.

«A me piace dirla, la verità. Non mi piace raccontarmi balle» rimbeccò lei. La verità vera era però un'altra: aveva messo in piedi, qualche mese prima, una storiaccia proprio con Giacomo, che dopo un paio di volte si era affrettato a voltarle le spalle. Ora Emma sfogava il risentimento sulla moglie. E questo ce lo aveva raccontato la sorella della sarta, di Marianna, che sapeva tutto di tutti, il suo negozio di merceria faceva concorrenza al confessionale del parroco.

«È che tu» si intromise Diego e si sporgeva verso Emma «tu te ne infischi della verità. Tu hai la maligna abilità di accorgerti delle debolezze dell'altro e di picchiare proprio lì... non è bello» e lanciò un'occhiataccia a sua madre. «Vero che non è bello, mamma?»

«Non so di che cosa parli» ribatté lei sostenuta.

Si misero poi tutti a discutere animatamente, dividendosi i compiti della cena che rischiava di diventare pantagruelica. Io mi ero offerta di organizzare l'accoglienza in casa di Lietta, piatti e posate e tutto quanto occorreva. Vasco avrebbe pensato al pane, visto che il fratello era fornaio. Marianna si offrì di fare il sugo per i ravioli... ora non ascoltavo più, mi ero persa a contemplare il cielo del tramonto, la esile falce di luna crescente, sbilenca sui boschi autunnali. Ripensavo a quanto mi aveva detto Lietta.

Ero così assorta che non badai alla jeep che parcheggiò in fondo al cortile. Mi riscossi quando sentii la voce di Jeremy. Lo vidi in piedi vicino a noi e stava dicendo di aver saputo dal parroco della nostra piccola riunione. Sulla camicia chiara indossava un gilet scuro, blu, non quello che aveva di solito addosso al lavoro. Mi sembrò bellissimo, lui che non era bello. La sua alta figura, il suo atteggiamento, e quel qualcosa di unico che vedevo in lui... distolsi lo sguardo, emozionata.

«Dovevate avvertirmi,» stava dicendo Jeremy «voglio partecipare anch'io, Lietta ha invitato anche me.» Si chinò e raccolse Chopin che gli si strofinava contro le caviglie.

Girò la testa verso di me, un breve sorriso, poi sedette al tavolo con Chopin sulle ginocchia. Ingrid gli versò del vino bianco. «Scusaci, non ci avevamo pensato di chiamarti... vuoi davvero cucinare anche tu? Possono farlo anche gli uomini. Il qui presente Giacomo fa le patate in insalata e Diego le uova sode» rideva.

«No, cucinare lo lascio a voi. Io porto i vini, naturalmente. E affettato, magari, finocchiona, salame, delle verdure... magari aiuto ad apparecchiare, a mettere i bicchieri e le sedie e poi a lavare i piatti.»

«Oh, lo fa già quella là che vince tutti a scacchi,» esclamò astiosa la madre di Diego indicandomi «sarà contenta di averti al fianco... ci siamo accorti tutti come sbava dietro di te! Ha perso la testa per te, poveraccia.»

«È proprio vero,» aggiunse Emma «me ne sono accorta anch'io» e si girò a guardarmi ridendo velenosa. «Cotta marcia dell'inglese... ma con zero speranza.»

19

Soltanto le persone
che amiamo possono farci
soffrire con la stessa intensità
con cui le amiamo.
(Marguerite Yourcenar)

Sarebbe servito a qualcosa dire: ma figurati se ho perduto la testa per l'inglese, ma chi lo vede quello... sarebbe servito? No, sarebbero sembrate scuse da Bertoldo, tanto per usare questa simpatica espressione. Comunque ora toccava a me arrossire, come e peggio di Rosa.

E poi quelle parole: *zero speranza.*

Nella rosea luce del tramonto, nel giardino fiorito di dalie e zinnie, tutti sedevano muti intorno al tavolo, come estranei, ognuno rintanato nel proprio bicchiere. Ricordo che l'unico a ridacchiare fu Giacomo che a un certo punto disse «Che vipere quelle due...». Emma e la madre di Diego non fecero una piega, zitte. «Fortuna che mia moglie non è così» proseguì e la moglie gli mise, grata, un'affettuosa mano sul braccio. Poi Giacomo guardò me e con un ghigno: «Devi pur dir qualcosa, nini...».

«No, parlo io» e questo era Jeremy, proprio lui. Voce pacata. Accarezzava Chopin acciambellato sulle sue gambe accavallate, e si guardava intorno. Io avevo lo stomaco stretto come una nocciola. Parla lui? Per dire che cosa?

«Allora?» sempre Giacomo, con il suo risolino odioso. «Questo discorso?»

«Voglio dire due cose alla signora qui presente e a Emma» disse Jeremy. Terribilmente serio. Metteva soggezione eppure non aveva alzato la voce, non aveva l'aria arrabbiata. «Mi ascoltate?»

«Sì, sì...» Nervosa, a occhi bassi, la madre di Diego si accomodò meglio sulla poltroncina. Emma non disse niente. Occhi bassi anche lei, però.

«Se le cose stessero come dite,» accennò a me «io sarei solo lusingato. Molto lusingato. E adesso, Emma, vuoi dirmi da dove ti viene quello che hai appena detto?»

«Boh, non so» mugolò Emma senza alzare lo sguardo. «Mi sembrava... non so.»

«Quindi nessuna fonte precisa. E lei, signora?» Jeremy si rivolse alla madre di Diego.

«Oh guarda, non ho nessuna voglia di rispondere. Se dico una cosa la dico, ci mancherebbe che poi dovessi...»

«Eh no» esclamò Jeremy seccamente. «Troppo comodo. Allora?»

«Dicevo per dire... così» borbottò lei. Raccolse il bicchiere. Mi accorsi mentre beveva che le tremava un po' la mano.

«E allora,» Jeremy guardò prima una poi l'altra «chiacchiere? Solo stupide chiacchiere?» Si rivolse a me con un sorriso divertito: «Peccato... mi tocca restare solo amico di questa graziosa fanciulla e lasciar perdere i pettegolezzi.»

«Sì, però è inutile che te la tiri tanto» saltò su Emma, ringhiosa. «Chacchiere, pettegolezzi... e tu? Credi che non lo si è capito che te la fai con qualcuna dei dintorni? Mica si è ancora scoperto chi è, ma vuoi vedere che ci arriviamo?»

«Emma» scattò Ingrid gelida. «La vuoi smettere?»

«Ho messo solo un po' di pepe alla nostra riunione, se no che noia è?» Prese la bottiglia, riempì i bicchieri. «Brindiamo... anche tu, Jeremy?» Si voltò verso di lui, con la bottiglia a mezz'aria, e una faccia da schiaffi. «Brindi anche tu con noi?»

«Volentieri» fece lui. Tese il bicchiere. Imperturbabile. Perfetto. «Informami, quando hai notizie della mia tresca.

Che almeno lo sappia anch'io, d'accordo?» Brindammo tutti insieme come se niente fosse accaduto, poi lui si alzò, voleva andare a salutare Lietta che era rimasta in casa. Si allontanò con Chopin in braccio. Avrei voluto seguirlo per riprendermi il mio certosino, ma non mi mossi per paura dei commenti... come potevo corrergli dietro? Stettero via un bel po', lui e Chopin. Stava scendendo la sera, tenevo d'occhio le finestre di Lietta illuminate e intanto se ne andavano tutti. Restò Diego, e naturalmente sua madre. Decisero di andare a cena da qualche parte, certo Ingrid non avrebbe cucinato.

«Io non vengo, aspetto Chopin.»

«D'accordo» disse subito Ingrid; gli altri due non fiatarono. Rimasi sola, in giardino, sotto le stelle d'autunno, nell'aria fresca e umida, nella sera. Sedetti al tavolo. Vidi finalmente Jeremy sbucare dall'oscurità. Chopin lo precedeva zampettando. Tutti e due, con calma. Li illuminava la luce alle mie spalle, dalla finestra di cucina. Jeremy sorrideva. Anche Chopin, poiché è un dato che i gatti sorridano, e saltò sul tavolo, mi si accucciò davanti. Jeremy sedette vicino.

«Come va?»

«È una bellissima stellata...» risposi e mi guardai bene di fare cenno a quello che avevano detto poco prima Emma e la madre di Diego. Avrei mai potuto chiedergli: davvero saresti lusingato se fossi cotta di te? Impossibile.

«Il certosino si comporta con me come fossi di casa, non trovi?» disse lui. Anche lui evitava l'argomento.

«Eh già.»

«È bello qui da voi, mi è sempre piaciuta questa casa, anche quando ci stava Giacinta.»

«Sì, è bello qui» spiccicai le parole con fatica. Niente da fare, con lui non riuscivo ad aprir bocca. Non mi rendevo minimamente conto di apparire fredda e scostante.

«Non so chi mi ha detto che sai bene le lingue. Anche il russo. Che traduci libri, che stai traducendone uno.»

«Infatti.»

«Un grosso lavoro, però... tradurre e il ristorante, è molto impegnativo. E ti manca tanto a finire il libro?»

«Non tanto.»

«Te lo chiedo perché ho bisogno di qualcuno che mi dia una mano. Ho dei clienti russi. Poca roba, corrispondenza, qualche brochure... magari ti fermi da me, vediamo insieme quello che c'è da fare. Puoi?»

«Sì, certo.» Il cuore si era messo a battere colpi di tamburo. *Ti fermi da me, vediamo insieme*... avrei mai potuto dirgli di no?

«Va bene, poi ci mettiamo d'accordo.» Raccolse le chiavi della jeep che aveva poggiato sul tavolo, si girò a guardarmi, per un momento temetti che mi chiedesse come mai dovesse tirarmi fuori di bocca le parole con la tenaglia. Invece si alzò e disse: «Allora buonanotte e a domani». Nient'altro.

Mentre si allontanava, la sensazione che mi dava la sua vicinanza sfumò poco per volta. I fari della jeep sventagliarono su per la salita. Poi il silenzio. Gli ultimi grilli. Le solite civette. E l'assiolo con il suo *chiù*.

Quando Ingrid rientrò ero ancora sveglia. «Lui se n'è andato subito?» Lui ovviamente era Jeremy. «Dalla tua faccia direi di sì... povera stella, ho visto come ti sei sentita quando Emma e quella strega hanno sparlato. Jeremy è stato bravissimo, un vero gentiluomo...» e annuiva vigorosamente «...ha intuito il tuo imbarazzo e ti ha tirata fuori.»

«Per un attimo avrei voluto saltar su e dire: sissignori, ho perso la testa per quest'uomo.»

«Bisognerebbe farle queste cose... ma si ha paura a farle. È una dannazione aver paura delle parole vere, di quelle che contano sul serio. Se facessimo finalmente così, credo che la vita sarebbe più semplice.»

«In compenso lui ha saputo che so il russo...» così le raccontai della richiesta di traduzioni.

«È un modo per conoscerlo un po' meglio, eh?» disse Ingrid, e sedette sul mio letto.

«Non so... ma sai una cosa? Devo piantarla di star lì raggelata quando l'ho vicino. Mi sento bloccata, il cervello vuoto. Come fossi davanti a non so che giudice, o ne andasse della mia vita. Basta... devo reagire. Non mi riconosco quando c'è lui, capisci? Proprio non mi riconosco... divento idiota.»

«Un po' come Diego con me,» rise lei «timido e goffo, sembra davvero innamorato. Evidentemente a volte l'amore fa questo effetto. A me non succedeva così... al contrario. Diventavo un ciclone.»

«Lui che effetto ti fa?»

«Diego? Molto caro. Ma non c'è quel *zic* che ti fa andare il cuore in gola» e si allungò per carezzare Chopin che mi faceva le fusa acciambellato addosso. «Sua madre mi guarda con astio, è gelosissima come troppo spesso le madri di figli maschi. Diego mi aveva raccontato che si era sposato, ma tra lui e la moglie ci sono stati subito degli scontri a causa della madre di lui che cacciava il naso ovunque in casa loro... controllava gli armadietti della cucina, cassetti e armadi della stanza da letto, frugava anche nel computer, leggeva la posta... lui non era capace di opporsi e la moglie alla fine lo ha piantato, credo bene.» Scalciò via i sandali con il tacco, si massaggiò i piedi. «A me lui è molto simpatico, è caro, affettuoso, anche divertente... ma certamente non sono cotta. Ora vuole comperarsi un cane e la cosa lo agita. La madre si oppone, vediamo se lui la spunta.»

«Ma vive ancora con la madre?»

«No, a casa sua. Abita sopra la farmacia. La madre è dall'altra parte della strada, insomma a pochi metri. Ed è sempre da lui con la scusa di fargli le pulizie.» Prima di uscire mi gettò un bacio con la punta della dita. «Un incubo, eh?»

Trovai solo Silvano, il giorno dopo all'azienda, quando arrivai con il furgone. Mi disse che Jeremy era al lavoro alle vigne. E dire che per tutta la strada mi ero allenata per essere non dico spiritosa ma disinvolta. Guidavo e parlavo ad alta voce fingendo di rivolgermi a Jeremy. Tutto inutile.

Chopin corse subito verso il coniglio bisestile, appena lo vide affacciarsi alla porta del magazzino. Si misero a giocare, sprizzando entusiasmo e vitalità da ogni pelo.

«Visto le bestie,» disse Silvano spingendosi il berretto sulla nuca «mica fanno tante storie loro... noi prima di arrivarci a diventare amici ce ne vuole.»

«Niente musica oggi?» ma avrei voluto chiedere: ma quando finisce di lavorare Jeremy? Quando viene qui?

«Quando lui è via spengo la musica. A me piace il silenzio.»

Aiutai Silvano a caricare. Stavo per risalire sul furgone, dopo aver convinto Chopin a salutare il suo amico, che un tipo venne verso me. Alto, guance rubizze da bevitore, occhi oscuri. Riconobbi il padre di Jeremy, quello secondo cui: donne alla guida mai. Con tono assente, come se stesse pensando ad altro, mi chiese di seguirlo in casa, Jeremy aveva lasciato un fascicolo da tradurre. Agguantai Chopin, e con molta curiosità entrai in casa di Jeremy.

Un breve corridoio buio e subito l'immensa cucina, lungo tavolone di legno, pentole appese alle pareti e poi due stufe per cucinare e un camino, una portafinestra e due finestre, sui davanzali due gatti acciambellati che non degnarono Chopin di uno sguardo. Lungo una parete una bassa libreria ordinatissima. Una cassettiera da cui il padre di Jeremy tolse un fascicolo.

Quello che mi colpì, appena entrai, fu un odore che

non riuscivo bene a distinguere. Curcuma? Non era solo curry. Era qualcosa di più sottile.

«Cucinate con la curcuma?» chiesi. Il padre di Jeremy si era seduto poco in là e mi osservava con indubbia simpatia. Veniva spesso a pranzo al ristorante, entusiasta della cucina di Ingrid. Entusiasta anche di lei, con Ingrid usava un tono paterno, si preoccupava della sua salute, quando la vedeva stanca – era medico, ora in pensione – la riempiva di ricostituenti e consigli.

«Certo che cuciniamo con il curry e la curcuma» disse con il suo pesante accento inglese. «E anche coriandolo e tutto il resto. Ha senso questa domanda?»

«Era per l'odore... spezie, si sente.» Però c'era qualcos'altro. Qualcosa di lieve.

«Siediti» mi indicò una sedia. Sullo schienale era appeso un gilet e riconobbi quello di Jeremy, il gilet che indossava la sera prima. Sedetti proprio lì. Con il suo gilet alle spalle e Chopin sulle ginocchia che sporgeva il muso per tenere d'occhio i due gatti.

Il padre di Jeremy spinse verso di me il fascicolo. Lo aprii. Scorsi le pagine. Per tradurre tutto quanto in russo ci avrei messo neanche un'ora. «Però mi ci vuole un computer con caratteri cirillici.»

«Porta via tutto, non si fa qui» e mi chiese quanto volevo a pagina. Glielo dissi, feci anche uno sconto visto che non si trattava di un romanzo e neppure un saggio.

«Prendi troppo poco. Non farai strada nella vita,» si alzò «aspetta un attimo, c'è un foglio che devo darti, parla dei vini, è di là.» Uscì.

Appoggiai subito una mano sul gilet appeso sulla spalliera della mia sedia. Una carezza sul gilet di Jeremy. Poi feci una cosa terribilmente infantile, lo so. Lo raccolsi tra le mani e lo appoggiai alla guancia. Il contatto morbido della stoffa di un indumento di Jeremy... il contatto sulla mia pelle. E sentii il profumo... aspirai quella fragranza che non ero riuscita a identificare, tanto era coperta dall'odore del curry.

Ora, lieve ma distinta, la fiutai. Ecco che cos'è, pensai folgorata. Non potevo sbagliarmi.

Il padre di Jeremy mi portò il foglio con una lista di vini. Lo agguantai e me ne andai subito.

Mezz'ora più tardi ero nella cucina del nostro ristorante. A raccontare a Ingrid quello che avevo scoperto.

«Ma sei sicura?»

«Sai che ho un fiuto fantastico. Sono sicurissima.»

«Era proprio profumo di mughetto?»

«E bello intenso anche. Mughetto. Non si scappa.»

«Se la fa con una donna che usa mughetto, allora.»

«Per esempio con la moglie dello spilorcio. Con la bellissima signora.»

«Ma dai, che cosa vai a pensare... certo, mi par logico che abbia una donna da qualche parte, ma proprio una sposata...»

«Vuoi scommettere che è lei? Era esattamente la stessa tonalità di mughetto. Identica. Quella se ne rovescia addosso a litri... l'ho sentito io. Sono sicura.» Non mi ero neanche accorta che le lacrime mi scivolavano giù per la faccia. «Una così... deve essere pazzo di lei... Talmente bella, affascinante. Stupenda... e lei pazza di lui. Si ameranno alla follia, una cosa segreta, poi...» Sedetti e con la testa appoggiata sulle braccia incrociate sul tavolo, singhiozzai la fine della mia *non* storia d'amore con Jeremy.

Sentii Chopin arrampicarsi sulle mie ginocchia.

«Quei due sono perfetti uno per l'altra, perfetti, lui così affascinante, lei così bella... io non c'entro assolutamente niente.» Non riuscivo a smettere di piangere, non ci provavo nemmeno per la verità. «Non c'entro niente, io...» Mi sentivo esclusa, violentemente esclusa dai territori della speranza, dei sogni, dell'amore e delle tenerezze... esclusa da Jeremy in definitiva e da tutto quanto lo riguardava.

«Sono nessuno per lui, nessuno» e piangevo e carezzavo Chopin che mi si strofinava contro. «Nessunissimo.»

«Ehi, piantala! Starci male è un conto, tirar fuori quest'aria da vittima non è da te... e guarda che a me quella del mughetto sembra bella sì ma terribilmente stupida e Jeremy non mi pare proprio un tipo da perdersi con una stupida.»

«Che ragionamento del cavolo... vuoi che un uomo non si perda per una bellezza come quella? Con una così, chi se ne frega se non è Einstein.»

«Di chi parlate?» Emma entrò portando i sacchi del pane che buttò sul tavolo. «Ma qui si piange a calde lacrime... lacrime d'amore?» Rideva maligna. «Chi è il fortunato?»

«Emma!» tuonò Ingrid. «O ti metti in riga e non azzardi più una chiacchiera o ti butto fuori.»

«E allora chiedo scusa» scattò Emma. Le tremava la voce. Stava per mettersi a piangere anche lei. «Scusate, scusate, scusate... posso avere ogni tanto anch'io i nervi e avercela con il mondo intero? Posso o devo essere santa? Credete che mi diverta a sgobbare tutto il giorno, e alla sera sorbirmi quella strega di mia madre che non fa che ripetermi che ho le gambe storte, che sono brutta e che non troverò mai marito?»

«Ragazze, adesso però dobbiamo metterci a lavorare o qui oggi non si pranza,» Ingrid mi venne vicina «su, vatti a lavare la faccia, ai mughetti ci pensiamo un'altra volta, eh?»

Raccolsi Chopin e mi alzai: avevo solo voglia di correre a casa e starmene da sola. Al massimo rifugiarmi da Lietta. Ma non potevo certo piantare il mio lavoro. Avevamo non poche prenotazioni. Così misi a terra il certosino, andai a lavarmi le mani e ad avvolgermi il grembiule intorno alla vita.

«Ohi, un attimo,» disse Emma «mi sono dimenticata...

c'è un tizio di là, l'ho lasciato all'ingresso. È venuto a chiedere di te. Uno mai visto. Non è di qui.»

«Di me?»

«Vai,» disse Ingrid «magari è uno dei tuoi fratelli. Non voleva venirti a trovare quello che fa il fotografo?»

Non era uno dei miei fratelli. Era Pierre.

Mi girava le spalle, all'ingresso. Non si era accorto di me. Stava leggendo il menu del giorno. Ai suoi piedi una grossa borsa da viaggio.

In punta di piedi rientrai in cucina.

«Oh bella» esclamò Ingrid quando le dissi chi fosse l'uomo all'ingresso. «E adesso?»

«Se volete me ne occupo io,» ridacchiò Emma continuando a pulire il pesce «non è mica da buttar via quello.»

Tornai all'ingresso, seguita da Chopin. Lui si girò, mi vide, mi venne di fronte.

«Intanto hai pianto» disse sommesso, dopo un momento. Come se ci fossimo lasciati poche ore prima. «Posso far qualcosa?»

«Non ti aspettavo...» replicai stupidamente.

«È per quello che piangi?» scherzò. E subito più serio: «Credo bene che non mi aspettavi, non ti ho detto quando sarei venuto a trovarti,» alzò una mano, me la appoggiò lievemente sulla guancia «*mon amour*, che succede?» Autorevole e affettuoso. Protettivo.

Potevo dirgli che purtroppo era la persona sbagliata nel momento sbagliato?

«Ho voluto venire e sono qui» dichiarava intanto lui, con il piglio di chi decide per sé e per gli altri. «Voglio vederti, parlarti di me e sapere di te. Ecco perché sono qui. Sono venuto in macchina. Ho prenotato in un albergo vicino.»

Chopin era occupatissimo a fiutare la borsa da viaggio di Pierre, girava e rigirava intorno, come se cercasse qualcosa o qualcuno.

«Ecco che cosa manca... il bracco!» esclamai.

«Non manca affatto. È in macchina. Ho chiesto all'albergo e mi hanno detto che accettano animali, quindi sono a posto. Ora vado a sistemarmi, poi arrivo a pranzo. Bel posto qui,» disse entrando nella sala del ristorante e guardandosi intorno «proprio bel posto, c'è anche il giardino vedo,» tornò verso di me «voglio salutare subito Ingrid. Immagino sia in cucina. Di là?»

E senza attendere che lo precedessi infilò il corridoio. Sì, si comportava come se avessimo continuato a vederci. Nessun accenno alle sue lettere risentite o al fatto che gli mandassi solo cartoline con i saluti e la firma. Non aveva neanche fatto una carezza a Chopin, come se lo vedesse ogni giorno.

Mi lasciai cadere sulla panchetta all'ingresso. Sentivo le voci dalla cucina: Pierre, poi Ingrid, rideva, sembrava allegra. Io no. Avevo scoperto che Jeremy aveva per amante una specie di Venere... è questo il *filo da torcere* di cui parlava la matta? E proprio adesso arriva Pierre? Mi appoggiai al muro: ma deve succedere di tutto? Tutto in una volta? E che cosa ancora? Cose gravi o da nulla?

Quello che sarebbe ancora accaduto era cosa tutt'altro che da nulla. Tra le tante, l'inondazione. Ma a quella mancava ancora del tempo.

Quel giorno Pierre venne a pranzo, proprio come aveva detto. Grandi feste tra Pascal e il certosino, poi tutti e due si stesero vicino al cespuglio di salvia. Chopin doveva aver senz'altro spiegato al bracco alcune tecniche da combattimento del suo nemico. Pierre sedette quindi vicino al cespuglio, dove di solito siede Jeremy. C'era un sacco di gente, andavo e venivo aiutata da Emma, poi chiamai anche Vasco, quanto meno a servire pane e acqua e vino.

«Sei una perfetta cameriera» mi sorrise Pierre quando gli misi davanti un primo di ravioli. Mi appoggiò una mano sul fianco. «Perfetta...» mi sorrise.

«Spero che sia un complimento» risposi tra i denti e filai via. Tornai in giardino con il vassoio di antipasti per la tavolata vicino all'ingresso e quando mi girai vidi Jeremy. Era appena entrato, mi osservava con la sua aria calma, pacata, indossava il gilet al mughetto. Mi venne vicino: «Mi fermo a pranzo, hai un posto? Mio padre mi ha detto di averti dato la traduzione, volevo parlartene... dopo magari, adesso hai da fare. Dove mi metto?».

E dove avrebbe potuto mai mettersi se il tavolo libero, l'unico, era quello vicino a Pierre? Lo accompagnai e mi sembrava di camminare sulle uova.

Tra i due esclamazioni di stupore, stretta di mano, frasi del tipo che piacere rivedersi, li ascoltavo mentre dal tavolo assegnato a Jeremy toglievo un coperto, visto che era apparecchiato per due.

«Sono passato a trovare la mia ragazza...» parole di Pierre. Testuale. *La mia ragazza*. Mi girai di scatto, mi caddero i due piatti e il bicchiere che avevo in mano, balbettai «Scusate...». Pierre e Jeremy si chinarono sui cocci ma già arrivava Vasco con scopa e paletta.

«Lasciate stare, non importa» e a Jeremy, con un filo di voce, riuscii a dire: «Tu che cosa prendi?».

«Solito» rispose lui. «Costata ai ferri e verdure.»

«Solito? Allora vieni qui spesso, sei un cliente abituale...» parole di Pierre che mi arrivarono all'orecchio mentre mi allontanavo, non sentii la risposta di Jeremy, ma a quel punto che mi importava?

Appena fui in cucina, «Fantastico, c'è anche Jeremy e Pierre gli ha detto che sono la sua ragazza». Mi appoggiai al tavolo a braccia tese fissando Ingrid, fuori di me. «Ma si può? Che dovevo dire? Che non è vero? Che devo fare?»

«Devi portare subito gli antipasti al tavolo dodici» rispose Ingrid china su una immensa padella di peperoni verdi, «Capito ragazza?».

«Eh, già,» sibilai fuori di me «quando si lavora, la vita

personale deve sparire...» Agguantai il vassoio per il tavolo dodici.

«Lo diceva sempre Giacinta, e lei la sapeva lunga» ribatté secca Ingrid. E a Emma che era appena rientrata dal giardino: «C'è l'inglese, tirami fuori una costata».

Per fortuna quell'infernale pranzo ebbe termine, i clienti poco per volta svuotarono il giardino, affidai a Emma e a Vasco gli ultimi incarichi e andai a sedermi di fronte a Jeremy. Appoggiai sul tavolo il fascicolo per la traduzione e il foglio che descriveva i vini.

«Se devi andare...» dissi girandomi verso Pierre che aveva appena finito di bere il caffè «...ho da parlare con lui.» Mi guardai in giro: «E Chopin dov'è?». Vidi solo il bracco accucciato accanto a Pierre.

«Qui sulle mie ginocchia. Al solito» disse Jeremy.

«Al solito...» rise Pierre e si alzò e venne a sedersi accanto a noi due: «Posso partecipare, immagino. Jeremy mi ha detto che ti ha dato un incarico. Gli ho assicurato che sai il russo magnificamente».

«Grazie. Avevo bisogno della tua pubblicità» rimbeccai, poi aprii il fascicolo e mi rivolsi a Jeremy. «Qualcosa di particolare? Traduco come è scritto qui?» Mi accorsi di parlare in modo molto secco, villano. Oh dannazione, pensai oppressa, come vorrei non trovarmi in questa situazione idiota.

«Tutto come è scritto lì in italiano» disse Jeremy. Voce morbida e profonda, non smetteva di incantarmi. Davanti agli occhi avevo il suo gilet al mughetto... erano stati abbracci appassionati e baci a impregnarlo di profumo?

«Mi ascolti?» Mi osservava.

«Oh, sì, certo...» mi scusai. Mi ero proprio persa su quel gilet. «Certo che ti ascolto.»

«Mio padre mi ha detto quello che chiedi a pagina. Volevo dirti che è troppo poco, ritengo che...»

«Lei è fatta così,» interruppe Pierre con aria indulgente «chiede sempre troppo poco.»

Mi sentivo le guance in fiamme. «Ma che ne sai tu?»

«Scusaci, Jeremy,» Pierre mi sembrò irriconoscibile con quell'espressione da mastino che non molla la presa «scusaci... si litiga spesso lei e io... tra innamorati succede.»

L'avrei strozzato. Mi cadde di mano la penna. Lo fissai muta, proprio senza parole. Come poteva manipolarmi così? E che cosa potevo dire? Che non è vero? Pierre mente, non siamo fidanzati, non litighiamo? Ogni mia parola sarebbe risuonata come una menzogna, avevo già fatto una penosissima esperienza del genere con Giulia e l'uomo sposato che era suo amante... stranamente si crede al mentitore, in questi casi chi dice la verità fa la parte dell'imbroglione, di quello che si giustifica goffamente...

«Vi lascio,» disse Jeremy alzandosi «quando vieni sabato pensi di aver già la traduzione?»

«Certamente» e mi alzai anch'io. E anche Pierre.

«Così sistemiamo tutto, anche il tuo compenso» disse Jeremy. Se ne andò. Piccolo particolare: se ne stava andando con Chopin in braccio.

«Ehi, scusa...» gli gridai dietro «...il mio gatto.»

«Hai ragione,» depose Chopin a terra «ciao bello,» gli fece una carezza «ci vediamo.»

«Senti,» mi girai d'impeto verso Pierre «che cosa ti prende di far credere a tutti che siamo insieme? Sai bene che non è affatto così...»

«Lo dico perché per me invece è proprio così» ribatté Pierre pronto. «Per me siamo insieme perché io ti amo, ti amo e quindi siamo insieme.»

C'era da farsi cascare le braccia. Lasciai perdere. Sapevo che la genia dei manipolatori è la più difficile da fronteggiare: ti fregano sempre.

«Sai una cosa?» dissi con amarezza a Ingrid quando

quella sera fummo finalmente a casa. «Che vada come vada... ora Jeremy è sicuro che Pierre sia il mio uomo, e lui, Jeremy dico, ha la sua Venere personale... più lontani di così non si può. Vada come vada... continuerò a sentirmi morire quando lo vedo, quando gli sono vicino... mi passerà prima o poi?» Ma non ero lagnosa, ero arrabbiata. «E ci mancava anche Pierre... fortuna che non mi sono messa con lui, hai visto quanto sa essere odioso?»

«Visto.»

Eravamo in cucina, fuori di notte faceva ormai freddo. Anche tornare in bicicletta dopo il lavoro non era uno scherzo, la strada umidissima si faceva scivolosa.

Ingrid aveva preparato una tisana di tiglio che mi fece pensare allo psicanalista. «Non mi pare che serva un granché sapere aprire il cuore alla passione e alla speranza» dissi acida.

«Aspetta a disperarti,» Ingrid aggiunse un cucchiaione di miele al suo tiglio «hai anche tu il tuo angelo custode.»

«Chi sarebbe? Chopin?» Era sul tavolo accucciato davanti a me e mi fissava con occhi da astrologo, socchiudendo le palpebre. Lo carezzai tra le orecchie. «Lui? È il gatto magico che fa sparire Pierre e la donna di Jeremy? Li mette insieme e li spedisce chissà dove?»

«Perché no?» Ingrid si stiracchiò. «Fortuna che Pierre ha trovato posto all'albergo. Pensa se avessimo dovuto ospitarlo...»

«Già,» esclamai con scherno «sai le chiacchiere?»

Pierre arrivò al mattino. Con un vassoio di paste. Ingrid e io ci eravamo appena alzate, stavamo preparando il caffè quando vedemmo la sua macchina parcheggiare davanti al cancello. Stavo per dirgli che avrebbe dovuto telefonare prima o almeno mandare un messaggio, poi lasciai perdere. Inutile. Andammo a bere il caffè in giardino, tutti e tre, c'era un magnifico sole e l'aria era limpida. Chopin e Pascal si erano distesi sulla ghiaia, uno addosso all'altro, e tenevano d'occhio le due galline razza Siciliana che stavano becchettando sotto il tavolo.

C'era nell'aria odore di mare. A proposito di avere il naso fino, quel mattino fiutavo proprio odore di mare. Il salmastro nell'aria autunnale.

«Bello qui.» Pierre si guardava intorno con aria di approvazione. «Bello viverci» Si sporse verso di me, calò la mano sulla mia stringendomela con piglio possessivo. La ritirai subito. Lo fissai in silenzio. Lui guardò altrove. Ma dov'era finito, mi chiesi, l'adorabile Pierre con cui avevo passato giorni felici, tutto sommato? Con cui avevo vissuto una piccola perfetta felicità? Mi ero mai accorta che avesse una tale faccia tosta, da piombare nella mia vita senza avvertire, spifferando in giro che eravamo fidanzati? Un simile atteggiamento possessivo?

«Oggi è il giorno di chiusura» disse Ingrid. «Eva e io ce ne andiamo al mare» come a dire tu no, però.

«Non sarebbe gentile piantarmi in asso...» disse Pierre.

«Non è questione di gentilezza. Il bracco non può venire in spiaggia. Il Parco dell'Uccellina è parco nazionale e i cani non sono ammessi. C'è la selvaggina. E poi, niente cacche sulla sabbia. Insomma, non puoi venirci, a chi lo lasci il tuo Pascal se vieni?»

«Calma, non c'è bisogno che alzi la voce, ho capito, non vengo» commentò Pierre. «D'accordo, vorrà dire che ci vediamo stasera.»

«Scusaci, ma siamo così frastornate dal lavoro al ristorante, lei e io, che dobbiamo regalarci qualche ora nel silenzio della spiaggia, senza nessuno. Del resto, non ci hai avvertite che saresti arrivato.»

«Aspettate un attimo prima di andare,» ribatté lui «ci sono cose che devo dare a Eva. Per esempio questa.» Tolse dalla voluminosa borsa che aveva con sé un libro e me lo pose davanti.

«Accidenti...» spalancai gli occhi leggendo il titolo in

francese e il nome dell'autore «...le poesie del professore.»

«Stampate, pubblicate e recensite. Un successo.»

Aprii il libro. Lo sfogliai. Rilessi qualche poesia e mi rividi per un attimo in quella notte quando, seduta davanti al professore in lacrime, scoprivo la potenza dei suoi versi. «Belle... bellissime.» Passai il libro a Ingrid: «Guarda anche tu, sono bellissime». E mi rivolsi a Pierre: «E Adelita? E lui? Come stanno? Lei come ha reagito?».

«È andato tutto a rotoli,» Pierre si versò ancora del caffè «lui ha preso del danaro come anticipo, si è licenziato dalla scuola, si è stabilito a Parigi, frequenta gli intellettuali, i salotti...»

«E lei?»

«Adelita è rimasta all'isola. Sono andato a trovarla un paio di volte, è ingrassata, è cupa... non vuole andare a vivere a Parigi. Dice che lui è cambiato, che da quando è diventato famoso non lo riconosce più. Non ne vuol più sapere.»

«Accidenti...» Ero del tutto impressionata. «Non avrei mai voluto una cosa del genere. Mi dispiace.» Non potevo credere che riconoscendo la bellezza di quelle poesie sarei stata responsabile della fine di un matrimonio. «La vita è proprio assurda.»

«Adelita non sopporta che lui abbia successo» disse ancora Pierre.

«Ma se lo amava...»

«E invece può succedere che si è gelosi del successo dell'altro» si spazientì lui. «Il rapporto tra me e mia moglie si è raffreddato per la stessa ragione, cosa credi...»

«Chi è diventato famoso?» chiese Ingrid. «Tu o lei?» e lo chiese con tono cosi insolente che Pierre: «Domanda che non merita risposta» replicò glaciale. Tolse dalla borsa un pacco incartato con carta di giornale. Lo depose davanti a me: «Aprilo, è per te».

Lo scartai. Riconobbi subito la scacchiera. Era quella dello psicanalista. Alzai gli occhi su Pierre, turbata: «Che significa?».

«Aveva centodue anni. Non pochi per una vita tutto sommato felice.»

Non avevo il minimo autocontrollo in quel periodo, ero diventata fragile, bastava niente per inondarmi di lacrime. Figuriamoci a sentire che Geoffrey aveva deciso di andarsene per sempre! Lacrime giù per la faccia e Chopin che pianta in asso Pascal e subito balza sul tavolo e mi viene davanti a strofinarmi il muso sulle guance.

«No...» mormorai a Pierre «...non mi abbracciare, per favore...»

Si ritrasse con un «Volevo solo confortarti. Mi dispiace di averti portato questa notizia. Non mi va di vederti piangere».

«Perché non dovrebbe? È addolorata e quando si è addolorati si piange e piangere fa bene» esclamò Ingrid. «Non piange perché è depressa, piange perché soffre... se piangi per un lutto è perché soffri, non perché sei depressa.»

«C'è bisogno di alzare di nuovo la voce?» rimbeccò Pierre. «Credi che non capisca?»

«Ho dei dubbi al proposito.» Ingrid mi porse i fazzoletti di carta. E a Pierre spingendo verso di lui il bricco del caffè: «Va' in cucina e riempilo di nuovo. Porta anche le paste, le hai lasciate sul tavolo».

Appena si allontanò: «Lo saprà anche Marco,» dissi «lo saprà senz'altro». Mi asciugavo gli occhi ma non riuscivo a smettere. «Quando penso al mondo che ho intorno, popolato di gente e soprattutto di gente a cui voglio bene, c'è sempre anche lui, lo psicanalista. Adesso più... adesso c'è un posto vuoto.» Era strano fare questo discorso triste in una giornata così luminosa e traboccante di vita e colori. Era proprio strano. O forse no?

«Marco mi ha telefonato un po' di tempo fa per dirmelo, ma non volevo parlartene... sapevo che avresti sofferto» disse Ingrid a bassa voce.

«Ma dai,» la guardai spalancando gli occhi «lo sapevi già...»

«Eh sì. Marco era molto addolorato.»

«Lo sapevi e non me l'hai detto,» ero proprio contrariata «non devi fare così con me, avere dentro qualcosa che non mi dici... mi inquieta, non mi piace.»

«Dai, è l'ultima volta,» si girò verso Pierre che stava tornando «bravo, quasi quasi ti assumo come cameriere.»

«Accetto subito.»

Bevemmo il caffè in silenzio. C'era un coro di uccellini nell'aria tersa, e gazze e cornacchie e la schiera degli altri... mi calmai poco per volta. Ecco, pensai, chissà dov'è adesso lui, il famoso psicanalista come diceva di sé, dov'è con le sue mani sensibili e quel suo modo meraviglioso di suonare Schumann. Dov'è?

«Ero andato a trovarlo,» stava dicendo Pierre «mi aveva invitato lui, mi aveva telefonato in negozio. Credo che sapesse di avere i giorni contati. Mi diede questo pacco e mi disse di portartelo. Di salutarti. Mi disse di dirti che devi ricordarti le parole che ti aveva detto. Mi sembrava molto affettuoso.»

«Lo era con me. Sempre.» Le sue parole non le avevo mai dimenticate. Aprire il cuore alla passione... be', a farlo non è che ci avessi guadagnato un granché, sospirai, e accarezzavo la scacchiera. Era bellissima, magnificamente intagliata. La sua scacchiera. «Senti, e Silvy?» chiesi a Pierre.

«Ha venduto la casa, ha chiuso anche il suo negozio, venduto anche quello, se n'è andata a vivere in un paesino in Provenza. Mi ha salutato prima di andarsene, mi ha detto che andava a mettere i piedi a mollo.» Prese una pasta e la ingoiò. Con la punta delle dita tolse lo sbaffo di panna che gli era rimasto agli angoli della bocca e: «Non è andata da sola,» proseguì «è andata con quella specie di maggiordomo, sai, quel tizio che sembrava uscito da un romanzo dell'Ottocento, quel servitore.»

«Ah, quello lì,» disse Ingrid «ma pensa... però almeno non è da sola.»

«Giusto» dissi. Guardai il cielo. Forse lassù da qualche parte Geoffrey se la stava ridendo. E io non avrei mai capito perché Silvy mi aveva detestata da un giorno all'altro.

Abbassai lo sguardo sulla scacchiera, era di quelle a scatola, ha un gancio e si apre, dentro ci sono i pezzi da gioco. Così la aprii. Volevo salutare la regina nera.

«Ma guarda...» disse Pierre «...la regina nera... che cosa ha fatto Geoffrey?»

La regina nera aveva un elastico intorno, che le teneva fissato addosso un foglietto. Lo liberai. Lo spiegai tra le dita. C'erano poche parole. Le lessi.

«Che cosa dice?» chiese Pierre.

«Dice: *L'uomo che hai davanti non è adatto a te*» scandii a voce alta. Tesi il biglietto a Pierre. «Capito?»

«Ma figurati!» borbottò lui. Scosse la testa. «Non può essere che apri la scacchiera solo quando stai per giocare con qualcuno e l'uomo che hai davanti non sono io?» Mi fissò ironico.

«No» dissi. «Geoffrey sapeva benissimo che avendo ricevuto la sua scacchiera in dono l'avrei aperta per rivedere i pezzi con cui abbiamo giocato. Lo sapeva. Era un uomo di intuito, lui.»

«Quello che Eva ha davanti sei proprio tu» ridacchiò Ingrid.

«Che roba...» esclamò Pierre «...e ti porto io stesso questo biglietto che mi rema contro. Pazzesco. Roba da teatro. Rosencrantz e Guildenstern?»

«Geoffrey amava Shakespeare» dissi e mi ripresi il biglietto togliendolo dalle sue dita. Lo avvoltolai di nuovo sulla regina nera, lo fissai con l'elastico. Rimisi la regina nella scatola e la richiusi. «Comunque non possiamo non tener conto del consiglio di Geoffrey, non trovi?»

«A questo punto, caro Pierre, temo che tu abbia ben poche possibilità di successo» disse ancora Ingrid pungente.

«Che simpatica ragazza, sei!» ribatté lui astioso. «Staremo a vedere.»

Anche all'alba del giorno successivo Chopin mi svegliò alle cinque e mezzo. Quel mattino ricordai di aver sognato lo psicanalista. Che strano, mi dissi, questi messaggi... prima me ne scrive uno Giacinta, con quel *provaci*. Poi questo. Suggerimenti & Avvertimenti?

«Perché accidenti mi svegli sempre a quest'ora?» dissi a Chopin che miagolava vicino alla finestra. Lo raccolsi, guardai fuori nella notte. «Cos'è? Un rito?» Probabilmente sì, anche se incomprensibile. Ormai andava così.

20

La gelosia può avere
la vista chiara...
(LAWRENCE DURREL)

Era stata Emma a informare Pierre della cena a casa di Lietta. Ce lo trovammo sulla porta di casa, quella sera: aveva anche preparato una busta con del danaro da dare a Lietta.

«Così posso far parte del gruppo.» Ci squadrò da capo a piedi. «Ma che belle... vi siete vestite per la festa.»

Lo avevamo deciso Ingrid e io: vestirci in modo decente. Sapevamo che Lietta ci teneva, me lo aveva anche raccomandato poco prima, quando ero andata ad apparecchiare la tavolata e a preparare ogni cosa. Lietta e io eravamo sole. «Mi raccomando» mi aveva detto. «Femminili, mi spiego?»

Ingrid aveva indossato l'abitino nero senza maniche e le scarpe di vernice con i tacchi. Anch'io avevo infilato scarpe con i tacchi, quelle color melanzana, calze, vestito color prugna, di velluto sottile e un po' aderente ma lungo al ginocchio, una bella scollatura dietro e una piccola scollatura davanti e maniche lunghe e strette. Mi ero truccata un pochino e avevo raccolto i capelli in un nodo basso sul collo. Guardandomi nello specchio mi ero trovata... come? Una graziosa fanciulla? Be', abbastanza graziosa anche se non certo una Venere.

Avevamo preso i nostri scialli pesanti ed eravamo entrate in cucina dove Pierre, seduto al tavolo, ci aveva aspettato leggendo il giornale e con Pascal ai piedi.

«Non ti ho mai vista vestita così» disse ripiegando il giornale. Mi squadrava con aria di approvazione. «Sei da sposare.»

«Che orrore» rise Ingrid, mi prese per mano e ce ne andammo seguite da Chopin. E da Pierre naturalmente, che aveva portato un altro vassoio di paste. Nell'oscurità appena rischiarata dai due lampioni, attraversammo lo spiazzo poi il grande cortile per raggiungere la casa di Lietta.

Jeremy era già arrivato. Vidi la sua jeep parcheggiata. L'emozione è un'onda che mi sale dal cuore. Certo, l'emozione mi fa sentire viva, mi dice che non sono fatta di ghiaccio, che non sono morta, che la vita non è muta per me. Ma poi?

E c'erano altre macchine, che non conoscevo. Dall'interno della casa di Lietta giungevano voci animate. Entrammo. Erano già tutti lì.

La prima cosa che mi saltò all'occhio, tra la gente che affollava la cucina, fu non Jeremy ma la moglie dello spilorcio. Bella da togliere il fiato, con i capelli raccolti e due ciocche che le si allungavano ai lati del viso. I grandi occhi chiari. La bocca carica di rossetto sembrava umida di desiderio. E quell'abito di seta, scollato, che le scivolava addosso, e i tacchi vertiginosi. Stupenda.

«Visto che tette?» mi sibilò Ingrid, appena entrammo. «Noi due al confronto siamo due usci.»

«Ma che cosa ci fa qui?» mormorai. «Anche lei e il marito?»

«È stata lei a dare dei soldi, e Lietta li ha invitati.»

Jeremy non era vicino a lei. Era dall'altra parte della cucina, accanto alla finestra, stava parlando con Livio. Non la stava guardando. Voltò la testa, mi vide, alzò una mano in un gesto, sorrideva. Il simpatico sorriso che si rivolge a un buon conoscente. Indossava il famoso gilet. Per un istante mi sembrò di odiarlo. Eppure mi parve che tutti gli altri sfumassero sullo sfondo, lui – l'amato – diventava l'unica presenza significativa. I suoi gesti, quel suo sorriso, il piccolo segno trasversale che gli incideva la fronte tra le sopracciglia, avevano per me un senso struggente. Gli girai le spalle.

Pierre mi chiese di essere presentato a tutti e quando strinse la mano alla Venere mi augurai con tutto il cuore che rimanesse folgorato. Lei, avvolta in una nuvola di fragranza al mughetto, lo fissò con espressione distaccata in cui lasciò subito affiorare un sorriso radioso: «Ma quel magnifico bracco è suo?».

«Direi di sì, visto che ce l'ho al fianco» rise Pierre e la piantò in asso. No, pensai, non sarebbe fuggito con lei pazzo d'amore. «Sai,» mi disse all'orecchio poco dopo «trovo insopportabili queste donne dall'aria fredda. Quella bellezza in rosso, dietro i suoi sorrisoni, ha il gelo, credimi.»

«A me sembra così sensuale...» bisbigliai; ero sorpresa dal suo giudizio.

«Credimi, è un cuore gelido quella.»

Un cuore gelido? Davvero? Forse, mi dissi, forse il famoso gilet si è impregnato di profumo solo a starle vicino, forse è tutta una fantasia la mia, forse quei due non sono affatto amanti... e mi buttai d'impegno a tener d'occhio lei e Jeremy, alla caccia di indizi, per scoprire che cosa ci fosse tra loro due, e nel farlo mi detestavo. Detestavo quel mio spiare... mio padre avrebbe detto che mi stavo comportando da donnicciola, termine che caricava di disprezzo. Ma io ero lì, come una donnicciola, a spiare lei e soprattutto a spiare lui. Detestavo la mia gelosia. Tutti parlavano, ridevano, mangiavano, giravano intorno alla grande tavolata ricoperta di piatti e bottiglie, io mi sentivo fuori da quel mondo, rinchiusa in una stretta dolorosa, e non riuscivo neanche a bere un sorso dal bicchiere che qualcuno mi aveva messo in mano.

«Il tuo gatto eccolo qui, se lo cerchi...» mi ritrovai vicino Jeremy con Chopin appeso alla spalla. Se ne stava lì beato, penzoloni come una sciarpa di pelo.

«Mi stavo proprio chiedendo dove fosse.»

«Dove poteva essere se non in braccio a me?» Jeremy mi guardava sorridente. «Noi due andiamo d'accordissimo.»

«Eh già.» Mi allontanai, ero agitatissima e temevo se ne accorgesse. Lanciai uno sguardo intorno. Lei – la Venere in rosso – lo stava guardando, cioè stava guardando Jeremy, e subito distolse lo sguardo, girò la testa e si mise a parlare con Ingrid e con la sarta. Sorrideva, era la regina della festa.

Quando poco dopo andai in bagno la trovai davanti allo specchio. Non aveva chiuso la porta a chiave. Davanti allo specchio, e stava piangendo, si asciugava gli occhi con la carta igienica.

«Scusa...»

«No, resta. Resta qui. Tu mi sei simpatica» e giù lacrime. «Passa subito. Non ti capita mai? Adesso me ne vado.»

Non sapevo che cosa dire. Ero costernata. Vidi me e lei nello specchio, sembravo un'educanda e lei una dea.

«Adesso lascio libero...» sembrava non riuscisse a smettere, piangeva senza singhiozzi, strappò un altro pezzo di carta igienica dal rotolo e asciugando il viso «...sai una cosa?»

Si girò a guardarmi. Nel pianto le tremava il mento, la bocca, angoli all'ingiù come i bambini. «Sai una cosa?»

Scossi la testa, non osai chiederle perché quelle lacrime.

«La vita è proprio una bella merda» dichiarò.

Smise di piangere, come se quella definizione della vita si portasse via all'istante le lacrime. Si tamponò le occhiaie. «Proprio una bella merda...» disse con rabbia e sbatté la carta appallottolata nel water. Sporgendosi verso lo specchio accomodò le due ciocche di capelli ai lati del viso, «Ecco adesso basta... mi sei simpatica, vediamoci... anche il tuo gatto», e uscendo mi fece una carezza, rapida, su una guancia, come fosse chissà quanto più adulta di me e io una bimbetta senza capo né coda.

Quando uscii dal bagno la vidi accanto al marito, lui gonfio di cibo con la gran pancia sporgente e ormai ubriaco, il sigaro spento tra i denti sembrava un malfattore, lei vicino, aerea e stupenda, rideva disinvolta, tutta allegra. Bravissima anche lei nel far finta di niente. Anche lei primo premio.

Poi Lietta fece un discorso – tutti zitti ad ascoltarla – nel suo abito nero con collana di finto corallo e ci ringraziò tutti, uno per uno.

«E adesso che la serata è giunta al termine» proseguì «prima di andarcene a dormire vorrei un po' di musica. Di là ho un pianoforte, è accordato. Non lo suona mai nessuno, stasera mi farebbe piacere che qualcuno suonasse qualcosa per noi tutti.» Si guardò intorno. «Chi di voi sa suonare?»

«Meglio accendere la radio,» sghignazzò lo spilorcio «mi sa che siamo tutti delle gran bestie»

«Non è vero,» esclamò Ingrid «lei suona benissimo» e mi indicò. L'ultima cosa che avrei voluto dicesse. Mi venne vicino. «Dammi retta... suona» e mi strinse forte una mano. «Non puoi dire di no.»

«Giusto» e questo, con mia sorpresa, era Jeremy. «Non puoi dire di no. Te lo ha chiesto Lietta... a lei non si dice di no.» Mi rivolgeva un sorriso di incoraggiamento dall'altra parte della cucina, con Chopin in braccio. «Ti pare?»

«Coraggio, non fare la timida come al solito» questo naturalmente era Pierre, con il tono di chi mi conosce da una vita. Un fidanzato, per l'appunto. Non ci badai, ero troppo preoccupata dall'idea di dovermi mettere al pianoforte.

«Sono anni che non suono...» avevo promesso a me stessa che non avrei più toccato la tastiera: successe anni prima e per una ragione che non sto a raccontare adesso. «Proprio non è il caso.»

«Coraggio.» Lietta mi prese per mano con piglio autorevole, mi portò con sé nella stanza di fianco alla cucina, una specie di studio. Contro una parete un pianoforte verticale era in attesa. «Eccoci qui, siedi e suona qualcosa.» Lo aprì, tolse il panno che proteggeva la tastiera. «Coraggio» ripeté affettuosa.

Potevo rifiutare? Impossibile. Sedetti sullo sgabello.

«Suona qualcosa di adatto,» raccomandò Lietta «adesso ce ne andiamo tutti a dormire... qualcosa che ci faccia fare sogni sereni, va bene?»

Voltai appena la testa e gettai un'occhiata alle spalle. Li vidi tutti dietro di me, nella stanza, qualcuno era rimasto sulla soglia. Aspettavano una musica per dormire sereni. Mi sentivo la testa vuota e le mani inerti.

Incontrai lo sguardo di Ingrid. Mi fece l'occhietto, come a dire ma non star lì a farti tanti problemi. Ridente e complice. E fu lei, credo, con quel suo invito alla lievità, che fece sparire d'un tratto la fuliggine che avevo addosso dall'inizio della serata. Non so come accadde ma sentii salirmi dal cuore un tale guizzo di gaiezza giocosa, che feci ruotare lo sgabello per rigirarmi tutta e fronteggiare il mio pubblico.

«D'accordo, allora,» e quasi ridevo, all'improvviso leggera come una piuma «d'accordo... visto che stiamo per andare a dormire suono per Lietta una ninna nanna. Quella di Brahms. E già che ci sono, la canto... le ninna nanne vanno cantate.»

Mi rigirai, sfiorai con la punta delle dita la tastiera. Ehilà, dissi ai tasti, bianchi e neri anche loro come i pezzi degli scacchi, ehilà eccomi qui di nuovo. Iniziai a suonare. Subito, con le prime note, mi parve di volar via, le dita scorrevano da sole, non provavo più disagio e neppure imbarazzo, mi travolgeva un'inattesa gioia nel muovermi sui tasti dopo tanti anni, ritrovavo le note una a una, precise, mai dimenticate. Mi sembrava incredibile, essere di nuovo seduta a un pianoforte. In un certo senso era come tornare a casa. E iniziai a cantare, voce da soprano, arrivai agli acuti con tenerezza, mi lasciai andare totalmente al canto... «*guten Abend gute Nacht*...» e subito tutto fu facile, ascoltavo la mia voce che si dispiegava sempre più sicura.

Vedermi davanti Jeremy all'improvviso non interruppe il mio canto. Si era staccato dagli altri per mettersi di lato al pianoforte con Chopin che gli dormiva addosso. Così cantai per lui, nota dopo nota, parola dopo parola e lo guardavo negli occhi, lui mi contemplava serio, io felicemente avvolta nel mio canto. Nel sorriso. Mille miglia lontana da quella me stessa goffa e tormentosa di poco prima. Cantavo e mi sentivo di luce.

Fantastico.

Lasciai che l'ultima nota mi sfumasse in gola, alzai le mani dalla tastiera e le unii in grembo.

«Ecco,» gli dissi sottovoce «è finita.» Lo guardavo tranquilla. «È finita.»

Gli altri applaudivano, dissero brava e anche che bello, ma io me ne stavo a guardare Jeremy con Chopin in braccio, davanti a me. Serio mi disse: «Non me la dimenticherò questa ninna nanna».

Poi mi furono tutti intorno, Lietta mi baciò sulle guance, gli altri mi davano pacche sulle spalle come se avessi raggiunto per prima il traguardo dopo una corsa a ostacoli. Anche la Venere in rosso mi venne vicino e mi disse quanto sei brava. E il marito della coppia rancorosa, l'anziano che si scannava tutto il giorno con la moglie, mi tirò da parte e mi confidò che solo una volta, quando era giovane, si era sentito sereno e in pace come mentre mi ascoltava cantare, e quella volta era stata durante il funerale del padre, «Tutti cantavano i cori di chiesa e io mi sentivo finalmente libero e sereno... lo odiavo mio padre, io,» si soffiò il naso in un fazzolettone a quadri «per il resto, lo sai, la mia vita è un inferno».

Proposero un altro brindisi. Di nuovo incontrai lo sguardo profondo di Jeremy mentre urtavo il bicchiere contro il suo. Poi venne il turno dello spilorcio che mi disse che sono troppo magra. «Ti guardavo la schiena nuda mentre suonavi, sei tutta ossa... almeno copriti!» rise e vuotò il bicchiere d'un sorso e subito si sentì male. Divenne paonazzo, dovette sedersi, gli mancava l'aria, continuava a farfugliare: «Adesso mi viene un colpo». Subito lo sorressero, il parroco e Livio, e lo portarono fuori per caricarlo in macchina seguiti dalla Venere che si infilava il cappotto e salutando Lietta «Siamo alle solite,» disse fredda «si ubriaca, sta male, poi domani riattacca».

Poco per volta se ne andarono anche gli altri, rimanemmo in pochi a riordinare e a pulire, Jeremy lavò i piatti, Diego li asciugava, Ingrid ed Emma e io riponevamo ogni cosa al suo posto secondo le indicazioni di Lietta.

Mi portavo dentro le parole di Jeremy – non dimenticherò questa ninna nanna – quando poco dopo uscimmo nella notte e attraversammo il cortile, Ingrid e io, per tornare a casa nostra. C'era Pierre vicino a me e Diego sottobraccio a Ingrid. A un certo punto mi voltai e nell'oscurità rischiarata appena dai lampioni, intravidi Jeremy, fermo accanto alla sua jeep, che guardava verso di me. O almeno così mi sembrò. Trattenni a stento l'impulso di piantare in asso Pierre e di avviarmi rapida, magari correndo, per raggiungerlo. Per dirgli tutto d'un fiato che ero innamorata di lui. Almeno l'avrei fatta finita. Naturalmente non feci niente di tutto questo, continuai a camminare e ad accorgermi che mi facevano male i piedi con quei tacchi alti instabili sull'acciottolato. Ma mi girai un'altra volta a guardarlo. Era ancora lì.

«E ti volti anche per un'ultima occhiata?» disse Pierre sottovoce, accusatorio.

«Che cosa?» mi fermai. «Che cosa hai detto?»

«Sta per piovere» esclamò lui. «Entriamo in casa, fa freddo.»

Ingrid e Diego dissero che sarebbero andati a bere qualcosa da qualche parte, ed entrando in casa sola con Pierre mi figuravo che Jeremy ci stesse guardando: vedeva me e Pierre a quell'ora di notte entrare in casa mia da soli. Mentre aprivo la porta per far passar Chopin, mentre accendevo la luce d'ingresso mi giunse il rombo della jeep in fondo al cortile.

Mi sentii oppressa da qualcosa di oscuro e sgradevole.

Entrai in cucina, in silenzio, riempii la ciotola di cibo per Chopin, Pierre era alle mie spalle. Percepivo la tensione tra di noi, le parole che mi aveva detto poco prima covavano una scenata. Me la sentivo già sulla testa. Come se lui avesse diritto alle scenate. Come ha fatto, mi chiesi, ad accorgersi di quello che provo per Jeremy?

«Facciamo un caffè» disse con tono di risentimento. Preparai il caffè senza aprir bocca. Lui intanto andava avanti e indietro nella cucina. Si fermò accanto al tavolo.

«Non parli?» chiese.

«Di che cosa?»

«Non far finta di non capire, Eva Polanski,» replicò aggressivo «non hai neanche il coraggio di dirmi che è inutile che io rimanga qui. Non hai neanche questo coraggio. Per te parlare chiaro è davvero un problema. Mi fai rimanere qui vicino a te invece di dirmi chiaramente in faccia come stanno le cose. Credi che non ti abbia tenuta d'occhio durante la festa?»

Ah, pensai rivolta alla caffettiera, anche lui è uno che spia, proprio come ho fatto io per tutta la serata.

«Chi ti credi?» proseguì lui. «Chi ti credi per passare così da un uomo all'altro? Prima fai la civetta con me, ci stai, baci, sesso e tutto quanto, poi ti stufi e ti butti su un altro uomo. E fai di tutto per incantarlo come hai fatto con me... chi ti credi?»

Quel *chi ti credi* mi calò addosso come una trappola.

«Sì, mi fai rimanere qui, per tutti questi giorni, mi fai anche partecipare alla festa di stasera» riprese Pierre «e tu che cosa fai? Non mi rivolgi la parola. Non hai fatto altro che guardare Jeremy, non gli staccavi gli occhi di dosso. Mi ero già accorto che qualcosa non funzionava quel giorno, quando eravamo al ristorante. Volevi che mi levassi dai piedi per restare sola con lui. Tutto di nascosto, tutto di soppiatto... brava, complimenti.»

Gli misi davanti la tazzina ricolma, gli misi davanti la zuccheriera. Sedetti dall'altra parte del tavolo con Chopin in grembo. Che dire a uno con cui non ho alcuna relazione ma che si comporta come se lo avessi tradito dopo anni di matrimonio? E che, assurdamente, riesce a farmi sentire in colpa? E mi butta addosso quel chi ti credi?

«Non metto zucchero» allontanò la zuccheriera come fosse un affronto. «Adesso capisco perché non hai voluto saperne di me... deve essere cominciato già da prima, già quando eravamo all'isola, adesso capisco perché hai voluto venire a vivere proprio qui in Maremma dove lui ha le vigne. Adesso capisco. Potevi anche dirmelo che venivi qui per stargli vicino. Ma tu non hai pensato che sarebbe stato più rispettoso nei miei confronti rispondere alle mie lettere dicendomi chiaramente che hai in testa un altro. Niente, mi mandi stupide cartoline con i saluti... una volta hai scritto anche: affettuosamente. *Affettuosamente* a chi?»

Io zitta e triste. La realtà, mi dicevo, ha davvero mille facce illusorie e ognuno vede la sua.

«Mi ha fatto ridere che lui venisse a mettersi vicino al

pianoforte mentre cantavi in modo così sdolcinato... ma non ti sei vista? Non ti sei sentita? Sbagliavi le note, stonavi anche, ma sempre con quell'intonazione mielosa. Sono stati gentili ad applaudirti, ma prima, mentre strapazzavi quella povera ninna nanna, io ero vicino agli altri e mi dispiaceva sentirli ridacchiare. Quanto a Jeremy, lo conosco... figurati se non coglie la palla al balzo per dirti che hai cantato in modo meraviglioso, figurati!»

Mi rividi davanti la scena: io al pianoforte che mi pavoneggiavo cantando per Jeremy, neanche fossi la Callas. Mi sentii d'un tratto terribilmente stanca e triste. Quel cantare la ninna nanna e lo sguardo che avevo posato su Jeremy si rivelarono a un tratto delle assolute scemenze. E anche la frase che mi aveva detto, lui, quel non dimenticherò la ninna nanna. Scemenza.

«Sei sicura di aver trovato l'uomo della tua vita? Ma non te l'hanno detto che ha una relazione da anni con una donna di qui? Una sposata che lo mena per il naso e lo tiene al guinzaglio? Mia moglie sa tutto di questa relazione, è dell'ambiente.»

Si alzò. Spinse verso di me la tazza di caffè. «Fai anche un pessimo caffè» disse con tono incolore. «È imbevibile.»

Me ne stavo lì zitta e a testa bassa. Tristissima come dopo le tremende sgridate di mio padre che sapeva come farmi sentire una nullità, come togliere valore ai miei giochi, ai miei disegni, alle poesie che scrivevo da bambina. Lui non diceva chi ti credi. Lui diceva: non alzare la cresta. Come fossi una gallina. Non alzare la cresta.

«Te lo devo dire proprio io...» disse ancora Pierre con forza «...che con te, visto che gli piaci, Jeremy non si farà tanti scrupoli a portarti a letto? Te lo devo dire io che la sua vita è per l'altra donna e non la lascerà mai?»

Andò alla porta. «Ti ringrazio per l'accoglienza. Davvero indimenticabile. Avevo creduto che tu fossi una persona seria e sincera... mi sono proprio sbagliato sul tuo conto.»

Se ne andò con aria offesa, seguito da Pascal. Anche Pascal aveva l'aria offesa. Seppi poi che Pierre era partito quella notte stessa.

Sfinita e tristissima rimasi seduta con Chopin in grembo che faceva le fusa. Mi sentivo uno zero.

I miei sentimenti si erano svuotati di calore e di valore, erano scemenze, tutto era una immensa scemenza, io e Jeremy e la sua amante – una che lo tiene al guinzaglio – e la mia ninna nanna mielosa... tutto era solo una schiacciante scemenza. Mi pareva di vedere disseminati a terra, sul pavimento, i cocci di quelli che mi erano sembrati eventi ed emozioni tanto importanti. C'era solo da raccoglierli con scopa e paletta per buttare tutto nella pattumiera.

Inconsistente e fragile come un guscio svuotato me ne andai a letto. Chopin continuava a leccarmi la faccia. Non mi veniva neanche da piangere. Ogni cosa si era spenta.

21

La tua assenza è quando
divento l'ultima luce
dell'ultimo angolo della via.
(NAZIM HIKMET)

C'era la neve, anzi stava nevicando. Ci eravamo fermate Ingrid e io a metter le catene prima di imboccare la strada che risale la valle fino al paese poco lontano da Fiè. Erano iniziate così le tre prime settimane del mese di chiusura invernale del ristorante. Io da zia Esther e Ingrid da suo padre in fattoria. Boschi innevati, lo Sciliar nelle giornate di sole, il soffice silenzio della notte. Tre settimane di vacanza poi saremmo tornate in Maremma per prepararci di nuovo al lavoro. Avevo trovato zia Esther in compagnia del suo amico francese, era arrivato dalla Provenza qualche mese prima portando con sé profumo di lavanda. E si era fermato. Mi sembrarono felici, beati loro.Tre settimane in cui vidi Ingrid solo un paio di volte, meglio così: io non dovevo sforzarmi di non parlare di Jeremy e lei invece mi avrebbe parlato di Diego che ormai le telefonava ogni giorno e che quando eravamo partite stava per piangere. Da zia Esther passavo le giornate a leggere, a tradurre un nuovo romanzo, a uscire con Chopin che mi seguiva entusiasta, zampettando o a grandi balzi per inseguire, muso all'aria, i fiocchi di neve che gli roteavano intorno. Cene sempre tutti insieme, zia Esther, il suo amico francese e io. Di notte, nella stanza sotto il tetto che era sempre stata la mia, rimanevo sveglia a lungo abbracciata a Chopin e non riuscivo a togliermi dal cuore la triste sensazione di essermi spenta.

Prima di quel viaggio di ritorno nei luoghi della nostra infanzia, Ingrid e io avevamo avuto settimane di grande lavoro nel nostro ristorante. C'era stata anche la famosa cena per stomaci deboli, che Ingrid aveva preparato secondo le ricette della sua bisnonna. Il menu era impegnativo, Ingrid aveva cominciato a preparare giorni prima rasentando l'isteria nel timore di non riuscire a raggiungere un livello eccelso. Avevamo messo annunci ovunque e la sala, quella sera, si era riempita in modo allarmante. Alla cena c'erano anche lo spilorcio con Venere in abito nero aderente che le lasciava scoperta una spalla – e un bel po' di tette come puntualizzò Emma. C'erano anche Lietta e i due coniugi litigiosi, la vicina con il suo pancione e il marito che credendo di non esser visto toccava il didietro a Emma appena lei gli veniva a tiro. E insieme a suo padre e al baffo, quello che avevo battuto a scacchi, c'era naturalmente anche Jeremy.

L'avevo salutato appena. Facevo così, da quella sera, la sera della scenata di Pierre, per intenderci. La sera in cui mi ero spenta. Anche quando andavo a ritirare le scorte di vino e verdura da lui, nella sua azienda, quasi non aprivo bocca. Il momento felicissimo in cui avevo cantato per lui era svanito chissà dove. Sembrava appartenere a un'altra persona, a un'altra vita. Mentre Chopin gettava le zampe al collo, per così dire, al suo amico coniglio bisestile, io me ne stavo rigida accanto a Jeremy con la netta sensazione di essere fuori posto. La sua donna era Venere, io che c'entravo? Insaccata nel vecchio giaccone da lavoro, perennemente infreddolita, il berretto di lana in testa e non un filo di trucco, che cosa accidenti c'entravo, io, con lui? Mi affidava le traduzioni in russo per i suoi dépliant, mi pagava più di quanto avessi chiesto, mi invitava a bere il caffè. Sempre cortese. E lontano come la luna. Solo un giorno, proprio mentre bevevamo il caffè al bar vicino all'azienda, mi chiese: «Ma scusa, quand'è che suoni ancora il pianoforte? E canti? Mi piacerebbe venirti a sentire... è stato straordinario, sai? Una serata indimenticabile». Io avevo scosso la testa: «Non mi piace suonare e cantare». Risposta assurda, snocciolata senza guardarlo – avevo il cuore che mi batteva così forte come volesse saltar fuori e andarsene per i fatti suoi: la sua vicinanza continuava a farmi questo effetto. In realtà avrei voluto buttar fuori la mia nera gelosia, pativo a saperlo avvinto da anni alla moglie dello spilorcio, avrei voluto fargli una scenata assurda... invece rimasi zitta come un topo a guardare nel mio caffè.

«Non mi pare che non ti piaccia cantare e suonare» aveva detto lui e continuava a scrutarmi. Allora lo avevo liquidato con un «Ma dai, lasciamo perdere» e mi ero sentita una gran villana. Senza una parola eravamo tornati in azienda. Quando risalii in furgone per andarmene mi disse: «Allora ci vediamo alla cena per stomaci deboli». Mi sorrideva alzando il viso verso di me che lo guardavo dal finestrino, seduta alla guida.

«Che cosa ti sei fatto sulla fronte? Tra le sopracciglia?» chiesi. «Quel segno?»

«Niente. È una ruga. Una ruga profonda... incisa» sorrideva. «È la vita.»

«Allora vado» e avevo acceso il motore e mi sentivo un pupazzo di stoppa.

«Senti,» disse lui «ma che ti ci vuole a farmi un sorriso ogni tanto?»

«È che... boh.» Ingranai la marcia, lui si scostò, io avviai il furgone verso l'uscita. Che domanda insulsa, pensai. Che gli ha preso?

La sera della cena per stomaci deboli, avevo appena appoggiato sul tavolo accanto a Jeremy il vassoio con il *risotto turco detto Pilou*, che il tipo con i baffoni mi strinse il polso. «Gli ingredienti! Fuori gli ingredienti!» sbraitò. E io tutto d'un fiato: «Riso, cappone in pezzi, cipolla, burro, lardo bianco passato alla mezzaluna, sale e brodo». Si sganasciò dalle risa puntandomi contro il dito e rivolto al padre di Jeremy. «Guardala come diventa rossa tutte le volte che tuo figlio è presente,» mi lasciò il polso spingendomi in là «per lui ci vuol altro che una sciacquetta come te.»

Jeremy intervenne brusco ma non sentii quello che disse, già mi ero allontanata in fretta e nella sala c'era un gran vociare. Mi rifugiai in bagno e mi guardai nello specchio. Sì, avevo le guance in fiamme. Sciacquetta...

E via di corsa di nuovo in sala per il brindisi in onore di Diego che era riuscito a sottrarre al canile un cucciolo di cocker nonostante la madre gli avesse messo mille bastoni tra le ruote. Con il bicchiere alzato e rivolto coraggiosamente a tutti: «Da quando ho il cane devo ricorrere ai calmanti...» aveva dichiarato sincero «...non proprio psicofarmaci ma quasi, tanto è l'ansia di non essere capace di accudirlo». Tra le risate di tutti qualcuno gli gridò: «Se prendi le pillole perché hai un cane figurati quando ti farai la ragazza». Questa volta, con mia sorpresa, era stata Ingrid ad arrossire, visto che tutti si erano girati a guardarla.

Fu Jeremy che volle poi brindare all'amico Cesare. Lo conoscevamo tutti, Cesare, aveva voluto partecipare anche lui – fratello di una cuoca strepitosa – alla nostra cena per stomaci deboli con menu d'epoca. Per anni Cesare aveva lavorato al parco e dopo l'incidente con il daino che gli si era slanciato addosso travolgendolo, era stato folgorato da un'illuminazione: sarebbe diventato fotografo della natura. Che vuol dire fotografo della fitta popolazione di uccelli e animali del Parco dell'Uccellina. E che fotografo!

«Ha imparato da solo.» Jeremy in piedi e con il bicchiere in mano, parlava a voce alta, nessuno fiatava. «Autodidatta, un genio della pazienza, della tenacia, una grande passione... una straordinaria bravura conquistata giorno dopo giorno, anno dopo anno. Ogni fotografia rispetta il più minuzioso dettaglio e i colori sono perfetti. Questo è il nostro Cesare. La sua arte celebra la bellezza del Parco dell'Uccellina con la sua ricchissima fauna protetta...»

«Io le ho viste le sue fotografie,» interruppe la ragazza con il pancione «le ho viste a Grosseto, all'ospedale... sono appese nell'ambulatorio di nefrologia e mi confortano quando vado alle visite, ci confortano tutti, sono bellissime, noi siamo lì per le visite e intanto guardiamo le fotografie degli uccelli del parco e vediamo la vita, ecco, lì c'è la vita e a noi questo fa bene.»

Tutti applaudirono e vollero che Cesare raccontasse il segreto della sua bravura... «È il taglio della luce,» cominciò a dire con il suo tono tranquillo «è quello... io piazzo il mio capanno mobile nei punti strategici, nelle oasi, negli acquitrini, vicino all'Ombrone o altrove... ci sono andato già nei giorni precedenti in esplorazione... piazzo il mio capanno, è l'alba, o forse non ancora, mi infilo nel capanno e aspetto, con la luce alle spalle. Ho messo dei posatoi che sarebbero dei legnetti che sistemo nella posizione più congeniale per la luce... e si spera che vada lì a posarsi l'animale. Certo ci metto qualcosa da mangiare, roba buona, per uccelli, poi la tolgo di vista a foto fatta, la tolgo con il Photoshop. Sto lì dentro e aspetto, anche per ore, ci vuole una pazienza infinita e una bella dose di fortuna... ma loro si posano, prima o poi si posano, e se si posano nell'acqua sto attento al momento in cui l'acqua non si muove, se si muove non mi viene il riflesso. Non ho un telecomando per far apparire di fronte a me i martin pescatori, o una garzetta o altri... quello che conta è l'attesa paziente e la fortuna.» Sorrise a tutti. «Tanta fortuna.»

«Hai capito?» mi sussurrò Ingrid, vicina a me sulla soglia della sala. «Attesa paziente e fortuna. La passione ce l'hai già.»

«Attesa di che cosa?» mormorai. Qualcuno ci zittì.

«Naturalmente le foto vanno fatte da vicino...» concluse Cesare «...niente telescopio. Da lontano non si combina mai niente di buono.»

«Hai capito?» sussurrò ancora Ingrid e rideva. «Da vicino... da lontano non si combina mai niente di buono.»

«Oh, smettila,» bisbigliai «non dipende da me.»

«Certo che dipende da te,» ribatté lei «con Jeremy ti comporti come se ti stesse sullo stomaco, lo tieni lontano e gli stai lontano.»

Intanto Cesare stava brindando con Jeremy, tra gli applausi e il vociare e le grida di bravo bravissimo.

«Ho qui alcune fotografie che ho acquistato da Cesare» disse ancora Jeremy. «E stasera, a nome di tutti noi le voglio donare a...» fece una lunga pausa a effetto. Guardai la Venere che nel suo bell'abito nero se ne stava a occhi bassi, sorridendo come in attesa, accanto allo spilorcio ormai del tutto ubriaco.

«Un attimo, voglio mostrarvi le foto...» Jeremy le alzò una dopo l'altra, perché le vedessero tutti, quella del martin pescatore sul legnetto e con l'ala aperta, e la rissa tra volpi del parco, la ghiandaia con il becco socchiuso, e ancora un martin pescatore con il muggine in bocca...

«...le regalo a queste due fantastiche ragazze» e Jeremy fece un cenno verso Ingrid e me. «Cuoca superba e organizzatrice superba» e ci prendemmo anche noi un sacco di applausi.

La foto con il martin pescatore dall'ala aperta, Jeremy me la diede dicendomi: «Questa è proprio per te, è quella che mi piace di più». La appesi nella mia stanza, di fronte alla scrivania.

Qualche tempo dopo venne il momento della chiusura invernale e partimmo per andarcene al paese e trovammo la neve e mettemmo le catene alle gomme... e rimasi tre settimane, come ho detto, da zia Esther. Tre lunghissime settimane di rimugino.

«Prima di andartene dimmi che cosa c'è,» zia Esther venne a sedersi sul mio letto l'ultima sera «dimmi se posso far qualcosa. Sei mogia mogia... in tutti questi giorni mi sei stata alla larga, non sono riuscita a cavarti una parola. È così difficile?»

«Non voglio fare la figura di quella a cui vanno tutte storte» e deposi il libro che avevo in mano. In tutti quei mesi avevo telefonato spessissimo a zia Esther ma non le avevo mai parlato di Jeremy. «Non ne imbrocco una.»

Chopin mi si staccò di dosso e andò ad acciambellarsi sulle ginocchia di zia Esther. Socchiudeva gli occhi sotto le sue carezze. Ma guardava me e sbatteva la coda di qua e di là, nervoso, come a dire: allora? Ti muovi?

Così mi mossi. Parlai e parlai e raccontai anche i dettagli, anche di Chopin e del coniglio bisestile.

«Dovresti fare proprio come Chopin allora,» disse zia Esther dopo un lungo momento «buttargli le braccia al collo, a Jeremy intendo. Dirgli con sincerità quello che provi. Probabilmente sarebbe l'unica cosa da fare. È strano come ci si vergogni dei propri sentimenti, delle proprie emozioni... e soprattutto del proprio desiderio. Come se si trattasse di qualcosa di indecente da nascondere a tutti.»

«È che non ha senso...»

«Perché mai?»

«Ma zia, che cosa dovrei dire a Jeremy? Dovrei dirgli: sai che c'è di nuovo ho perso la testa per te? Se poi mi dice di no, che non ha nessuna intenzione di...»

«Allora è per questo» mi interruppe lei. «È per paura del rifiuto che si tace. Che si fa finta di niente. Per paura di un terribile *no.*»

«Ma scusa, zia... poi di lui non conosco niente. Non ci ho mai parlato insieme, non so i suoi gusti, non so quello che pensa della vita, che idee politiche ha, magari è un razzista, magari è avido, spilorcio come quel tizio, o ha attacchi di ira... magari è un idiota. Non so perché io ne sia rimasta così colpita fin dal primo momento, non lo so...» mi sentivo rabbiosa «...eppure lo trovo unico, speciale e quello che provo è dannatamente diverso da quello che ho provato con George, accidenti a me» e mi sentivo una lagna.

«E se ti dicesse di sì ti farebbe paura, di' la verità... amare è molto impegnativo. Amare sul serio, intendo.»

Mi abbracciò e rimasi così, addosso a lei, con il naso sul suo morbido maglione, nel suo profumo di lavanda. «Coraggio, bambina mia, rischia... ne vale sempre la pena.» E proseguì, con dolcezza: «E quanto a Pierre, non deve essere stato facile per lui rendersi conto che ha perso la partita. Senza volerlo gli hai inferto una sofferenza, le sofferenze d'amore sono molto amare come ben sai. Sono un grande dolore. Possiamo capire se si è rivoltato contro di te... è umano, non credi?». Mi carezzava la testa con l'abituale tenerezza. «E poi, Evina, non facciamo di ogni cosa una tragedia... riuscire a innamorarsi è una gran cosa, credimi.»

Il viaggio di ritorno sembrava non finire più. Ci eravamo lasciate alle spalle lo splendore delle Dolomiti ed eravamo calate a valle, come diceva Ingrid. Arrivammo alla sera, tardi, e pioveva. Sul gradino di casa c'era Diego sotto l'ombrello e con il suo cocker in braccio. In attesa chissà da quanto. Me ne andai subito nella mia stanza, con Chopin. Dalla cucina li sentii parlare, lui e Ingrid, fino a tardi, e ridere. Mi addormentai con la sensazione che si stesse aprendo per entrambe un'altra porta, delle tante porte della vita. Forse, per questa, sarei riuscita finalmente a trovare la parola magica. Mi chiesi se la parola, anzi le parole magiche fossero: *caro ti amo*. Mi veniva da ridere solo a pensarci.

Fu Chopin a dare il meglio di se stesso il mattino in cui entrai con il furgone nel cortile dell'azienda. Subito Jeremy mi venne incontro con piglio allegro, mi disse che tutti avevano sentito la nostra mancanza. «Anche il coniglio bisestile si è lamentato...» e lo indicava, bianco e grosso, con le orecchie penzoloni, fermo sulla soglia del magazzino. Chopin gli corse incontro sferzando l'aria con la coda. Si abbracciarono di slancio rotolandosi per terra.

«Guarda come sono felici di ritrovarsi...» disse Jeremy.

Perché non facciamo anche noi due così? Avrei voluto proporglielo subito e mi venne da ridere a pensarci. Rotolarci anche noi abbracciati nella fanghiglia del cortile e baciarci come ossessi.

«Sì, sono proprio felici» commentai invece, banale come non mai.

È davvero sensato, mi chiesi, dirgli adesso, subito, che da tanto sono innamorata di lui? Voltai la testa per guardarlo.

«Che c'è?» Si era accorto del mio sguardo. Mi fissava.

Alto più di me, non lo guardavo più in faccia, guardavo il suo petto, le sue spalle, la camicia a scacchi, il gilet scuro, quello al profumo di mughetto.

«Allora?» e gli veniva da ridere, così almeno mi sembrò dal suo tono. «Che c'è?»

«Niente... non c'è niente.» Ed entrai spedita nel magazzino. C'era altra gente, tutti venuti a ritirare cassette di verdure e scatoloni di vini, con Silvano che andava avanti e indietro, e c'era anche il padre di Jeremy con il suo naso cremisi puntato su un taccuino che stava riempiendo di cifre. Appena mi vide mi chiese se avevamo riaperto il ristorante e mi chiese di Ingrid, come stava, «Sono contento che il farmacista sia *in love* con lei», bravo ragazzo – nel suo pessimo italiano – bravo ragazzo, l'ideale per lei. E avvicinandosi, parlando sottovoce aggiunse: «La sua madre, quella di Diego, è una vera disgrazia... se rompe le scatole lo dici a Ingrid che ci penso io a parlarle?». Il suo naso cremisi vibrava indignato.

C'era la musica. E d'un tratto si allargò nell'aria una mazurka di Chopin. Lui, il *mio* Chopin, entrò al galoppo abbandonando i giochi con il coniglio bisestile. Si piazzò sotto la radio, accucciato, immobile, la coda appena fremente, ogni pelo del corpo ritto per un'emozione incontrollabile.

Poi si mise a danzare. Una danza felina identica a quella che aveva danzato quando era cucciolo e ci eravamo appena incontrati, lui e io. La gente si era fatta intorno, a cerchio, e lui continuava a saltare qua e là, ballonzolando, rizzandosi sulle zampe posteriori e ricadendo, sorprendentemente a tempo, era un gatto da fiaba, un gatto magico nel suo manto grigio scintillante, gatto misterioso che da chissà quante generazioni si portava nell'anima felina quella sua magica arte di danza felina.

Con l'ultima nota si distese e si stiracchiò soddisfatto. Poi zampettò verso di me e lo presi in braccio. Applaudirono tutti, e in molti mi chiesero di regalargli Chopin, come fosse possibile separarsi dal proprio gatto. Il padre di Jeremy venne a fargli i complimenti, disse che anche lui aveva visto quando era ragazzo un gatto certosino darsi alle danze. «È la razza,» spiegò «prendono topi e ballano.»

Tutti parlavano e vociavano, voci che risuonavano nel grande magazzino insieme alla musica, questa volta di nuovo jazz.

Jeremy mi venne vicino, disse che non aveva mai visto una cosa del genere, carezzò Chopin che tenevo in braccio, sembrava quasi commosso, disse che sarebbe stato felice ad avere un gatto come Chopin. Anzi, Chopin stesso.

«Non posso fare a meno di lui» dichiarò ma con lievità, come fosse una battuta.

«Sono io che non posso fare a meno di te» ribattei.

Quelle parole lievitarono tra di noi come bolle iridescenti, così mi parve, e si dispersero nell'aria. Jeremy probabilmente non le sentì per tutto il chiasso che c'era. Forse le avevo pronunciate a voce troppo bassa. O forse le sentì ma non volle sentirle. Forse le ignorò. Si era subito girato verso Silvano che lo chiamava e mi lasciò lì con il mio gatto magico sul cuore.

Adesso lo seguo, lo prendo per un braccio e gli dico scusa non hai sentito? Ho detto che non posso fare a meno di te. Mi immaginai la sua faccia. Quella delle persone intorno.

Mi diressi all'uscita.

Cinque minuti dopo, con il furgone carico, invece di tornare al ristorante girai a destra e imboccai la strada per la casa della matta.

Quando aprì la porta ero sulla soglia con un biglietto da cinque tra le dita.

«Eccola qui con i suoi euri» e se ne impossessò fulminea. «Sapevo che saresti tornata. Ovvio.»

«Filo da torcere?» furono le mie parole. Dovettero sembrarle di rara comicità, mi precedette verso la cucina sussultando dalle risa. Quando si fu calmata, con un balzo si installò sulla alta seggiola di fronte ai mucchietti di erbe secche sparsi sul tavolone. Ne spinse uno verso di me. Dal cassetto che aveva a lato tolse un sacchettino di tela blu. «Metti le tue erbe secche qui dentro.» Il sacchetto era molto piccolo così dissi «Non ci stanno tutte» e intanto tenevo d'occhio Chopin che si aggirava pancia a terra, fiutanto intorno come se si trovasse su un terreno infido. «Che cos'ha il gatto?»

«Prima risposta: pigia le erbe e vedrai che ci stanno nel sacchettino» disse lei sbadigliando. «Seconda risposta: il tuo gatto la sa lunga, sa che qui non si scherza, che quello che viene detto o fatto qui è cosa seria. Ci sei?»

«E allora perché filo da torcere?» Pigiai le erbe nel sacchettino.

«Ora il sacchettino. Ha una fettuccia attaccata. Ecco, te lo leghi al collo, in modo che riposi sul tuo petto.»

«Al collo?»

«Al collo e ne vedremo delle belle» continuava a sbadigliare. Prese un pizzico di foglie tritate e lo annusò. «Questo è meglio del caffè.» Starnutì un paio di volte, poi appoggiò il mento sulle mani e mi guardò mentre legavo la fettuccia al collo e facevo scivolare il sacchettino nella scollatura del maglione.

«Ecco, vedi? Ti arriva giusto sotto lo sterno. Vuol dire che è perfetto.»

«E filo da torcere?»

«Bimba mia, se non hai capito da sola che cosa significhi...»

«È per l'inglese? E la sua... la sua amante?»

«Me lo chiedi, anche? Bene, hai esaurito i tuoi cinque euri, puoi andare. Il sacchettino non te lo levare. Ti renderai conto da sola quando va levato.»

«Sì, ma lei non mi ha detto niente...» protestai.

«Vai alla finestra così vedi chi sta arrivando.»

Andai alla finestra. Una macchina stava parcheggiando di lato al mio furgone. Mi ritirai di scatto.

«È lei.»

«Certo che è lei. È Elvira, la bellissima Elvira. Tira su il tuo micio e vai.»

«Un attimo... è davvero la sua amante? È davvero la donna della sua vita?»

«Possibile che tu non riesca a capire da sola se lo è stata, se lo è, se lo sarà? Possibile che tu abbia così poco fiuto? Perché non ti fai insegnare dal tuo gatto?» Scivolò giù dalla seggiola. «Te ne vai o no?»

Aprii la porta, uscii sul sentiero. Lei, la Venere che oggi indossava un giaccone e i jeans, mi venne incontro. Mi si fermò davanti.

Il vento le buttava i capelli sugli occhi. Li trattenne con una mano. Non sorrise.

«To' chi si vede.» Sembrava irritata. «Faccende di cuore?»

«E tu?» lo chiesi non da villana ma con gentilezza.

«Vuoi proprio saperlo?» Ebbe una risata breve, aspra. Non era una risata, era un cigolio rabbioso. «Che il mio signor marito si accomodi. Sai dove?» Indicò il cielo. «Lassù,» poi puntò un dito al suolo con energia «o laggiù.» Mi superò subito agitando la bella mano in cenno di saluto.

Prima di andare al lavoro passai da Lietta. Mi aveva chiesto di portarle delle patate e qualche rapa, sapeva che quel mattino sarei andata all'azienda di Jeremy, e sapeva anche tutto di Jeremy, cioè di quello che provavo per lui. Avevo finito per raccontarle ogni cosa una sera in cui Ingrid era in giro con Diego ed ero andata da lei per farci compagnia e per confidarle la mia selvaggia passione, come la chiamava Ingrid prendendomi in giro.

Lietta volle prepararmi un caffè e mentre lo preparava non potei fare a meno di raccontarle della matta. Le mostrai il sacchettino: «Ma tu ci credi?». Lo annusai. Sapeva di malva, forse di licheni o anche di funghi. «Ci credi?»

«Fossi in te farei a meno di chiedermelo. Terrei il sacchettino al collo e *finis*.»

«Però tu hai detto che un uomo che si fa accalappiare con una tisana meglio lasciarlo a casa sua...»

«Ma lo sai che sei noiosa? Fai le cose, una buona volta, invece di continuare a rigirarti ogni virgola nella testa.»

Giusto, pensai, ha ragione. Quella sera, quando fui a letto, feci annusare il sacchettino anche a Chopin, tanto per sapere il suo parere. Lo esaminò minuziosamente, fiutandolo da ogni lato. Poi si leccò a lungo i baffi. Il mattino dopo, all'alba, mi svegliò come al solito alle cinque e mezzo.

22

Le stelle non erano più fredde pietre lontane, ma brillavano piene di eloquenza.

(ALICE MUNRO)

Emma vagava per la cucina con aria sognante, lavorava sodo come sempre, anzi forse di più, ma quell'aria sognante mi irritava.

«Guarda che anche tu hai una faccia stralunata, cara mia,» e pelava le patate a tutta velocità «anche tu che hai in testa quello là.»

«Che ne sai a chi penso?»

«Dai, lo si sa in giro che pensi all'inglese. Lo dicono tutti che gli muori dietro... l'ha detto anche la sorella della sarta, che è informatissima.»

«E sanno anche che hai quella faccia da cretina perché hai ripreso a fartela con Giacomo? Come se sua moglie non stesse per partorire?» intervenne Ingrid severa. «Dovresti vergognarti.» Emma rise, lavò le patate, buttò le bucce nel sacco apposito e se ne uscì canticchiando.

«Credi davvero che lo sappiano tutti, di me?» La cosa mi metteva ansia. «O è Emma che è maligna?»

«Lo sanno, lo sanno» disse Ingrid con tono distratto, stava controllando il forno. «Me lo ha chiesto anche Diego l'altra sera, se è vero. Glielo ha detto sua madre»

«Uff, mi scocciano tutte queste chiacchiere... e poi, scusa, con tutti questi pettegolezzi, possibile che la gente non sappia che Jeremy ha da anni una relazione con la moglie dello spilorcio? Non ne parlano...»

«Magari lo sanno ma non ce lo dicono. È una cosa loro.»

«O magari non è vero... però Pierre diceva che sua moglie sapeva che Jeremy...»

«Oh, la pianti? Non se ne può più.»

«Sì, però sparlano di me. Lei, la sua amante, lo avrà saputo, di me?»

«L'importante è che lo sappia finalmente lui» sbuffò Ingrid.

«Non ha l'aria di saperlo» ribattei asciutta. «Ma lei? Lei lo saprà?»

Lo sapeva. La incontrai a Grosseto un mattino, sotto i portici, stava uscendo dalla farmacia e appena mi vide si fermò, in esplicita attesa. Era bellissima nel suo impermeabile rosso, lungo fin quasi ai piedi: era una di quelle donne che comperano vestitucci al mercato ma quando li indossano li trasformano in capi di alta sartoria. Quando le fui davanti scosse la testa: «Povera piccola... guarda che faccia hai» e mi fece un buffetto sulla guancia. «Vieni a prendere un caffè, al bar, quello dopo l'edicola, sul corso.»

Sedemmo di fronte, a un tavolino all'aperto, nonostante il freddo di quella mattina serena. Non mi sentivo per niente a mio agio. Mi sembrava del tutto scorretto essere seduta in un bar proprio insieme a lei. Una cosa che non si deve fare. C'è scritto da qualche parte una norma di comportamento da tenere con l'amante dell'uomo di cui sei innamorata? E temevo si accorgesse del sacchettino di erbe infilato nel maglione, della fettuccia intorno al collo.

«Non star lì con quella faccia da pesciolino, mica ti mangio. Mi sei anche simpatica, guarda. Ma tu non sai niente di come vanno le cose in questo posto. Vieni dalla città, chissà che cosa ti immagini.»

Non capivo di che cosa stesse parlando.

«Nella vita ci sono fatti a cui uno non rinuncia» e rimescolava lo zucchero come se volesse perforare con il cucchiaio il fondo della tazzina. «È come mettere il piede in una tagliola. Ti capita di essere campione di scelte sbagliate e di occasioni perdute, lo sai, vero? E se qualcuno fodera la tua solitudine con caldo, carezze e coccole che cosa fai? Dici di no?» Bevve il suo caffè. «Parlo per lui, non di me naturalmente. Io sono sposata» concluse con ira. Lui non poteva essere che Jeremy.

Con un tovagliolino di carta ripulì il bordo della tazzina su cui era rimasta la rossa impronta delle sue labbra.

«Sembra sangue, non trovi? A me fa impressione. Le levo sempre le sbavature, sempre.» Si sporse verso di me e a voce bassa, come se tutta la città stesse rizzando le orecchie per ascoltarci: «Comunque» disse seria «tu continua pure a corrergli dietro, per quel che serve...».

Si alzò: «Grazie del caffè, ci vediamo». Fece qualche passo poi tornò indietro, stava ridendo, e con tono confidente, come fossimo amiche da sempre, come fossimo intime e complici: «Detto tra noi... lui è un vero stallone».

Mi voltò le spalle, fece ciao con la mano alzata. La seguii con lo sguardo, sbalordita.

Andai a pagare alla cassa. Un vero stallone. Ma come aveva potuto dire una cosa del genere? L'immagine di Jeremy barcollò nella mia mente, percorsa da insidiose crepe... uno stallone?

«Che cos'è quello che ha nella borsa?» chiese la cassiera.

«Che borsa, scusi?» balbettai totalmente stordita.

«La borsa che ha addosso... è un gatto?»

«Ma no...anzi sì... penso di sì» pagai e uscii a precipizio.

Infilai la superstrada per tornare a casa, poi mi inerpicai sulle colline, con tutte quelle curve dovevo fare attenzione, e risentivo quella parola che risuonava indecente.

«Ti ha detto così? Uno stallone? È proprio un mondo di matti» commentò Ingrid quella sera, quando tornammo dal lavoro. Poi maliziosa: «Non è male, però, come informazione...».

«Oh, smettila! E poi non ho capito una parola di quello che mi ha detto, diceva cose incomprensibili.»

«Secondo me non è affatto stupida. Del resto, uno come Jeremy non può certo mettersi con una stupida.»

«Grazie, sai... visto che con me non si mette.»

Non vedevo l'ora che arrivasse di nuovo il giorno in cui dovevo andare all'azienda a ritirare vini e verdure. Jeremy quel giorno non c'era. Silvano mi disse che era andato a un convegno sui vini: «Come se ci fosse bisogno di perdere tre giorni di lavoro per sapere come si curano le vigne» borbottò e si metteva e toglieva il berretto con gesti irosi. Mentre Chopin giocava con il coniglio bisestile, ascoltavo distratta il padre di Jeremy che mi fece una testa così sulle varietà dei funghi: «Tutti cercano i porcini e non sanno che meraviglie offrono quelli più modesti» e insistette per mostrarmi i suoi albun in cui raccoglieva le fotografie dei funghi che trovava nei boschi. Non vedevo l'ora di andarmene, senza Jeremy quel luogo mi sembrava un deserto. Mi accompagnò al furgone e mi raccomandò di salutargli Ingrid.

Tre giorni lunghissimi. Non mi ci volle molto per informarmi che la moglie dello spilorcio in quei tre giorni aveva continuato a fare la vita di sempre, casa e lavoro in comune. Insomma, non erano andati via insieme.

«Stai raggiungendo livelli di controllo miserabili» mi sgridò Ingrid. «Non mi piace che fai così... diventerai come la madre di Diego che spia quando esce e quando torna, per sapere quanto tempo passa con me. È una miserabile cosa, non si fa. Non si basa la propria vita sui movimenti degli altri.»

Aveva ragione.

Il giorno di chiusura Ingrid mi disse di avere un po' di influenza, preferiva stare a casa. Avevamo programmato una gita a San Galgano. «Vacci da sola, voglio stare tranquilla... l'ho detto anche a Diego, ci vedremo domani. Oggi calma assoluta.»

Rimasi a lungo a vagare nell'abbazia di San Galgano, quasi deserta, c'erano pochi turisti e un'umidità che mi faceva rabbrividire. Spioveva dal tetto scoperchiato il grigiore del pomeriggio. Il mio pensiero dominante era: stasera torna, sono passati tre giorni. Torna. Davanti alla spada che Galgano aveva infilato nella roccia – un viceversa di re Artù – per testimoniare la decisione di dedicarsi alla vita di eremita dopo averne combinate di tutti i colori, nella piccola cappella che ospitava la reliquia sedetti da un lato, e mi misi a riflettere su me stessa. E se la passione per Jeremy, a forza di essere frustrata, si trasformasse in veleno puro? Se davvero rischiassi di diventare acida e rinsecchita dentro, una di quelle donne aspre, con gli angoli della bocca ingiù, che si aggirano malevole e risentite come se avessero con il mondo un credito che non verrà mai saldato?

Che brutto!

Uscii nell'aria fredda, poi mi infilai in macchina e me ne andai a Siena. Gironzolai per la piazza, stava facendo buio. Andai a mangiare qualcosa in un vicolo, non un'osteria ma due panche e due tavoloni, zuppa di farro e un bicchiere di vino.

Tornai che era tardi. Mi stupii di trovare la porta di casa aperta. Chopin era già scomparso all'interno e lo sentii miagolare.

«Ingrid...»

Nessuna risposta. O forse un gemito.

La vidi raggomitolata sul pavimento della cucina. Sangue, chiazze di sangue ovunque. Mi chinai. Girò la faccia.

«Oddio...» balbettai «...non è possibile.» Sangue sulla bocca, sul viso, un occhio tumefatto, una botta sulla fronte, l'altro occhio semichiuso, gemeva, disse qualcosa come finalmente sei qui.

Tremavo in tutto il corpo, non capivo, in fretta inzuppai un asciugamano, lo strizzai, la sollevai un po' da terra, si lamentava, glielo passai sulla faccia. «Fai piano» farfugliava sconnessa. Alzò una mano al viso, vidi due dita bluastre, gonfie, scostò l'asciugamano. «...mi fai male» e piangeva.

«Che cosa ti è successo, ti prego, Ingrid...» continuavo a tremare «...bisogna chiamare l'ambulanza, un medico... che cosa ti hanno fatto... che cosa ti è successo...»

«No, no...» singhiozzava, tremava anche lei, io fissavo quella faccia devastata, ero inorridita «...è stato qui Marco.»

«Marco!»

Non so descrivere che cosa provai in quel momento, che cosa si aggiunse alla pena e all'orrore. Raccolsi Ingrid tra le braccia.

«È stato lui» ansimava e piangeva.

«Ora non pensarci, non pensarci, ora chiamo subito l'ambulanza, subito, andiamo al pronto soccorso.»

«No, no, no...» gemeva «...no, niente ambulanza.»

«Hai bisogno di un medico, subito.»

«Chiama il padre di Jeremy... chiama lui, lui saprà tenere la bocca chiusa,» ansimava, parlava inciampando nelle parole, il sangue intorno alla bocca, un labbro spaccato, sangue dal naso, e quei lividi «...è un medico, chiama lui... nessun altro, non voglio si sappia, non voglio denunce, non voglio...»

La riadagiai sul pavimento, con mani tremanti cercai il cellulare nella borsa, telefonai a Jeremy. Per fortuna avevo il numero privato, me lo aveva voluto dare lui, era la prima volta che lo chiamavo.

«Sono io, sono Eva» dissi. «Ascolta...»

Arrivarono. Mi trovarono seduta sul pavimento della cucina con Ingrid tra le braccia. Il padre di Jeremy mi disse subito di togliermi dai piedi e di stare calma. Sgomberarono il tavolo. Lui e Jeremy stesero lì Ingrid. «Vai fuori» mi ordinò il padre di Jeremy mentre apriva una borsa da medico. «Vai. Qui ho tutto quello che serve. Vai fuori.»

Andai a sedermi sul gradino di casa, con Chopin addosso. Tremavo e piangevo e scrutavo nel buio. Tendevo l'orecchio ai gemiti che mi arrivavano dalla cucina. Alle voci pacate di Jeremy e di suo padre. Non so quanto tempo rimasi lì, mi sembrarono secoli, ore di angoscia, indimenticabili. Ripensai alle parole di Ingrid, prima che me ne andassi, quel pomeriggio. Voglio star sola. Tranquilla. Ho detto anche a Diego che ci vediamo domani. Marco... pensai, lei sapeva che sarebbe arrivato. Lo sapeva e non mi ha detto niente. Se lo avessi saputo anch'io non me ne sarei andata. Voleva stare sola con lui. Che pazzia... piangevo desolata. E se muore?

«Ehi» era Jeremy. Sedette accanto a me. Mi mise un braccio intorno alle spalle. Piansi con la faccia appoggiata a lui.

«Mio padre ha quasi finito,» disse sottovoce «stai tranquilla, non muore, non è così grave. Si è presa quello che si dice una manica di botte, ma non è così grave.»

Rimanemmo in silenzio. Poi sentimmo dall'interno il padre di Jeremy che diceva qualcosa, a voce alta.

«Stai qui» mi disse Jeremy. «Aspetta qui.»

Di nuovo sola su quel gradino. Freddo, paura, devastante stanchezza. E infine «Vieni, è tutto a posto adesso». Jeremy si chinò su di me, mi posò le mani sulle spalle. «Vieni.»

Ingrid era nella sua stanza. L'avevano messa nel suo letto. Avevano lasciato accesa solo la piccola luce sul comodino. Dormiva. La mano bendata appoggiata sulle coperte. Il viso incerottato. Quei lividi... mi chinai su di lei. Le avevano lavato via tutto il sangue anche dai capelli. Accudita, ripulita, medicata.

«Le ho fatto un paio di iniezioni,» disse il padre di Jeremy accanto a me «dormirà fino a domani. Mi ha raccontato... poteva andar peggio ma in un paio di giorni sarà di nuovo in piedi.»

Mi sciolsi in lacrime. Singhiozzavo, non riuscivo a trattenermi. Mi ritrovai in cucina, seduta al tavolo. Tutto era perfettamente pulito, il tavolo, il pavimento, la sedia su cui avevo intravisto chiazze di sangue. Avevano ripulito tutto. Jeremy aveva messo sul fuoco il bollitore, stava frugando negli armadietti. Preparò un tè. Il padre di Jeremy adocchiò la bottiglia del cognac. Ne versò un bicchierino, non per sé ma per me.

«Bevi. È stato uno shock anche per te.»

Bevvi un sorsetto alla volta. Mi trovai davanti il tè fumante, i due uomini seduti al tavolo, il padre di Jeremy al fianco, lui di fronte che mi passava fazzoletti di carta. Finalmente riuscii a calmarmi. Raccontai che nel pomeriggio avevo lasciato Ingrid da sola, che quando ero tornata l'avevo trovata in quello stato e mi feci di nuovo ripetere che non correva pericoli, che in pochi giorni si sarebbe ripresa.

«Certo le resteranno dei bei lividi... quelli ci metteranno un po' a passare. Per fortuna non ci ha rimesso neanche un dente e neppure l'occhio è stato danneggiato» disse il padre di Jeremy. «Vuoi raccontarci adesso chi è il disgraziato che l'ha picchiata? Non abbiamo capito bene... un uomo, non è Diego comunque, a parte che lo conosco. Diego è impossibile che le torca un capello.»

Così raccontai di Marco e della vicenda matrimoniale. Tralasciai i particolari di quel rapporto.

«Bisogna denunciarlo,» dissi «denunciarlo...»

«Questo può farlo solo Ingrid e non mi sembra che ne abbia intenzione» disse Jeremy.

«Non vuole denunce e posso capirla» disse il padre di Jeremy. «Sarebbe giusto che quell'uomo pagasse una volta per tutte, ma lei non vuole... posso capirla.»

«Se facciamo tutte così...» e queste parole da vittima mi disperarono «...se facciamo così, si sentiranno autorizzati a picchiare, gli uomini intendo, come per un diritto, tanto non c'è legge che li punisca...»

«Hai tutte le ragioni,» affermò Jeremy «siamo d'accordo che andrebbe immediatamente denunciato, ma è Ingrid che deve decidere.»

«Sai quante vengono picchiate e tacciono?» aggiunse il padre di Jeremy con tono dolente. «Sai quante? Ne potrei raccontare come medico. A far denuncia si sentono ancora di più umiliate... come se in fondo fosse colpa loro, se lui le ha picchiate.» Fece una pausa, poi: «Ci ha supplicati di non aprir bocca. Noi le abbiamo assicurato il silenzio. Com'è ovvio. Di me e di mio figlio potete fidarvi.»

«Basterà guardarla per capire che è stata picchiata...» sospirai.

«No» disse il padre di Jeremy. «Dobbiamo pensare anche a questo. Possiamo dire che siete andate via insieme a fare una camminata e che lei è caduta da qualche parte... e che l'ho medicata io. Questo si può dire. Godo di una certa autorevolezza, la gente crederà.»

«E se Marco torna?» guardai verso la porta. «È stupido da dire, ma ho paura...»

Così rimasero con noi, Jeremy e suo padre. Chopin era andato ad acciambellarsi ai piedi del letto di Ingrid. Non aveva mai fatto così. Mi guardò con occhi da nume protettore, e non si mosse per tutta la notte. Lei continuò a dormire, noi tre in cucina. Jeremy mi chiese se poteva fare qualcosa da mangiare. Preparò uova al prosciutto, caffè, pane tostato con burro e marmellata. Mi addormentai con la testa sulla braccia incrociate sul tavolo.

Mi svegliai sul mio letto e vestita, con addosso una coperta. Albeggiava. Jeremy era seduto poco lontano. Mi guardava.

«Sei stato tu a portarmi qui?»

«Sei così leggera...»

«E Ingrid?» mormorai.

«Dorme, va tutto bene. Si è svegliata un paio di volte,

se n'è occupato mio padre,» sorrise «ci siamo divisi le bambine.»

«Come hai fatto a capire che la sua stanza è l'altra?»

«Qui ho visto i vocabolari, la fotografia del martin pescatore attaccata lì al muro... e il tuo berretto di lana appeso alla sedia.» Si stiracchiò. «Come ti senti?»

«Ammaccata.» Sedetti sul letto. «Voglio vedere Ingrid.»

Mi aveva anche levato le scarpe e le calze. A piedi nudi andai di là. Chopin, sempre accucciato ai piedi di Ingrid, appena mi vide mandò un piccolo saluto, una specie di minimo miagolio sottovoce, e non si mosse. Ingrid dormiva. Mi chinai a guardarla, immensamente grata di vederla addormentata nel suo letto con tutti i suoi cerotti ma sana e salva. Quando si sveglia, pensai con tenerezza, mi sente...

Andai a lavarmi la faccia e i denti. Mi sentivo rimbambita. Mi guardai nello specchio: ero uno straccio. Ma guardandomi tirai un immenso sospiro di sollievo: l'orrenda scena di Ingrid, rannicchiata sul pavimento e coperta di sangue, era alle spalle. Era tutto passato. Ce l'aveva fatta.

Jeremy aveva preparato un altro caffè, lo versò suo padre nelle tazze, nella mia mise senza chiedere tre cucchiai di zucchero.

«Bisogna avvertire il ristorante...» guardai l'ora. Erano le sette passate.

«Vado io da Emma, metterà un cartello e annullerà le prenotazioni» disse Jeremy. «Come d'accordo dico che Ingrid è caduta.»

«Chiusura per almeno quattro giorni. Poi Ingrid sarà di nuovo vispa come prima» disse il padre di Jeremy. Aggiunse un po' di cognac al proprio caffè. «Io resto qui con voi. Mi occupo di Ingrid e faccio la guardia» e si rivolse a suo figlio: «D'accordo? Tu torna stasera».

Mi appoggiai allo schienale. Mi sembrava di vivere in un'altra dimensione. Come se fossi entrata finalmente in un altro mondo... il biglietto di ingresso era stato pagato da Ingrid, con quelle botte?

Jeremy era lì davanti a me, in casa mia, e stava abbrustolendo delle fette di pane. Osservavo la sua nuca, le sue mani, ascoltavo la sua voce, stava dicendo al padre qualcosa a proposito della jeep. Ogni tanto si girava a guardarmi, rassicurante. Spalmò le fette di burro e marmellata, le mise su un piatto che depose sul tavolo.

«Bisogna tenersi su quando si è passato un momento simile...» mi sorrise di nuovo. Mi resi conto che sorrideva ogni volta che mi guardava.

Mentre mangiavamo dissi che avrei voluto avvertire il padre di Ingrid. Ero sicura che lei sarebbe stata d'accordo. Gli telefonai, gli spiegai ogni cosa. Lui ascoltò in silenzio. Poi mi assicurò che sarebbe partito subito.

«Ha detto anche che telefonerà a Marco e lo farà chiamare dal proprio avvocato. Ha detto che ci pensa lui e che noi dobbiamo stare tranquille.»

«Entro stasera sarà qui, ottima cosa,» il padre di Jeremy si alzò «vado da Ingrid. Tra poco si sveglierà, non voglio che sia da sola quando si sveglia.»

Restammo soli. Voltammo entrambi la testa verso Chopin che era apparso sulla soglia, con quel suo minimo miagolio interrogativo.

«Eccolo qui. Il nostro certosino» disse Jeremy.

Il *nostro* certosino?

«Gli do da mangiare?» Chopin era andato ad annusare la ciotola vuota. Mi alzai, gli riempii la ciotola, cambiai l'acqua e quando mi girai vidi Jeremy sulla soglia.

«Vai?» Era intollerabile che se ne andasse.

«Vado.» Mi guardava serio. «Vado e torno stasera. Se hai bisogno di qualcosa mi telefoni. Del resto c'è qui mio padre.»

«Non so come ringraziarvi» mormorai. Non andartene, pensai.

«Non c'è niente da ringraziare, proprio niente.»

Sapevo che avrei contato le ore aspettando il suo ritorno. Le avrei contate con ansia, una dopo l'altra. Forse glielo dico, pensai. Non riuscii a dirlo.

«Mi accompagni alla macchina?»

Lui era sempre sulla soglia. Io appoggiata al tavolo con una mano. La sua presenza mi dava una gioia trasparente, tutto quello che avevo intorno cambiava colore. In modo confuso intuii che quel momento avrebbe occupato la pagina *Ricordi Importanti* nell'album della mia memoria. Guardavo Jeremy incantata: lui inquadrato dalla porta della nostra cucina, nella luce del giorno che si riversava dalle finestre, con il giaccone buttato su una spalla, la cara faccia stanca, segnata dalla mancanza di sonno. Il suo sguardo profondo e calmo, il piccolo segno inciso di traverso tra le sopracciglia.

«Allora?» mi accorsi che gli ridevano gli occhi. «Sei a piedi nudi. Vai a metterti le scarpe.»

Andai a mettermi le scarpe. Mi buttai il maglione sulle spalle. Uscimmo insieme seguiti da Chopin. C'era vento. La jeep era parcheggiata accanto al cancello. Aprì la portiera, poi si voltò verso di me. «Tutto bene, adesso?»

«Sì...»

«Mi dispiace lasciarti, sai» disse sottovoce, con cautela.

«Anche a me.» Avevo il cuore in gola come dopo una lunga, estenuante corsa. «Anche a me dispiace lasciarti.»

Salì subito alla guida. Dal finestrino abbassato mi guardò. Così serio, così intenso.

«A stasera» disse. «Stasera ritorno»

23

Molte volte in passato
ho desiderato che l'impossibile
accadesse... ed è accaduto.
(ISAAC SINGER)

Ci volle non poco tempo perché Ingrid, guardandosi allo specchio del bagno, non dicesse più: «Come sono conciata».

Quel mattino passò la punta del dito su una macchia che si allargava appena appena scura sotto lo zigomo. «Guarda, ancora qui... un po' di fondotinta e non si vede più niente.»

Appoggiata allo stipite la osservavo. Sorrideva a se stessa, si passava le mani nei capelli ricciuti, li tirava all'indietro, scrutava il proprio viso. «Perfetto, eh?»

Eravamo tornate al lavoro già da un pezzo – dopo quattro giorni proprio come aveva detto il padre di Jeremy. Sembrava che tutti credessero a una rovinosa caduta giù per una scarpata, anche se qualcuno – il tipo con i baffoni per esempio e naturalmente la madre di Diego – aveva pronunciato l'inevitabile frase «Sembra proprio che ti abbiano picchiata». Diego era fuori causa. Era palese il suo amore per Ingrid ma soprattutto era palese la sua indole mite, la sua apprensione quando aveva a che fare con problemi e disagi fisici altrui, compresi quelli del suo cocker. A lui però Ingrid aveva detto la verità. «Se deve esserci una storia, una storia importante,» mi aveva spiegato «non voglio cominciare con delle balle, eh? Non mi sembra di buon augurio.»

Il lavoro al ristorante aveva ripreso dopo un breve periodo zoppicante. Ora eravamo di nuovo in pista, come diceva Emma, tra prenotazioni e clienti la sala era quasi sempre affollata, a pranzo e a cena. Il padre di Ingrid si era fermato a lungo, ci aveva aiutate a riordinare la casa, a imbiancare, a riverniciare anche le persiane, come se ogni cosa intorno a noi dovesse essere ripulita da quelle botte e quel sangue. Da quella paura. Da quella violenza. Poi insieme a me e a Vasco, si era dato da fare per ripulire il ristorante e anche il giardino del ristorante, come se tracce di quanto era accaduto fossero rimaste impigliate anche lì. Ci aveva assicurate che Marco non si sarebbe mai più fatto vivo. «Ci ha pensato il mio avvocato» dichiarò brevemente. Non spiegò in che modo.

«Però, c'è una cosa che voglio finalmente dirti» dissi osservando Ingrid mentre si applicava il fondotinta, quel mattino. «Qualcosa che mi è proprio rimasta di traverso.»

«Lo so già, ero sicura che prima o poi avresti tirato fuori il rospo... Marco, eh?»

«Perché non me lo hai detto?»

«Non si può dirsi sempre tutto, neanche quando si è amici e neanche quando si ama si può sempre dire tutto all'altro... qualcosa per se stessi bisogna tenere e Marco era una cosa che volevo tenere per me»

«Non ho capito però perché hai voluto rivederlo, perché permettergli di venirti a trovare...»

Si voltò verso di me. Cupa, quasi tragica.

«Guarda che ci sono rapporti spaventosi... tu non lo sai, tu vivi ancora nel mondo dei fiorellini rosa e dei cinguettii... tu non sai che certe storie sono un uncino nell'anima, qualcosa di cui non riesci a liberarti. Con Marco è stato così... un groviglio di sentimenti di odio, disgusto, schifo, ma anche delle lancinanti botte di nostalgia e anche di desiderio, sissignora, di voglia, eh? Volevo rivederlo... per togliermelo dalla testa.»

«Ah sì?» e aggiunsi: «Che tristezza».

«Vai al diavolo,» si rigirò verso lo specchio, spalmò il fondotinta «me ne sono messo troppo» sbuffò, prese un fazzolettino di carta e lo strofinò sulla faccia. «Ora è finita se vuoi saperlo. Mi ha picchiata ben bene e ha fatto uscire da ogni poro della mia pelle tutto quello che provavo ancora per lui, la voglia di rivederlo, la nostalgia di lui... ha fatto uscire tutto, e sai perché mi ha picchiata? Vuoi saperlo?»

«Non so se voglio saperlo» mormorai.

«E allora non te lo dico, meglio se non lo sai, sei talmente casta, talmente romantica...» alzava la voce, amara e tagliente «...tu e le tue nuvolette rosa, certe volte ti invidio, tu non hai idea, tu sei lì a mezz'aria per Jeremy, ci manca che ti circondi di angioletti svolazzanti.»

Poi silenzio.

«Comunque...» disse infine lei, a voce bassa «comunque finalmente è finita. Come se fosse morto. Che sollievo.»

Andai in cucina. Mi misi a riordinare, lavai le tazze rimaste sul tavolo, svuotai la caffettiera, strofinai il piano di cottura, asciugai, ripulii, cercavo sicurezze nei gesti di sempre. Dalla finestra entravano la luce del primo mattino e per l'appunto i famosi cinguettii di cui aveva parlato Ingrid. Cielo rosa e nuvolette e il certosino accucciato sul davanzale.

«Dai» entrò e mi venne vicina. «Non fare così...» e mi abbracciò. Rimanemmo abbracciate, il mento appoggiato sulla spalla dell'altra. C'erano tante cose da dire ancora ma forse non c'era bisogno di dirle. Il silenzio ha il suo senso.

Poi lei si scostò e mi guardò. Un gran sorriso.

«Sta arrivando la primavera e tra te e Jeremy... non è cambiata forse la faccenda? Non è diverso, adesso?»

«Ma se non mi ha mai neanche baciata...»

«Meglio,» sbottò lei e rideva «gli altri ci saltavano subito addosso, prima i baci e poi difilato il letto. Lui no...

non lo trovi rassicurante?» e indicò il sacchettino di erbe che portavo ancora al collo, ormai quasi svuotato. «Prima o poi funzionerà, eh?»

In un certo senso, le erbe, ammesso che fossero magiche, avevano funzionato. Dal momento in cui erano state pronunciate quelle parole – mi dispiace lasciarti – qualcosa, anzi molto, era cambiato tra lui e me. Ora ero sicura che gli faceva piacere la mia presenza, non sapevo se per simpatia, amicizia... o chissà. Quando scendevo dal furgone, nel piazzale dell'azienda, traboccavo di una gioia che non mi sforzavo di nascondere. Ero radiosa. Gli dicevo, senza dirglielo: sono felice di vederti. Lui mi veniva incontro con quel suo sorriso, e subito andavamo al bar a prendere il caffè. Ogni cosa, intorno, mi sembrava nuova: il bar mezzo cadente e con il suo perenne odore di colla mi sembrava risplendere e il paesaggio non aveva uguali in tutto il mondo. Jeremy mi portava a vedere le vigne, e le stalle, anche i pollai e le conigliere, e la distesa coltivata a verdura, e l'orto con le rastrelliere di pomodori... gironzolavamo seguiti da Chopin e dal coniglio bisestile mentre mi raccontava che sua madre era italiana, nata in Maremma, e che da lei aveva ereditato la passione per la terra, per le vigne, per il suo lavoro. E mi chiedeva di me. Mi chiedeva molto di me, volle sapere dei miei e dei loro contrasti, del carattere iroso di mio padre e della sua indubbia genialità. Volle sapere del pianoforte... arrivai quasi a confidargli per quale ragione un certo giorno avevo giurato di non metter più le dita su una tastiera. Poi avevo lasciato perdere... un'altra volta, semmai. E mi chiese come avessi imparato le lingue che sapevo, e di mia nonna, mi chiese dell'Inghilterra e della Provenza, e mentre parlavo non mi venne neanche in mente George.

Mi riempiva di tenerezza che si interessasse tanto a me, fa effetto quando qualcuno – qualcuno che ami – ti guarda con quella particolare luce che accompagna la domanda: e tu? Raccontami... e vuole conoscere la tua vita.

Fu un mattino di fine febbraio che mi mostrò la stalla con i due cavalli. «E adesso» mi disse «questo o l'altro?» e non mi chiese perché avevo mentito, il giorno del torneo di scacchi. Disse solo questo o l'altro.

«L'altro» dissi io.

«Allora domattina andiamo a farci una passeggiata. Sì?»

«Sì.»

Andammo a cavallo sulla spiaggia dell'Uccellina e anche alle foci dell'Ombrone. Ci fermammo proprio dove anni prima mi ero fermata con Marian, a disporre sulla roccia le conchiglie pensando a George, alla mia storia finita. Quella storia adesso mi sembrò così lontana, così appannata al confronto di quanto stavo vivendo. Mentre guardavo il mare, vicino a Jeremy, mi venne da ridere ricordando le parole dello psicanalista: un giorno ti accorgerai che George era un perfetto cretino. Ma aveva anche aggiunto che la storia con George e la sofferenza che ne era seguita, non erano anni perduti, tempo buttato via, anzi: quel tempo, quella storia, quegli anni erano stati proficui per insegnarmi tanto di me e del mio esistere.

«Perche ridi?» Jeremy si era voltato verso di me. Il vento gli arruffava i capelli sulla fronte. Adoravo quel segno inciso tra le sue sopracciglia. «Me lo dici?»

«Così...» come per dirgli sono felice. E guardavo Chopin, che avevo portato con me. Infilava il muso tra le rocce, nella pozza con i granchiolini, forse la stessa in cui anni prima aveva infilato il muso Marian.

Ero felice.

Eppure non ci eravamo mai baciati. Neanche toccati e neanche sfiorati. Spesso mi telefonava e nei giorni di chiusura andavamo a cena da qualche parte o a casa sua, cucinava lui, suo padre si dilungava sulla velenosità dell'Amanita phalloide, quel fungo letale con il largo cappello per lo più rosso a pois bianchi, come nelle fiabe, che però in microscopiche quantità gli sciamani usavano per andare in estasi, all'ombra delle betulle, o per predire il futuro appendendosi a testa in giù, come pipistrelli, ai rami dei frassini sacri per far profezie. «Anch'io un giorno,» diceva il padre di Jeremy «anch'io voglio provare un millesimo di fungo poi mi appendo a testa in giù all'olmo qua fuori e dico a tutti come andremo a finire.»

Quando Jeremy non mi telefonava andavo in ansia. Quando tardava contavo i secondi. E quando incontravo per caso la moglie dello spilorcio, mi pareva che mi guardasse con una cert'aria trionfante, socchiudendo i begli occhi, come a dire «...per quel che serve...». Se la rideva, lei.

Chopin continuava a svegliarmi tutte le mattine alle cinque e mezzo, l'unica volta in cui non era accaduto era stato quando aveva dormito ai piedi di Ingrid, quella terribile notte. Ora però, dopo essermi alzata dal letto e dopo averlo raccolto da dove si metteva, accanto alla finestra, ora non riuscivo più a riaddormentarmi. Stavo abbracciata a lui, a occhi aperti, a rimuginare su Jeremy e su di lei. Ero vittima di un formidabile e crudele inganno?

«Ma che cosa vai a pensare,» mi tranquillizzava Ingrid «state iniziando una bellissima storia d'amore, tu e lui, eh?»

«E se invece quei due si lasciano e si riprendono? Se a un certo punto lui sparisce? Credi che non abbia paura di questo? Non mi ha mai detto che mi vuol bene, niente mi ha detto, niente. Se un giorno basta, chiuso? Del resto non ne so niente, di loro... forse continuano, lei sembra così sicura, così... soddisfatta.» E mi balenò nella mente la parola *stallone*.

«Tu intanto ti struggi d'amore» disse Ingrid. Rise: «Ti piace la frase: ti struggi d'amore?» mi prendeva anche in giro.

«Fai presto a parlare,» protestai irosa «con Diego sei tranquilla, beata te, lui pende dalle tue labbra... anche il suo cocker pende dalle tue labbra e anche sua madre si è ammorbidita, ora parla di te come di una santa.»

«Però non sono innamorata di lui come lo sei tu di Jeremy» disse lei accorata. «Ti invidio per questo.»

Poi ci fu l'inondazione. Non fu un vero e proprio disastro, non fu la devastante inondazione come sarebbe accaduto da lì a pochi anni in Maremma e specialmente ad Albinia. Ma per noi e altri fu un danno. Quanto a me... per me fu ben diverso.

Pioveva dalla notte, un'acquaccia che veniva giù di traverso, cosa rara in Maremma, e aveva continuato al mattino. Era venuto a prenderci Vasco con il furgone, impossibile andare al lavoro in bicicletta. C'era un'aria cupa, neanche fossimo a novembre, e faceva freddo. Il giardino era fradicio e ovviamente avevamo apparecchiato in sala. Entrarono pochi clienti, *four cats* come diceva Ingrid, ma c'era anche il padre di Jeremy che veniva spesso a pranzo da noi. Entrava per prima cosa in cucina, per salutare Ingrid. Ogni volta le chiedeva «Tutto bene?» nel suo italiano sgangherato, il nasone cremisi che vibrava alla ricerca dei profumi che salivano dalle pentole. Era un fan della cucina di Ingrid.

Anche quel giorno andò a salutarla poi sedette al solito tavolo. Chopin gironzolava intorno, nervoso, agitava la coda andando e venendo dalle porte-finestra che davano sul giardino. Stavo portando i vassoi con carni arrosto e verdure quando Chopin fece una cosa che non aveva mai fatto: saltò su un tavolo a pelo ritto, e io cacciai un urlo di spavento non per Chopin ma perché avevo visto l'acqua invadere il giardino. Feci appena in tempo a posare i vassoi sul tavolo più vicino che le porte-finestre si spalancarono d'impeto e una corrente densa e fangosa dilagò in un attimo nella sala, avanzò verso la cucina, sentii l'urlo di Ingrid e di Emma. Con l'acqua già alle caviglie afferrai Chopin e lo strinsi al petto, mi appoggiai alla parete, tremavo di paura.

«Che cosa succede?» strillai. Mi pareva di trovarmi al centro di un fiume. «Ci porta via?»

«Niente, non succede niente,» il padre di Jeremy sguazzava verso la cucina «ha tracimato qualcosa... i fossati, non so... ora smette.»

Con un morbido fangoso tremito, come avesse compiuto un preciso dovere, l'acqua si accontentò di affogare il giardino, di ricoprire di una buona spanna il pavimento della sala e della cucina e dei bagni, miscelata a un limo che una volta seccato si sarebbe rivelato inestirpabile, se così si può dire di una sottilissima polvere, una nefasta cipria bruna che si infila ovunque.

«Ecco, ha smesso, si è fermata» disse Vasco e tirò giù una bestemmia. «È finita e grazie tante.»

«Per fortuna in cantina teniamo solo i contenitori dell'olio e qualche bottiglia» e questa era Ingrid.

Ci raccogliemmo in sala, con i piedi a mollo, Ingrid e io con Chopin in braccio che guardava verso il basso a baffi ritti, ed Emma che continuava a piangere neanche le fosse morto qualcuno, e il padre di Ingrid e Vasco ed era venuto anche Jeremy con Silvano, e due altri uomini chiamati da Vasco. E Diego. Io ero tranquilla, adesso. C'era Jeremy vicino a me. Tanto basta.

«È la manutenzione dei fossati,» sbraitava Vasco fuori di sé «quelli che hanno i terreni qui intorno, ai confini, hanno i fossi e dovrebbero ripulirli... non lo fanno più ma li coprono per accaparrarsi terreno... la manutenzione è andata a quel paese, fossi e fossetti sono un sistema venoso che drena il terreno, invece qui no, qui che cosa fanno? Li ricoprono, e guardate...» fece un gran gesto circolare «...che guaio. Ringraziamo i nostri vicini...» e si trattava di quello con i baffi, il perdente a scacchi. «Gli diciamo di venirci ad aiutare?» Era rosso di rabbia.

Ripulire fu un vero lavoraccio. Iniziammo subito e si andò avanti e avanti, secchi d'acqua, stracci, stivali di gomma, fango, un fetore che veniva chissà da dove, chinarsi, rialzarsi, chinarsi, rialzarsi, l'acqua sembrava non finire più, una stanchezza mortale ci fiaccava poco per volta viscida, umida, puzzolente. Chopin era accucciato sul ripiano alto di un cassettone che evitammo di spostare, tavoli e sedie e tutto il possibile era accatastato da una parte. Ore di lavoro. Qualcuno portò dei panini, Ingrid distribuì tazze e tazze di tè, corresse con il cognac il tè per il padre di Jeremy e allora lo vollero anche gli altri. E continuava a piovere. Infine mi decisi ad andare in bagno – la porta non si chiudeva più, misi Emma a guardia –, poi gettai un'occhiata allo specchio e restai sorpresa nel vedere la mia faccia, baffi di fanghiglia ovunque, capelli bagnati e luridi, aria stravolta... fa niente, uscii dal bagno, infilai la cerata e andai a controllare il giardino. Nei vasi, troppo alti per essere toccati dall'acqua, tutto quello che avevo piantato se ne stava pazientemente sotto la pioggia in attesa di fiorire. L'acqua era già defluita dal suolo lasciando strisce grumose di fango sulle larghe pietre. E stava ancora piovendo, ma meno. Mi addossai al muro.

Era quasi buio. Mi ritrovai Jeremy vicino.

«Anche qui,» dissi stanca «anche qui c'è un sacco di sporco da ripulire...» la luce dall'interno ritagliava un riquadro luminoso più in là «...ce ne vuole.»

Alzai il viso verso di lui. Lo intravedevo nella semioscurità. Anche lui sporco di fango.

«Senti,» disse sottovoce «quanto tempo ci è voluto...»

Si chinò verso di me e mi baciò. Appena appena, poi con più forza, a lungo, abbracciandomi e stringendomi a sé sotto la pioggia.

Forse qualcuno sporse la testa dalla sala... non so, continuavamo a baciarci.

Poi si staccò da me, sentii le sue mani sul viso. «Quanto

tempo...» mormorò, e mi guardava quasi con tormento «quanto tempo da quel giorno, la festa all'isola, ricordi, quando ti ho vista la prima volta...» la pioggia ci scivolava addosso «...da quel giorno quanto tempo ci è voluto...»

Di nuovo posò le labbra sulle mie. Di nuovo ci baciammo sotto la pioggia. Dall'interno qualcuno gridò: «Ehi, voi due... si lavora o no?».

Non so come rientrammo, non so come mi rimisi a lavorare, e non so neanche come furono le ore che seguirono, ma alla fine ci ripulimmo tutti alla meglio, poi andammo tutti a cena a casa di Jeremy. «Qui fossi e fossetti si tengono in ordine,» continuava a spiegare il padre di Jeremy «qui niente inondazione, l'azienda è intatta» e io e Jeremy ci scambiavamo sguardi, intimi e complici, come due che si ritrovano dopo anni di separazione. Di mancanza.

La nostra casa non era stata toccata dall'acqua. Neanche quella dei vicini e neanche quella di Lietta, in fondo al cortile. Prima di fare la doccia, spogliandomi, mi accorsi di non avere più al collo il sacchettino di erbe. Ero troppo stanca per cercarlo e poi... aveva senso, adesso, cercarlo? Mi infilai a letto, abbracciata a Chopin, e continuai a sentirmi veleggiare in una sensazione di felicità struggente che mi era rimasta addosso da quel primo bacio.

Mi svegliai, perché fu Chopin a svegliarmi. Non ebbi bisogno di guardare l'ora per sapere che dovevano essere le cinque e mezzo.

Chopin miagolava vicino alla finestra. Senza accendere la luce mi alzai per andarlo a raccogliere come facevo sempre. Lo strinsi al petto e scrutai fuori, nel buio piovoso. L'alba era ancora lontana.

E lo vidi. Un'ombra scura, appoggiata al castagno. Aprii la finestra. Si avvicinò e disse: «Fammi entrare».

Andai ad aprirgli. Entrò, richiuse la porta e mi strinse a sé. Ero in camicia da notte, come fossi nuda.

«Non è questo,» sussurrò e subito si scostò da me «vai a metterti addosso qualcosa.»

Lo trovai in cucina. Aveva acceso la lampada sulla credenza, un breve cerchio di luce che illuminava la sua faccia stanca e grave.

«Che cosa c'è...» Mi avvicinai ansiosa.

«C'è che volevo vederti.» Jeremy mi abbracciò di nuovo, questa volta come fosse lecito, mi ero infilata jeans e maglione. «Volevo vederti... stare un po' con te, domani ci sarà tanto da fare ancora... volevo dirti delle cose...» mi scostava i capelli dal viso, mi osservava con una strana espressione avida «mi sei mancata in tutto questo tempo» con la punta dell'indice mi sfiorava le sopracciglia, il naso, la fronte e le guance e le labbra, come per assicurarsi che fossi proprio lì, tutta intera, davanti a lui.

Ci baciammo. Poi volle preparare un caffè, e mentre lo guardavo muoversi davanti a me, pensavo a quell'ora, le cinque e mezzo. Chopin si era accucciato di traverso sulla soglia, mi osservava a occhi socchiusi come a dire ce ne ha messo di tempo ad arrivare, lui, e dire che lo aspettavo ogni mattina...

Bevemmo il caffè seduti vicini. Mi parlava con la sua voce bassa, morbida. «Quel giorno all'isola... è stato quel giorno, per me. È successo quel giorno, continuavo a guardarti e avrei voluto portarti via con me, subito. Quando sono tornato a casa ho chiuso quello che avevo in sospeso... ho risolto e chiuso una faccenda di anni, una relazione che più o meno qui non sapeva nessuno, per ragioni ovvie.»

Ascoltavo. Stava parlando di lei.

«Prima di aprire un nuovo capitolo io chiudo quello che ho alle spalle. Da mesi sono da solo. Non poteva essere diversamente... e sei arrivata proprio qui. Ci sei tu. Se tu mai avessi ancora dei dubbi su di me, ora sai che a me piace parlar chiaro.»

«Avrei dei dubbi, io?» E il profumo di mughetto sul suo gilet? Ora glielo chiedo, pensai.

«Penso che tu ne abbia avuti di dubbi» disse. «Parecchi.»

«E tu? Ne hai avuti?» Era questa la domanda che mi premeva. Quanto al gilet, lasciai perdere: andava bene così.

«Per qualche tempo,» mi sorrise, gli scintillavano gli occhi quando sorrideva così «ora più.»

«Anche io, adesso...» mi appoggiai a lui «...niente più dubbi.»

Mi abbracciò. Rimanemmo, in silenzio, un silenzio indescrivibile.

«Dovevo dirti subito tutto questo. Non potevo aspettare. Ovvio, che non potevo aspettare. Ora vai a dormire,» appoggiò per un lungo momento il viso nell'incavo tra il mio collo e la spalla e lo sentii mormorare «sono felice, sai...»

Lo accompagnai alla porta. Tornai a letto. È tutto vero? Sì, è tutto vero.

Quando mi svegliai Ingrid aveva già preparato la colazione e mi ascoltò attenta e volle che le ripetessi tutto quello che mi aveva detto Jeremy.

«Se n'è andato così, senza fare l'amore? Niente?»

«Solo baci.»

«Lo hai capito o no che allora questa è davvero la tua storia importante, eh?»

Nei giorni seguenti smise di piovere. Il ristorante ricominciò a fiorire come le piante che avevo seminato nei vasi del giardino, e il lavoro si fece sempre più intenso. Ingrid, per festeggiare la ripresa, cucinò un'altra delle sue cene con menu all'antica. Successo strepitoso. E venne la primavera e arrivammo fino ai primi giorni dell'estate.

Furono mesi, quelli, di totale felicità, Jeremy e io insieme e sempre insieme in ogni momento libero. Anche di notte, ma solo dopo quel breve viaggio in Umbria, l'albergo si chiamava *Al rabdomante* perché il padrone di quelle poche stanze era uno che scovava l'acqua con la sua bacchetta di legno tra le mani. Fu lì che facemmo l'amore la prima volta, e quando arrivò l'alba attraverso la finestra aperta su un bosco, Jeremy disse che la prima volta è sempre un po' un disastro, c'è tenerezza ma troppo desiderio e troppa ansia. Sorrideva tranquillo, quando me lo disse. E infatti, le volte successive, quando facemmo l'amore in quei mesi felici, furono tutt'altro che un disastro. Tutt'altro.

Jeremy e io ci piacevamo. Ci desideravamo. Riscoprivo il mio corpo attraverso il suo desiderio. Tutto il mio corpo, direi carne e anima, sotto le sue carezze e il suo sguardo diventava visibile anche a me stessa, come non era mai accaduto. Ci amavamo e il suo amore, il suo interesse per me, mi davano una consapevolezza di me stessa che non avevo mai avuto. Ero più sensibile ai miei sentimenti. Nei gesti amorosi di Jeremy percepivo in qualche modo profondo e misterioso, che voleva dividere la sua vita con me. E io con lui. Telefonavo spesso a zia Esther e una sera mi chiese: «Gli racconti di te, e lui? Com'è? Razzista e idiota?» ridacchiava. «Noioso? Parla solo del suo lavoro? O delle liti con i vicini? È rancoroso? Ha risentimenti? Inerte e pignolo?»

«Per carità...» risi anch'io «...niente di tutto questo.»

«E quella lì? La bellissima?»

«Sparita...» dissi.

Lei la incontrai un giorno a Grosseto al mercato del giovedì, tra le bancarelle, ero insieme a Lietta che voleva comperare non so che cosa. Ci vide, si fermò, salutò affettuosamente Lietta che era stata la sua maestra, si comportava come se io non ci fossi, come se Lietta fosse da sola. Ma prima di andarsene si voltò verso di me: «...e brava lei...» mi disse «...che è sicura di avercela fatta».

Quando si allontanò, Lietta mi raccomandò di non tormentarmi per quelle parole, disse che Jeremy era un uomo con la testa a posto. «Tutto quello che ha potuto provare per lei è passato e finito» disse anche. In qualche modo le sue parole non mi tranquillizzarono. Rimaneva, al fondo, una punta incandescente di paura. Ingrid diceva che è la paura che provano tutti, quando sono innamorati, paura che finisca... che finisca l'amore, cioè, anche se poi va avanti per una vita.

Secondo Lietta, invece, la paura che l'amore finisca è il sale di un rapporto che non si spegne: «Non te la far passare questa paura, non schiantarti nell'abitudine... è quella paura che ti tiene viva».

Successe all'inizio dell'estate e proprio nel ristorante di Fiammetta. Lo spilorcio e la moglie erano andati lì a cena con amici, lui si strafogò di cibo e di vino come non mai, ed era iroso e inveiva contro Fiammetta accusandola di avere alzato i prezzi, e continuava a dire che il lavoro gli andava male, che era in crisi, che stava guadagnando troppo poco, che ormai era sul lastrico... e dopo l'ennesimo bicchiere era stramazzato giù dalla sedia.

Stecchito.

Ai funerali andarono in molti, non noi. Neanche Jeremy e suo padre e neanche un altro bel po' di gente a cui lo spilorcio doveva del danaro, in genere conti non pagati nei negozi. Lei, la vedova, dissero che era stupenda nell'aderente abito blu. «Sembrava una madonna,» ci raccontò la nostra vicina, il bambino adesso ce lo aveva in braccio, attaccato al seno «una madonna... quella dovrebbe fare l'attrice, non trovate che come tipo assomigli alla Bellucci?»

Non potei fare a meno di chiedere se al funerale c'era anche Clizia.

«Vuoi dire se c'era la matta?» Staccò il bambino dal seno sinistro e lo attaccò a quello destro. «Certo che c'era.

È arrivata con un vestito tutto pizzi e un gran cappello, come per una festa, e ha anche voluto fare un discorsetto, eravamo tutti lì a testa bassa quando ha detto che è un bene che una brava persona come lui sia tornato al Creatore.»

«E lei?» chiese Ingrid.

«Lei non l'ho vista piangere, perché avrebbe dovuto? Lo sappiamo tutti che la trattava male, come una perfetta cretina. Però adesso tutti ci chiediamo come farà a campare con il suo misero stipendio, lui le faceva pagare anche le bollette. Ma con lui vitto e alloggio ce lo aveva... chissà come se la caverà adesso.»

Se la cavò egregiamente. Dovettero darle un bicchier d'acqua per farla riprendere quando il notaio le disse quanti soldi aveva in banca lo spilorcio. Esattamente un milone e ottocentottantatremila euri. Più terre e case che lo spilorcio aveva comperato ovviamente senza dirglielo. Lei era l'unica erede. Elvira – chiamiamola finalmente con il suo nome – non ci mise niente a riprendersi. Per prima cosa offrì un gran pranzo a quelli del paese, non da noi ma da Fiammetta, e invitò un sacco di gente, noi no. Neanche Jeremy. Comperò una villa, la farcì di mobili nuovi, andò a Firenze e tornò con bauli di vestiti, si fece consegnare la sua nuova Porsche davanti a casa, una decappottabile. Salì alla guida, c'era gente intorno che ammirava lei nel suo abito firmato e la macchina rosso fuoco. Partì agitando la bella mano, sgommò via come un fulmine e andò subito a schiantarsi contro un albero. Sfasciò la Porsche. Lei, illesa, rideva dicendo: «E chi lo sapeva che fa i 100 all'ora in un secondo?».

Un mattino di giugno ero appena arrivata con il furgone all'azienda, davanti all'ingresso del magazzino. Jeremy mi era venuto incontro, stavamo per andare a prendere un caffè quando una macchina sportiva scoperta, due posti, entrò rombando nel cortile.

Era lei. Mi rimase stampato nella memoria lo sportello che si apre, i piedi dalle unghie laccate di rosso, calzati in sandali dal tacco alto che si posano al suolo. Era bellissima e ridente nel suo abito bianco e svolazzante, anche i capelli svolazzavano nella brezza mentre ci veniva incontro. Un sogno.

«Posso parlarti un attimo?» Si era fermata davanti a Jeremy. E subito «Possiamo entrare in casa?» come se io non ci fossi.

«Possiamo restare qui» disse lui. Gli gettai un'occhiata, non lo avevo mai visto con quella faccia, dura, legnosa.

«Non fare tanto il superbo,» rise lei «ora sono libera e vorrei investire un bel po' di soldi nella tua azienda, so che hai bisogno di capitali come tutti in questo momento. Tutti meno me. Ti do due mesi di tempo per pensarci su, diciamo che ci rivediamo in autunno, d'accordo? Alla fine dell'estate. Il tempo per averne abbastanza di questa sciocchina.»

Tornò calma verso la macchina, salì alla guida, si voltò verso Jeremy.

«Sono libera, capito? Ci rivediamo in autunno,» ripeté «diciamo ai primi di ottobre.»

Avviò, fece una cauta marcia indietro, adagio si diresse verso il viottolo che portava all'uscita, e via.

«Andiamo a prenderci questo caffè?» disse Jeremy. Mi accorsi che rideva e scuoteva la testa come se avesse assistito a uno spettacolo assurdo. Speriamo, pensai. Mi prese per mano, mi attirò a sé. «E tu,» mi disse guardandomi negli occhi «tu non farti venire strane idee, d'accordo?»

24

Nelle nostre vite, a volte, la vita
avanza con irresistibile lievità.
(Erich Neumann)

Era un giorno di chiusura – il tre settembre, non potrei dimenticarlo –, nel pomeriggio avevo portato Chopin dal veterinario a Grosseto per un fastidio che aveva all'orecchio, niente di preoccupante, era un gatto sano, bellissimo nel suo lucido pelo grigio splendente, gran corteggiatore delle micie dei dintorni, padrone assoluto del nostro cortile e naturalmente del giardino del ristorante. Dopo il veterinario passai in farmacia.

Tornai a casa di volata, trovai Ingrid in cucina, assorta su un libro di ricette. Alzò la testa.

«Ti sei ricordata di prendere il bicarbonato e quella rivista che ti avevo chiesto?»

«No... dimenticato» e deposi un pacchetto sul tavolo.

«Guarda che stasera vado a cena con Diego.»

«Sì... tra poco viene Jeremy a prendermi.»

«Che cos'hai?» mi esaminò seria. «Hai una faccia... Chopin ha dei problemi?»

«No, per niente...» e aprii il pacchetto della farmacia «guarda qui» e andai subito in bagno.

Poi, insieme, leggemmo le istruzioni e provammo diverse volte e il risultato fu sempre uguale.

«Sei incinta» dichiarò Ingrid. «Non c'è dubbio... sei incinta.» Mi guardava a occhi spalancati. «Non mi avevi detto che hai un ritardo...» si lasciò andare sullo schienale. «Ma... niente sesso protetto, scusa?»

Scossi la testa. No, niente sesso protetto, evidentemente. Dovetti sedermi. Mi tremavano le gambe.

«Ehi...» Ingrid adesso rideva, si sporse sul tavolo, mi prese la mano e me la strinse «non fare quella faccia spaventata... aspetti un bambino... che bello!»

Chopin saltò sul tavolo e si accomodò sul foglio delle istruzioni che avevamo buttato lì.

Sentimmo una macchina parcheggiare davanti a casa. Era la jeep.

«Vai, su,» Ingrid mi abbracciò «vai a dirglielo.»

Uscendo mi accorsi che si era accostata alla finestra. Mi raccontò, poi, che mi guardò mentre avanzavo verso Jeremy, per fermarmi davanti a lui, non sentì le parole «Ma si vedeva lontano un miglio che eri emozionata». Vide che lui mi abbracciava e rideva dicendomi qualcosa... «Era felice anche lui, eh?»

Ce ne andammo al mare, Jeremy e io, alla spiaggia dell'Uccellina. Rimanemmo a guardare il tramonto, seduti sulla sabbia, mi teneva un braccio intorno alle spalle. Mi teneva stretta a sé. Ripensavo a tutti quei mesi, tanti, una lunga vicenda che mi sembrava iniziare con l'immagine lontana di un uomo sulla spiaggia con il suo bracco, ricordavo il senso di congedo che avevo provato quel giorno e fu davvero congedo... da Marian, dal mio vagabondare, da un certo modo di vedere il mondo e gli altri e me stessa.

«Ora è tutto nuovo» dissi a conclusione dei miei pensieri. «Tutto nuovo...»

Sorrise senza dir nulla. Mi strinse un po' più forte.

Quella sera brindammo a casa di Jeremy: lui e io e suo padre, Ingrid con Diego. Chopin e il coniglio bisestile dormivano uno addosso all'altro, di traverso sulla soglia.

Il padre di Jeremy disse che se fosse nata una femmina, cosa che si augurava, avremmo dovuto chiamarla Ingrid.

Quanto a me, ero sopraffatta: aspettavo un figlio.

«Sai,» dissi quella sera abbracciata a Jeremy «se non avessi incontrato Pierre quel giorno di pioggia sulla spiaggia vicino a Deauville, e se Marian non avesse deciso di andarsene...».

«E se non fosse arrivato Chopin e io non avessi desiderato un certosino...» disse lui.

«E se il professore non avesse scritto quelle poesie e io quindi non fossi andata alla festa dove ti ho incontrato...»

«Se non mi fossi innamorato di te...»

«E io di te...»

«...tutto questo...» mi appoggiò una mano amorevole sul ventre «...tutto questo non sarebbe accaduto.»